高级心理测量学丛书

丁树良 汪文义 罗 芬 熊建华 毛萌萌 ◎ 著

Q矩阵理论
及认知诊断测验的编制

Q JUZHEN LILUN
JI RENZHI ZHENDUAN CEYAN DE BIANZHI

北京师范大学出版集团
BEIJING NORMAL UNIVERSITY PUBLISHING GROUP
北京师范大学出版社

图书在版编目(CIP)数据

Q矩阵理论及认知诊断测验的编制/丁树良等著. —北京：北京师范大学出版社，2022.4
（高级心理测量学丛书）
ISBN 978-7-303-27023-1

Ⅰ. ①Q⋯ Ⅱ. ①丁⋯ Ⅲ. ①Q矩阵—应用—心理测量学
Ⅳ. ①O211.62 ②B841.7

中国版本图书馆 CIP 数据核字(2021)第 110949 号

营　销　中　心　电　话　010-58807651
北师大出版社高等教育分社微信公众号　新外大街拾玖号

出版发行：北京师范大学出版社　www.bnupg.com
　　　　　北京市西城区新街口外大街 12-3 号
　　　　　邮政编码：100088
印　　刷：北京虎彩文化传播有限公司
经　　销：全国新华书店
开　　本：787 mm×1092 mm　1/16
印　　张：15.75
字　　数：289 千字
版　　次：2022 年 4 月第 1 版
印　　次：2022 年 4 月第 1 次印刷
定　　价：85.00 元

策划编辑：何　琳　　　　　责任编辑：马力敏
美术编辑：李向昕　　　　　装帧设计：李向昕
责任校对：陈　民　　　　　责任印制：马　洁

高级心理测量学丛书编委会

总　序

　　心理与教育测量是评价个体心理特质发展水平状态的重要手段。以项目反应理论为代表的现代测量理论的发展，为指导心理与教育测量研究及实践提供了强大的理论与技术支持。在项目反应理论基础上的参数估计、等值、信息量评价、项目功能差异甄别等技术保证了测验开发更加科学。最近十几年蓬勃兴起的认知诊断评价理论，则将测量理论与技术推向了更加精细化的评价水平上。

　　不过，在国内的心理与教育测量实践中，大多数研究和实践仍然主要是基于经典测量理论基础上的。许多试图使用现代测量理论为指导的研究者由于担心无法很好地把握该理论的原理和方法望而却步。为了让现代测量理论的发展研究成果能够更多地用于指导研究和实践工作，测量学研究者应该做出更多的努力。

　　江西师范大学心理与教育测量研究中心团队在漆书青、戴海琦、丁树良等教授的带领下，从20世纪80年代初开始对现代测量理论进行深入研究，取得了许多理论和实践研究成果，研究团队也进一步发展壮大。随着研究的深入以及研究领域的进一步拓展，加之现代测量理论受到越来越多研究者的关注，江西师范大学心理与教育测量研究中心团队顺应形势和发展需要，基于自身近30年的理论研究和实践积累，出版一套关于高级心理测量的丛书，这是心理与教育研究领域的一件有益之事，也必将进一步推动心理与教育测量理论与技术在中国的发展。

　　2012年，该团队曾经出版了一套围绕项目反应理论研究的丛书，该丛书的出版取得了很好的反响。现在，该团队在前期研究和实践的基础上，准备再出版一套关于高级心理测量的丛书，我听后感到非常高兴，且对中国在现代测量理论领域的发展前景充满信心和期待。

　　高级心理测量学丛书主要有：《计算机化自适应测验：理论与方法》《认知诊断理论》《认知诊断评价理论基础》《高级认知诊断》《Q矩阵理论及认知诊断测验的编制》以及《智慧化测评的理论与技术》等著作。这套丛书包括了当今国际上比较前沿的研究领域，涉及计算机化自适应测验、认知诊断理论和智慧化测评等，这对于推动中国的心理测量学发展及其为实践服务具有重要意义。

　　值此丛书即将付梓出版之际，作为与江西师范大学心理与教育测量研究团队交流合作多年的同行，我倍感欣慰，特作此短序以示祝贺，并希望他们在今后取得更多的研究成果和更大的发展。

张华华

于美国伊利诺伊大学香槟校区

2017年5月

张华华教授简介

专业领域：心理学、教育心理学、统计学。

美国伊利诺伊大学香槟校区（University of Illinois Urbana-Champaign）终身教授，世界著名心理测量学杂志《应用心理测量》（*Applied Psychological Measurement*）主编，世界心理计量学会 2012—2013 年主席（President of the International Psychometric Society for 2012—2013），全美教育研究学会院士（AERA Fellow）。

序　言

　　认知诊断是继经典测量理论、项目反应理论、概化理论（Generalizability theory）之后出现的新一代测量理论，它要对被试进行比较精细的分类，而分类的基础是对被试的行为反应数据进行分析。于是对感兴趣的领域，到底可以将被试分成多少类，数据收集应该如何设计就显得非常重要了。Tatsuoka（1995，2009）提出 Q 矩阵理论，欲确定不可观察的知识状态（knowledge state，KS），并且用可观察的项目反应模式表达它们，而认知诊断测验设计是其中的关键之一。所以，我们认为 Q 矩阵理论是认知诊断理论的一个重要内容。但是和开发诊断模型的研究人数及获得的成果相比，对 Q 矩阵理论的研究就显得十分单薄。

　　我们在认知诊断这个领域苦心经营了 20 年，主要精力放在 Q 矩阵理论及其应用方面，有一些心得、体会，一直想做一个总结，希望能够写一本关于 Q 矩阵理论方面的书，向海内外同行汇报、分享、讨教。这是撰写本书的初衷。

　　本书除序言、后记之外，其余部分分成三篇十三章。

　　第一篇为 Q 矩阵理论，包括四章，介绍 Q 矩阵及其性质、Q 矩阵理论及其扩展；明确 Q 矩阵理论的重点是认知诊断测验设计；特别地，介绍了可能辐射到认知诊断许多方面的几个算法，如扩张算法、缩减算法、清洗算法等。

　　第二篇为认知诊断测验编制，包括三章，叙述认知诊断测验编制的理论；对于布尔矩阵，讨论在某些条件下，采取 0—1 评分方式，认知诊断测验设计、采用多级评分条件下认知诊断测验设计问题；讨论多值 Q 矩阵的认知诊断测验设计问题。

　　第三篇为应用，包括六章，介绍 Q 矩阵理论在认知诊断模型开发中、Q 矩阵标定、具有认知诊断功能的计算机化自适应测验的选题策略制定、具有认知诊断功能在线多阶段认知诊断测验的设计、S-P 表的改进中的应用等；这一篇的最后一章是挑战与展望。

　　本书吸取 Tatsuoka（1995，2009）Q 矩阵理论合理的内核，抛弃其不合理的内容，将其完善，逻辑地扩展其研究的内容，即认为 Q 矩阵理论实质上是认知诊断测验设计的理论。我们采取某些方案、概念代替 Tatsuoka 的方案、概念，以期产生更加深入的结果。

　　我们深知，具有不同学术背景的研究人员想和教育与心理测量学"嫁接"，不太习惯看教育与心理测量方面的文章，而教育与心理测量方面的专业人员认为国外文章中的证明也难以理解。考虑到不同读者受教育的背景或工作单位的不同，我们尝试使用国内教育与心理测量学界不常用的方式和方法，如以定理的方式，叙述和证明获得的结果。愿本书也能为他们提供一本读物，为沟通教育与心理测量工作者和其他学科有志于此的学者尽绵薄之力。本书讨论 Q 矩阵理论，而矩阵本身就是一个数学术语，所以书中使用一些数学工具就理所当然。尽管本书使用了一些数学工具，但是其水平是工科本科生数学水平（包括离散数学），因此不必过于担心。特别地，纵使没有看懂数学证明也并不妨碍阅读本书。我们的初衷是让有一定数学基础的同人看得亲切、容易理解，让暂时没有相应数学基础的同人用得放心。我们想写得深入浅出，但是囿于我们的水平，对此显得力不从心。

这本书绝大部分都是我们的研究、心得、体会，悉知的概念只能够引用参考书（这和我们想控制书籍的成本有关）而不是自给自足。另外，书中很可能有一些重复之处，难以像教科书那样做到章节之间逻辑严密，敬请读者原谅。

我们的研究，显然受到了国内外研究成果的启发（特别是多值 Q 矩阵），同时也是为了应对国内认知诊断实践的挑战（如 Q 矩阵自动标定的研究），所以书中不仅仅有我们自己的研究成果，也有一些国内外相关的研究，特别是 CD-OMST 的研究，吸纳了高椿雷老师的成果。但是，限于我们的精力和视野，也限于篇幅，我们对国内外同行的相关研究不可能一一列举，敬请相关学者原谅。尽管我们希望研究比较深入，并且在整理本书的时候，我们参照了后续的研究结果对先前的研究进行修正（如对于可达矩阵在认知诊断中的重要性的证明），但是有的研究工作还是蜻蜓点水，甚至还有难以发现的缺点、不足，恳请读者批评指正。

本书经几位同人整理而成，其中汪文义老师指导研究生汪腾整理了第二章初稿，高朋整理了第三章初稿。甘登文老师的研究生黄玉整理了第四章、第六章、第九章初稿；邱敏整理了第五章、第八章初稿；罗慧整理了第十章、第十一章初稿；汪文义老师的研究生熊建为收集、整理参考文献做了大量的工作。其中，第一章、第六章、第七章和序言、后记由丁树良整理、撰写；第二章、第四章、第九章由熊建华撰写；第三章由毛萌萌撰写，罗芬做了润色；第五章、第十章、第十一章由罗芬撰写；第八章、第十二章、第十三章由汪文义撰写。书稿由丁树良统稿。对于参与初稿整理的同学，致以谢意。囿于本人学有所限，本书不足之处在所难免，敬请批评指正。

丁树良

2022 年 3 月

目　录
CONTENTS

第一篇 Q 矩阵理论

认知诊断欲用知识状态刻画被试在认知上的长处和不足，因此按照知识状态分成多少类以及如何准确分类是认知诊断成功的关键。Q 矩阵理论的任务是求出知识状态并且用理想反应模式表达知识状态，而要表达知识状态，测验 Q 矩阵的设计是关键。如何设计 Q 矩阵，必须清楚 Q 矩阵的构造：Q 矩阵包括布尔矩阵和多值 Q 矩阵，它们的非零列可以由可达阵（拟可达阵）通过扩张算法导出，可见可达阵是 Q 矩阵的良好代表；由缩减算法和清洗算法可知可达阵可以代表属性及其层级关系；Q 矩阵的非零列的表达形式可以不唯一，但其累赘表达式或简洁表达式则唯一。

第一章 Q 矩阵理论概述

本章概述 Q 矩阵在认知诊断中的作用、Q 矩阵的基本性质、属性及其层级关系，以及 Q 矩阵理论，分析 Tatsuoka(1995，2009)提出的 Q 矩阵理论导出其实质就是认知诊断测验设计的理论的结论。

第一节 Q 矩阵及其在认知诊断中的作用

为了便于理解，如果把矩阵从形式上看成一个排列整齐的表格，这个表格有 mn 个元素，那么它们被排成 m 行，每一行 n 个元素。如果矩阵中的元素是数，那么这个矩阵是一个排列整齐的数表。如果用矩阵记录同一个集合中元素的相邻关系，得到的是邻接矩阵(adjacency matrix)，显然邻接矩阵是方阵。设集合 $S=\{s_1, s_2, \cdots, s_n\}$，$A=(a_{ij})$ 是 S 上的邻接矩阵，若两个不同的元素 s_i 与 s_j 邻接，则 $a_{ij}=1$，否则 $a_{ij}=0$。如果用矩阵记录集合 S 的元素和另外一个集合 $G=\{g_1, g_2, \cdots, g_m\}$ 的元素是否关联，这种矩阵称为关联矩阵(incidence matrix)。集合 S 和 G 的关联矩阵 $C=(c_{ij})$ 是 n 行 m 列矩阵，若 s_i 与 g_j 关联，则 $c_{ij}=1$，否则 $c_{ij}=0$。关联矩阵联系的两个集合中的元素数目不一定相等，所以关联矩阵不一定是方阵。

广义的认知诊断是指建立观察分数和被试内部认知特征之间的关系，而狭义的认知诊断是指教育认知诊断，即在教育教学领域中，按照是否掌握测验所测试的技能或者特质对被试进行分类，并且对被试的薄弱环节进行补救。认知诊断评估的目的是测量/评价个体特定的知识结构(knowledge structure)和加工技能(processing skills)(Gierl，Leighton，Hunka，2000)。在认知诊断中，通过被试在测验上的可观察的反应模式(observed response patterns，ORP)，推知被试不可观察的知识状态，知识状态又被称为属性掌握模式。

属性、层级关系、知识状态(属性掌握模式)和 Q 矩阵是认知诊断中的重要术语。属性或技能是指被试要成功完成某一个任务所需的认知加工技能、知识或者策略，是进行某一项具体领域工作所需要的程序性和陈述性知识(可参见汪文义，宋丽红，丁树良，2015)。属性之间的层级关系表达心理加工的顺序，

Tatsuoka(1995，2009)所指的属性层级关系是先决关系。如果不掌握属性 A 就不能够掌握属性 B，那么属性 A 就是属性 B 的先决属性。属性层级关系又称为属性层级结构。

一、**Q** 矩阵是特殊的关联矩阵

邻接矩阵是直接表征属性及其层级关系的数学工具。属性及其层级关系是认知模型(cognitive model，CM)，因此邻接矩阵是用数学工具表征认知模型(Gierl，Leighton，2007)。另外，可以用有向图(digraph)的方式表征认知模型，哈斯图(Hasse)(可参见左孝凌，李为鑑，刘永才，1982)是一种简洁的有向图。一般认为，**Q** 矩阵是属性和项目的关联矩阵(Tatsuoka，1995，2009)，其实 **Q** 矩阵还是属性和知识状态的关联矩阵；如果将知识状态和被试对应，那么也可以说 **Q** 矩阵是属性和被试的关联矩阵。

Tatsuoka(1990)明确使用 **Q** 矩阵的术语，在叙述 **Q** 矩阵时，引用了Embretson(1984)的文章。该文章只是隐含了 **Q** 矩阵样式，并没有明确使用 **Q** 矩阵这个词。本书中用 **Q** 的行表示属性，列表示项目(知识状态)，$Q=(q_{ij})$，如果项目 j 包含了属性 i(被试 j 掌握了属性 i)，则 $q_{ij}=1$，否则 $q_{ij}=0$。众所周知，认知诊断要对被试的知识状态进行分类，而知识状态是潜特质向量(latent feature vector)，必须编制项目诱发被试在特质上的反应，而希望某个项目诱发被试在潜在特质上的某些反应，就应该清楚项目考查什么。假设我们关注的领域(要进行诊断的领域)包含 K 个属性，就将这 K 个属性逐一编号，可以用一个 K 维 0-1 向量 x 标注题目考查了什么，比如 $x_j=1$ 表示这个题目考查了第 j 个属性，否则 $x_j=0$。于是，一个 K 维 0-1 向量对应一个题目属性向量，若干个题目属性向量可以构成一个矩阵。因为 **Q** 矩阵的列表示项目(题目)，所以列之间互相调换位置(称为列的置换)。相当于试卷中的题目的安排顺序发生变化，而 **Q** 矩阵指示测验的整体内容，所以题目的前后安排顺序不会对测验产生本质的影响。可以将 **Q** 矩阵和 **Q** 矩阵的列互相交换位置以后获得的矩阵统称为 **Q** 矩阵的等价类。

假设我们感兴趣的领域有 K 个属性。**Q** 矩阵是一种特殊的关联矩阵。这种特殊性至少表现在如下几个方面。第一，通常邻接矩阵和关联矩阵没有必然的联系，但是 **Q** 矩阵和邻接矩阵密不可分：**Q** 矩阵可以由邻接矩阵"生成"。令 $B=E+A$，A 为邻接矩阵，E 为同阶单位矩阵，那么对 B 使用 Warshall 算法(参见左孝凌，李为鑑，刘永才，1982)或者 Tatsuoka(1995，2009)介绍的 B 的"自乘"的方法可以获得可达阵 R，再通过对所有 K 阶 0-1 向量比照 R 进行化简的方法(Tatsuoka，1995，2009)或者基于 R 使用扩张算法(Ding et al.，2008；丁树良等，2009；杨淑群等，2008；杨淑群，丁树良，2011)，就可以获得"最大"的关联

矩阵，即列数最多的关联矩阵。我们称之为潜在 Q 矩阵（potential Q-matrix，Q_p），意味着它的每一列都对应一类题目属性向量。Q_p 实际上包含 Tatsuoka（1995，2009）所说的简化 Q 矩阵（reduced Q-matrix，Q_r）中的所有非零列。这里所说的"最大"的（或者列数最多的）关联矩阵，是指从所有 K 阶 $0-1$ 非零向量中，删除不满足 R 约束的列以后，余下的（满足可达阵约束的）所有列构成的矩阵。约定用零列表示对所测试的所有属性一无所知，将潜在 Q 矩阵增加一个零列，则得到学生 Q 矩阵，记为 Q_s。这意味着其每一列对应一类被试的知识状态。如果 Q 矩阵包含可达阵，那么可以通过对其"清洗"，获得可达阵，然后由可达阵获得邻接矩阵（丁树良，罗芬，2005）。第二，通常成就测验采用双向细目表指导测验编制，而 Q 矩阵是认知诊断测验的测验蓝图。这个抽象的矩阵，可以指导组卷，还可以根据这个矩阵，使用理论构念效度（theoretic construct validity，TCV）（丁树良等，2012）评估这个认知诊断测验的某种不足以及如何补救。第三，通常关联矩阵的行和列的大小是没有制约关系的，但是在属性层级关系相同条件下，Q 矩阵的行数越多，其列数越多，这在属性层级关系松散时表现特别明显。第四，一般关联矩阵中的元素非 0 即 1（dichotomous matrix），但是 Q 矩阵中的元素除这种情形之外，还可以采用多值形式，即元素是非负整数。这种 Q 矩阵称为多值 Q 矩阵（polytomous Q-matrix）。这时，$q_{ij}=h$，h 是一个非负整数，表示第 j 个题目测查第 i 个属性的第 h 水平。

二、Q 矩阵在认知诊断中的重要作用

Q 矩阵在认知诊断中起着举足轻重的作用。DiBello，Roussos，Stout（2007）说 Q 矩阵可以看成基于理论和其他本质的考虑而做出的技能（或者属性）和任务（或者题目）关联的假设。他们还说"技能的成功诊断关键依赖于高质量的 Q 矩阵的开发（A successful skills diagnosis critically depends on high quality Q-matrix development.）"。Rupp，Templin，Henson（2010）在他们的书中称标注 Q 矩阵是认知诊断应用的关键成分，在任何一个认知诊断模型（cognitive diagnostic model，CDM）中 Q 矩阵是精髓，因为它表示本质理论的映射，这个映射引起诊断评估的设计（acritical component relevant to all of these applications，namely，the specification of the Q-matrix. The Q-matrix is the quintessential component in any DCM because it represents the operationalization of the substantive theory that has given rise to the design of the diagnostic assessment.）。

我们从下述五个方面归纳 Q 矩阵的重要性。第一，Q 矩阵是认知模型的表示（Tatsuoka，1995，2009）。Q 矩阵有特殊的解释，它表示认知蓝图（cognitive blueprint），即认知诊断测验的规范（specifications）（Gierl，Leighton，Hunka，

2007)。这个蓝图用于开发项目，这些项目测量出现在属性层级结构中的特殊属性。第二，**Q** 矩阵确定认知诊断分类目标（知识状态），特殊的 **Q** 矩阵（学生 **Q** 矩阵）的列数是认知诊断分类的类别数。这使得认知诊断分析可以对应一个有监督的学习，**Q** 矩阵的列就是训练样本。第三，因为 **Q** 矩阵既可以是属性和项目的关联矩阵，又可以是属性和知识状态的关联矩阵，所以项目对应的题目属性向量通过 **Q** 矩阵和被试知识状态（向量）被置于同一个"量尺"上，使得它们之间存在偏序关系下"比较"的可能性。这相当于单维项目反应理论的项目反应模型将能力参数和项目难度参数置于同一量尺上。当然在单维项目反应理论中，能力和题目难度参数均是一维的标量，是全序集，因此它们可以比较大小。但是偏序关系中，并非所有的项目属性向量均可以和某个知识状态比较大小。第四，认知诊断测验蓝图（test blueprint for cognitive diagnosis）通过 **Q** 矩阵表示，这时候我们称之为测验 **Q** 矩阵，记为 Q_t。第五，如果给定理想得分的评分规划和属性之间存在补偿作用，根据学生 **Q** 矩阵和测验 **Q** 矩阵，可以计算理想反应模式（ideal response pattern，IRP），而不少认知诊断模型能够综合观察反应模式和理想反应模式的信息。

三、可达阵是特殊的 **Q** 矩阵

属性的层级关系由先决关系确定，而先决关系是自反、反对称、传递关系，即偏序关系。

由扩张算法知可达阵 **R** 是潜在 **Q** 阵的子矩阵，故 **R** 是一个特殊的 **Q** 矩阵，它是偏序关系的传递闭包。由于它满足传递性，所以 **R** 和它自身的复合（可参见左孝凌，李为鑑，刘永才，1982）所得的矩阵（如 **S**）不会比 **R**"大"，即对所有 i，j，有 $s_{ij} \leqslant r_{ij}$ 成立。这个性质刻画一个 0−1 方阵对应的关系是不是传递的；同时又由于 **R** 满足自反性，所以还可以证明 **R** 和 **R** 的复合仍然等于 **R**。

另外，通过属性的重新编号，可以使 **R** 成为 0−1 上三角矩阵，对角线元素全都为 1，对角线下方元素全部为 0。特别，可达阵 **R** 的列通过置换以后，生成可达阵的等价类（彭亚风等，2016）。邻接矩阵生成可达阵，可达阵生成潜在 **Q** 矩阵（参见 Ding et al.，2008；丁树良等，2009；杨淑群等，2008），所以可达阵是 **Q** 矩阵的一个良好的"代表"，这对于认知诊断测验的设计有重大影响。

四、**Q** 矩阵的其他研究内容

由于 **Q** 矩阵在认知诊断中的重要性，所以关于 **Q** 矩阵的研究越来越活跃，这成为认知诊断研究的重要内容之一。首先，如何正确标注 **Q** 矩阵是重要的研究内容。有专家认为，如果某个题目的属性向量为 x，且将 x 中等于 1 的元素保持不变，而将某些等于 0 的元素错误地标注成 1，我们称之为"过度标注"，那么本来

正常答对这个项目的被试会被认为是"猜测"对了，这个"过度标注"的题目的猜测参数会变大；反之，如果这个题目的属性向量中等于 0 的元素保持不动，但是某些等于 1 的元素被错误地标注为 0，我们称之为"不足标注"，那么仅仅掌握了"不足标注"对应的属性的被试被认为应该答对这个项目，但是这些被试如果没有猜测，是不能够对这个项目正确反应的，那么这个题目的失误参数增大。可见 *Q* 矩阵的不正确标注的影响很大。

目前至少有三类标注 *Q* 矩阵的方法。第一种姑且简称为"专家法"，传统上，*Q* 矩阵元素由命题专家、测量专家、认知专家标注，除专家知识（包含文献调查）外，专家还可结合被试的口语报告（出声思维）进行编码。这种做法效率比较低而且争论激烈。第二种是"数据驱动法"，完全依靠某种算法，使用计算机对得分数据进行分析，导出 *Q* 矩阵（Liu，Xu，Ying，2012，2013），这种做法几乎不依赖学科专家和认知专家。"数据驱动法"也认为是机器学习方法，其中又可以分成两类，待标注的 *Q* 矩阵中是否有部分元素已知，如果有，则是有监督学习，否则是无监督学习。比如，在实施计算机化认知诊断测验（CD-CAT）时，植入未经标注的新题（有时候称为原始题），利用被试的作答反应对新题属性向量进行标注，就是一种有监督的学习，因为 CD-CAT 的题库中的题目的属性向量是已知的。第三种是"数据驱动法"与"专家法"结合，即"数据驱动法"导出的数据交给专家评判，进行修改；或者用数据驱动的方法修正专家标注的结果。其实，"专家法"和"数据驱动法"（有监督学习）相结合，既可以免除专家复杂繁重的劳动，又可以发挥专家的作用，这可能是一个发展方向。目前，特别是依靠人工智能方式对 *Q* 矩阵进行计算机标注的研究以及 *Q* 矩阵元素错误标注引起的严重后果的讨论很活跃。关于 *Q* 矩阵分解，比如 0—1 得分数据分解成为知识状态和测验 *Q* 矩阵，是一个很有趣的研究课题（如可参见 Sun et al.，2014；Sun et al.，2015）。

其次，最近对测验 *Q* 矩阵的设计的优良性和设计不合理程度的度量比较热烈。Liu 等人（2017）在属性层级关系不是独立型的条件下，提出测验 *Q* 矩阵设计的邻接方法、可达方法和独立方法，并且认为邻接方法表现特别好。Liu（2018）还讨论 *Q* 矩阵标定错误造成的影响。但对于非独立型属性层级关系，Liu 的邻接方法和可达方法不能用。彭亚风等人（2016）讨论过这个论题，用 R^* 表示可达阵等价类，即可达阵经列的置换后获得的矩阵集合。文章得出了一些结论。测验长度影响分类的准确性，但是达到一定长度时，会出现"天花板效应"；*Q* 矩阵中 R^* 的个数（NR^*）会影响测验的分类的准确性及稳定性：NR^* 越大，测验的分类稳定性越高，当测验长度为属性个数的整数倍，且 NR^* 为测验长度相对属性个数的最大奇数倍时，分类准确性最高；*Q* 矩阵中除 R^* 以外的项目考查的属性个数会随着属性层级关系的不同对测验的分类的准确性和稳定性产生不同的影响。另外，根据实验结果，提出了进行诊断评价时 Q 矩阵优化设计的一些建议。

最后，对 Q 矩阵本身的构造和 Q 矩阵的列的构造（列的表示）也有一些讨论。

将二值 Q 矩阵的一些概念、算法和性质，扩展到多值 Q 矩阵，出现拟可达阵、多值扩张算法和其他一些结果（丁树良等，2015；丁树良等，2015）。

Q 矩阵理论（Tatsuoka，1995，2009）是一个和 Q 矩阵容易混淆的概念，关于 Q 矩阵理论的讨论也有一些（丁树良等，2012，2015，2017）。Q 矩阵理论当然离不开 Q 矩阵，但本质上 Q 矩阵理论是 Q 矩阵设计、修正（标注）Q 矩阵中元素等的理论（丁树良等，2017）。

第二节　Tatsuoka 的 Q 矩阵理论及其扩展

一、Q 矩阵理论

Tatsuoka（1995）指出，认知诊断相当于模式识别，由传感器、特征提取和分类方法构成。Q 矩阵理论的任务是构造传感器和特征提取、认知诊断模型，如规则空间模型（RSM）、属性层级方法（AHM）、DINA 模型、DINO 模型等是分类方法，分类方法实质上是被试的可观察反应模式对应到不可观察的知识状态的规则。

Tatsuoka（1995）说，规则空间模型包含两部分：Q 矩阵理论和统计分类方法。Q 矩阵理论是"to determining unobservable knowledge states and representing them by observable item response patterns（called Q-matrix theory）"，我们试译为"Q 矩阵理论确定不可观察的知识状态并用可观察项目反应模式描述它们"。但是 Tatsuoka（2009）中说 Q 矩阵理论为模式识别中特征提取，提出 Q 矩阵是联系知识状态和可测量、可观察的理想反应模式的桥梁，而知识状态是可解释但不可观察的。我们认为测试 Q 矩阵实际上起着传感器的作用，而理想反应模式相当于特征提取。

Tatsuoka 还说，Q 矩阵理论是确定性部分，而分类方法是处理带噪声的部分。

二、Q 矩阵理论的扩展

我们先由定义看一看 Q 矩阵理论包含的内容。之所以讨论这个问题，是因为连 Tatsuoka（2009）都认为 DINA 模型没有使用 Q 矩阵理论。这个断言能否成立？

既然 Q 矩阵理论是确定不可观察的知识状态并且用可观察的理想反应模式表示它们，那么 Q 矩阵理论的首要任务是确定知识状态的集合。第一，给定认知模型（这是客观存在的）之后，和认知模型对应的知识状态的集合是什么值得研究。第二，既然 *Q* 矩阵理论要用可观察的理想反应模式表达知识状态，那么必须解决理想反应模式的计算问题。第三，如何设计测验 *Q* 矩阵（这是人为的），使得可以更好地用可观察反应模式描述知识状态，这也是十分重要的；而且因为牵涉测验的设计，就希望设计一个优良的 *Q* 矩阵（好的传感器），或者说优良的测验蓝图，而这便涉及优良设计的标准的讨论。这个标准，应该和 *Q* 矩阵理论定义中的"描述"两个字紧密相关，这是优良设计如何构造的问题。第四，更进一步，如果测验 *Q* 矩阵标注不准确，那么知识状态可能标示错误，或者计算出来的可观察理想反应模式的集合不可能准确，从而很难准确描述知识状态，所以如何准确标注或者修正 *Q* 矩阵应该是 *Q* 矩阵理论包含的内容。第五，*Q* 矩阵理论的应用显然是 *Q* 矩阵理论的一个组成部分。我们认为 *Q* 矩阵理论至少包含上述五个内容。

这里着重考查 *Q* 矩阵理论和认知诊断测验设计的联系。所谓理想反应是指不包括噪声的反应，或者用 DINA 模型的语言，理想反应是既不带猜测也不带失误的反应，所以给定属性之间是否可以补偿、评分方式是 0—1 还是多级等前提条件以后，已知知识状态和题目属性向量，则理想反应是确定的。如果一个被试在若干个题目的反应都是理想反应，那么这个被试这一串的理想反应构成的反应向量，被称为这个被试在这一系列题目上的理想反应模式。观察反应模式的维数和理想反应模式的维数相同，而和知识状态的维数一般不同。如果要将观察反应模式映射到知识状态，可能要降维；而降维要损失诊断信息。但是如果将观察反应模式映射到理想反应模式，就不需要降维。如果观察反应模式映射到理想反应模式，而理想反应模式集合和知识状态集合之间存在一一对应，那么只要观察反应模式到理想反应模式的对应准确，那么诊断分类的准确性就很高。但是如果若干个不同的知识状态对应同一个理想反应模式，那么不管观察反应模式与理想反应模式的映射多么准确，分类准确性都不可能太高。

我们知道，给定属性之间是否补偿和评分方式的前提下，理想反应模式的建立由知识状态和测验 *Q* 矩阵确定。比如，属性之间不可补偿，则理想反应模式很容易由知识状态和测验 *Q* 矩阵确定。给定属性及其层级关系以后，知识状态集合随之确定，这时候理想反应模式集合完全由测验 *Q* 矩阵确定。因此，如果能够使得测验 *Q* 矩阵成为知识状态集合到理想反应模式集合之间的一一对应，则诊断准确性高。理想反应模式能够将不可观察的知识状态表达，完成 *Q* 矩阵理论赋予的任务。所以，测验 *Q* 矩阵设计非常重要。

0—1*Q* 矩阵又称为布尔矩阵。除布尔矩阵之外，认知诊断测验还可以使用多值 *Q* 矩阵，即矩阵元素是非负正整数。对于多值 *Q* 矩阵，其对应的 *Q* 矩阵理论包含的具体内容，也是 *Q* 矩阵理论应该研究的问题。

三、属性层级结构的重新划分

无论是知识状态集合，还是潜在 **Q** 矩阵以及潜在 **Q** 矩阵的子矩阵——测验 **Q** 矩阵，都和属性及其层级关系紧密相关。事实上，知识状态集合的确立，由属性及其层级关系确定。给定属性及其层级关系，可以获得邻接矩阵、可达矩阵。由可达阵和扩张算法（请参见本书第二章内容）可以获得潜在 **Q** 矩阵，进而获得学生 **Q** 矩阵，而测验 **Q** 矩阵是潜在 **Q** 矩阵的子矩阵。另外，认知诊断测验设计不仅仅和属性数有关，还和属性层级关系紧密相连，不同的层级关系，对应的具体的测验设计不同。综上所述，属性层级关系在 **Q** 矩阵理论、认知诊断中都非常重要。但是对于不同的问题，属性层级关系可能有的简单，有的错综复杂，错综复杂的层级关系是否可以分解为一些简单的层级关系？

Leighton，Gierl，Hunka（2004）认为存在四种基本属性层级结构：直线型（linear type）、收敛型（convergent type）、发散型（divergent type）和无结构型（unstructured type），其他更加复杂的层级结构由这四种基本属性层级结构复合而成。但是按照图论的观点，直线型、发散型和无结构型都是根树型（rooted tree type）（如可参见左孝凌，李为鑑，刘永才，1982）。Liu（2018）介绍一种逆金字塔型结构（inverted pyramid type），最简单的三个属性的逆金字塔型结构恰好是三个属性的发散型结构的翻转。四个元素的收敛型结构，可以看成三个元素的无结构型（根树型的一种）和三个元素的逆金字塔型结构的复合（当然其中有两对元素重复使用），而根树型及逆金字塔型结构显然比收敛型结构简单，所以，Leighton 等人（2004）的基本属性层级结构可以分为根树型和逆金字塔型。注意到根树型和逆金字塔型结构都是树（tree），所以 Leighton 等人（2004）所说的四种属性层级结构可以用树型结构概括。另外，有许多学者研究认知诊断时，常常使用独立型（independent type）层级结构，即属性之间互不为先决属性。注意到图论中的树是连通而无回路的图，而独立型结构使用孤立结点表示，它不是连通图，所以孤立结点不是树。这样看来，基本属性层级关系可以用树型结构和独立型结构概括。

然而，出于历史的原因，许多学者习惯使用 Leighton 等人划分的基本属性层级关系，再加上独立型结构，所以本书一般也援用这个惯例。为了讨论方便，在第六章讨论多级评分认知诊断测验设计时，将基本属性层级关系划分为根树型、菱型和独立型。

思考题

1. 你认为 **Q** 矩阵还有什么特点？

2. 简述多值 **Q** 矩阵和 0—1**Q** 矩阵（布尔矩阵）的区别与联系。

3. *Q* 矩阵理论应该包含哪些内容？为什么？

4. 为什么说 Tatsuoka 的 *Q* 矩阵理论的实质是认知诊断测验设计？

5. 对于属性之间可以补偿的情形，你认为认知诊断测验应该如何设计？

6. 如果不采用知识状态集合与理想反应模式集合——对应的原则，请你考虑其他的设计原则，并且在你的设计原则下，如何设计认知诊断测验，即测验 *Q* 矩阵如何设计。

第二章　认知诊断中的几个常用算法及应用

Q 矩阵是联系认知和测量的桥梁。而认知诊断的研究中常使用属性与项目的关联矩阵（Q 矩阵），测验 Q 矩阵便是一种 Q 矩阵，潜在 Q 矩阵也是 Q 矩阵。潜在 Q 矩阵和可达矩阵 R 有紧密联系。本章包括以下四个方面的内容：第一，介绍了三种根据可达矩阵计算潜在 Q 矩阵的算法，并从理论上对扩张算法进行了证明；第二，从潜在 Q 矩阵必可挖掘出可达矩阵 R，并指出不是所有 Q 矩阵都和 R 有这么紧密的联系；第三，从 R 可挖掘出属性层级关系，对 Q 矩阵也可能挖掘出层级关系，并讨论这两个挖掘出来的层级关系的一致性条件；第四，在一定的条件下，给出了根据知识状态和测验 Q 矩阵计算理想反应模式的方法。

第一节　从可达阵到潜在 Q 矩阵的算法

Q 矩阵是 Q 矩阵理论的基础，是属性与项目的关联矩阵。本书约定，Q 矩阵的行表示属性，列表示项目，如果一个测验包括 M 个项目 K 个属性，那么 Q 矩阵是 $K \times M$ 的 $0-1$ 矩阵。若第 i 行第 j 列元素 $q_{ij}=1$，则表示第 j 个项目测查了属性 i，否则 $q_{ij}=0$。把包含相同属性的项目看成一类（去除相同的列向量），如果一个 Q 矩阵包含了所有的非零满足属性层级关系的不同项目类，则该 Q 矩阵称为简化 Q 矩阵或潜在 Q 矩阵，文中两个概念交替使用，一般通过缩减算法得到的 Q 矩阵用 Q_r 表示，而通过扩张算法或渐增式扩张算法得到的 Q 矩阵用 Q_p 表示。

Tatsuoka 于 1983 年提出规则空间模型（rule space model，RSM）（Tatsuoka，1983），定义了 Q_r，并给出计算 Q_r 的方法。Leighton，Gierl，Hunka（2004）给出属性层级模型（attribute hierarchy model，AHM），沿用了 Tatsuoka 的 Q_r 的定义及计算方法。不同的是，Tatsuoka 是从测验后的项目中归纳属性及属性层级结构，而 AHM 是从逻辑上强调施测前确定属性及其层级关系。可以发现，Tatsuoka（1991）介绍的由测验项目抽取出属性层次关系不一定可靠（Ding et al.，2008），即不一定能代表理论上的认知模型。Tatsuoka（1991）给出 A_1（化第一个带分数为假分数）、A_2（化第二个带分数为假分数）、A_3（求公分母并变形）、A_4（两个分子相加）和 A_5（把答案化成最简单的形式）5 个属性，显然属性 A_2 不可能是属

性 A_1 的前提(prerequisite),但由 Tatsuoka(1991)从测验项目抽取得到属性 A_2 是属性 A_1 的前提的结论(丁树良等,2009)。因此本节与 AHM 一样强调施测前确定属性及其层次关系,从属性层级结构出发,介绍求解 Q_r 的几种算法,包括删减算法、扩张算法和渐增式扩张算法。

一、删减算法

比如,英语四六级考试或者计算机等级考试不是为认知诊断的目的而进行的测验,对这些测验的得分数据等资料进行诊断分析。这种利用本来是为其他目的而获得的数据进行认知诊断分析,称为"翻新(retrofitting)"。规则空间模型首先从测验后的项目中归纳属性,获得测验对应的 Q 矩阵(称为测验 Q 矩阵),利用 Tatsuoka(1995,2009)行逐对比较算法,可以得到这些属性之间的层级关系,进一步获得这些属性对应的邻接矩阵 A,令 $B=A+E$,这里 E 表示和邻接阵 A 同阶的单位矩阵。对 B 使用 Tatsuoka(1995,2009)的自乘的方法(实质上是关系矩阵的复合运算,可参见左孝凌,李为鑑,刘永才,1982;Rosen,2003),即将乘积矩阵中等于零的元素保持不变,而不为零的元素化为 1,用这种矩阵乘法,直到相乘的结果矩阵保持不变,这时候获得的矩阵是对应的可达阵。当然,还可以在矩阵 B 的基础上,使用 Warshall 算法(可参见左孝凌,李为鑑,刘永才,1982;Rosen,2003)获得对应的可达阵。

假设从试卷中抽取到 K 个属性,列出除全零列以外的所有 K 维 0—1 向量(共有 2^K-1 个),并将它们作成 K 行 m 列的矩阵,记为 Q_A,用层级关系图表达这 K 个属性之间的约束关系,即属性层级结构;然后得出对应于这个属性层级结构的 0—1 邻接矩阵(A)和可达矩阵(R);从 Q_A 中删除与层级关系不符合的列(称为无效项目),即和可达阵规定的排列顺序不符合的列,便可得到简化 Q 矩阵 Q_r。我们称这种获得简化 Q 矩阵的方法(Tatsuoka,1995,2009;Leighton,Gierl,Hunka,2004)为 Tatsuoka 的删减算法,或者简称删减算法。

如果施测后提取的属性集为 $\{a,b,c,d\}$,得到的属性层次结构如图 2-1-1 所示。

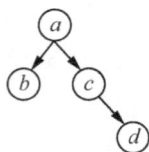

图 2-1-1　一个属性层次结构

由 Tatsuoka 方法可得其求解过程:

邻接矩阵　　　　　可达矩阵

$$
\begin{bmatrix} 0 & 1 & 1 & 0 \\ 0 & 0 & 0 & 0 \\ 0 & 0 & 0 & 1 \\ 0 & 0 & 0 & 0 \end{bmatrix}
\qquad
\begin{bmatrix} 1 & 1 & 1 & 0 \\ 0 & 1 & 0 & 0 \\ 0 & 0 & 1 & 1 \\ 0 & 0 & 0 & 1 \end{bmatrix}
$$

Q 矩阵　　　　　　　　　　　　　　　　　　　Q_r 矩阵

$$
\begin{bmatrix}
1 & 0 & 0 & 0 & 1 & 1 & 0 & 1 & 0 & 0 & 0 & 1 & 1 & 1 & 1 \\
0 & 1 & 0 & 0 & 1 & 0 & 1 & 0 & 0 & 1 & 1 & 0 & 1 & 1 & 1 \\
0 & 0 & 1 & 0 & 0 & 1 & 1 & 0 & 1 & 0 & 1 & 0 & 1 & 1 & 1 \\
0 & 0 & 0 & 1 & 0 & 0 & 0 & 1 & 1 & 1 & 1 & 1 & 1 & 0 & 1
\end{bmatrix}
\qquad
\begin{bmatrix}
1 & 1 & 1 & 1 & 1 & 1 \\
0 & 1 & 0 & 0 & 1 & 1 \\
0 & 0 & 1 & 1 & 1 & 1 \\
0 & 0 & 0 & 1 & 0 & 1
\end{bmatrix}
$$

Tatsuoka 方法中未提及如何判定 Q 矩阵中的项目是否有效。我们采用如下定理 2.1.1（有效/无效项目的判定定理）判定项目是否为无效项目而应被删除（杨淑群，丁树良，2011）。

定理 2.1.1　S 是具有 K 个属性的属性层次结构，$R=(r_1，r_2，\cdots，r_K)$ 是 S 的可达矩阵，$I=(b_1，b_2，\cdots，b_K)(b_i \in \{0，1\})$ 是有效项目的充分必要条件是 $I=\sum_{i=1}^{K} b_i r_i$，$\sum$ 表示向量对应分量的布尔加。

此判定定理应用于 Tatsuoka 方法生成简化 Q 阵，简称 Tatsuoka 算法，其中％为注释符。算法如下。

输入　可达矩阵 R，设 R 为 $K \times K$ 阵
输出　简化 Q 矩阵 Q_r
｛生成具有 2^K-1 个列向量的 Q 矩阵；
for(Q 矩阵中的每列 r)
temp＝该列中所有为 1 的元素在 R 中对应列的布尔加；
if　（temp 不等于 r）　％说明 r 不符合属性层次关系，从 Q 矩阵中删除 r.
　　　删除 r；
　endif
endfor
｝

规则空间模型由知识状态和 Q_r 形成理想反应模式；最后采用统计模式识别方法对被试进行认知诊断（Tatsuoka，1983，1995，2009）。

二、扩张算法

规则空间模型允许使用"翻新"数据，属性的提取以及属性之间的关系一般难以确定，从测验后的项目中归纳属性及属性层级结构易产生矛盾（Ding et al.，

2008)，而属性层级模型（Leighton et al.，2004）主张先给出属性及其层级关系，再编制认知诊断测验，在此基础上进行认知诊断分析。扩张算法与属性层级模型一样强调施测前给出属性层级结构，从属性层次结构可得到邻接矩阵与可达矩阵，以可达矩阵为输入运用扩张算法（Ding et al.，2008；丁树良等，2009；杨淑群等，2008）得到 Q_p 阵。扩张算法中，变量 Q 表示所求 Q_p 阵，具有 K 个属性的可达矩阵是 Q 的初值，变量 m 是 Q 的列数，初值为 K。算法共执行 K 次循环，在第 i 次循环中（$i=1, 2, \cdots, K$），R 中第 i 列与其后面的每列（第 $i+1$，$i+2$，$\cdots$，m 列）作向量的布尔加，如果所得结果为 Q 中的某列则舍去，否则添加此列到 Q 阵中作为 Q 阵的最后一列，m 值加 1，其中％为注释符。其算法如下。

> 输入　可达矩阵 R，设 R 为 $K \times K$ 阵
> 输出　潜在关联矩阵 Q_p
> {$Q=R$；
> $Q=(r_1, r_2, \cdots, r_K)$％将 Q 按列分块
> for $j=1$ to K
> for $t=j+1$ to m
> if($r_j \oplus r_t$ 与所获得的向量不相等)　％$\oplus$ 为 r_j 与 r_t 中的对应分量作布尔加
> then{$m=m+1$；$r_m=r_j \oplus r_t$；}
> endif
> 　endfor
> endfor
> }

由图 2-1-1 生成的可达矩阵及扩张过程如下所示。

	a	b	c	d
a	1	1	1	1
b	0	1	0	0
c	0	0	1	1
d	0	0	0	1

$$
\begin{vmatrix} 1 & 1 & 1 & 1 \\ 0 & 1 & 0 & 0 \\ 0 & 0 & 1 & 1 \\ 0 & 0 & 0 & 1 \end{vmatrix}
\xrightarrow[\text{循环}]{\text{第 1 次}}
\begin{vmatrix} 1 & 1 & 1 & 1 \\ 0 & 1 & 0 & 0 \\ 0 & 0 & 1 & 1 \\ 0 & 0 & 0 & 1 \end{vmatrix}
\xrightarrow[\text{循环}]{\text{第 2 次}}
\begin{vmatrix} 1 & 1 & 1 & 1 & 1 & 1 \\ 0 & 1 & 0 & 0 & 1 & 1 \\ 0 & 0 & 1 & 1 & 1 & 1 \\ 0 & 0 & 0 & 1 & 0 & 1 \end{vmatrix}
\quad \text{第 3，4 次循环}\atop\text{不再扩张}
$$

三、渐增式扩张算法

扩张算法中变量 Q 中的前 K 列都要与其后面所有的列向量作布尔加运算，这样易产生需删除的列向量，从而降低算法效率。为了提高效率，则需尽量减少列的布尔加运算的次数。基于扩张算法，采用向前扩张的思想，逐渐添加可达矩阵的列，我们可得到求解 Q_p 阵的渐增式扩张算法（Yang，Ding，Ding，2010）。算法中变量 Q 表示所求 Q_p 阵，空矩阵是 R 的初值，变量 m 是 Q 的列数，初值为 0。算法共执行 K 次循环，在第 i 次循环中（$i=1$，2，$\cdots$，n），R 中第 i 列添加至 Q 作为最后一列，m 值加 1，然后与其前面的每列（第 1，2，$\cdots$，$m-1$ 列）作向量的布尔加，如果所得结果为 Q 中的某列则舍去，否则添加此列作为 Q 的最后一列，Q 阵扩张增加新列，m 值加 1。下面给出求解 Q_p 阵的渐增式扩张算法，其中％为注释符。

输入　可达矩阵 R，设 R 为 $K \times K$ 阵
输出　Q_p 阵
｛$R=(r_1，r_2，\cdots，r_K)$；％将 R 按列分块
$m=1$；
for $j=1$ to K
｛$m=m+1$；
$q_m=r_j$；　　％q_m 为 Q 中新添列向量
for $t=m-1$ to 1
if($r_j \oplus q_t$ 与所获得的向量不相等)　％$\oplus$ 为 r_j 与 q_t 中的对应分量作布尔加
then｛$m=m+1$；$q_m=r_j \oplus q_t$｝；
endif
　　endfor
　　｝
endfor
｝

定理 2.1.2 保证了渐增式扩张算法的正确性。

定理 2.1.2　S 为具有 K 个属性的属性层次结构，$R=(r_1，r_2，\cdots，r_K)$ 为对应的可达矩阵，则 R 经过渐增式扩张算法的结果与经过扩张算法的结果一致。

证明　假设渐增式扩张算法的输出为 A，$A=(a_1，a_2，\cdots，a_{m1})$，扩张算法的输出为 B，$B=(b_1，b_2，\cdots，b_{m2})$，显然 A 是 B 的子集。

如果 B 是 A 的子集，则结论得证。

事实上，$\forall b_1 \in \boldsymbol{B}$，$b_i = (b_{i_1}, b_{i_2}, \cdots, b_{i_n})(b_{i_j} \in \{0, 1\}, j = 1, 2, \cdots, n)$，则 $b_i = \sum_{j=1}^{t} r_{i_j} (t \leqslant n, r_{i_j} \in \{r_1, r_2, \cdots, r_n\})$，$\sum_{j=1}^{t} r_{i_j}$ 表示 $r_{i_1}, r_{i_2}, \cdots, r_{i_t}$ 的和。

不失一般性，可设$(r_{i_1}, r_{i_2}, \cdots, r_{i_t})$中元素的顺序与 $\boldsymbol{R}$ 中的顺序一致，渐增式扩张算法在第 i_1 次循环的时候可得到 r_{i_1}，第 i_2 次循环可得到 $\sum_{j=1}^{2} r_{i_j}$ ($r_{i_1} \oplus r_{i_2}$)，第 i_3 次循环的时候可得到 $\sum_{j=1}^{3} r_{i_j}$，直到第 i_t 次循环，便得到 $\sum_{j=1}^{t} r_{i_j}$。那么$b_i \in \boldsymbol{A}$，即 $\boldsymbol{B}$ 是 $\boldsymbol{A}$ 的子集。

因此渐增式扩张算法的输出结果与扩张算法的输出结果一致。证毕。

图 2-1-1 生成的可达矩阵，经渐增式扩张算法的扩张过程如下。

| 第一次循环 → | 1 0 0 0 | 第二次循环 → | 1 1 0 1 0 0 0 0 | 第三次循环 → | 1 1 1 1 0 1 0 1 0 0 1 1 0 0 0 0 | 第四次循环 → | 1 1 1 1 1 1 0 1 0 1 0 1 0 0 1 1 1 1 0 0 0 0 1 1 |

四、小结

求简化 **Q** 阵的 Tatsuoka 算法是一个过滤器，将不合格的列过滤，而扩张算法是一个生成器，将合格的列生成出来。Tatsuoka 算法和扩张算法生成的非零列的集合应该相等。凡是扩张算法导出的列一定满足层级结构，从而不会被过滤掉，所以扩张算法得到的集合(S_2)是 Tatsuoka 算法导出的非零列的集合(S_1)的子集；反之，要证明 Tatsuoka 算法结果 S_1 是扩张算法结果 S_2 的子集，即任给 x 属于 S_1，则 x 属于 S_2。

证明其逆否命题，即 x 不属于 S_2，则 x 不属于 S_1。

若 x 不属于 S_2，则可达矩阵的列并不能够将其表达出来，于是 x 必定包含不满足可达矩阵规定的元素（列），因此必定会被 Tatsuoka 算法过滤掉，即 x 必定不属于 S_1，从而 S_1 是 S_2 的子集。综上所述，$S_1 = S_2$。证毕。

由于简化 **Q** 阵$\boldsymbol{Q_r}$中每一列均对应一类潜在的项目，故 $\boldsymbol{Q_r}$ 又称为潜在 **Q** 阵，记为 $\boldsymbol{Q_p}$。基于可达阵 $\boldsymbol{R}$ 扩张出来的矩阵便是$\boldsymbol{Q_p}$。

对于相同的属性及其层级关系，扩张算法和删减算法的结果相同，为什么有了删减算法还要开发扩张算法？首先，对于同一个问题，一般会寻找不同的解决方案，并且会从不同角度去比较这些解决方案的长处和不足，从中选出比较合适的方案；其次，可以深层次考查各种方法可能蕴含的应用。我们会在后续内容中，逐渐展现扩张算法的一些应用（比如，**Q** 矩阵的构造，即 **Q** 矩阵的列均可表示成可达阵的列的布尔并）和性质（比如，学生 **Q** 矩阵对于布尔并是封闭的），这是删减算法难以推断出来的，有些甚至是无能为力的。

第二节 扩张算法的证明

第一节算法说明了有效项目都可表示成可达矩阵列的布尔加，可达矩阵任意列的布尔加依然是有效项目，从而揭示了有效项目与可达矩阵的内在联系，因此本节提出了对求解潜在 Q 矩阵的扩张算法的理论依据。

定义 2.2.1 属性层次关系中属性（属性结点，简称结点）x 是结点 y 的直接或间接前提条件，则称 x 是 y 的约束属性（约束结点）。一个属性结点称为开始属性或开始属性结点（简称开始结点）当且仅当这个属性不存在任何约束结点。不是任何结点的约束结点的结点，称为叶结点。

性质 2.2.1 属性层次关系中属性 x 是属性 y 的约束结点，则 x 的约束结点一定是 y 的约束结点。

性质 2.2.2 若 S 为属性层次结构，则符合 S 的项目对应于 S 的一个子图 S_1。如果 S 是连通的，则 S_1 也是连通的；如果 S_1 是非连通的，则 S_1 的每一个连通分支也处在 S 的一个连通分支中。若 H 为 S_1 的结点集（顶点集），对 $\forall x \in H$，令 $H' = \{y | y$ 为 x 在 S 中的约束结点$\}$，则 $H' \subseteq H$。

证明 因为每一项目必须满足属性层次结构的属性约束关系，则第一个结论易得。

对 S_1 中的任一结点 x，若 y 是 S 中 x 的任一约束属性结点，则 y 一定包含在 S_1 中，否则 S_1 不能表示项目。证毕。

例如，对应图 2-2-1 的一个项目为 $\{11010110\}$，其对应于子图 $<\{a, b, d, f, h\}, \{(a, b), (d, f), (f, h)\}>$，其中 $\{a, b, d, f, h\}$ 为子图的顶点集，$\{(a, b), (d, f), (f, h)\}$ 为子图的边集。该子图有两个连通分支，即 $<\{a, b\}, \{(a, b)\}>$ 与 $<\{d, f, g\}, \{(d, f), (f, h)\}>$，图中两个连通分支为 $<\{a, b, c\}, \{(a, b), (b, c)\}>$ 与 $<\{d, e, f, g, h\}, \{(d, e),$ $(d, f), (d, g), (f, h)\}>$，显然子图两个连通分支分别处于图的两个连通分支中。该项目对应的结点集 H 为 $\{a, b, d, f, h\}$，其对应的 H' 为 $\{a, d, f\}$，显然 $H' \subseteq H$。

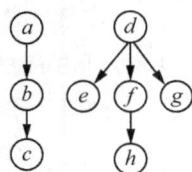

图 2-2-1

性质 2.2.3 若 S 为具有 K 个属性的属性层次结构，R 为对应于 S 的可达矩阵，则 R 的第 i 行表示第 i 个结点可到达的结点的集合；R 的第 j 列表示可到达第 j 个结点的结点集，即第 j 个结点的所有约束结点的集合，因此 R 表示所有结点的约束结点集。

引理 2.2.1 S 为属性层次结构，S_1 为 S 的子图，则 S_1 表示一个项目的充

分必要条件是 S_1 包含了 S_1 中所有结点的约束结点。

证明 由性质 2.2.1 可得必要性证明。

若 S_1 包含了 S_1 中所有结点的约束属性结点，则 S_1 满足属性层次结构，即 S_1 可表示一个项目，即充分性成立。证毕。

本文对向量的布尔加定义为两向量对应元素作布尔加运算，其中布尔加的运算规则为：1+1=1，1+0=1，0+1=1，0+0=0。

设 φ 表示所有元素为 0 的行向量，因为一个项目不能没有任何属性，所以一般 φ 不表示项目。若一个项目表示成属性集的形式（如项目 1010 表示成 $\{a, c\}$)，则 φ 表示空集。

由性质 2.2.1 与引理 2.2.1 可得推论 2.2.1。

推论 2.2.1 若 S 为属性层次结构，R 为对应于 S 的可达矩阵，则 R 的每列表示符合 S 的一个项目。

推论 2.2.2 若 S 为属性层次结构，R 为对应于 S 的可达矩阵，任意 i 列作布尔加后仍是符合 S 的一个项目。

证明 当 $i=2$ 时，设 r_1 与 r_2 为 R 的任意两列所表示的属性集合。因为任一项目都至少包含了一个开始结点，那么 $r_1 \neq \varphi$，$r_2 \neq \varphi$，即 $r_1 \cup r_2 \neq \varphi$。对 $\forall j \in r_1 \cup r_2$，$k$ 为 j 的任一约束结点，根据引理 2.2.1 可得 $k \in r_1$，$k \in r_2$，则 $k \in r_1 \cup r_2$。所以 r_1 为符合 S 的一个项目。

假设当 $i=k$ 时成立，即任意 k 列作布尔加仍为符合 S 的项目，再与任一列作布尔加，根据 $i=2$ 的证明可得 $i=k+1$ 也成立。证毕。

定理 2.2.1 若 S 为属性层次结构，R 为对应于 S 的可达矩阵，则符合 S 的项目可由 R 的列在数域 $\{0, 1\}$ 上线性表示。

证明 设 r 为任一符合 S 的项目对应的属性集，i 为 r 中任一结点，由引理 2.2.1 可得结点 i 的所有约束结点也在 r 中，即结点 i 在 R 中对应的列的元素都在 r 中，即 r 可表示成 r 中所有结点在 R 中对应的列的布尔加。证毕。

第三节　从可达阵提取层级关系算法

如果给定属性及其层级关系，就可以给出邻接阵、可达阵，基于可达阵，应用缩减算法或者扩张算法，就可以得到潜在 *Q* 矩阵，而测验 *Q* 矩阵是潜在 *Q* 矩阵的子矩阵。而给定 *Q* 矩阵，是否可以挖掘出属性层级关系？本节回答这个问题。

提取层级关系有两种方法：一种是比较简单的 Tatsuoka(1995，2009)行逐对比较方法；另一种比较复杂，它是先对 *Q* 矩阵使用缩减算法，判断 *Q* 矩阵是否可以挖掘出属性层级关系，如果可以，则或者使用行逐对比较方法，或者使用清洗算法获得邻接矩阵。而邻接矩阵是属性层级关系的数学表达。问题是，行逐对比较方法简单，为什么还要后面复杂的方法？行逐对比较方法，是有条件还是无条件可以获得属性层级关系，这是本节讨论的内容之一。

一是根据 Q 矩阵，使用缩减算法。缩减算法是指 Q 矩阵的某一列 q 如果能够被 Q 矩阵中其他列的布尔和（布尔并）表示，则将 q 从 Q 矩阵中删除，这个过程一直进行下去，直到 Q 中每一列均不能由其他列的布尔和表示为止，这个算法称为缩减算法。显然，这个算法是扩张算法的逆。通过缩减算法，可以将潜在 Q 阵 Q_p 缩减为可达阵 R。二是根据 R，通过可达矩阵行的逐对比较获得属性之间的层级关系（丁树良，罗芬，2013）。请注意，对于一般的 Q 矩阵，通过缩减算法，不一定能够保证获得可达阵，特别地，如果经过缩减算法获得的矩阵的列数小于行数，则从这个 Q 矩阵一定不能够获取可达阵，因为可达阵是方阵。

一、层级关系简介

认知诊断中，属性之间的层级关系表示认知加工的顺序，如果学习者掌握属性 A_j 必须先掌握属性 A_i，则称 A_i 为 A_j 的先决属性（prerequisite attribute），比如不会计算公倍数（A），就不会做异分母加减运算（B），这里 A 就是 B 的先决属性。先决关系就是所谓层级关系。属性之间的先决关系是一个偏序关系。如果属性 A_i 是 A_j 的先决属性，并且属性 A_i 盖住属性 A_j，即不存在一个既不是 A_i，又不是 A_j 的属性 A_k，使得 A_i 是 A_k 的先决属性，而 A_k 又是 A_j 的先决属性，则称属性 A_i 是属性 A_j 的直接先决（immediately prerequisite），且说 A_j 是 A_i 的覆盖（屈婉玲，耿素云，张立昂，2008）。邻接矩阵是直接先决的数学表达，如果 A_i 是属性 A_j 的直接先决，则邻接矩阵 A 的元素 $a_{ij}=1$，否则 $a_{ij}=0$。

若项目所包含的属性与属性层级关系相符，则该项目称为有效对象（杨淑群，丁树良，2011）。有效对象全体构成的属性与项目关联阵称为潜在 Q 阵，记为 Q_p。Q_p 是一种重要的关联矩阵，因为它包含了所有潜在的项目类型；如果 Q_p 再添加一个零列（记为 Q_s，称为学生 Q 矩阵），则 Q_s 对应所有可能的知识状态类型。潜在 Q 阵描述了相应层级关系对应的图的深度优先算法的所有路径。

Tatsuoka 认为，关联矩阵 Q 的行在布尔加与乘（布尔并与布尔交）之下构成布尔代数，并且认为在布尔代数中，行的包含关系与属性的先决关系等价。她表示在布尔代数中，集合的包含关系等价于相应的两个属性的先决关系。于是她通过对一般的关联矩阵 Q 的任意两行的比较，导出属性之间的先决关系。

然而 Tatsuoka 认为 Q 的行在元素的布尔加与布尔乘之下构成布尔代数（布尔格）是错误的（Ding et al.，2008；丁树良等，2009），因为有限布尔代数中元素的个数必定有 2^K 个，但 Q 的行（列）数不一定是 2^K 个。这个错误的前提之下，她的这种以行的逐对比较获得属性之间层级关系的方法是否正确？答案是肯定的，其实她给出的前提是多余的、错误的。没有这个前提，这种抽取属性之间层级关系的方法的正确性的证明其实很简单。事实上，对于有限集合 $S=\{S_1, S_2, \cdots, S_n\}$，这个集合的任意子集可以用一个 n 维 $0-1$ 向量表示，如果 S_j 是这个子集合的元素，那么这个 n 维 $0-1$ 向量的第 j 个分量等于1；否则等于0。对于 S 的任意两个子集合，它们分别用两个 n 维 $0-1$ 向量 a 和 b 表示，根据集合包含关系的定义，如果 $a-b$ 的每一个分量都非负，那么 a 对应的集合就包含 b 对应的集合。下文中称判断一个集合是否是另一个集合的子集合的方法为行逐对比较方法。

既然 Tatsuoka 的方法有理论支持，故可以使用，当然这个方法也可以直接用于可达矩阵。虽然潜在 Q 矩阵包含可达矩阵(R)，但并不是所有 Q 矩阵都包含可达矩阵。我们想讨论根据 Q 矩阵和 R 挖掘出来的层级关系是否具有一致性，以及达到一致性的条件。之所以追究这种一致性，是因为由可达矩阵导出的属性层级关系(邻接矩阵)是对属性层级的真实描写，而由一般的关联矩阵(Q 矩阵)导出的层级关系可能受到某种程度的"污染"，即不够真实。

在以下讨论中，潜在 Q 矩阵 Q_p 和可达矩阵 R 之间的关系十分重要。联系这两个矩阵的是扩张算法(Ding et al.，2008；杨淑群等，2008；丁树良等，2009)和缩减算法(丁树良等，2012)。通过缩减算法，可以将潜在 Q 阵 Q_p 缩减为可达阵 R。事实上，任何完美 Q 矩阵(以可达阵为其子矩阵的 Q 矩阵)通过缩减算法均可以得到可达矩阵。

注意到两个不同的布尔向量 x 和 y(其元素非0即1)的布尔并 $x \vee y$，其长度必大于 x 或 y 的长度，故先将 Q 矩阵的列按照包含非零元素的数量从小到大排列。假设 Q 矩阵有 K 行 m 列，且 $s \leqslant m$，那么从第 s 列(如 x)开始考查，看其左边是否有某些列的布尔并等于 x。如果是，则删除 x；否则 $s \leqslant m-1$；仿上考查第 s 列，决定是否删除；一直进行下去，直到所有列均不能由其左边的列的布尔并表示为止。

显然，这个算法是扩张算法的逆。通过缩减算法，可以将潜在 Q 阵 Q_p 缩减为可达阵 R(注意：这里说的是潜在 Q 矩阵一定可以缩减为可达阵；但是并不是任何 Q 矩阵都可以缩减为可达阵，有的 Q 矩阵通过缩减以后，甚至其列数小于行数)；再根据 R，通过可达矩阵行的逐对比较方法获得属性之间的层级关系(丁树良，罗芬，2013)。

如果给出欲诊断的领域范围，则可以通过一定的途径(如文献调查、专家讨论、学生出声思维等)，抽出影响学生正确反应的属性(技能，或者知识点)以及这些属性的层级关系，它是偏序关系。由属性及其层级关系，可以导出属性的邻接矩阵，进而得到可达矩阵。

扩张算法揭示了这样的事实，即潜在 Q 矩阵的所有列均可以由可达矩阵的列通过布尔加法得到（Ding et al.，2008；杨淑群，丁树良，2011；丁树良等，2009；杨淑群等，2008）。为了和 Tatsuoka(1995) 的充分 Q 矩阵相区别，将包含可达矩阵的 Q 矩阵称为必要 Q 矩阵（或完美 Q 阵）。显然由可达矩阵 R 及 R 扩张出来的列组成的 Q_p 为必要 Q 矩阵，它是包含非零列数最多的必要 Q 矩阵，注意必要 Q 矩阵不一定是潜在 Q 矩阵，它只是潜在 Q 阵的子矩阵。

二、清洗算法

设 $S = \{S_1，S_2，\cdots，S_n\}$ 是一个有限集合。r 是集合 S 上的偏序关系，即自反、反对称、传递关系，r 对应的关系矩阵为 $M_r = (m_{ij})$，则显然对所有 i，j，k，有 $m_{ii} = 1$，若 $i \neq j$ 时，则 $m_{ij} * m_{ji} = 0$ 以及若 $m_{ij} * m_{jk} = 1$，则必有 $m_{ik} = 1$。通过计算每个结点可达其他结点数目，并且对这个数目按照从大到小（不增）排序，依次安排结点的下标（调整 S 中元素的下标），总可以使 M_r 成为对角元均为 1 的上三角阵。为方便计算，不失一般性，下文中的 M_r 都采用上三角阵这种形式，故 M_r 的行列式等于 1。

丁树良和罗芬(2005)给出了画偏序关系 Hasse 图的清洗算法，为了讨论的完整性，我们将这个算法列在这里，其中 I 是单位矩阵。

Procedure 求 Hasse 图对应的关系阵（M：$n \times n$ 偏序关系阵）

U：$= M - I$

For i：$= 1$ to n

  For j：$= 1$ to n

    For k：$= 1$ to n

      $u_{ik} = u_{ik} - u_{ik} * u_{ij} * u_{jk}$

    End

  End

End$\{U = (u_{ij})$ 为 Hasse 图对应的关系阵$\}$

上述算法有 $2n^3$ 个乘法运算和 n^3 个减法运算，由于 $u_{ij} \in \{0，1\}$，故 $u_{ik} * u_{ij} * u_{jk}$ 也可以用"逻辑与"表示。

显然，Hasse 图对应的关系阵实际上是 S 中结点的邻接矩阵，它反自反，反对称，反传递。

下文首先讨论认知诊断中探查认知属性（结点）层级关系方法的正确性，然后应用这个方法改进上述清洗算法，使得只要对 n 维向量经过 n^2 次比较就可以揭示出这 n 个结点的层级关系。

三、Tatsuoka 寻找属性层级关系方法的正确性的讨论

若可达矩阵 R 是矩阵 Q 的子矩阵，则称 Q 为必要 Q 矩阵（完美 Q 阵）。

设 R 为可达矩阵 $R = (r_{ij}) = (r_1, \cdots, r_n) = \begin{pmatrix} r_{(1)} \\ \vdots \\ r_{(n)} \end{pmatrix}$，第二个等号右边是 R 按

列分块，而第三个等号右边是 R 按行分块。

如果 Q 阵不是必要 Q 矩阵，可以找出反例说明，使用 Q 的行向量两两比较的方法提取出来的属性包含关系 H_1 和使用同样方法从可达矩阵提取出来的属性层级关系 H_2 不一定相同；但如果 Q 是必要 Q 矩阵，则两者提取出来的层级关系完全一致。为此我们先证明如下定理。

定理 2.3.1 可达阵 R 的行逐对比较可以导出属性之间的先决关系。

证明 设认知诊断测验包含 n 个属性，其层级结构为 H，对应的邻接矩阵为 A，可达阵为 R，可知先决关系是偏序关系。不失一般性，可设 R 是对角元均为 1 的上三角阵。R 的第 i 行中非零元对应属性 i 可达的属性，如果 R 的第 i 行 $r_{(i)}$ 减去第 j 行的 $r_{(j)}$ 的差向量中每个元素均非负（记为 $r_{(i)} \geqslant r_{(j)}$），则由于 $r_{ii} = r_{jj} = 1$，知属性 i 可达属性 j 以及所有属性 j 可达的属性，于是属性 i 是属性 j 的先决属性。

用 $q_{(i)}$，$r_{(i)}$ 分别记 Q_p 和 R 的第 i 行，则有如下定理。

定理 2.3.2 假设关联矩阵 Q 是必要 Q 阵，并且 Q 和 R 均按行剖分，则任给 i，j，$q_{(i)} \geqslant q_{(j)}$ 当且仅当 $r_{(i)} \geqslant r_{(j)}$。

证明 由于 Q 是必要 Q 阵，则可以写成 $Q = (R | Q_0)$，Q_0 是由可达阵 R 扩张出来的部分。

若 $q_{(i)} \geqslant q_{(j)}$，则由于 $r_{(i)}$，$r_{(j)}$ 分别为 $q_{(i)}$，$q_{(j)}$ 的前 n 维子向量，故有 $r_{(i)} \geqslant r_{(j)}$；反之，如果 $r_{(i)} \geqslant r_{(j)}$，要证 $q_{(i)} \geqslant q_{(j)}$，若不然，存在 h，使 $q_{ih} < q_{jh}$，由 $r_{(i)} \geqslant r_{(j)}$，有 $r_{ip} \geqslant r_{jp}$，$p = 1, 2, \cdots, n$，故 $h \geqslant n+1$。

由于 q_h 是 Q 的第 h 列，$h \geqslant n+1$。故 q_h 是经由 R 扩张出来的。先设 $q_h = r_s \vee r_t$，$1 \leqslant s, t \leqslant n$，且 $r_s \vee r_t$ 是 r_s 与 r_t 中对应分量的布尔加（取最大值）运算。

由 $q_{ih} < q_{jh}$，知 $q_{ih} = r_{is} \vee r_{it} < r_{js} \vee r_{jt} = q_{jh}$，这与 $r_{(i)} \geqslant r_{(j)}$ 矛盾，于是知由 $r_{(i)} \geqslant r_{(j)}$ 必有 $q_{(i)} \geqslant q_{(j)}$。

对于 q_h 等于 R 中多个列的布尔并的情形，仿上同样可以证明。

四、由偏序关系的可达阵导出邻接阵的算法

由定理 2.3.1 和定理 2.3.2 得 Tatsuoka 介绍的使用 Q 中逐对比较两行的方法，只要 Q 是必要 Q 矩阵，就可以导出属性之间的先决关系。同时也由定理 2.3.1 得由可达阵导出邻接矩阵（Hasse 图）的一个算法。

算法：设 $R=(r_{ij})_{n\times n}$ 是偏序关系 r 的可达阵，且假设 R 的行是根据行和 s_i 从大到小排列，其中 $s_i=\sum_{j=1}^{n}r_{ij}$。

寻找属性的先决关系的算法

For i：＝1 to n

　For j：＝i+1 to n

　　If $r_{(i)}\geqslant r_{(j)}$，then 属性 i 是属性 j 的先决属性，记录属性 i 的后裔结点 p_i

　　end

　end

以下还要设计找出直接先决（盖住关系）的算法。

如果 j 满足 $p_i\geqslant p_j$，且(a)p_j 中仅含一个元素，则 i 是 j 的直接先决；或(b)p_j 中至少有两个元素，但 j 是满足 $p_i\geqslant p_j$ 的最大下标者；否则属性 i 和 j 独立。

显然这个可达阵中逐对比较的算法，只要进行 $(n-1)+(n-2)+\cdots+2=\sum_{j=2}^{n-1}j=\dfrac{(n-1+2)(n-2)}{2}=\dfrac{(n-2)(n+1)}{2}$ 次比较。但是，当关联阵不是必要 Q 阵时，下面例子显示定理 2 不成立。

例如，图 2-3-1 所示一个属性结构

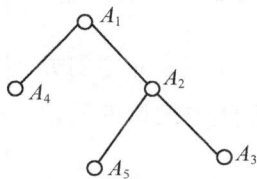

图 2-3-1　一个属性结构

$$
\text{邻接阵 } A=\begin{pmatrix} 0 & 1 & 1 & 0 & 0 \\ 0 & 0 & 0 & 0 & 0 \\ 0 & 0 & 0 & 1 & 1 \\ 0 & 0 & 0 & 0 & 0 \\ 0 & 0 & 0 & 0 & 0 \end{pmatrix}, \text{ 可达阵 } R=\begin{pmatrix} 1 & 1 & 1 & 1 & 1 \\ 0 & 1 & 0 & 0 & 0 \\ 0 & 0 & 1 & 1 & 1 \\ 0 & 0 & 0 & 1 & 0 \\ 0 & 0 & 0 & 0 & 1 \end{pmatrix}.
$$

它所对应图 2-3-1 的层级结构，由扩张算法得

$$
Q_p = \begin{bmatrix} 1 & 1 & 1 & 1 & 1 \\ 0 & 1 & 0 & 0 & 0 \\ 0 & 0 & 1 & 1 & 1 \\ 0 & 0 & 0 & 1 & 0 \\ 0 & 0 & 0 & 0 & 1 \end{bmatrix} \begin{bmatrix} 1 & 1 & 1 \\ 1 & 1 & 1 \\ 1 & 1 & 1 \\ 0 & 1 & 0 \\ 0 & 0 & 1 \end{bmatrix} \begin{bmatrix} 1 & 1 \\ 0 & 1 \\ 1 & 1 \\ 1 & 1 \\ 1 & 1 \end{bmatrix}。
$$

如果删除 Q_p 中第二列，所得 Q 不是必要 Q 阵，对 Q 阵用缩减算法得

$$
Q = \begin{bmatrix} 1 & 1 & 1 & 1 & 1 & 1 & 1 & 1 & 1 \\ 0 & 0 & 0 & 0 & 1 & 1 & 1 & 0 & 1 \\ 0 & 1 & 1 & 1 & 1 & 1 & 1 & 1 & 1 \\ 0 & 0 & 1 & 0 & 0 & 1 & 0 & 1 & 1 \\ 0 & 0 & 0 & 1 & 0 & 0 & 1 & 1 & 1 \end{bmatrix} \rightarrow \begin{bmatrix} 1 & 1 & 1 & 1 & 1 \\ 0 & 0 & 0 & 0 & 1 \\ 0 & 1 & 1 & 1 & 1 \\ 0 & 0 & 1 & 0 & 0 \\ 0 & 0 & 0 & 1 & 0 \end{bmatrix} = Q_1。
$$

Q 的第 9，8，7，6 列满足 $q_9 = q_7 \vee q_8$，$q_8 = q_3 \vee q_4$，$q_7 = q_4 \vee q_5$，$q_6 = q_3 \vee q_5$，故可以缩减 Q 的第 6，7，8，9 列而得到 Q_1，对 Q_1 中两行相比较得到 A_1 是属性 A_2，A_3，A_4，A_5 的先决属性，而 A_3 是 A_2，A_4，A_5 的先决。注意 Q_1 和 R 不相同。由 Q_1 导出的属性层级关系如图 2-3-2 所示。显然，Q 的第三行减去第二行的差向量中所有分量均非负，而可达矩阵 R 的第三行减去第二行的差向量不可能满足所有分量均非负的要求。

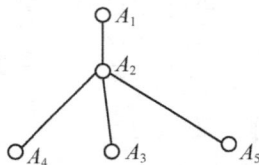

图 2-3-2　一个被"污染"的属性结构

由这个例子可以看到，Tatsuoka 介绍的方法是在关联矩阵 Q 不满足可达阵 R 为其子矩阵时，有可能使得从 Q 中挖掘的属性层级和从可达矩阵挖掘出来的层级不一致。

五、讨论

前面的例子介绍使用缩减算法以判断由关联矩阵 Q 是否可以导出可达矩阵 R，如不能导出 R，则 Q 质量不行(丁树良等，2012)。因为这时候 Q 不能代表正确的属性之间的层级关系，即不能代表所讨论对象的全体；反之，Q 便可以代表所讨论对象的全体。由必要 Q 矩阵挖掘出来的属性层级关系和由可达矩阵挖掘出来的层级关系完全一致。但是，对于非必要的关联矩阵，也有可能从 Q 矩阵挖掘

出正确的层级结构。比如，对于三个独立属性（所有属性之间互相没有先决关系，则称这些属性的层级关系为独立的），可达矩阵是 3 阶单位矩阵。设 $Q =$ $\begin{pmatrix} 1 & 0 & 1 \\ 1 & 1 & 0 \\ 0 & 1 & 1 \end{pmatrix}$，由行向量两两比较，知三个属性相互独立，而这个 Q 矩阵并不是必要 Q 矩阵，因为它不包含可达矩阵。

偏序关系的可达矩阵挖掘出属性（结点）的层级关系，进而画出 Hasse 图，在形式概念分析中 Hasse 图也十分重要（Ganter，Wille，1999）。

如果对一个 Q 矩阵使用缩减算法以后，它的列数少于行数，那么从这个 Q 矩阵一定不能挖掘出属性层级结构，因为它不可能对应一个行数与列数相等的邻接矩阵。

第四节　理想反应模式的计算

认知诊断是根据被试在测验上的反应，对被试的知识状态进行分类，而学生 Q 阵的列表示了被试知识状态的所有可能类。仔细考查一份 0−1 评分的测验，设有 m 个项目，通常 m 和属性数目 K 不相等，且一般 m 比 K 大。一个被试 i 在测验上的观察反应模式为 $x_i = (x_{i1}, \cdots, x_{im})$，而相应的 i 的知识状态为 $\alpha_i = (\alpha_{i1}, \cdots, \alpha_{iK})$，通过一个认知诊断模型或诊断分类方法，将 x_i 对应于某一个知识状态 α_i，即 $f: x_i \rightarrow \alpha$，由于作答反应的随机性，这个 α 不一定是 α_i，注意到 x_i 和 α_i 的维数不相同，直接建立 x_i 与 α 之间的联系有困难，至少要使用降维等统计手段才能建立这种联系，但像规则空间那样将得分向量压缩成二维的大规模降维又要损失不少诊断信息，所以除 Tatsuoka 的规则空间模型（RSM）之外，认知诊断模型基本上不使用这种大规模降维手段。大多数认知诊断模型不是直接建立 x_i 与 α 之间的联系，而是通过一个称之为理想反应模式（IRP）的中间产物 y_α 建立这种联系，y_α 与 x_i 维数相同，再通过 y_α 与知识状态建立联系。对一个项目若既无猜测，又无失误，则称之为理想反应；对若干个有序项目的理想反应称为理想反应模式。

由给定的属性及层级关系，可以导出属性的邻接矩阵 A，可达阵 R，继而计算潜在 Q 阵 Q_p 和学生 Q 阵 Q_s，然后根据某些法则，选择 Q_p 的一些列（可以重复）作为测验蓝图，记为 Q_t。对 Q_s 和 Q_t 按列剖分：$Q_s = (a_1, a_2, \cdots, a_N)_{K \times N}$，$Q_t = (q_1, q_2, \cdots, q_m)_{K \times m}$。

一、0−1 评分情形

如果采用 0−1 评分，可以证明，任取 Q_s 中的一列 a_i，任取 Q_t 中的一列 q_j，

则有 $a_i^T q_j \leqslant q_j^T q_j$。假设属性之间无补偿作用且连接，即掌握了项目考查的所有属性时才能答对该项目，否则必不能答对，理想反应（模式）的计算方法有以下几种。

第一种：如果 $a_i - q_j$ 中每个分量非负，记为 $a_i \geqslant q_j$，则知识状态为 a_i 的被试在项目 j 上的理想反应 $y_{ij} = 1$，否则 $y_{ij} = 0$（Ding et al.，2008；丁树良等，2009）。由 $a_i \geqslant q_j$ 有 $a_i^T q_j \geqslant q_j^T q_j$，又由 $a_i^T q_j \leqslant q_j^T q_j$ 有 $a_i \geqslant q_j$，可得 $a_i^T q_j = q_j^T q_j$，即推出第二种计算方法。

第二种：如果 $a_i^T q_j = q_j^T q_j$，则 $y_{ij} = 1$，否则 $y_{ij} = 0$。注意到这时既有 $a_i^T q_j \geqslant q_j^T q_j$，又有 $a_i^T q_j \leqslant q_j^T q_j$，故可以推出 $a_i - q_j \geqslant 0$。

第三种：令 $e^T = (1, \cdots, 1)_{1 \times K}$，$\delta(x, y) = \begin{cases} 1, & x = y \\ 0, & x \neq y, \end{cases}$ 则 $\delta(a_i^T q_j, e^T q_j) = y_{ij}$，注意到 $e^T q_j = q_j^T q_j$，这是第二种算法的另一种表达，但有理论意义（丁树良，杨淑群，汪文义，2010）。

第四种：如果 $\left(\dfrac{a_i^T q_j}{q_j^T q_j} \right) = 1$，则 $y_{ij} = 1$，否则 $y_{ij} = 0$，这里 $\left(\dfrac{a_i^T q_j}{q_j^T q_j} \right)$ 表示对括号中的数取整数值，注意到由于 $a_i^T q_j \leqslant q_j^T q_j$，故这仍然是第二种的等价表示。

第五种：$y_{ij} = \prod_{k=1}^{K} a_{ik}^{q_{kj}}$，这是 DINA 模型中采用的计算方法，实际上和前面四种等价。

二、多级评分情形

对于多级评分的理想反应（模式）的计算，必须限定评分方式，比如采用每多掌握项目 j 中的一个属性，在项目 j 上理想得分便增加一分的评分方式（田伟，辛涛，2012；Tasuoka，1995；祝玉芳，丁树良，2009），则 $a_i^T q_j$ 和 $a_i^T Q_t$ 是知识状态为 a_i 的被试在项目 j 和整个测验上的理想反应和理想反应模式。

思考题

1. Tatsuoka 计算简化 Q 阵的缩减方法与基于可达矩阵的扩张算法有何异同？

2. 简述扩张算法与渐增式扩张算法的优缺点。

3. 通过阅读后面的章节，讨论扩张算法的意义（比如，为什么学生 Q 矩阵的列集合上定义布尔并、布尔交以后可以构成新的代数系统——格；为什么可达阵在构建隐式认知诊断模型时起重要作用；如何通过扩张算法建立理论构念效度等）（可参见丁树良等，2021；Ding et al.，2021）。

第三章　一个评估 Q 矩阵的指标——理论构念效度

构念是心理学理论所涉及的抽象而属假设性的概念或特征。信度和效度是衡量一个测量工具优劣的关键指标。信度又称可靠性，是测量结果的一致性和稳定性的指标；效度也称有效性，即度量测验能够测出所测属性的程度指标。本章第一节重点叙述认知模型及其他重要概念，第二节介绍充分 Q 阵和引入必要 Q 阵的定义，第三节改进 HCI 的指标。

第一节　理论构念效度

一、认知模型及其构建

教育认知诊断中涉及两类模型：认知诊断模型（CDM）和认知模型（CM）。认知诊断模型受到高度关注，它将被试可观察的反应模式（ORP）映射为被试知识状态（KS）。大家比较熟悉的规则空间模型（RSM；Tatsuoka，1983，1995，2009），属性层级模型（AHM；Leighton，Gierl，Hunka，2004），确定性输入，噪声"与"门模型（DINA；Junker，Sijtsma，2001）等，都是 CDM。对 CDM 的研究包括对 CDM 的开发、CDM 性质的探讨以及 CDM 的应用等。而 CDM 又可依照不同标准进行分类，如果从项目的评分方式来看，可以分成 0—1 评分、多级评分，甚至连续评分的 CDM；从认知模型的维度来看，有单维和多维模型；从认知属性对认知任务起的作用来看，有补偿性、部分补偿性和非补偿性模型；从认知策略的多少来看，有单策略与多策略模型；从 Q 阵的完备性来看，有要求 Q 阵完备和不要求 Q 阵完备模型等（Fu，Li，2007；汪文义，2009；陈平，2011），甚至还有"高阶"和"低阶"之分，如高阶 DINA 与 DINA，"一般"与"特殊"之别，如 DINA 与 GDINA。这里所说的"低阶"CDM，它仅包含属性，而"高阶"CDM 则是除包含"低阶"CDM 的所有属性之外，还认为有"统领"所有属性的更高一级的潜特质；而"一般"的 CDM，是指对这个 CDM 的连接函数可以进行选择，而且还定义了属性之间的相互作用。连接函数的不同选取，由 GDINA 可以获得不同的 CDM，因此它实际上可以获得一簇不同的 CDM，就好像等腰三角形可以包含等腰直角三角形、等边三角形一样，可以说等腰三角形是一般的，而等腰直角三角形是"特殊"的等腰三角形。非补偿的含义是掌握的属性不能补偿没有掌握的属性。连接的含义是掌握项目所有属性，可以有较高的概率正确作答，而对项目所含的属性未完全掌握（即使只有一个属性没有掌握），将大大降低答对概率。这里仅讨论连接的非补偿模型。请注意，第一，在一个认知诊断测验中，不同的项目可能拟合不同的认知诊断模型，因此研究模型与作答数据拟合（模型－资料拟合）检验是一个很重要的内容；第二，认知诊断模型是将作答反应进行分类的方法，所以不一定是概率统计方法，但由于通常作答反应包含随机误差，故认知诊断模型一般都是概率统计模型。

认知模型因为和具体的认知行为有关，故更加多姿多彩。本章仅讨论教育测量中的认知模型。给定一个感兴趣的论域（domain），教育测量中的认知模型是对问题解决的抽象，选择合适的粒度（granularity）（粒度的直观解释是考查点的细分或细化程度）刻画任务，即用合适的粒度对问题解决的简化描述，以方便解释和预报被试表现，包括他们在这个论域中认知上的长处和不足（Gierl，Leighton，Hunka，2007）。比如，诊断小学生分数运算掌握情况，就不能使用"分数运算"这么大的粒度对问题进行描述，而要将这个属性进行分解，用更小的粒度（如相同分母的加减运算、求两个整数的最小公倍数、最大公因子、通分、异分母加减运算、约分等）进行描述。认知模型提供了对测验反应进行解释的框架，这个框架还可以用来指导项目开发，将测验观察结果和被试的知识、加工、策略等特殊认知推断联系起来，使认知原理和测量实践联系起来（Gierl，Leighton，Hunka，2007）。

认知模型是认知诊断中最基础也最关键的部分。如果没有认知模型，就好像进入一个大城市缺少一张导游图，只能在纵横交错的道路上摸索，而不可能对城市的布局了然于胸。同样，没有认知模型，认知诊断测验的设计就缺乏基础，也就很有可能无法探查某些被试的知识结构（这些知识结构就相应于地图中的一些道路）。之所以说规则空间模型对现存的测验数据进行认知诊断分析，即使用"翻新"方法，也会存在这样或那样的缺陷，就是因为对现存的测验的翻新，缺乏依据认知模型的设计环节。当然，由于对认知诊断测验编制的原理和方法的研究成果还不丰富，纵使有了认知模型，如何编制一个能够完整准确地反映这个认知模型的测验蓝图问题，也还值得认真研究。另外，也有认知诊断模型对认知模型比较稳健，如 RUM，它就包含处理属性界定可能不完整的机制。

构建认知模型主要有专家讨论、文献调查、口语报告等方法。认知模型的构建是一项十分艰巨的工作，所以目前认知模型还很少（Gierl et al.，2007）。认知模型的构建也不是一蹴而就的。比如，下文中例 3.2.5 就给出了对认知模型进行争论的例子。这些争论提供了一些竞争的认知模型，如何评价各自的优劣是一件很有意义的工作。

二、认知模型与属性层级的对应

概括地讲，属性是指正确求解项目所需的基本认知加工或技能。属性层级是属性之间的逻辑和（或）心理特征结构，不能与项目解决中要求的属性顺序关系相互混淆（Gierl，Leighton，Hunka，2000）。先决、直接先决和覆盖等概念可参见第二章第三节。

Tatsuoka(1995，2009)和 Leighton 等人(2004，2007)认为对于所感兴趣的论域，属性及其层级可以构成认知模型。Leighton 等人(2004)给出四种基本属性层级：直线型、收敛型、发散型及无结构型（图 3-1-1），并且认为其他复杂层级关系可以由这四种基本层级结构组合而成。从图 3-1-1 可知，Leighton 等人（2004）的无结构型是一种特殊的发散型，这种分类显得有一点儿混乱；而 Tatsuoka(1995，2009)给出一种独立型结构（图 3-1-1），即所有属性之间无先决关系。这种独立型结构，在实际应用中也是存在的，如有研究认为 GRE 牵涉的属性之间的关系符合独立型结构。在国外研究中经常使用这种独立型结构，但是 Leighton 等人强调属性之间的先决关系，而没有引入这种属性之间无先决关系的结构类型。Leighton 等人所给出的结构都是连通图，独立型是非连通图（屈婉玲，耿素云，张立昂，2008），为了研究范围更加广泛而不冗余，我们主张用独立型代替无结构型。

给定 K 个属性及其层级，根据图论，便可以给出一系列元素为 0 或 1 的矩阵。比如，K 阶邻接矩阵、可达阵 R。

由可达矩阵 R 通过 Tatsuoka(1995，2009)的方法可以导出简化 Q 阵（reduced Q-matrix)Q_r，或者通过扩张算法（Ding et al.，2008；杨淑群等，2008；丁树良，汪文义，杨淑群，2009；丁树良等，2009）导出 Q_r。我们将 Q_r 改写成 Q_p，Q_p 列的集合表示所有潜在项目类的集合，即 Q_p 中的第 j 列代表一类项目，这类项目所含属性恰好对应了 Q_p 第 j 列中非零元素，故称 Q_p 为潜在 Q 矩阵。在 Q_p 中加上一个全 0 列，记为 Q_s，表示所有被试的知识状态类，称 Q_s 为学生 Q 矩阵。显然由 R 可以导出 Q_p，由 Q_p 可以导出 Q_s；同样由 Q_s 立即可得 Q_p。而由 Q_p 通过行的包含关系的比较（Tatsuoka，1995，2009），或者缩减算法可以得到可达矩阵 R。

使用缩减算法时，要使用布尔并运算。所谓两个 0—1 列向量的布尔并运算，即两个向量的对应分量中取最大元，亦即若 x，y 取值为 0，1 的元素，则 x 与 y 的布尔并记为 $x \vee y = \max(x，y)$。缩减法的要义是如果 Q 矩阵中的一个列可以

表示成这个 **Q** 矩阵中其他两个或者两个以上列的布尔并，那么这一列是这个 **Q** 矩阵中"非本质"的列，可以删除，不断地删除 **Q** 中"非本质"的列，一直到所有"非本质"的列都删除为止。

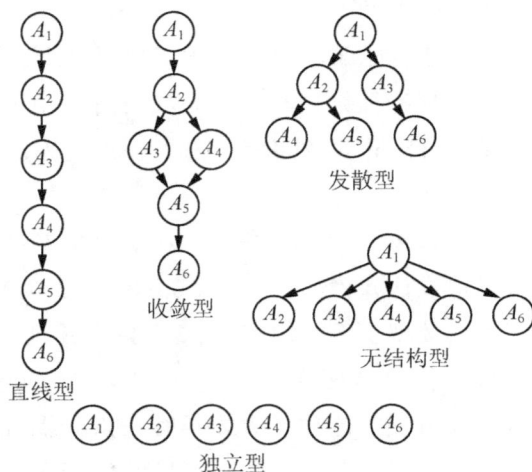

图 3-1-1　6 个属性对应的 5 种基本属性层级结构

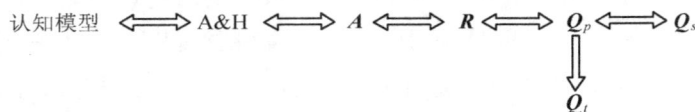

图 3-1-2　认知模型和几类矩阵之间的关系

图 3-1-2 中的矩阵 Q_t 表示测验蓝图⇒测验 **Q** 阵。与 Q_p 一样，它的行表示属性，列表示项目类，同一类项目中所包含的属性相同，由 Q_t 对应的列中的非零元素表示。Q_t 是 Q_p 的子矩阵，即 Q_t 中每一列均取自 Q_p。当然实际使用的测验蓝图中的列可以重复（重复测量只影响信度，并不影响效度），而我们这里约定 Q_t 中相同的列仅仅保留一列。在图 3-1-2 中，除了 Q_p 到 Q_t 之间用单向箭头表示之外，其他均用双向箭头标识，表示箭头两边的对象是"等价"的，即相互可以推出。例如，认知模型 A ＆ H，其中 A 表示属性，H 表示属性之间的层级（H），这是我们的基本假定，而由图论知识可得 A ＆ H⇒A，这是因为有了属性及其层级关系，就能够写出这些属性的邻接矩阵 **A**。其他也可以类推。只是可达矩阵 **R** 和邻接矩阵 **A** 的相互推导，要略加说明。可达矩阵 **R** 是偏序关系对应的一个关系矩阵。可达矩阵 **R** 通过"清洗算法"（参看第二章）可以导出邻接矩阵 **A**（丁树良，罗芬，2005）。

Q_t 是 Q_p 的子矩阵，在这个意义上可以说由 Q_p 可以导出 Q_t，而 Q_t 不一定可以导出 Q_p。如果两者可以互推，即由 Q_t 可以推出 Q_p，从而可以推出认知模型，这样的测验蓝图在认知诊断中就可能具有一些比较好的性质，从而显得十分重要。然而在什么条件下，由 Q_t 可以推导出 Q_p？Tatsuoka（1995，2009）也想解决这个问题，她的办法是给出充分 Q 阵（sufficient Q-matrix）的概念。

第二节　充分 Q 矩阵和必要 Q 矩阵及其比较

一、充分 Q 矩阵

设 Q_t 为 K 行 m 列 Q 矩阵，按列剖分成（$\boldsymbol{q}_1$，$\boldsymbol{q}_2$，…，$\boldsymbol{q}_m$），其中 $\boldsymbol{q}_j=(q_{1j}$，q_{2j}，…，$q_{Kj})'$。如果 $\boldsymbol{q}_i-\boldsymbol{q}_j\geqslant0$，即 $\boldsymbol{q}_i-\boldsymbol{q}_j$ 的每个分量都不小于零，则表示项目 j 中的所有属性均包含在项目 i 之中，也可以称项目 i 是项目 j 的父项目，j 是 i 的子项目，又称项目 i 包含项目 j。相仿，将 Q_t 按行划分，Q_t 的第 i 行记为 s_i，$s_i=(q_{i1}$，q_{i2}，…，$q_{im})$，$i=1$，2，…，K。如果 $s_i-s_j\geqslant0$，则称属性 i 是属性 j 的先决属性。定理 2.3.1 已证明，当 $Q_t=\boldsymbol{R}$ 时，$\boldsymbol{R}$ 的行 s_1，s_2，…，s_K 满足 $s_i-s_j\geqslant0$，则 A_i 是 A_j 的先决属性，定理 2.3.2 又证明了如果 Q_t 是必要 Q 阵，则 Q_t 和 $\boldsymbol{R}$ 表达的属性层级关系一致，但一般情况下，$\boldsymbol{R}$ 不一定是 Q_t 的子矩阵，这时 $s_i-s_j\geqslant0$，我们只是称属性 i 是属性 j 的先决属性，但真正的认知模型中的属性之间的先决关系是否与之重合，则要进一步考查。这种 Q_t 中任意两行相减以寻找属性之间先决关系的方法，我们称其为 Q_t 中包含关系基础上的逐对比较方法，不致混淆时，简称为 Q_t 行逐对比较方法。Tatsuoka（1995，2009）介绍过这种 Q_t 行逐对比较方法，她使用的是集合包含的运算，这里只不过是用向量减法运算对其加以表达而已，这两种方法运算结果是等价的。

定义 3.2.1　（充分 Q 阵，Tatsuoka，1995，2009）假设对所感兴趣的领域的所有属性对应可达阵 $\boldsymbol{R}$，又设 Q_t 的行表示属性，列表示项目，如果对 Q_t 通过行逐对比较以后，可以导出可达矩阵 $\boldsymbol{R}$，则称 Q_t 对所感兴趣领域的认知模型的表达是充分的。

请注意，充分 Q 矩阵不需要以可达矩阵作为其子矩阵，请看下例。

例 3.2.1　设三个属性是独立结构 $Q_t=\begin{pmatrix}1&1&0\\1&0&1\\0&1&1\end{pmatrix}$，$K=m=3$，则可达矩阵 $\boldsymbol{R}$ 为三阶单位阵 $\boldsymbol{I}_3$。由 Q_t 的行进行逐对比较，可得属性之间互不为先决，于是由 Q_t 可以导出可达阵为三阶单位阵 $\boldsymbol{I}_3$，即 Q_t 是充分 Q 阵。

这个定义是说通过 Q 矩阵行逐对比较，可以得到属性的包含关系，由此导出邻接阵，可达阵（$\boldsymbol{R}_0$）。若这个可达阵 $\boldsymbol{R}_0$ 和 $\boldsymbol{R}$ 相同，那么这个 Q 矩阵是充分的。

下面的论述或许能更直观地解说这一点。由于 *Q* 矩阵的行逐对比较不可能影响 *Q* 矩阵的列数，假设 *Q* 矩阵不是方阵，则通过行逐对比较不可能"变成"方阵，而可达阵一定是方阵，所以定义中只是说可以"导出"可达阵，而不是得到 *R*。

二、必要 *Q* 矩阵

正如 Tatsuoka(1995，2009)所说的，纵使 Q_t 是充分的，但它并不一定是合适的 *Q* 阵，因为充分 *Q* 阵仍可能使许多观察反应模式无法分类，更不能保证对所有观察反应模式正确分类。事实上，充分 *Q* 阵不能保证不同知识状态对应于不同的理想反应模式(IRP)。给出若干个项目，这里所说的 IRP 是指在属性之间非补偿条件下给出若干个项目，被试若掌握了某个项目中所有的属性，则必答对该项目(不失误)，否则必做出错误反应(无猜测)，这样导出的反应称为对该项目的理想反应，对所有项目的理想反应按照项目顺序排列后的向量称为理想反应模式(IRP)。对于规则空间模型，每个 IRP 对应一个纯规则点(Tatsuoka，1995，2009)，而下例说明有的充分 *Q* 阵可能会将几个不同的知识状态对应同一个纯规则点。

例 3.2.2 对于知识状态为(0，0，0)，(1，0，0)，(0，1，0)，(0，0，1)的四类被试，在例 3.2.1 所示的 Q_t 下，IRP 都是(0，0，0)，而(1，1，0)，(0，1，1)，(1，0，1)，(1，1，1)对应的 IRP 分别是(1，0，0)，(0，0，1)，(0，1，0)，(1，1，1)。于是在例 3.2.1 中的 Q_t 之下，由 8 类不同的知识状态仅能给出 5 类不同的 IRP，也就只能给出 5 个纯规则点。可见充分 *Q* 阵不一定能提高规则空间模型(RSM)的分类准确率，甚至使用充分 *Q* 阵还可能使一些被试不能归类或者错误归类。Tatsuoka(1995，2009)指出，当我们将被试分类到 *Q* 矩阵导出的预先确定的知识状态集合的某一个知识状态时，可能会发现有高百分比的被试不能够归类。看来我们必须重新考虑表达我们所感兴趣的领域的潜在认知任务的 *Q* 矩阵的合适性(appropriateness)，哪怕这个 *Q* 矩阵是充分 *Q* 矩阵(even if the *Q*-matrix is sufficient)。充分 *Q* 矩阵并不必须是合适的 *Q* 矩阵(an appropriate *Q*-matrix)。如果 *Q* 矩阵是好的认知模型并且能够对被试群体的潜在认知加工(underlying cognitive processes)描述得不错，那么分类准确率应该非常高。

如果充分 *Q* 矩阵确实(indeed)是好的认知模型，并且分类准确率非常高，比如达到 90% 甚至更高，那么分类的被试观察反应模式就能够转换(beconverted)为知识状态。

看上去 Tatsuoka 对于充分 *Q* 矩阵的表现也不是特别满意。

如果矩阵 M_1 的所有列都是矩阵 *M* 的列，则称 M_1 是 *M* 的子矩阵。

定义 3.2.2(必要 *Q* 阵)(丁树良等，2010，2011)若可达矩阵 *R* 是测验蓝图 Q_t

的子矩阵，则称 $\boldsymbol{Q}_t$ 为必要 $\boldsymbol{Q}$ 矩阵。

定义 3.2.2 的意思是若 $\boldsymbol{Q}_t$ 为必要 $\boldsymbol{Q}$ 阵，则由 $\boldsymbol{Q}_t$ 阵可以导出认知模型。这一点可以由图 3-1-2 看出，可达矩阵和认知模型是双方可以相互推导的，而 $\boldsymbol{Q}_t$ 阵为必要 $\boldsymbol{Q}$ 阵，$\boldsymbol{R}$ 则是 $\boldsymbol{Q}_t$ 的一部分，这当然就可以导出认知模型，也就可以导出潜在 $\boldsymbol{Q}$ 阵 $\boldsymbol{Q}_p$。

事实上，我们有如下的定理（丁树良等，2010，2011）。

定理 3.2.1　假设所讨论的认知属性对认知任务所起的作用是非补偿，连接并且采用 0—1 评分模式。$\boldsymbol{Q}_t$ 是必要 $\boldsymbol{Q}$ 阵当且仅当知识状态集合与理想反应模式（IRP）集合可以建立起一一对应关系（双射关系）（丁树良等，2010，2011）。

定理的证明请参见第五章第一节。

给定测验 $\boldsymbol{Q}$ 阵 $\boldsymbol{Q}_t$，如果知识状态 $\boldsymbol{\alpha}$ 和 $\boldsymbol{\beta}$ 对应的理想反应模式相同，则称 $\boldsymbol{\alpha}$ 和 $\boldsymbol{\beta}$ 在 $\boldsymbol{Q}_t$ 上等价，记为 $\boldsymbol{\alpha} \overset{Q_t}{\cong} \boldsymbol{\beta}$。显然，任给知识状态 $\boldsymbol{\alpha}$，$\boldsymbol{\alpha} \overset{Q_t}{\cong} \boldsymbol{\alpha}$（自反性），若 $\boldsymbol{\alpha} \overset{Q_t}{\cong} \boldsymbol{\beta}$，则 $\boldsymbol{\beta} \overset{Q_t}{\cong} \boldsymbol{\alpha}$（对称性）。若 $\boldsymbol{\alpha} \overset{Q_t}{\cong} \boldsymbol{\beta}$ 且 $\boldsymbol{\beta} \overset{Q_t}{\cong} \boldsymbol{\gamma}$，则 $\boldsymbol{\alpha} \overset{Q_t}{\cong} \boldsymbol{\gamma}$（传递性）。

若 $\boldsymbol{\alpha}$ 是 $\boldsymbol{Q}_s$ 的一列，记 $[\boldsymbol{\alpha}]_{Q_t} = \{\boldsymbol{\beta} \mid \boldsymbol{\beta}$ 是 $\boldsymbol{Q}_s$ 中的列，且 $\boldsymbol{\beta} \overset{Q_t}{\cong} \boldsymbol{\alpha}\}$，称 $[\boldsymbol{\alpha}]_{Q_t}$ 为 $\boldsymbol{\alpha}$ 的 $\boldsymbol{Q}_t$ 等价类，简称为 $\boldsymbol{\alpha}$ 等价类。

从定理 3.2.1 可知，$\boldsymbol{Q}_t$ 是必要 $\boldsymbol{Q}$ 阵，则每个 KS 等价类中有且只有一个元素（知识状态）。

显然，必要 $\boldsymbol{Q}$ 矩阵和 Tatsuoka（1995，2009）所定义的充分 $\boldsymbol{Q}$ 矩阵是不同的。事实上，必要 $\boldsymbol{Q}$ 矩阵一定是充分 $\boldsymbol{Q}$ 矩阵，反之，则不然，如例 3.2.1 中 $\boldsymbol{Q}_t$ 是充分 $\boldsymbol{Q}$ 矩阵，但不是必要 $\boldsymbol{Q}$ 矩阵。

例 3.2.3　在例 3.2.1 条件下，设 $\boldsymbol{Q}_t = I_3$，则 $\boldsymbol{Q}_t$ 为必要 $\boldsymbol{Q}$ 阵，对所讨论领域中任一个知识状态 $\boldsymbol{\alpha}$，在测验蓝图 $\boldsymbol{Q}_t$ 下，其理想反应模式仍然为 $\boldsymbol{\alpha}$。这里知识状态集合中有 2^3 个元素，而理想反应集合中也恰有 8 个元素，这两个集合之间是一一对应的。

三、A & H 与 ORP，IRP 之间的关系

已知属性集合及其层级关系，简记为 A & H，则可确定 $\boldsymbol{Q}_p$ 和 $\boldsymbol{Q}_s$，如果再给出测验蓝图 $\boldsymbol{Q}_t$，被试参加测验以后，便可以得到观察反应模式（ORP），对于非补偿、连接模型可以计算出理想反应模式（IRP）（丁树良等，2009），通常的认知诊断是通过 ORP，IRP 建立起 KS 的对应，从而达到诊断目的。对 RSM 和 AHM 的分类原理进行分析，便可以清楚地看到这一点；对于 DINA 等模型，项目反应函数中观察反应、理想反应和知识状态的关系比 RSM 和 AHM 相应的关系稍复杂，仍是通过建立三者的联系进行诊断的。我们用下面两个图来表示 A & H，

ORP，IRP 与 KS 之间的关系。

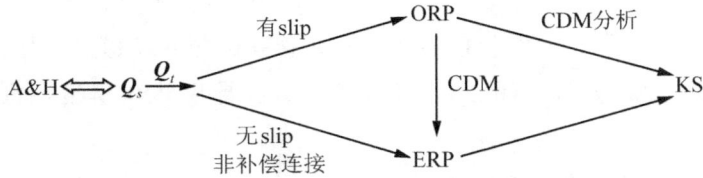

图 3-2-1　A & H 与知识状态之间的关系

图 3-2-2　必要 *Q* 阵的作用

　　将专家给出的 A & H 看作是理论上的 A & H。如果通过 Q_t 中行逐对比较，可以挖掘出 Q_t 对应的 A & H(记为 A & H(Q_t))，理论上的 A & H 与 A & H(Q_t)的吻合程度可以度量 Q_t 的完备程度，即 Q_t 有多大的资格代替理论上的 A & H？我们给出理论构想效度(theoretic construct validity，TCV)的概念。

　　定义 3.2.3　(理论构想效度)设专家给出的 A & H 对应 N_1 个知识状态；而测验蓝图 Q_t 可以导出 N_2 个知识状态 $\{\boldsymbol{\beta}_1，\boldsymbol{\beta}_2，\cdots，\boldsymbol{\beta}_{N_2}\}$，又设 $\{\boldsymbol{\beta}_1，\boldsymbol{\beta}_2，\cdots，\boldsymbol{\beta}_{N_2}\}\bigcap\{\boldsymbol{\alpha}_1，\boldsymbol{\alpha}_2，\cdots，\boldsymbol{\alpha}_{N_1}\}$ 中含有 N_3 个元素，并且知识状态服从离散均匀分布，则 Q_t 对应的理论构想效度：

$$TCV=\begin{cases}\dfrac{N_3+1}{N_1}，若\{\boldsymbol{\beta}_1，\boldsymbol{\beta}_2，\cdots，\boldsymbol{\beta}_{N_2}\}不包含零向量，\\[4mm]\dfrac{N_3}{N_1}，否则。\end{cases}$$

　　若知识状态不服从离散均匀分布时，TCV 由定义 3.24 给出。

　　例 3.2.4　例 3.2.3 中，定义 3.2.3 中 $N_1=8$(独立结构 Q_s 的列数)，$N_3=8$，可由 Q_t 通过扩张算法导出的矩阵列数加上 1(加上全 0 列)得到，故例 3.2.3 中 Q_t 的 TCV$=8/8=1$。而对于例 3.2.1 中的 3 个独立属性，A & H 可导出 8 个知识状态，但

$$Q_t=\begin{pmatrix}1&0&1\\1&1&0\\0&1&1\end{pmatrix}\xrightarrow{扩张}\left(\begin{array}{ccc|c}1&0&1&1\\1&1&0&1\\0&1&1&1\end{array}\right)\xrightarrow{加上全0列}\begin{pmatrix}1&0&1&1&0\\1&1&0&1&0\\0&1&1&1&0\end{pmatrix}，它有 5$$

列，故例 3.2.1 中 Q_t 的 TCV$=5/8$。

　　例 3.2.5　(引自 Sinharay，Almond，2007)Tatsuoka 等人(1988)的带分数减法认知诊断测验。理论上有 5 个属性，A_1：基本分数减法，A_2：分数或带分数化简，A_3：从分数中分离出整数，A_4：从带分数整数部分借 1，A_5：化整数为分

数。专家认定的属性层级结构如图 3-2-3，测验 Q_t 中通过包含关系找出的层级结构如图 3-2-4。图 3-2-4 是由测验蓝图 Q_t 阵中相同的列只保留 1 列，以后仍然记为 Q_t，再依照 Q_t 行逐对比较找出各属性之间的先决关系后整理而成。

图 3-2-3 是理论上的层级结构，可以导出 24 种知识状态，由测验蓝图 Q_t 导出的图 3-2-4，却只能给出 9 种知识状态，所以 Q_t 给出的 TCV $= 9/24 = 0.375$，这个 TCV 并不令人满意。

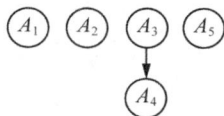

图 3-2-3 专家给出层级关系　　　　图 3-2-4 由 Q_t 导出的层级关系

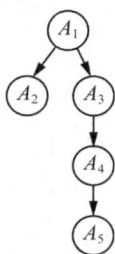

下面给出理论构想效度的另一个定义，它可能比定义 3.2.3 更广泛。

定义 3.2.4 （理论构想效度）在定义 3.2.3 中，$\{\beta_1, \beta_2, \cdots, \beta_{N_2}\} \bigcap \{\alpha_1, \alpha_2, \cdots, \alpha_{N_1}\}$ 中所含 N_3 个元素记为 $\{\gamma_1, \gamma_2, \cdots, \gamma_{N_3}\} \subseteq \{\alpha_1, \alpha_2, \cdots, \alpha_{N_1}\}$，若可以计算出每个 α_j 出现的概率 p_j，则理论构想效度为 $\sum p_{jt}$，这里求和的范围是 $j_t \in \{1, 2, \cdots, N_1\}$，且 α_{jt} 与某个 γ_k 相等。显然，令 Q_s 中列数 $= N_1$，$p_{jt} = 1/N_1$，则定义 3.2.3 与 3.2.4 相同。

如果若干个不同的知识状态都对应同一个 IRP，使用 Tatsuoka（1995，2009）"知识状态等价类"的术语来表述，即某些 KS 等价类里含有多个知识状态。这是知识状态集合 S 上由 Q_t 决定的等价类。

由定理 3.2.1 得知，要想提高理论构想效度，就必须设计测验 Q 阵（Q_t），使得不同的知识状态对应不同的 IRP，即每一个知识状态等价类仅仅只包含一个知识状态。然而为什么会出现多个知识状态构成一个等价类的现象？我们分两种情况进行讨论。

当专家给出一个理论的属性层级结构以后，由定义 3.2.3 或定义 3.2.4，可以计算出一个测验蓝图（测验 Q 阵 Q_t）的理论构想效度。如果测验蓝图 Q_t 的理论构想效度远小于 1。比如，例 3.2.5 中 Q_t 的理论构想效度等于 0.375，我们有必要弄清楚在给定条件下，哪一些知识状态在 Q_t 下会形成一个知识状态等价类，即它们对应的 IRP 相等。我们从例 3.2.5 入手讨论这个问题。由 Sinharay，Almond（2007）的表 1 将含有相同属性的项目视为一类可以获得如下所示的含 6 类项目的 Q 阵（Q_t）。图 3-2-3 和图 3-2-4 给出的可达矩阵分别记为 R_1 和 R_2。其中

$$
\boldsymbol{R}_1=\begin{pmatrix}1&0&0&0&0\\0&1&0&0&0\\0&0&1&1&0\\0&0&0&1&0\\0&0&0&0&1\end{pmatrix},\ \boldsymbol{R}_2=\begin{pmatrix}1&1&1&1&1\\0&1&0&0&0\\0&0&1&1&1\\0&0&0&1&1\\0&0&0&0&1\end{pmatrix},\ \boldsymbol{Q}_t=\begin{pmatrix}1&1&1&1&1&1\\0&1&0&0&0&1\\0&0&1&1&1&1\\0&0&0&1&1&1\\0&0&0&0&1&0\end{pmatrix}。
$$

根据 $\boldsymbol{R}_1$ 和 $\boldsymbol{R}_2$ 应用扩张算法，可以分别导出潜在 Q 阵 $\boldsymbol{Q}_p^{(1)}$ 和 $\boldsymbol{Q}_p^{(2)}$。为了便于比较，将 $\boldsymbol{Q}_p^{(1)}$ 与 $\boldsymbol{Q}_p^{(2)}$ 相同的列放在 $\boldsymbol{Q}_p^{(1)}$ 的最左边（8 列）。

$$
\boldsymbol{Q}_p^{(1)}=\begin{pmatrix}
1&1&1&1&1&1&1&1&1&0&0&0&0&0&0&1&0&1&0&1&0&1&0&0\\
0&1&0&1&0&1&0&1&0&1&1&0&1&0&1&0&1&1&0&0&1&1&0&1\\
0&0&1&1&1&1&1&1&1&0&1&1&1&1&0&0&0&0&1&1&1&1&1&1\\
0&0&0&0&1&1&1&1&0&0&0&0&0&0&0&0&0&0&0&0&0&0&1&1\\
0&0&0&0&0&0&1&1&0&0&0&0&1&1&1&1&1&1&1&1&1&1&1&1
\end{pmatrix},
$$

$$
\boldsymbol{Q}_p^{(2)}=\begin{pmatrix}
1&1&1&1&1&1&1&1&1\\
0&1&0&1&0&1&0&1&1\\
0&0&1&1&1&1&1&1&1\\
0&0&0&0&1&1&1&1&1\\
0&0&0&0&0&0&1&1&1
\end{pmatrix}。
$$

若 $\boldsymbol{Q}_p^{(1)}$，$\boldsymbol{Q}_p^{(2)}$ 的最左边植入一个全零列（表示测验属性都未掌握的被试的知识状态），则得到相应的被试 Q 阵 $\boldsymbol{Q}_s^{(1)}$ 和 $\boldsymbol{Q}_s^{(2)}$，这时 $\boldsymbol{Q}_s^{(1)}$ 中含 24 列，而 $\boldsymbol{Q}_s^{(2)}$ 中仅含 9 列。这表明由测验 Q 阵（$\boldsymbol{Q}_t$）挖掘出的 $\boldsymbol{Q}_s^{(2)}$ "丢失"了 $\boldsymbol{Q}_s^{(1)}$ 中的 15 列。通过 $\boldsymbol{Q}_p^{(1)}$ 与 $\boldsymbol{Q}_p^{(2)}$ 的对比，当然可以找到 $\boldsymbol{Q}_s^{(2)}$ 丢失的 15 列，我们记丢失的 15 列为 $\boldsymbol{Q}_{lost}$。记 $\boldsymbol{Q}_{lost}=(\boldsymbol{B}_1|\boldsymbol{B}_2)$，即 $\boldsymbol{Q}_{lost}$ 以 $\boldsymbol{B}_1$，$\boldsymbol{B}_2$ 为其子矩阵，其中：

$$
\boldsymbol{B}_1=\left(\begin{array}{cccc|ccccccc}
0&0&0&0&0&0&0&0&0&0&0\\
1&0&0&0&1&1&1&0&1&0&0\\
0&1&1&0&1&1&0&1&1&1&0\\
0&0&1&0&0&1&0&0&0&1&1\\
0&0&0&1&0&0&1&1&1&1&1
\end{array}\right),\
\boldsymbol{B}_2=\begin{pmatrix}
1&1&1&1\\
1&0&1&0\\
0&1&1&0\\
0&0&0&0\\
1&1&1&1
\end{pmatrix}。
$$

如何考查 $\boldsymbol{Q}_p^{(1)}$ 中哪一些知识状态对应同一个 IRP，即构成同一个知识状态等价类？能够用其他方法指出 $\boldsymbol{Q}_t$ 的缺陷吗？第一个问题可以应用求理想反应的方法（丁树良等，2009），根据 $\boldsymbol{Q}_t$ 和 $\boldsymbol{Q}_p^{(1)}$ 便可以计算出来，其中 $\boldsymbol{B}_1$ 的 11 个列和零向量对应的 IRP 相同，所有分量都是 0；而 $\boldsymbol{B}_2$ 中知识状态在 $\boldsymbol{Q}_t$ 下产生的期望反应模式分别和 $(1,1,1,0,0)^T$ 以及 $(1,0,1,0,0)^T$，$(1,1,1,0,0)^T$，$(1,0,0,0,0)^T$ 的 IRP 对应相等，即这些知识状态等价类都含两个知识状态。

第二个问题除掉对照层级关系图，写出可达矩阵，直接对可达矩阵进行比对

之外，还可以使用缩减算法解决，对 $\boldsymbol{Q}_{lost}$ 使用缩减算法，得到

$$\boldsymbol{M} = \begin{bmatrix} 0 & 0 & 0 & 0 & 1 \\ 1 & 0 & 0 & 0 & 0 \\ 0 & 1 & 1 & 0 & 0 \\ 0 & 0 & 1 & 0 & 0 \\ 0 & 0 & 0 & 1 & 1 \end{bmatrix}。$$

这表明 $\boldsymbol{Q}_t^{(2)}$ 的缺陷是缺少了 $\boldsymbol{Q}_{lost}$ 中本质的 5 列。当然由于 $\boldsymbol{Q}_t^{(2)}$ 本身的构造，$\boldsymbol{M}$ 中的前面 4 列才是 $\boldsymbol{Q}_t$ 本身缺少的，$\boldsymbol{M}$ 中的第 5 列是由 $\boldsymbol{R}_1$ 中第 1 列与 $\boldsymbol{Q}_t$ 中的相同第 1 列和 $\boldsymbol{R}_1$ 中的第 5 列作布尔并得到的。这缺少的 4 列正是图 3-2-3 对应的可达矩阵 $\boldsymbol{R}_1$ 中的第 2～5 列，这进一步说明测验蓝图 $\boldsymbol{Q}$ 矩阵包含可达矩阵的所有列才可以使得 IRP 和知识状态（KS）一一对应（丁树良等，2010，2011）。

以上是对理论上的属性层级（认知模型）已知条件下的分析，然而目前往往有学者对已经存在的并不是为诊断而开发的测验进行认知诊断（称之为"翻新"），或者虽然是为诊断目的开发的测验，但事实证明测验中项目属性标定不一定正确或者测验设计不一定合理；这时如何去考查测验的理论构想效度并分析该测验导出的知识状态等价类？

结合 deCarlo(2011)考查过的例子进行分析。deCarlo 对 Tatsuoka(1990)的分数减法数据重新分析。这个诊断测验包含 8 个属性，20 个项目，其中有 5 对项目含有相同的属性，它们是项目 2 与 3，4 与 20，6 与 8，11 与 17，14 与 16，具有相同属性的项目仅保留 1 个，则这个测验可以用一个 8×15 的测验蓝图（$\boldsymbol{Q}_t$ 阵）来表示，即

$$\boldsymbol{Q}_t = \begin{bmatrix} 0&0&0&0&0&1&0&0&0&0&0&0&0&1&0&1 \\ 0&0&1&1&0&1&1&1&1&0&1&1&0&1&1 \\ 0&0&1&0&0&0&0&0&0&0&0&0&0&0&1 \\ 1&1&0&1&0&1&0&0&0&0&1&0&0&0&0 \\ 0&0&1&0&0&0&0&0&0&0&0&0&1&1 \\ 1&0&0&0&0&0&0&0&0&0&1&0&1&0 \\ 1&1&1&1&1&0&1&0&1&1&1&1&1 \\ 0&0&0&1&0&0&0&1&0&1&0&0&0&0 \end{bmatrix}。$$

根据 $\boldsymbol{Q}_t$ 行逐对比较方法寻找属性之间的先决关系，知属性 A_7 是属性 A_1，A_4，A_6，A_8，A_5 的直接先决，而 A_2 是 A_5 的直接先决，A_5 是 A_3 的直接先决，由此可得到这 8 个属性的层级关系图如图 3-2-5，由图 3-2-5 可导出如图 3-2-6 所示的可达矩阵 $\boldsymbol{R}$。

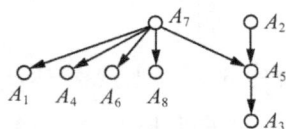

图 3-2-5　由 Q_t 挖掘出的层级关系

$$R = \begin{pmatrix} 1 & 0 & 0 & 0 & 0 & 0 & 0 & 0 \\ 0 & 1 & 1 & 0 & 1 & 0 & 0 & 0 \\ 0 & 0 & 1 & 0 & 0 & 0 & 0 & 0 \\ 0 & 0 & 0 & 1 & 0 & 0 & 0 & 0 \\ 0 & 0 & 1 & 0 & 1 & 0 & 0 & 0 \\ 0 & 0 & 0 & 0 & 0 & 1 & 0 & 0 \\ 1 & 0 & 1 & 1 & 1 & 1 & 1 & 1 \\ 0 & 0 & 0 & 0 & 0 & 0 & 0 & 1 \end{pmatrix}$$

图 3-2-6　所对应可达矩阵 R

对 Q_t "形式上"使用扩张算法,可以导出除零向量外的 57 种知识状态,而由 R 通过扩张算法可以导出除零向量外的 65 种知识状态。纵使 Q_t 挖掘出来的层级关系为真,这时 Q_t 的理论构想效度也只有 $58/66 = 0.879$。这表示有 $66 - 58 = 8$ 种知识状态在给定的 Q_t 下的 IRP 会和其他的知识状态产生的 IRP 重合,即有一些知识状态等价类中包含的元素不止 1 个。这里效度降低的原因在于 Q_t 中不可能通过布尔并运算获得可达矩阵 R 的第 6 列,它包含且只包含属性 A_6,A_7。由于缺乏这 1 列,A_6,A_7 这两个属性还可以和属性 A_1,A_2,A_4,A_8 中任一个搭配。考虑到 Q_t 中的第 1 列已经包含了 A_4,A_6,A_7,属性 A_6,A_7 还可以从集合 $\{A_1, A_2, A_8\}$ 中分别取 0 个、1 个、2 个、3 个元素搭配组成新的项目类,于是缺少这 8 个项目类。由 Q_t 中的第 3 列和倒数第 2 列,知道不必再考虑 A_6,A_7,A_2 这 3 个属性分别和 A_5,A_3 搭配产生的项目类。这说明如果命题以后,项目属性均已标识,命题专家和测量专家仍需要对测验的"完整性"(测验 Q 阵是否包含了 Q 挖掘出的可达矩阵 R)进行考查,如果 Q 阵缺乏 R 阵中的列,则应修改测验,使之包含可达矩阵 R 中所有的列对应的项目。我们可以将这一过程小结为四步。

第一步,由测验 Q 阵(Q_t)挖掘出层级关系,导出对应的可达矩阵 R;

第二步,对 Q_t "形式上"使用扩张算法,扩张出所有的知识状态 Q_s;

第三步,由 R 扩张出所有知识状态 $Q_s(R)$;

第四步,比较 Q_s 和 $Q_s(R)$;如果 $Q_s(R)$ 的列数多于 Q_s 的列数,则应修改 Q_t,使之包含 R 中所有列。

另外,还可以借用缩减算法来完成,具体步骤如下。

第一步,由测验 Q 阵(Q_t)挖掘出层级关系,导出可达矩阵 R;

第二步,对 Q_t 使用缩减算法,得到 $R(Q_t)$;

第三步,比较 R 和 $R(Q_t)$,如果两个矩阵 R 与 $R(Q_t)$ 不相等,则应修改 Q_t,使之包含 R 中所有列。

　　以上是专家认定的 A ＆ H 与被试的知识结构基本一致的假定之下，讨论测验蓝图如何表达 A ＆ H，以及表达得是否充分的度量办法及其讨论。然而专家认定的 A ＆ H 与被试的知识结构并不一定是一致的，事实上一组专家或几组专家之间的认识都不能保证一致。比如，Cheng(2009)就讲到对同一个测验不同专家组给出了两个不同 Q_t 阵。这一点 McGlohen(2004)在博士论文也提到过；更有说服力的例子是 deCarlo(2011)称有五批专家分析过 Tatsuoka 等人(1990)分数减法的数据，有些专家（如 de la Torre，Douglas，2004）就修正了 Tatsuoka 等人(1990)给出的 Q 阵。既然专家之间对 Q 阵的认定都有分歧，谁又能保证被试所采用的策略与 Q 阵规定的一致？

　　被试与专家的这些不一致表现在观察反应模式(与 Q_t 有关)和理论上的 A ＆ H 不太吻合。更详细一点说，如果被试的 ORP 中既无猜测也无失误，则 ORP 的集合可能只是 IRP 的真子集，即两者可能不一致。前文已经分析了这两者不一致的原因之一，即 Q_t 不是必要 Q 矩阵；另外一个原因可能是 Q 矩阵标定有误而引起系统误差。Rupp 和 Templin 研究过这个问题(2008)，他们认为 Q_t 中如果某个列(表示一类项目)中本应为 0 的元素被误指为 1，则该项目猜测参数变大。比如，一个项目仅含属性 A_1，却在 A_2 处也标记为 1，本来不掌握属性 A_2 而只是掌握属性 A_1 的被试就应该答对该项目，但由于错误标定，从而认为这些被试是"猜对"该项目，使该项目的猜测参数变大。反之，本应为 1 的元素却被误指为 0，则该项目失误参数变大。比如，一个项目本应含属性 A_1，A_2，却在 A_2 处标记为 0，则本来仅掌握属性 A_1 的被试答不对该项目是正常的，现在却认为是失误造成的，从而使该项目的失误参数变大，但是还有可能出现某些 ORP 不是 IRP 集合中的元素。比如，3 个属性的直线型结构，A_1 是 A_2 的先决属性，A_2 是 A_3 的先决属性，但是出现(101)这样不符合层级关系的 ORP。这种不一致，不是因为 Q_t 不是必要 Q 矩阵引起的。这种不一致可能是由于被试作答失误引起的，也可能是由猜测引起的。失误和猜测都是随机误差。

　　这里关注的不仅仅是测验蓝图(Q_t)的误指等原因引起的诊断结果的系统误差，还是由于被试本身的失误(slip)引起的随机误差。也就是说，图 3-2-1 中有一个问题，即如果 ORP 存在严重干扰，slip 过大，则诊断准确率必定下降，如何判断干扰的严重程度？可以直接由 ORP 对认知模型进行评估吗？

四、由 ORP 估出 KS 可信吗？

　　如果作答时不含失误或猜测，则 ORP 即 IRP。如果再满足 Q_t 是必要 Q 阵的条件，则 IRP 与 KS 一一对应，这时由 ORP 估出 KS 是简单的，也是可信的；然而被试的 ORP 或多或少存在失误或猜测，ORP 和 IRP 的对应就存在误差。

如果 Q_t 不是必要 **Q** 阵，则根据 ORP 估计出来的 KS 的集合能否真正代表被试群体也可能难以置信。比如，例 3.2.1 中 KS 分别为（0，0，0），（1，0，0），（0，1，0），（0，0，1）的被试，在给定的测验蓝图之下，所得的 ORP 都可能是（0，0，0）。而 ORP 为（0，0，0），则估出来的 KS 也应该是（0，0，0），这当然造成了估计误差，这种估计误差是由设计上的缺陷造成的，若我们假定专家给出 A & H，在此基础上给出的 Q_t 也是必要 **Q** 阵，但可能专家给出的认知模型不能代表被试的认知模型（比如，被试采用的策略与专家在 **Q** 阵中规定的策略不相同），这会造成 ORP 与 IRP 的系统误差；而被试的 ORP 中必定掺杂了随机误差，如果这些误差比较大，估计出的 KS 的准确性也就比较低，所以下一节讨论如何描述和度量 ORP 偏离理想反应的程度，即层级相合性指标（HCI）。由于假定 Q_t 为必要 **Q** 阵，故由定理 3.2.1 和定义 3.2.3 知 ORP 与 IRP 的偏离程度，也就是 ORP 与 A & H 的偏离（吻合）程度。

第三节　HCI 指标及其改进

一、HCI 指标

如果有了 **Q** 矩阵，Cui 等人（2009）给出了层级相合性指标（HCI）以度量每个被试的观察反应与理想反应接近的程度：如果被试正确作答了某个项目，则认为被试掌握了此项目所测的所有属性，从而也应该正确作答考查该属性集或其子集的其他项目（Cui, Leighton, 2009）。例如，被试正确作答了考查（1，0，1，0）的项目，则被试期望正确作答考查（1，0，1，0），（1，0，0，0），（0，0，1，0）的其他项目（只要这些项目的属性向量符合属性层级关系）。将所有被试拟合指标求平均可获得测验水平上 HCI（Cui, 2007; Cui, Leighton, Zheng, 2006）。

更重要的是有人认为个人拟合指数的均值可以作为评价认知模型和数据拟合程度的指标（Wang, Gierl, 2007）。其原理是：设采用 0—1 评分且 j，g 为项目，假定项目 j，g 中所测查的属性的集合分别为 AS_j 和 AS_g，且 AS_g 包含在 AS_j 中，则称项目 g 为项目 j 的子项目，j 为 g 的父项目；那么在不失误的条件下，如果被试 i 能对项目 j 正确反应，则必可对项目 g 正确反应。如果用 MS_i 表示被试 i 在其正确作答的项目的所有子项目上错误作答（失误）的次数之和，则此时

$$MS_i = \sum_{j \in SC_i} \sum_{g \in S_j} x_{ij}(1-x_{ig}) = 0 \text{。} \tag{3-3-1}$$

其中 x_{ij}，x_{ig} 为被试 i 在项目 j，g 上的得分。

式中 $SC_i = \{j \mid j$ 为项目，且 $x_{ij}=1\}$，它表示被试 i 正确反应的项目集合；

$S_j = \{g \mid g$ 为项目，$AS_g \subseteq AS_j$，$g \neq j\}$ 即项目 j 的子项目集合。

用 $\#S_j$ 表示集合 S_j 中元素个数，$N_{ci} = \sum\limits_{j:\,x_{ij}=1} \#S_j$，即 N_{ci} 表示被试 i 答对项目上所有子项目的个数之和，称为所有答对项目的比较数。在不失误的条件下，$MS_i = 0$，而对于许多实际作答，$MS_i \neq 0$，即 ORP 与 IRP 会出现不一致的情况，$\dfrac{MS_i}{N_{ci}}$ 正是 ORP 与 IRP 不一致的一个度量，从而 $1 - \dfrac{MS_i}{N_{ci}}$ 是被试 i 的 ORP 和 IRP 一致性的度量，为了使这个度量值可以从 -1 变到 1，将其修改为 $\text{HCI} = 1 - \dfrac{2MS_i}{N_{ci}}$。HCI 越大，表示 ORP 和 IRP 越一致，特别地，在不失误情况下，HCI=1。

二、修正与拓展的层级相合指标

修正的层级相合指标 MHCI：在 HCI 的定义下，$S_j = \{g \mid g$ 为项目，$AS_g \subseteq AS_j$，$g \neq j\}$，由于 S_j 不包含项目 j，设想一个测验中有一个项目 j，它只含有一个属性，且同类试题仅此一道题，恰有一位考生 i 掌握且只掌握了这个属性，并且这时 $x_{ij}=1$。但由 HCI 中关于 S_j 的定义，$N_{ci}=0$。此外，如果一个被试没有做对任何一道题，这种情况下也有 $N_{ci}=0$，由于 0 不能为分母，故 HCI 定义中存在缺陷。为弥补 HCI 指标定义的不完整，才有了 MHCI 指标的提出（毛萌萌，2011；丁树良等，2012）。MHCI 指标的定义公式为：$\text{MHCI}_i = 1 - 2\sum\limits_{j \in SCi}\sum\limits_{g \in S_j} x_{ij}(1 - x_{ig})/N_{ci}$，其中 $S_j = \{g \mid g$ 为项目，$AS_g \subseteq AS_j\}$，其他符号的定义同 HCI。

但是无论是 HCI 还是 MHCI 指标，都是只关注被试失误的反应，即"父项目做对而子项目做错"（简称为"父对子错"）的情形，这可以解释为"失误"，然而"父对子错"也可以是因为在父项目上"猜测"而造成的。这两者都考虑才能比较全面地揭示被试反应对理想反应或对属性层级的偏离（毛萌萌，2011；丁树良等，2012），由此有了 NHCI 指标的提出，其定义公式为：

$$\text{NHCI}_i = 1 - \left(\sum\limits_{j \in SCi}\sum\limits_{g \in S_j} x_{ij}(1 - x_{ig})/N_{ci} + \sum\limits_{k \in SWi}\sum\limits_{f \in S_k} x_{if}(1 - x_{ik})/N_{wi}\right).$$

$$(3\text{-}3\text{-}2)$$

式中 $SWi = \{k \mid k$ 为项目且 $x_{ik}=0\}$，它表示被试 i 错误反应的项目集合；$V_k = \{f \mid f$ 为项目，且 $AS_k \subseteq AS_f\}$，即项目 k 的父项目的集合；$N_{wi} = \sum\limits_{k:\,x_{ik}=0} \#V_k$，$\#V_k$ 为集合 V_k 中元素个数；其余符号同上。

若将 HCI、MHCI 和 NHCI 统称为 HCI 类指标，我们可以使用 HCI 类指标对所获得的 ORP 数据进行分析，考查被试反应与专家命制项目所蕴含的层级结构是否基本符合。如果基本符合，可以使用认知诊断模型做进一步诊断分析，否则应该寻找两者不相符的原因。因此，在对数据进行认知诊断分析时，建议分成三步走。

第一步，在施测之前，对测验 *Q* 阵计算理论构想效度。如果太低，应该检查测验蓝图，替换项目中的试题，修改测验 *Q* 阵后再计算理论构想效度，直到满意为止。如果不太低，则转第二步。

第二步，在施测之后，考查每个被试的反应是否与属性层级相容。然后计算全体被试的 NHCI 的均值，如果太低，则可能 A & H 与被试的知识结构不符，应该对 Q_t 进行修正后再转第一步，否则进行第三步。

第三步，选择 CDM（甚至是不同项目使用不同的 CDM）对数据进行分析。

注意，在第二步中，Cui(2007)提出 HCI 低于 0.6，表示拟合不好；而 Wang,Gierl(2007)认为 HCI 的均值在 0.3 以下就可以认为模型设置得不好，HCI 均值在 0.6 以上是好模型。

三、基于假设检验的项目相合性指标

分离规则通常假设未掌握项目所测的任何属性时，以较高的概率作答错误；而掌握项目部分或全部属性时，以较高的概率作答正确。

在认知诊断评估中，评价认知模型与作答数据的拟合非常重要。已有的 HCI 仅能用于评价连接规则下认知模型与作答数据的拟合情况，有必要研究分离规则下的相合性指标。而且 HCI 假设某项目上正确作答，其子项目上的错误作答便被推断为失拟。由于作答反应的随机性，应该使用假设检验进行推断。将假设检验引入项目相合性指标的研究中，并给出分离规则下认知模型与作答数据的拟合评价指标。研究结果显示：基于假设检验的项目相合性指标，可用于区分连接规则与分离规则作答数据、评价 *Q* 矩阵质量和反映作答数据中的噪声，还可为评价认知模型和选择认知诊断模型提供参考(汪文义，丁树良，宋丽红，2015)。

每个被试对应一个 HCI，每个项目也可以对应一个类似的指标(丁树良，罗芬，汪文义，2013)。根据 HCI 思想，有研究者提出了项目相合性指标(ICI)，用于评价项目与认知模型的拟合程度，项目 j 上 ICI 计算如下。

$$\text{ICI}_j = 1 - 2 \sum_i \left[\sum_{g \in S_j} x_{ij}(1 - x_{ig}) \sum_{h \in S_j^*} x_{ih}(1 - x_{ij}) \right] / M_j。 \qquad (3\text{-}3\text{-}3)$$

其中 S_j 和 S_j^* 表示项目 j 的子项目和父项目集合，均包含项目 j 本身，S_j^* 是指所测属性集包含项目 j 所测属性集的项目集合；对被试 i，M_j 是项目 j 的子项目数与父项目数之和乘被试数，其他参数含义同上。

(一)连接规则下修正的 *ICI*

由于作答反应的随机性，不应该仅凭一个项目上的正确反应就认为被试掌握

了项目所测的所有属性。下面基于比率 p_{ij}（被试 i 在项目 j 正确作答概率）检验，分别对 x_{ij} 为 1 或 0 两种情况进行假设检验。由 Cui，Leighton（2009），Templin，Henson（2006）等人的研究或实测分析结果，本文取掌握组被试答对概率下限 $p_1=$ 0.75，而未掌握组被试答对概率上限取 $p_0=0.25$。主要基于以下逻辑进行推断：如果 $x_{ij}=1$ 为真正正确作答，其子项目应该多数作答正确；如果 $x_{ij}=0$ 为真正不知道错，其父项目应该大多数作答错误。下面分两种情况进行假设检验。

①当 $x_{ij}=1$ 时，考虑如下单边假设检验问题。

$$H_0: \ p_{ij} \geqslant p_1 \quad \text{vs} \quad H_1: \ p_{ij} < p_1 \text{。}$$

直观上，原假设 H_0 成立意味着被试 i 掌握项目 j 所测的所有属性。视被试 i 在任意项目 j 上的得分为随机变量，ξ 表示被试 i 在项目 j 的所有 n_j 个子项目上的总分，故仍为随机变量。由局部独立性假设，被试 i 在项目 j 上 n_j 个子项目为 n_j 次独立试验，并且假设被试 i 在项目 j 及其子项目上的正确作答概率均为 p_{ij}，知 ξ 服从二项分布，记为 $\xi \sim b(n_j, \ p_{ij})$。根据比率的假设检验，只需根据被试 i 在项目 j 的所有 n_j 个子项目总分观察值 $\xi = t_{ij}$，计算检验的 p 值。

$$p = P(\xi \leqslant t_{ij}) = \sum_{k=0}^{t_{ij}} C_{n_j}^k p_1{}^k (1-p_1)^{n_j-k} \text{。} \tag{3-3-4}$$

并将其与事先给定的显著性水平比较大小即可。譬如，取显著性水平 $\alpha=$ 0.1：若 $p > \alpha$，则不能拒绝原假设，此时 $\sum\limits_{g \in S_j} x_{ij}(1-x_{ig})$ 视为不匹配，参与 ICI_j 计算；若 $p \leqslant \alpha$，则应拒绝原假设，此时 $\sum\limits_{g \in S_j} x_{ij}(1-x_{ig})$ 不参与 ICI_j 计算。

②当 $x_{ij}=0$ 时，考虑如下单边假设检验问题。

$$H_0: \ p_{ij} \leqslant p_0 \quad \text{vs} \quad H_1: \ p_{ij} > p_0 \text{。}$$

根据被试 i 在项目 j 的所有 n_j^* 个父项目总分观察值 $\xi^* = t_{ij}^*$，计算检验的 p 值。

$$p = P(\xi^* \geqslant t_{ij}^*) = 1 - \sum_{k=0}^{t_{ij}} C_{n_j^*}^k p_0^k (1-p_0)^{n_j-k} \text{。} \tag{3-3-5}$$

若取显著性水平 $\alpha=0.1$：若 $p > \alpha$，则不能拒绝原假设，此时 $\sum\limits_{h \in S_j^*} x_{ih}(1-x_{ij})$ 视为不匹配，参与 ICI_j 计算；若 $p \leqslant \alpha$，则应拒绝原假设，此时 $\sum\limits_{h \in S_j^*} x_{ih}(1-x_{ij})$ 不参与 ICI_j 计算。

HCI 或 NHCI 的主要作用在于甄别异常反应被试，而 ICI 的主要作用在于甄别异常反应项目。NHCI 和 ICI 考虑的失拟情况类似，考虑了答对项目的子项目或答错项目的父项目的失拟情况。但是 NHCI 和 ICI 合并两类不拟合数的方式有所差异，NHCI 视失误比率与猜测比率之和为不匹配比率，而 ICI 视失误数与猜测数之和与总数之比为不匹配比率。

(二)分离规则下相合性指标

若被试错误作答项目 j，且被试并没掌握项目 j 所测的任何属性，此时被试在项目 j 的子项目应该大多数作答错误，则作答正确的项目数被视为不拟合数。如被试错误作答了考查 $(1，0，1，0)$ 的项目，则被试应该期望错误作答了考查 $(1，0，1，0)$，$(1，0，0，0)$ 或 $(0，0，1，0)$ 的项目。若被试正确作答了项目 j，此时被试至少掌握了项目 j 所测的部分或全部属性，由分离规则，此时被试在项目 j 的父项目上应该大多数作答正确，因此作答错误的项目数便可视为不拟合数。根据这种思路，可开发分离规则下被试相合性指标、修正的被试相合性指标和项目相合性指标。在不引起混淆的情况下，仍沿用前面的英文缩写和数学符号，分离规则下指标的计算公式如下，式中 C_i 和 C_i^* 分别表示被试 i 正确和错误反应的项目集合。

$$\mathrm{HCI}_i = 1 - 2 \sum_{j \in C_t^*} \sum_{g \in S_j} x_{ig}(1 - x_{ij})/N_i。 \tag{3-3-6}$$

$$\mathrm{NHCI}_i = 1 - \Big[\sum_{j \in C_i^*} \sum_{g \in S_j} x_{ig}(1 - x_{ij})/N_i + \sum_{j \in C_i} \sum_{h \in S_j^*} x_{ij}(1 - x_{ih})/N_i^*\Big]。 \tag{3-3-7}$$

$$\mathrm{ICI}_j = 1 - 2 \sum_i \Big[\sum_{g \in S_j} x_{ig}(1 - x_{ij}) + \sum_{h \in S_j^*} x_{ij}(1 - x_{ih})\Big]/M_j。 \tag{3-3-8}$$

类似于连接规则下的相合性指标，分离规则下定义的 ICI 仍存在如前文指出的问题。为了避免仅凭一个项目上的反应就做出推断，下面分两种情况进行假设检验。

① 当 $x_{ij} = 0$ 且项目 j 的所有 n_j 个子项目总分为 t_{ij} 时，考虑如下单边假设检验问题。

$$H_0: p_{ij} \leqslant p_0 \quad \mathrm{vs} \quad H_1: p_{ij} > p_0。$$

当 $\sum_{k=0}^{t_{ij}} \mathrm{C}_{n_j}^k p_0^k (1 - p_0)^{n_j - k} \leqslant 1 - \alpha$ 时，$\sum_{g \in S_j} x_{ig}(1 - x_{ij})$ 视为不匹配，参与 ICI_j 计算；否则不参与 ICI_j 计算。

② 当 $x_{ij} = 1$ 且项目 j 的所有 n_j^* 个父项目总分为 t_{ij}^* 时，考虑如下单边假设检验问题。

$$H_0: p_{ij} \geqslant p_1 \quad \mathrm{vs} \quad H_1: p_{ij} < p_1。$$

当 $\sum_{k=0}^{t_{ij}^*} \mathrm{C}_{n_j^*}^k p_1^k (1 - p_1)^{n_j - k} \geqslant \alpha$ 时，$\sum_{h \in S_j^*} x_{ij}(1 - x_{ih})$ 参与计算 ICI_j；否则不参与 ICI_j 计算。

四、层级相合性指标研究新进展

层级相合性指标的多级评分拓展：康春花等人(2018)将 MHCI 指标拓展至多

级评分模型下，其具体公式为：

$$\text{GHCI}_i = 1 - \frac{2\sum_{j \in nonzero_j} \frac{1}{k_{ij}} \sum_{g \in s_{jP_k}} 1 - \frac{X_{ig}}{S_g}}{N_{ci}}。$$

（3-3-9）

式中 $S_{correct i}$ 表示被试 i 作答得分不为 0 的项目集合；k_{ij} 表示在项目 j 上得 X_{ij} 分时，被试 i 的属性掌握模式的可能个数；P_k 表示被试 i 在项目 j 上第 k 种掌握模式；$g \in s_{jP_k}$ 表示项目 g 的考核属性是被试在项目 j 上作答的属性掌握模式 P_k 的子集，项目 g 不为项目 j；$\frac{X_{ij}}{S_g}$ 表示被试答对项目 g 的程度，X_{ig} 表示被试 i 在项目 g 上的得分，S_g 表示项目 g 的满分；N_{ci} 表示依据被试 i 的项目作答情况，其比较数的总数。同 HCI_i，GHCI_i 的取值范围也为 $[-1, 1]$，越接近 1 表示被试反应与 AH 越一致，反之相反，全体被试 GHCI_i 均值即可反映 AH 的合理性程度。

汪大勋等人（2018）在 HCI 的基础上，根据题目测量模式关系开发出项目一致性指标（item consistency criterion，ICC），并提出基于理想得分的 ICC 指标进行 Q 矩阵估计。MonteCarlo 模拟研究与实证研究发现基于理想得分的 ICC 指标估计 Q 矩阵具有很好的效果。其具体公式为：

$$\text{ICC}_{qmj} = 1 - \frac{\sum_i \left[\sum_{g \in s_m} X_j(1 - X_g) + \sum_{f \in s_m^*} X_f(1 - X_j) + \sum_{h \in s_m^{**}} [X_j(1 - X_h) + X_h(1 - X_j)] \right]}{N_{cmj}}。$$

（3-3-10）

在该指标上，考虑以下几种项目 Q 阵的异常情况：如果被试在第 j 题上答对，而在测量属性为第 j 题子集题目上答错；被试在第 j 上答错，而在测量属性为第 j 题父集题目上答对；被试在第 j 上答对/错，而在测量属性与第 j 题测量模式相同的题目上答错/对。

上式中，ICC_{qmj} 是第 j 题的第 m 种测量模式的指标，m 是所有可能的测量模式的一种，X_j 是被试在第 j 题上的得分，S_m 表示测量属性为题目 j 的子集项目集合，X_g 为被试在测量属性为 j 题的子集题目上的得分。S_{m*} 表示项目 j 的父集项目集合，X_f 为被试在 j 题的父集题目上的得分，S_{m**} 为测量模式和项目 j 相同的项目集合。X_h 为被试在与 j 题有相同测量模式题目上的得分，N_{cmj} 为总共的比较次数。由上式可见 ICC 指标越大，代表异常越少。根据计算 ICC_{qmj}，当已知某些题目的测量模式时，通过依次比较所有可能测量模式与已知题目测量模式的关系，就可以计算"新题"（未定义测量模式的题目）所有可能测量模式的 ICC 指标，选择 ICC 指标较好的测量模式作为"新题"的测量模式，由此进行 Q 矩阵估计。

在计算不同测量模式的 ICC 指标时，可以使用两种方法，分别是基于原始得分的 ICC-IR(ICC based on observed response，ICC-OR)和基于理想得分的 ICC-IR (ICC based on ideal response，ICC-IR)。基于原始得分的 ICC 指标，是在计算 ICC 指标时直接使用原始得分数据；而 ICC-IR 则是使用理想得分数据。在实际中，ICC-IR 的理想得分获取具体过程为：首先通过已经定义 *Q* 矩阵的题目估计被试的掌握模式，然后将相同掌握模式的被试在每个题目上的作答情况进行比较。如果相同掌握模式的被试在项目 *j* 上答对(得 1 分)的人数多于答错(得 0 分)的人数，则有理由相信该种掌握模式的被试在项目 *j* 上答错是由于失误造成的。相反，如果相同掌握模式的被试在项目 *j* 上答对(得 1 分)的人数少于答错(得 0分)的人数，则认为该种掌握模式的被试在项目 *j* 上答对是由于猜测造成的。

用层级相合性指标探测反应数据中的噪声大小：不同的分类方法或者 CDM 对噪声抗干扰的能力不同，即有一些诊断模型(方法)在比较小的噪声条件下表现良好，噪声比较大时表现很差，即对噪声干扰不稳健；而有的模型(方法)在比较大的噪声条件下，仍然表现比较好，即对噪声干扰比较稳健。在其他条件相同时，对噪声稳健的模型适用范围更广。评估诊断模型或方法性能的 MonteCarlo 模拟中，反应数据中噪声的大小是十分重要的实验条件。一般来说，在其他条件相同时，噪声越小，估计准确性越高。在 CDM 开发中，不同研究者在不同的噪声大小条件下进行研究。问题是选用相应的 CDM 时，因无法直接测量噪声的具体数值，面对实测数据的 CDM 的效率也就不得而知。由于噪声隐藏在作答反应之中而难以分离，所以进行关于噪声大小(或者分布)的假设检验很困难。

用 SP 表示 slippage，即随机干扰量。毛萌萌和丁树良(2019)对确定的属性及层级关系(直线型、收敛型、发散型、独立型)，不同属性数($K=5$，6，7)$\times Q_r$ 的个数($L=1$，2，3，4)$\times$不同 SP(SP=\{0.30　0.25　0.20　0.15　0.10　0.05\})的情况下，使用 MHCI(丁树良等，2012)和 NHCI(毛萌萌，2011)预测认知诊断测验的 0—1 反应数据中噪声的大小。模拟实验表明，两指标与噪声存在明显的统计规律，尤其是以 NHCI 为主要自变量对噪声进行预测的回归方程中，回归模型解释率均接近 90%，以此实现对噪声的有效预测，从而为选择 CDM 提供一个参考。

其部分实验结果如表 3-3-1 所示。

表 3-3-1　各结构模型对 SP 回归分析筛选表

	较适宜的回归方程	MHCI(NHCI) 方程贡献率 (效应值)	*L* 方程贡献率 (效应值)	*K* 方程贡献率 (效应值)
直线型	SP=0.502−0.482 * MHCI 均值−0.043 * *L*	0.657(1.915)	0.231(2.063)	

续表

较适宜的回归方程	MHCI(NHCI)方程贡献率（效应值）	L 方程贡献率（效应值）	K 方程贡献率（效应值）
收敛型	SP＝0.497－0.494 * NHCI 均值－0.040 * L	0.689(2.215)	0.209(2.049)	
发散型	SP＝0.550－0.526 * NHCI 均值－0.025 * L－0.014 * K	0.832(4.952)	0.093(1.24)	0.017(0.288)
独立型	SP＝0.444－0.610 * NHCI 均值－0.025 * L	0.827(4.78)	0.094(1.19)	

表 3-3-1 表明以 SP 为因变量，而以 MHCI、NHCI 的均值及 L、K 为自变量进行逐步回归。各种结构导出三个回归模型（因 K 效应值较小，所以部分模型在表 3-3-1 中未列出 K 因素），依次进入回归方程的变量是 MHCI(NHCI)均值（为避免共线性两者只能取一）、L 和 K（独立型认知模型的模拟实验中 $K=5$，K 为常数，因而不进入此回归方程），各回归模型方差分析均显著，回归系数均显著。例如，直线型回归模型 1，2，3 的解释率分别可达 0.657，0.888，0.895。MHCI 均值、L 和 K 的效应值分别为 1.915，2.063，0.067，可见 MHCI 均值和 L 效应值较大，而 K 效应值较小。综合来看，模型 2 更优，得到如表 3-3-1 所示模型 2 的回归方程为 SP＝0.502－0.482 * MHCI 均值－0.043 * L。

以 Tatsuoka(2002)分数减法测验数据（含 536 个被试、20 个项目）为例，测验 Q 矩阵使用 de la Torre，Douglas(2004)采用的 Q 阵为例进行表 3-3-1 中公式使用说明如下。

使用 Q_t 行逐对比较方法（Tatsuoka，1995，2009），推出的层级结构图见图 3-3-1，由此推出 Q_r 所含项目数为 65 个。

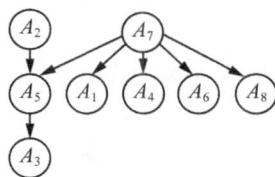

图 3-3-1 Tatsuoka 分数减法测验 Q 阵推出属性层级关系

此批数据中 $L=1$，$K=8$，所有被试的 NHCI 均值为 0.5876；根据表 3-3-1 中发散型公式 SP＝0.550－0.526 * NHCI 均值－0.025 * L－0.014 * K 可得，SP＝0.550－0.526 * 0.5876－0.025 * 1－0.014 * 8＝0.104。

当然，对于这个实测数据，如果 L 采取实测数据的测验长度 20 计算，则 L＝

20/65＝0.308，SP＝0.550－0.526＊0.5876－0.025＊0.308－0.014＊8＝0.121。

这里，请注意两点：第一，根据推导的层级关系图得出 Q_r 含 65 个项目，未必符合依据属性定义而导出的关系；第二，为佐证本文的方法是否能用，使用 DINA 模型分析这批数据，得出所有题目的 s 和 g 的均值分别是 0.128 和 0.105，与预报值相距不远。

在实际应用中，属性层级关系不一定已知，或者不一定正确，Q 矩阵的标注也不一定准确，这时候计算 HCI 类指标的前提缺乏或者不正确，要使用这里介绍的方法就必须想方设法寻找出正确的属性层级关系。

思考题

1. 简述层级相合性指标的优缺点。

2. 将 HCI 指标拓展至多分属性（多值 Q 矩阵）模型。

3. 层级相合性指标与理想反应模式之间是否有关系？如果有，是什么关系？如果没有，其原因是什么？

4. 理论构念效度与 HCI 指标有何联系？

5. 证明理论构念效度等于 1 的充分必要条件是可达阵是测验 Q 阵的子矩阵（测验 Q 阵是必要 Q 阵）。

6. 本质列是否就是可达阵的列，非本质列是否就是基于可达阵扩张出来的列？试说明。

7. 试说明（证明）理论构念效度可以作为 DINA 等认知诊断模型模式判准率的上界。（可参见 Tang et al.，2021）

8. 一个 Q 阵能够分辨出所考察领域中所有知识状态，则称这个 Q 阵为完美 Q 阵，试证明必要 Q 阵就是完美 Q 阵。

第四章　多值 Q 矩阵

本章介绍拟可达阵的计算方法和基于拟可达阵的扩张算法，潜在多值 Q 矩阵的列对应的累赘表达式和简洁表达式的概念；以及已知属性最高水平下拟可达阵与 $0-1$ 可达阵相互转换的膨胀算法（expanding algorithn）和压缩算法（enhanced algorithn）；还介绍两种不同计分方式下理想反应模式的计算，第一次引入"最大限度匹配法"的计分方式；特别介绍对多值潜在 Q 矩阵某些列对应的多值知识状态存在的合理性的质疑，以期引起讨论。

第一节　拟可达阵

一、多值 Q 矩阵

元素仅取 0 或 1 的矩阵称为布尔矩阵。在一定条件下，当 Q 矩阵为布尔矩阵时，已经有一些关于优良的测验 Q 矩阵构造（设计）的相关研究成果。当属性之间不可相互补偿且采用 $0-1$ 评分方式，对于布尔矩阵，测验 Q 矩阵包含可达阵时，可以建立知识状态和理想反应模式之间一一映射，并称包含可达阵的测验 Q 矩阵为必要 Q 矩阵（丁树良等，2011）。其实，必要 Q 矩阵的核心是测验 Q 矩阵能够建立知识状态和理想反应模式之间的一一映射，而具有这样性质的测验 Q 矩阵通常可以提高认知诊断测验对于被试属性掌握的判准率。

近年来，有一些关于认知诊断评估的文章引入、使用和研究多值 Q 矩阵（Chen，de la Torre，2013；丁树良，罗芬，汪文义，2015；Sun et al.，2013），此时 Q 矩阵就不再是布尔矩阵。Sun 等人（2013）叙述了引入多值 Q 矩阵的原因有：第一，因为二值（$0-1$）Q 矩阵不能充分反映同一个属性在不同题目中难度水平的变化，而多值 Q 矩阵可以；第二，如果测验要考查综合的问题解决过程，属性粒度不能够太细，因此要设计多值 Q 矩阵以刻画属性的大粒度。例如，人教版小学三年级数学上册介绍了编码，其中讲述邮政编码的规则、身份证编码的规则，等等。相应的测验题目一般如下：身份证前面两位表示什么，邮政编码的各个位上的数字代表什么，这可以看成"编码"内容的简单的"识记"层次。如果告诉学生某某小学三年级有多少个班级、多少个同学，让学生设计一个编码，包含年级、班级、性别，这是"编码"内容的"理解"层次。如果问同学补发身份证时，证件上面的号码可以改变吗？因为这牵涉为什么要介绍"编码"的深层次知识（两个集合之间建立一一对应关系），所以可以看成"编码"问题中的"应用"层次。于是，测验中涉及"编码"的题目，就可能有识记、理解、应用三个水平。再比如，幂指数问题，有指数为 0、正整数、负整数、有理数、无理数这样一些水平，相应的题目的难度差别太大。多值 **Q** 矩阵可以处理这样类似的问题：测验中属性数目不能够太多，从而属性粒度比较大，而测验相同属性的题目对应的深度（难度）不相同（甚至有很大的不同），于是采用给相同属性不同水平的方式解决这个问题。这是出现多值 **Q** 矩阵的一个背景。

下面介绍多值 **Q** 矩阵中的拟可达阵，基于拟可达阵的扩张算法，多值 **Q** 矩阵中非零向量的分解，即累赘表达式和简洁表达式以及累赘表达式的一个性质，最后还要介绍如何从多值 **Q** 矩阵中挖掘出属性层级关系。

二、拟可达阵的定义

依照 Sun 等人（2013）给出的方法，设有 K 个属性 A_1，A_2，$\cdots$，A_k，属性 A_i 的最高水平为 ω_i，$\omega_i(\geqslant 1)$ 为整数，$i=1$，2，$\cdots$，K。先依照属性及其层级关系给出 $K \times K$ 的二值可达阵 $\boldsymbol{R}_2$，然后对 $\boldsymbol{R}_2$ 的 (i, i) 元，扩充为 1 个 ω_i 维行向量 $(1, 2, \cdots, \omega_i)$，对 $\boldsymbol{R}_2$ 中第 i 列的其他元素都乘一个元素全部等于 1 的 ω_i 维行向量（数乘运算），$i=1$，2，$\cdots$，K，于是将 $K \times K$ 的 $\boldsymbol{R}_2$ 矩阵"膨胀"为 1 个 $K \times (\sum_{i=1}^{K} \omega_i)$ 的多值阵，Sun 等人称之为多值可达阵，并记为 $\boldsymbol{R}_p$。

定义 4.1.1 若在 0—1 可达阵的基础上，通过 Sun 等人（2013）的二值和多值可达阵的转换方法（以下缩写为 DPR 转换方法）获得的 $\boldsymbol{R}_p$ 称为拟可达阵。

之所以称为拟可达阵，是因为对于布尔矩阵而言的可达阵是一个方阵，由于它对应一个自反、反对称、传递关系，所以它的对角元均为 1（自反性）。如果 i，j 不相等，则 r_{ij} 与 r_{ji} 的乘积等于 0（反对称性），而且如果 $r_{ij}=1$，$r_{jh}=1$，必定有 $r_{ih}=1$（传递性）；而拟可达阵一般不是方阵，也不可能满足自反、反对称、传递性，故我们在"可达阵"前面增加一个"拟"字，称之为拟可达阵（quasi-reachability matrix）。

三、多值 **Q** 矩阵的扩张算法

设属性 A_j 的最高水平为正整数 w_j，$j=1$，2，$\cdots$，K，记 $w=\sum_{i=1}^{K} w_j$，多值条件下扩张算法可以总结如下。

第一，将 $\boldsymbol{R}_p$ 按列剖分：$\boldsymbol{R}_p=(\boldsymbol{r}_1,\boldsymbol{r}_2,\cdots,\boldsymbol{r}_w)_{k\times w}$。

第二，布尔并定义为 $\boldsymbol{\alpha}_k\vee\boldsymbol{\beta}_k=\max(\boldsymbol{\alpha}_k,\boldsymbol{\beta}_k)$。

第三，将对布尔矩阵的扩张算法（Ding et al.，2008；丁树良，祝玉芳，2009；杨淑群等，2008）应用于拟可达阵，并且将布尔矩阵中 $\boldsymbol{R}$ 的列数 K 修改为 w，就可以导出多值扩张算法。

将基于 $\boldsymbol{R}_p$ 使用多值扩张算法获得的矩阵称为多值潜在 Q 阵（记为 $\boldsymbol{Q}_p^{(p)}$），在 $\boldsymbol{Q}_p^{(p)}$ 基础上增加一个零列得到的矩阵称为多值学生 Q 阵，记为 $\boldsymbol{Q}_s^{(p)}$，又记多值测验 Q 阵为 $\boldsymbol{Q}_t^{(p)}$，不引起混淆时，$\boldsymbol{Q}_p^{(p)}$，$\boldsymbol{Q}_s^{(p)}$，$\boldsymbol{Q}_t^{(p)}$ 上标均省写，仍记为 $\boldsymbol{Q}_p$，$\boldsymbol{Q}_s$，$\boldsymbol{Q}_t$。

我们可以得到如下引理。

引理 4.1.1 任取 $\boldsymbol{Q}_p^{(p)}$ 中一列记为 $\boldsymbol{\alpha}$，则 $\boldsymbol{\alpha}=\vee_{t=1}^h\boldsymbol{r}_{i_t}$，$\boldsymbol{r}_{i_t}$ 是 $\boldsymbol{Q}_p^{(p)}$ 中的列，即 $\boldsymbol{\alpha}$ 可以表示为 $\boldsymbol{R}_p$ 中列的布尔并。

证明 由扩张算法即得。

定义 4.1.2 称引理 4.1.1 中 $\boldsymbol{R}_p$ 的列 $\boldsymbol{r}_{i_t}(t=1,2,\cdots,h)$ 为 $\boldsymbol{\alpha}$ 的构成向量。须注意，$\boldsymbol{\alpha}$ 的构成向量的集合一般不唯一。

四、累赘表达式和简洁表达式

对于多值 Q 矩阵中的向量表示成拟可达阵中的列的线性组合，仿照 0—1 情形，同样可定义累赘表达式和简洁表达式。以下讨论累赘表达式中包含多少个组合分量的问题。

定义 4.1.3 多值 Q 矩阵中非零列 x 的累赘表达式是拟可达阵中所有小于或等于 x 的列的（多值）布尔并，即集合 $S_x=\{\boldsymbol{r}|\boldsymbol{r}\leqslant x\}$ 中所有元素的（多值）布尔并；S_x 中所有不能够相互比较的元素的（多值）布尔并，称为 x 的简洁表达式。

引理 4.1.2 假设 $\boldsymbol{\alpha}$ 是多值 Q 矩阵的列向量，并且它具有累赘表达式 $\boldsymbol{\alpha}=\vee_{t=1}^h\boldsymbol{r}_{i_t}$，则 $\boldsymbol{\alpha}$ 中所有元素的和等于组合分量的个数 h。

对于引理 4.1.3，最简单的证明方法是：采用下文介绍的膨胀算法将多值 Q 矩阵（包括拟可达阵）进行膨胀，化成 0—1（布尔）矩阵，然后用布尔矩阵中非零列 x 的累赘表达式的构成向量的个数等于 x 中非零元个数的相关结论（丁树良等，2017）即得。

五、从多值 Q 阵挖掘属性层级

对于布尔矩阵情形的 Q 矩阵理论，有比较丰富的成果。例如，当 Q 矩阵的行对应属性、列对应题目时，可以通过可达矩阵行逐对比较获得属性之间的层级关系（丁树良，罗芬，2013），而对于多值 Q 矩阵，拟可达阵的行逐对比较能够获得

属性之间的层级关系吗？其实拟可达阵是特殊的多值 **Q** 矩阵，相同属性的不同水平可以认为是一种层级关系(注意，这是水平之间的层级关系)。如果将同一属性的所有水平对应的列收缩为一列[实际上施行 Sun 等人(2013)的从 0—1 可达阵导出拟可达阵的 DPR 算法的逆算法]，并且收缩以后结果矩阵中的非零元素用 1 标注，对这样导出的 0—1 矩阵进行矩阵行逐对比较，就可以获得属性层级关系。对于多值 **Q** 矩阵(或者拟可达阵)，可以使用如 0—1 **Q** 矩阵的缩减算法(丁树良等，2012)，将由拟可达阵通过布尔并运算生成的列删除(清洗)，然后对剩余下来的多值 **Q** 矩阵实施上述的算法，即将非零元素改为 1，使用行逐对比较方法，就可获得属性层级关系。

第二节　0—1 和多值 **Q** 矩阵的相互转化

因为记号比较复杂，所以我们先用一个启发式的例子来说明这种转换。

例 4.2.1　3 个属性 A_1，A_2，A_3，其层级关系如图 4-2-1 所示，且属性 A_1 的最高水平为 2，属性 A_2 的最高水平为 1，属性 A_3 的最高水平为 3。

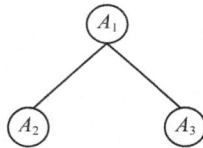

图 4-2-1　3 个属性的层级

图 4-2-1 对应的 2 值可达阵 $R_2 = \begin{pmatrix} 1 & 1 & 1 \\ 0 & 1 & 0 \\ 0 & 0 & 1 \end{pmatrix}$，拟可达阵 $R_p =$

$\begin{pmatrix} 1 & 2 & 1 & 1 & 1 & 1 \\ 0 & 0 & 1 & 0 & 0 & 0 \\ 0 & 0 & 0 & 1 & 2 & 3 \end{pmatrix}$。对于 R_p，将其按照下面的方法改写成 0—1 阵(下文称之为

多值变为 0—1 的膨胀算法)。

$$M = \begin{pmatrix} 1 & 1 & 1 & 1 & 1 & 1 \\ 0 & 1 & 0 & 0 & 0 & 0 \\ \hdashline 0 & 0 & 1 & 0 & 0 & 0 \\ \hdashline 0 & 0 & 0 & 1 & 1 & 1 \\ 0 & 0 & 0 & 0 & 1 & 1 \\ 0 & 0 & 0 & 0 & 0 & 1 \end{pmatrix}$$，因为属性 1，2，3 的最高水平分别为 2，1，3，

所以 M 为(2+1+3)阶方阵。R_p 的第 1 行的第 1，2 列的 2 个元素对应第 1 属性，

将 R_p 的第 1 行$(1，2，1，1，1，1)$扩充为 2 行，R_p 的第 1 行中的元素 2 改为$(1，1)^T$，而相应的 1 改为$(1，0)^T$；属性 2 的最高水平为 1，将 R_p 第 2 行的行保留；属性 3 的最高水平为 3，将 R_p 的第 3 行$(0，0，0，1，2，3)$扩充为 3 行，且 R_p 的第 3 行中元素 1，2，3 分别化为 3 维列向量$(1，0，0)^T$，$(1，1，0)^T$，$(1，1，1)^T$，其他 3 个 0，化为$(0，0，0)^T$。这些列向量形成 0—1 上三角矩阵，称之为 J 矩阵。这种对角子块 J 位于 M 的对角子块位置，J 的阶数即相应属性的最高水平数。

例 4.2.2 对于例 4.2.1 的 M 中第 1，2 行相加作为新矩阵的第 1 行，第 4，5，6 行相加作为新矩阵的第 3 行。这样得到的新矩阵便是多值可达阵。这种方法称为压缩算法。

一般来说，膨胀算法可以表述为：记 $W=\sum_{j=1}^{k}\boldsymbol{\omega}_j$，假设 R_p 的第 j 行等于$(r_{j1}，r_{j2}，\cdots，r_{jw})$，若属性 j 的最高水平为 ω_j，则 R_p 的第 j 行改写为 ω_j 行，ω 列的 0—1 矩阵，它是 M 的子矩阵，这个子矩阵的第 h 列是 ω_j 维列向量，其中前面 r_{jh} 个元素为 1，后面 ω_j-r_{jh} 个元素等于 0。

注意到 M 矩阵通过布尔矩阵的乘法运算有 $M\cdot M=M$。故知 M 仍为可达阵，即 M 实际上是可达矩阵 R。对上述 M 施行扩张算法，得到 2 值 Q_p，进而导出 Q_s，可用这个 M 导出潜在 Q 阵 Q_p 和学生 Q 阵 Q_s。假设被试知识状态不小于题目属性向量（差向量的每个分量均非负），则在理想条件下能够对该项目正确反应，那么以 M 为测验 Q 阵，Q_s 中的列导出的 IRP 与 Q_s 的列一一对应（丁树良等，2010，2011）。如果以 M 的列和作为 M 的列对应的题目的满分值，那么就是 Sun 等人（2013）提出的特殊的理想反应计分方式，即掌握题目中 1 个属性增加 1 分。

另外，对于上面导出的 Q_p，使用膨胀算法，可以导出可达阵 M。将 M 按照如下方法进行压缩，使之成为 R_p：按照给定的各个属性的最高水平进行分块。比如，第 j 个属性的最高水平为 ω_j，$j=1，2，\cdots，K$，依次将 M 的行剖分为 K 子块，第 j 子块包含 ω_j 行，然后将这 ω_j 行相加，得到 R_p 的第 j 行，$j=1，2，\cdots$，K。这种方法称为压缩方法。这样使用膨胀算法由 R_p 可以导出唯一的 0—1 可达阵 M，使用压缩方法由 M 可以导出唯一的多值可达阵 R_p。故 R_p 与 M 是可以一一对应的。显然由多值知识状态和 0—1 知识状态通过膨胀算法和压缩算法可以互换。

定义 4.2.1 假设感兴趣的领域包含 K 个属性，属性 A_j 水平为 w_j，$j=1，2，\cdots，K$。对于拟可达阵第 j 行，从第 $w_1+w_2+\cdots+w_{j-1}+1$ 列开始直到第 $w_1+w_2+\cdots+w_j$ 列，用一个 w_j 行 w_j 列的上三角 0—1 矩阵代替，$j=1，2，\cdots，K$。这种算法称为膨胀算法。

如果已知 K 个属性的水平数，将膨胀算法获得的 $w_1+w_2+\cdots+w_K$ 阶 0—1 方矩阵剖分为 K 行块，K 列块，其中第$(j，j)$子块为 w_j 阶方矩阵，将这个子块

中第 h 列中所有元素统统相加至这个子块第 1 行，$h=1$，2，$\cdots$，w_j，$j=1$，2，$\cdots$，K。这种算法称为压缩算法。应用膨胀算法可知，多值 **Q** 矩阵中的多值可达阵，即拟可达阵对应 0—1 上三角可达阵。

第三节　理想反应模式的计算

一、Sun 等人(2013)介绍的方法

对于多值 **Q** 矩阵，Sun 等人(2013)给出一种计算理想反应模式的方法如下：多值广义距离判别方法（GDD-P）是一个判准率高的认知诊断方法，Sun 等人(2013)给出了一个新的理想反应评分方案，即

$$S_j(\boldsymbol{\alpha}) = \sum_{k=1}^{K} q_{kj} I_{(\alpha_k \geqslant q_{kj})} 。 \tag{4-3-1}$$

这里，$\boldsymbol{\alpha}$ 是被试知识状态，$\boldsymbol{\alpha}=(\alpha_1, \alpha_2, \cdots, \alpha_k)$；$Q=(q_{ij})_{K \times m}$ 是多值 **Q** 阵，$\boldsymbol{\alpha}$ 的分量和 q_{ij} 都是非负整数，将 **Q** 按列剖分为 $\boldsymbol{Q}=(\boldsymbol{Q}_1, \cdots, \boldsymbol{Q}_j, \cdots, \boldsymbol{Q}_m)_{K \times m}$，$\boldsymbol{Q}_j=(q_{1j}, q_{2j}, \cdots, q_{kj})^T$，$K$ 是考查范围中的属性数，m 是测验中的题目数。不失一般性，可设 $\boldsymbol{Q}_1, \cdots, \boldsymbol{Q}_m$ 是 m 列互不相同的列向量，$S_j(\boldsymbol{\alpha})$ 是知识状态为 $\boldsymbol{\alpha}$ 的被试在测验第 j 题上的理想得分，$J=1$，2，$\cdots$，m。$I_{(\alpha_k \geqslant q_{kj})}$ 是一个取值 0 或者 1 的示性函数，它表示当且仅当 $\boldsymbol{\alpha}$ 的第 k 个分量不小于 $\boldsymbol{Q}_j$ 中第 k 个分量时，其值为 1，这时被试在第 j 题上的理想得分才能增加 q_{kj} 分，否则为 0 分；理想得分是既不猜测也不失误时的得分。

两个向量满足关系式 $\boldsymbol{\alpha} \leqslant \boldsymbol{\beta}$，如果 $\boldsymbol{\beta}-\boldsymbol{\alpha}$ 的分量均非负。显然有如下事实：

引理 4.3.1　对于评分方式(4-3-1)，有 $S_j(\boldsymbol{\alpha}) \leqslant \sum_{k=1}^{K} q_{kj}$，当且仅当 $\boldsymbol{Q}_j \leqslant \boldsymbol{\alpha}$ 时，$S_j(\boldsymbol{\alpha})=\sum_{k=1}^{K} q_{kj}$。

给定理想反应的评分方式，就可以计算理想反应模式，由(4-3-1)设被试知识状态为 $\boldsymbol{\alpha}=(\alpha_1, \cdots, \alpha_k)$，测验 **Q** 矩阵 $\boldsymbol{Q}_t^{(p)}$ 的第 j 列为 $(q_{1j}, \cdots, q_{kj})^T$，如果 $\alpha_t \geqslant q_{tj}$，则 $s_j(\boldsymbol{\alpha}) \Leftarrow s_j(\boldsymbol{\alpha})+q_{tj}$，$t=1$，2，$\cdots$，$K$，$j=1$，2，$\cdots$，$m$。

如果要计算理想反应模式，可以对题目循环：

```
for j=1 to m
    s_j(α)=0
    for t=1 to K
        if α_t≥q_tj then s_j(α)=s_j(α)+q_tj
    next t
next j
```

这种方法可以和布尔矩阵条件下,"掌握一属性理想反应得分增加一分"的计分方式进行比较。

第一,如果采用布尔矩阵而不是多值 Q 矩阵,那么上述计分方式恰恰完全相同。

第二,如果对多值 Q 矩阵采用膨胀算法,那么知识状态和测验 Q 矩阵的列均为 w 维 0—1 向量。这时候多值 Q 矩阵的不等于零的元素 q_{kj} "膨胀"以后恰恰为 q_{kj} 维元素全等于 1 的(列)向量 y,如果(多值)知识状态"膨胀"以后记为(列向量) z,并且 $z \geqslant y$,则内积 $(z,y) = q_{kj}$。

值得注意的是,理想反应的计算公式(4-3-1),在拟可达阵通过膨胀算法"膨胀"成为 M 矩阵以后,在 M 的基础上使用扩张算法,获得潜在多值 Q 矩阵对应的"膨胀"以后的 0—1 向量,它们是非零多值知识状态对应的 0—1 知识状态。任取一个这样的通过"膨胀"以后获得的 0—1 知识状态,它与 M 矩阵的矩阵乘积,恰恰等于根据(4-3-1)式计算出来的理想反应模式。这不是巧合,而是因为通过"膨胀"以后,q_{kj} 化成("膨胀"为)维数为 q_{kj} 的元素全部等于 1 的向量 x_{kj},知识状态的第 k 个分量也"膨胀"为 q_{kj} 维向量 y_k,并且设这个知识状态"膨胀"以后的 0—1 向量的转置记为 z;y_k 和 x_{kj} 相比较,如果 $y_k \geqslant x_{kj}$,那么 zM 在第 k 个分量的值恰恰等于 q_{kj}。这便证明了这种现象出现的必然性。

二、最大限度匹配法

虽然丁树良等人(2015)讨论了多值 Q 矩阵中拟可达阵的重要作用,但是多值 Q 矩阵的理想反应模式仍然采用 Sun 等人(2013)的方式。事实上,多值 Q 矩阵中理想反应模式的计算问题,由评分规则确定,也就是说,不同的评分规则导致不同的理想反应和理想反应模式。根据多值膨胀算法,K 个属性的多值拟可达阵的列数超过 K,使用 Sun 等人(2013)的计分方式,一个 K 维知识状态,获得的理想反应模式的维数超过 K 维,即纵使使用拟可达阵作为测验 Q 矩阵,知识状态对应的理想反应模式也不可能是知识状态,因为这两者的维数都不相同。

下面介绍另外一种计算 $\alpha \circ R_p$ 的方法,使用这种评分规则,可以使得 $\alpha \circ R_p$ 的维数和知识状态 α 的维数相同。一般来讲,如果我们将 R_p 的每一列当作一个题目,知识状态在每个题目上的理想反应,构成这个知识状态在测验 R_p 上的理想反应模式。这时候理想反应模式的维数是 w 维,它大于 K。如果我们想获得 K 维的理想反应模式,可以按照膨胀算法的"反方向",即压缩的方式这样设计评分规则。以下介绍这种评分规则:注意属性 A_i 的最高水平为 w_i,$w_i \geqslant 1$ 且为整数,$i = 1, 2, \cdots, K$,将 R_p 按照 A_i 的最高水平为 w_i 进行列的剖分,分成 K 列块,而知识状态 α 在第 i 列块的 w_i 个列(对应 w_i 个题目)的理想反应模式进行布尔并，获得这个知识状态在第 i 个题目上的理想得分，$i=1$，2，$\cdots$，K。这里所谓知识状态 $\boldsymbol{\alpha}$ 在题目 q 上的理想得分 $\boldsymbol{\alpha} \circ \boldsymbol{q}$，其中 $\boldsymbol{q}^T=(q_1, q_2, \cdots, q_K)$。如果 $\boldsymbol{\alpha} \geqslant \boldsymbol{q}$，则 $\boldsymbol{\alpha} \circ \boldsymbol{q}=\max\{q_1, q_2, \cdots, q_K\}$；如果 $\boldsymbol{\alpha}<\boldsymbol{q}$，则理想得分等于 0；而 $\boldsymbol{\alpha}$ 在第 i 列块的 w_i 个列（对应 w_i 个题目）的理想反应模式进行布尔并（再对 w_i 个理想得分进行求 max 运算），得到知识状态 $\boldsymbol{\alpha}$ 在第 i 列块的 w_i 个列的综合得分。这个评分规则就是对于同一个属性的不同水平，被试可以对这一组对应同一个属性的题组反应，但是仅仅选择这组题目中的那个最适合被试水平的题目评分。所谓最适合某个被试水平的题目，是指该题目包含的每个属性的水平，均和这个被试相应的水平相同。所以我们称之为"最大限度匹配法"的计分方式。

例 4.3.1 3 个属性 A_1，A_2，A_3，并且 A_i 的最高水平数分别为 $w_i=4-i$，$i=1$，2，3，3 个属性的层级关系图如图 4-3-1 所示。

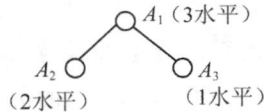

图 4-3-1 3 属性多水平的例子

每一个属性对应一个子块，第 i 个子块有 w_i 个题目，但这个子块（这 w_i 个题目）仅仅给出一个分数。在第 i 个子块上的评分方式为：$\max_i\{(\max_h\{q_{hi}\} \cdot I_{(\boldsymbol{\alpha} \geqslant q_i)})\}$。最里面 max 比较的范围是 $h=1$，2，$\cdots$，K，$I_{(x \geqslant y)}$ 是示性函数，当且仅当 $x \geqslant y$ 时，$I_{(x \geqslant y)}=1$，否则 $I_{(x \geqslant y)}=0$，最外面比较的范围是 $i=1$，2，$\cdots$，w_i。

$$\boldsymbol{R}_2=\begin{pmatrix} 1 & 1 & 1 \\ 0 & 1 & 0 \\ 0 & 0 & 1 \end{pmatrix} \rightarrow \boldsymbol{R}_p=\left(\begin{array}{ccc|cc|c} 1 & 2 & 3 & 1 & 1 & 1 \\ 0 & 0 & 0 & 1 & 2 & 0 \\ 0 & 0 & 0 & 0 & 0 & 1 \end{array}\right), \boldsymbol{R}_p \text{ 是 } 3 \times 6 \text{ 矩阵。}$$

$$\boldsymbol{Q}_p=\begin{pmatrix} 1 & 2 & 3 & 1 & 1 & 1 & 2 & 2 & 2 & 3 & 3 & 3 & 1 & 2 & 3 & 1 & 2 & 3 \\ 0 & 0 & 0 & 1 & 2 & 0 & 1 & 2 & 0 & 1 & 2 & 0 & 1 & 1 & 1 & 2 & 2 & 2 \\ 0 & 0 & 0 & 0 & 0 & 1 & 0 & 0 & 1 & 0 & 0 & 1 & 1 & 1 & 1 & 1 & 1 & 1 \end{pmatrix}, \boldsymbol{Q}_p \text{ 是}$$

3×18 矩阵。

$$\boldsymbol{\alpha}_1 \circ \boldsymbol{R}_p=\begin{pmatrix} 3 \\ 1 \\ 1 \end{pmatrix} \circ \left(\begin{array}{ccc|cc|c} 1 & 2 & 3 & 1 & 1 & 1 \\ 0 & 0 & 0 & 1 & 2 & 0 \\ 0 & 0 & 0 & 0 & 0 & 1 \end{array}\right)=(1 \vee 2 \vee 3, 1 \vee 1, 1)=(3, 1, 1)=\boldsymbol{\alpha}_1^T.$$

$$\boldsymbol{\alpha}_2 \circ \boldsymbol{R}_p=\left(\begin{array}{ccc|cc|c} 1 & 2 & 3 & 1 & 1 & 1 \\ 0 & 0 & 0 & 1 & 2 & 0 \\ 0 & 0 & 0 & 0 & 0 & 1 \end{array}\right)=(1 \vee 0 \vee 0, 1 \vee 2, 1)=(1, 2, 1)=\boldsymbol{\alpha}_2^T.$$

定理 4.3.1 在上述理想得分模式(最大限度匹配法)的约定下,有 $\boldsymbol{\alpha} \circ \boldsymbol{R}_p = \boldsymbol{\alpha}^T$。

证明 显然,根据评分规则,$\boldsymbol{\alpha} \circ \boldsymbol{R}_p$ 是 K 维行向量。注意到属性 j 是 w_j 水平,根据二值可达阵膨胀出多值拟可达阵的算法,多值拟可达阵的第 j 列块包含 w_j 列,而且第 j 列块的第 j 行块包含第 j 个属性的最高水平 w_j,$j=1$,2,$\cdots$,K。

然后根据上述评分方式,知识状态的第 t 元素和拟可达阵的第 j 列块的第 t 行块中元素进行比较,注意只有知识状态向量 $\boldsymbol{\alpha}$ 不小于题目 j 的属性向量,具有知识状态 $\boldsymbol{\alpha}$ 的被试在题目 j 上的理想得分才不等于零;此时,知识状态向量 $\boldsymbol{\alpha}$ 和第 j 题属性向量的每一个分量进行比较,即 $t=1$,2,$\cdots$,K,取第 j 题属性向量中的最大分量作为理想得分。根据拟可达阵的构造,这个最大分量位于拟可达阵的第 j 行块,实际上是拟可达阵的第 j 行,也就是题目属性向量的第 j 个分量。

由于第 j 个属性有 w_j 个水平,对应 w_j 个题目,根据上述法则,可以导出知识状态 $\boldsymbol{\alpha}$ 在每一个题目的理想得分。将这些理想得分进行比较,取其最大者作为在属性 j 对应的 w_j 个题目上的得分。记这个理想得分为 s,注意当且仅当知识状态不小于题目属性向量时,理想得分才不为零,所以 s 等于知识状态的第 j 分量,$j=1$,2,$\cdots$,K。定理证毕。

如果定理 4.3.1 用于 $0-1$ 矩阵,由于 $0-1$ 矩阵中最大元素是 1,也可以想象最高水平为 1,分块矩阵的每一个子块刚好是 1 行 1 列,所以关于属性之间在不可补偿条件下,布尔矩阵相应的结论可以作为定理 4.3.1 的特殊情况。

如果一个多值 Q 矩阵是一个阶梯形矩阵(所谓阶梯形矩阵,是指一个矩阵满足两个条件:第一,若有元素全为零的行,即零行,则零行应在最下方;第二,非零行的第一个不为零的元素,即首非零元,其列标号随行标号的增加而严格递增,则称此矩阵为阶梯形矩阵),并且同一个属性不同水平对应的列按照水平的高低从小到大排列,将这种排列方式称为标准排列方式。

由多值扩张算法知,如果多值 Q 矩阵是拟可达阵,那么多值潜在 Q 矩阵中任何一列均可由拟可达阵的列线性表示。再由膨胀算法和压缩算法导出的多值 Q 矩阵和 $0-1$ Q 矩阵的一一对应,可以证明。

定理 4.3.2 假设拟可达阵 $\boldsymbol{R}_p$ 是标准排列方式,则任何一个和 $\boldsymbol{R}_p$ 的列数相等的标准排列方式的多值 Q 矩阵能够将多值潜在 Q 矩阵中所有列线性表示,并且组合系数为 0,1,当且仅当这个多值 Q 矩阵是拟可达阵。

证明 事实上,如果一个标准排列方式的非拟可达阵可以将多值 Q 矩阵中所有列表达出来,组合系数是 0 或者 1,那么应用膨胀算法,就可以得到这样的结论,即 $0-1$ Q 矩阵中任何一个列均可由 $0-1$ 上三角非可达阵表达出来,这与可达阵的功能不可替代性的结论(丁树良等,2016)的相矛盾。

第四节　多值 *Q* 矩阵中知识状态的逻辑约束

对于多值 *Q* 矩阵对应的知识状态的确定，有不同的看法（詹沛达，丁树良，王立君，2017），他们提出多值 *Q* 矩阵中知识状态的逻辑约束，即掌握父属性的低水平，不能够掌握子属性的高水平，这个约束不针对命题。

一、属性掌握水平约束假设

从逻辑上讲，如果被试掌握某属性的前提是先要掌握该属性的父属性，那么父属性掌握程度低而子属性掌握程度高的情况是缺少普及性的。这个逻辑很好理解，将被试的学习过程比作盖大楼，属性就是大楼的每一层，层级结构就好比各个楼层之间的关系。只有牢固的地基配上稳固的下层建筑，才有可能盖起更高、更稳固的大楼。同理，被试只有牢固地掌握了起始属性或父属性，才有条件去进一步学习和掌握子属性。但该逻辑问题并没有被 Sun 等人（2013）和丁树良等人（2015）考虑到，因此在模拟研究以及后续参数估计中可能出现被试"掌握"了不符合逻辑的属性模式。针对该问题，可尝试在计算 IMP_p 的过程中添加逻辑约束（詹沛达，丁树良，王立君，2017）。

需要说明的是，尽管是从"掌握水平"入手，但本文指出的逻辑问题中的"掌握程度"和多分属性中的"掌握水平"是两个并不完全相同的概念。为使"掌握水平"更好地反映"掌握程度"，且考虑到实际测验中不同属性的最高水平数（L_k）可能是不同的，我们先对"掌握水平"进行百分比转化，即 $\delta_{nk}=\alpha_{nk}/L_k$，其中 δ_{nk} 表示被试 n 对属性 k 的掌握水平百分比。比如，若 $L_1=2$，且 $\alpha_{n1}=1$，则表示被试 n 对属性 1 的掌握水平为 50%；若 $L_2=5$，且 $\alpha_{n2}=2$，则表示被试 n 对属性 2 的掌握水平为 2/5。此时则说明被试 n 对属性 1 的掌握水平高于对属性 2 的掌握水平，尽管 α_{n1} 本身小于 α_{n2}。

基于此，"属性掌握水平约束假设"可描述为：假设当多分属性间存在层级结构时，被试对父属性的掌握水平百分比大于或等于（不小于）其对子属性的掌握水平百分比，即

$$\frac{\alpha_{nk(\text{Father})}}{L_{k(\text{Father})}} \geqslant \frac{\alpha_{nk(\text{Son})}}{L_{k(\text{Son})}}。 \tag{4-4-1}$$

式中，$\alpha_{nk(\text{Father})}$ 和 $\alpha_{nk(\text{Son})}$ 分别表示被试对父属性和子属性的掌握水平，$L_{k(\text{Father})}$ 和 $L_{k(\text{Son})}$ 分别表示父属性和子属性的最高水平数。

以图 4-4-1 中的 3 种属性层级结构为例，根据属性掌握水平约束假设有：

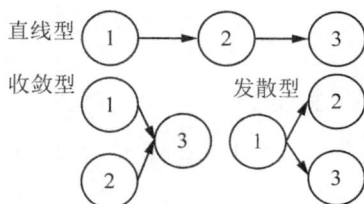

图 4-4-1 包含 3 个属性的属性层级结构示例

直线型：

$$\frac{a_1}{L_1} \geqslant \frac{a_2}{L_2} \geqslant \frac{a_3}{L_3}。 \tag{4-4-2}$$

收敛型：

$$\frac{a_1}{L_1} \geqslant \frac{a_3}{L_3},$$

$$\frac{a_2}{L_2} \geqslant \frac{a_3}{L_3}。 \tag{4-4-3}$$

发散型：

$$\frac{a_1}{L_1} \geqslant \frac{a_2}{L_2},$$

$$\frac{a_1}{L_1} \geqslant \frac{a_3}{L_3}。 \tag{4-4-4}$$

为简化研究且不失一般性，下文设定所有属性的最高水平数一样（Chen，de la Torre，2013），此时式（4-4-1）就等价于 $\alpha_{nk(\text{Father})} \geqslant \alpha_{nk(\text{Son})}$。

二、计算有约束的多值知识状态

欲把属性掌握水平约束假设引入计算多值知识状态的过程中，可以从简化 Q_p 矩阵切入。该方法非常简单，仅需要按照 Sun 等人（2013）和丁树良等人（2015）的方法先计算出初始多值知识状态，然后把不满足属性掌握水平约束假设的列删除即可，流程如下。

依据 Sun 等人（2013）和丁树良等人（2015）的方法得到 R_p 矩阵；

基于 R_p 矩阵计算简化 Q_p 矩阵，可称为初始简化 Q_p 矩阵；

把初始简化 Q_p 矩阵中不满足属性掌握水平约束假设的列删除，得到约束简化 Q_p 矩阵；

对约束简化 Q_p 矩阵加入全零模式，即可得到约束多值知识状态。

仍以图 4-3-1 中收敛型层级结构为例，依据式（4-3-1）把初始简化 Q_p 矩阵转为约束简化 Q_p 矩阵的过程为：

$$
\begin{pmatrix}
1 & 2 & 0 & 0 & 1 & 1 & 1 & 1 & 2 & 2 & 2 & 2 & 1 & 1 & 1 & 2 & 2 \\
0 & 0 & 1 & 2 & 1 & 1 & 1 & 2 & 1 & 2 & 1 & 1 & 2 & 2 & 2 & 2 \\
0 & 0 & 0 & 0 & 1 & 2 & 0 & 0 & 0 & 0 & 1 & 2 & 1 & 2 & 0 & 1 & 2
\end{pmatrix}
\begin{smallmatrix} a_1 \geqslant a_3 \\ a_2 \geqslant a_3 \end{smallmatrix} \Rightarrow
$$

$$
\begin{pmatrix}
1 & 2 & 0 & 0 & 1 & 1 & 1 & 2 & 2 & 2 & 1 & 1 & 2 & 2 \\
0 & 0 & 1 & 2 & 1 & 1 & 2 & 1 & 2 & 1 & 2 & 2 & 2 & 2 \\
0 & 0 & 0 & 0 & 1 & 0 & 0 & 0 & 0 & 1 & 1 & 0 & 1 & 2
\end{pmatrix}. \qquad (4\text{-}4\text{-}5)
$$

再对式(4-4-5)添加全零模式，即可得到约束多值知识状态(IMP_p)，即

$$
\text{约束}\,\text{IMP}_p = \begin{pmatrix}
1 & 2 & 0 & 0 & 1 & 1 & 1 & 2 & 2 & 2 & 1 & 1 & 2 & 2 & 0 \\
0 & 0 & 1 & 2 & 1 & 1 & 2 & 1 & 2 & 1 & 2 & 2 & 2 & 2 & 0 \\
0 & 0 & 0 & 0 & 1 & 0 & 0 & 0 & 0 & 1 & 1 & 0 & 1 & 2 & 0
\end{pmatrix}. \qquad (4\text{-}4\text{-}6)
$$

约束 IMP_p 比初始多值知识状态少3种不符合逻辑的属性模式，且随着 L_k 取值增大或属性数量增多时，约束多值知识状态比初始多值知识状态之间的列数差将会更大。

需要强调的是，第一，属性掌握水平约束假设仅适用于被试对属性的掌握情况，而不适用于题目对属性的考查。也就是说，题目对父属性的考查水平可以低于其对子属性的考查水平。第二，任何"假设"都有其局限性，并不能完全覆盖所有情境。比如，接受度较高的属性层级结构假设，若某测验欲使用该假设，则相当于承认其施测群体中不存在掌握了不满足层级结构的属性模式的学生。但实际并非如此，其导致的结果就是将属性层级结构假设覆盖之外的少数学生"强行"纳入这个假设之中，进而可能出现对这部分学生的不恰当诊断。类似，若某测验欲使用属性掌握水平约束假设，也可能出现对部分假设覆盖之外的学生的不恰当诊断。而至于，承认这些假设和不承认属性层级结构假设和被试掌握水平约束假设之间的区别，我们认为：承认假设成立相当于"资源集中原则"，即把有限的测验信息量分配给那些真的满足假设的被试，而忽略不满足假设的被试；不承认假设成立则相当于"资源均分原则"，即在有限的测验信息量情况下，考虑到所有的被试(属性模式)。孰优孰劣，或许就需要使用一些模型数据拟合判断指标(如 AIC、BIC 和 DIC 等)来判定，不过可以大体推断出：超出假设覆盖面的人越少，则"资源集中原则"越有优势，反之"资源均分原则"更有优势。

思考题

1. 简述多值 **Q** 矩阵被引入、使用和研究的原因。
2. 简述影响测验蓝图设计的主要原因。

3. 简述拟可达阵的计算过程。

4. 简述拟可达阵的重要作用。

5. 多值必要 Q 矩阵(其列可以置换)可以保证不同知识状态对应不同的理想反应模式，请考虑知识状态与理想反应模式一一对应的必要条件。

第二篇　认知诊断测验编制

　　由于 Q 矩阵理论欲以理想反应模式表达知识状态，因此如果能够找到知识状态集合和理想反应模式集合一一对应的映射，问题便迎刃而解。这是测验 Q 矩阵的设计问题。本篇对布尔矩阵采用 0—1 评分和多级评分的认知诊断测验设计进行讨论，对多值 Q 矩阵的认知诊断测验设计也进行了讨论。

第五章 可达阵等价类在认知诊断测验编制中的重要作用

被试的知识结构、认知加工技能等是不能直接观察的潜变量。认知诊断评估要设计一个测验，以诱发出被试内在认知特征的外在表现，从而实现对内在认知特征的判断。好的认知诊断测验不仅要将被试潜在的不可直接观察的特征转换成可观察的反应，而且要区别不同知识结构和不同加工技能的被试，即按被试对所讨论的 K 个属性的掌握情况尽可能进行准确分类。从统计上看，认知诊断属于模式识别，模式识别的流程一般是传感器采样并进行预处理，然后是特征提取和分类判别。测验 Q 阵相当于传感器，而理想反应模式计算相当于特征提取，当然应用某种分类方法（如认知诊断模型）进行分类判别，然后报告分类结果。测验如何编制关系到传感器的质量问题。由于认知诊断分析比仅仅报告一个笼统能力值的任务复杂得多，测验质量如何不仅仅依赖项目的质量，而且依赖项目之间如何合理的搭配，即测验的设计，这便是本章重点讨论的测验编制问题。

第一节 可达阵等价类的重要作用

一、相关概念介绍

由第二章的扩张算法知如下命题成立。

命题 5.1.1 Q_s 或 Q_t 中每一列都可以由可达阵 R 的列表示出来。

由于 Q_s 或 Q_t 中的列分别为考生或者项目的代表，它们的形成均受属性层级关系的约束。设 α 为 Q_s 中的任一列，则 α 中为 1 的元素表示知识状态为 α 的该类考生掌握了相应的属性，否则为该类考生未掌握的属性。设属性层级关系图如图 5-1-1 所示，并且 $\alpha = (1, 0, 1, 1, 0)^T$，表示这类考生掌握了属性 A_1，A_3 与 A_4，而未掌握 A_2 和 A_5。同样，设 q 为 Q_t 中的任一列，q 中为 1（为 0）的元素表示对应项目类含（不含）这个属性。例如，$q = (1, 1, 1, 0, 1)$ 表示该项目

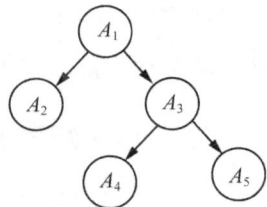

图 5-1-1 属性层级关系

类包含属性 A_1，A_2，A_3，A_5，而不包含属性 A_4。$Q_s(Q_t)$ 中的列称为有效考生（项目）。由先决属性和有效考生（项目）的定义，易知如下命题和推论成立（杨淑群，丁树良，2011）。

命题 5.1.2 $\alpha(q)$ 为有效考生（项目）当且仅当 $\alpha(q)$ 中的每个属性的先决属性均包含在 $\alpha(q)$ 中。

推论 5.1.1 可达阵 R 的第 j 列 r_j 第 j 个元必为 1，即属性 A_j 必包含在 r_j 所包含的属性集合内，且 r_j 中包含且只包含第 j 个属性的先决属性。

假设 r_i，r_j 为 Q_t 中的列，如果 $r_j - r_i \geqslant 0$，（这里 $x-y$ 表示两向量减法，而 $x-y \geqslant 0$ 表示 $x-y$ 的所有分量皆非负），则称 r_i 为 r_j 的子项目。

推论 5.1.2 如果 r_i 为 r_j 的子项目，则属性 A_i 必定是属性 A_j 的先决属性，并且 A_i 的所有先决属性必定都是属性 A_j 的先决属性。

α 在 Q_t 上的理想反应模式（IRP）记为 $\alpha \circ Q_t$，这是一种运算，如果这个运算定义为任取 Q_t 中的第 j 列 q_j，如果 $\alpha - q_j \geqslant 0$，则 α 在项目 j 上得 1 分，否则为 0 分。这种定义的等价形式如第二章第四节所示。

理想反应模式实际上是知识状态与测验 Q 阵的函数。测验 Q 阵很重要，又称为认知蓝图或者测验蓝图，也可以简称测验。考生在测验 Q_t 上的实际得分序列称为观察反应模式（observed response patterns，ORPs）。

认知诊断模型（CDM）通常是要将 ORP 分类到 KS，但依前面的分析，ORP 与 KS 之间有一座桥梁 IRP。CDM 通过 KS 与 IRP 的对应，再将 ORP 对应到 KS。规则空间模型（RSM）是发展最早的 CDM 之一。对于 RSM 中 ORP 与 IRP 的对应较容易建立，但由于可能有多个 KS 对应同一个 IRP，ORP 与 KS 的对应较困难。事实上，认知诊断的研究者们发现了很可能若干个不同的 KS 对应同一个 IRP 的情形，他们称对应于同一个 IRP 的 KS 为一个等价类，而且认为一个等价类中不止一个 KS 的话，会降低诊断准确率，事实上也的确如此。

因此这里有一个重要的问题要仔细考虑：CDM 建立起 ORP 与 IRP 的对应，KS 通过 Q_t 建立起与 IRP 的对应，而不是 IRP 通过 Q_t 建立与 KS 的对应，于是，如何建立 ORP 与 KS 的对应是提高认知诊断准确率的一个关键。下面研究如何设计测验蓝图 Q_t，使得 IRP 与 KS 一一对应。

二、可达矩阵 R 在认知诊断测验中的重要作用

以下仅仅对属性之间不可补偿，并且采用 0—1 评分方式的认知诊断测验进行讨论。

引理 5.1.1 设 x，y，z 为实数，若 $x=y$，则 $\delta(x, y)=1$，否则为 0。$x \leqslant z$ 且 $y \leqslant z$ 时，$\delta(z, \max(x, y)) = \max(\delta(z, x), \delta(z, y))$。

称引理 5.1.1 为限制条件下($x\leqslant z$ 且 $y\leqslant z$)，δ（Kronecker 运算）对 max 的左可分配律。分 $x\leqslant y\leqslant z$ 和 $y\leqslant x\leqslant z$ 情况进行讨论，即可证明这个限制条件下的左可分配律。

定理 5.1.1　设 $\boldsymbol{\beta}$ 为 $\boldsymbol{Q}_s$ 的一列，按列剖分可达阵 $\boldsymbol{R}=(r_1,\ r_2,\ \cdots,\ r_K)$，测验蓝图为 $\boldsymbol{Q}_t$ 是 $K\times m$ 阵，则有（1）$\boldsymbol{\beta}=\bigvee_{j=1}^{K}b_jr_j,\ b_j\in\{0,\ 1\},\ j=1,\ 2,\ \cdots,\ K$；（2）$\boldsymbol{\beta}\circ\boldsymbol{Q}_t=\bigvee_{j=1}^{K}b_j(r_j\circ\boldsymbol{Q}_t)$。

证明　（1）由命题 5.1.1 即得；（2）由引理 5.1.1 和命题 5.1.1 以及 $\boldsymbol{\alpha}\circ\boldsymbol{Q}_t$ 的第 2 种定义方式即得。

定理 5.1.2　设 $\boldsymbol{Q}_t=\boldsymbol{R}$，则任取 $\boldsymbol{R}$ 中的一列 r_j，有 $r_j\circ\boldsymbol{Q}_t=r_j\circ\boldsymbol{R}=r_j$。

证明　若 r_j 中仅含 1 个非零元，则由 $r_j\circ\boldsymbol{R}$ 的定义，知 $r_j\circ\boldsymbol{R}=r_j$；若 r_j 中至少含有两个非零元，若 r_i 为 $\boldsymbol{R}$ 第 i 列且 $r_i\leqslant r_j$，则属性 i 的所有先决属性均为属性 j 的先决属性，故知识状态与 r_j 相同的考生在理想反应状况下做对 r_i 所对应的项目类，由命题 5.1.2 知 $r_j\circ\boldsymbol{R}=r_j$。

定理 5.1.3　β 如定理 5.1.1 所定义，则 $\boldsymbol{\beta}\circ\boldsymbol{R}=\boldsymbol{\beta}$。

证明　由定理 5.1.1 得 $\boldsymbol{\beta}\circ\boldsymbol{R}=\sum_{j=1}^{k}b_j(r_j\circ\boldsymbol{R})=\sum_{j=1}^{k}b_jr_j=\boldsymbol{\beta}$。

定理 5.1.4　若 $\boldsymbol{\alpha}$，$\boldsymbol{\beta}$ 为 $\boldsymbol{Q}_s$ 中的两个不同的列，且 $\boldsymbol{R}$ 为 $\boldsymbol{Q}_t$ 的子矩阵，则 $\boldsymbol{\alpha}\circ\boldsymbol{Q}_t\neq\boldsymbol{\beta}\circ\boldsymbol{Q}_t$。

证明：不妨设 $\boldsymbol{Q}_t=(\boldsymbol{R}|\boldsymbol{Q}_0)$，则由定理 5.1.3，有 $\boldsymbol{\alpha}\circ\boldsymbol{R}=\boldsymbol{\alpha}\neq\boldsymbol{\beta}=\boldsymbol{\beta}\circ\boldsymbol{R}$，所以 $\boldsymbol{\alpha}\circ\boldsymbol{Q}_t=(\boldsymbol{\alpha}\circ\boldsymbol{R}|\boldsymbol{\alpha}\circ\boldsymbol{Q}_0)=(\boldsymbol{\alpha}|\boldsymbol{\alpha}\circ\boldsymbol{Q}_0)\neq(\boldsymbol{\beta}|\boldsymbol{\beta}\circ\boldsymbol{Q}_0)=(\boldsymbol{\beta}\circ\boldsymbol{R}|\boldsymbol{\beta}\circ\boldsymbol{Q}_0)=\boldsymbol{\beta}\circ\boldsymbol{Q}_t$。

定理 5.1.4 证明了如果测验蓝图 $\boldsymbol{Q}_t$ 包含可达阵 $\boldsymbol{R}$，则不同的 KS 必对应不同的 IRP。

定理 5.1.5　若 $\boldsymbol{\alpha}$，$\boldsymbol{\beta}$ 为 $\boldsymbol{Q}_s$ 中任意两个不同的列，且 $\boldsymbol{\alpha}\circ\boldsymbol{Q}_t\neq\boldsymbol{\beta}\circ\boldsymbol{Q}_t$，则 $\boldsymbol{Q}_t$ 必包含 $\boldsymbol{R}$ 中的每一列。

证明　（反证法）只要证明若 $\boldsymbol{Q}_t$ 中缺少 $\boldsymbol{R}$ 中的某一列，则 $\boldsymbol{Q}_s$ 中至少有两个不同列的 IRP 相同。如果 $\boldsymbol{R}$ 中有一列(r_1)仅含 1 个非零元，且 r_1 不是 $\boldsymbol{Q}_t$ 的列，则由于 r_1 仅含 1 个非零元，所以 $r_1\circ\boldsymbol{Q}_t=\boldsymbol{0}_{k\times1}\circ\boldsymbol{Q}_t$，这表明 r_1 与零知识状态的理想反应模式相一致，即理想反应模式必误判。

相仿，$\boldsymbol{R}$ 为单位阵时（单位阵的每一列中仅含 1 个非零元），知这时不可以缺少 $\boldsymbol{R}$ 中的任一列，以下只对 $\boldsymbol{R}$ 不是单位阵的情况加以证明，且可以只就 r_j 是 $\boldsymbol{R}$ 中至少含两个非零元的情况予以证明。

由定理 5.1.2 可知 r_j 必包含某个属性 A_i，它是 A_j 的先决属性，不妨假定 A_i 是 A_j 的父结点（父属性）。于是，可知 A_i 及其相应的先决结点构成的向量 h_i 为有效考生，且 $h_i\neq r_j$，$r_j\geqslant h_i$，注意到 $\boldsymbol{Q}_t$ 中缺少 r_j 这一列，有 $h_i\circ\boldsymbol{Q}_t=r_j$。

Q_t，这表示测验 Q_t 必然使有效考生 h_i 与 r_j 对应同一个 IRP。

前面对基本层级关系给出证明，对于复杂层级关系，由于 R 的列对应于属性之间的一条路径，层级关系变得复杂了，对此我们进行讨论。

如果 $Q_t \neq R$，则存在知识状态 α，$\beta \in Q_s$，$\alpha \neq \beta$，而 $\alpha \circ Q_t = \beta \circ Q_t$ 的证明，即必要性证明。从可达阵 $R_{K \times K}$ 中任意抽取一列，如 r_j，用 Q_r 中某一列 q 代换为 $R(q \to r_j)$，作为测验 Q 阵 Q_t，即 $Q_t = R(q \to r_j)$，则

存在 α，$\beta \in Q_s$（Q_s 为学生 Q 阵，$Q_s = (Q_r | 0)$，即 Q_r 增加一列（零列），$\alpha \neq \beta$，而 α，β 在 Q_t 上的理想反应模式相同，即

$$\alpha，\beta \in Q_s，\alpha \neq \beta，而 \alpha \circ Q_t = \beta \circ Q_t。$$

（1）如果 $\| r_j \| = 1$，则必有 $r_j \circ Q_t = 0 \circ Q_t = 0_{1 \times K}$，显然 $r_j \neq 0$，且 r_j，$0 \in Q_s$。

（2）如果 $\| r_j \| \geq 2$，显然 $r_{jj} = 1$。

①若属性 A_j 的直接先决关系属性仅有一个，不妨设为 A_i，则由先决关系的传递性，知 A_i 的所有先决必为 A_j 的先决，这时，A_i 的所有先决（包括 A_i 本身）形成的路，必定对应 R 的第 i 列 r_i，这时 $r_i \leq r_j$，且 $(r_j - r_i)^T (r_j - r_i) = 1$，故 $r_i \neq r_j$ 且 $r_i \circ Q_t = r_j \circ Q_t$。

②若 A_j 至少有两个不同的直接先决属性，不妨设为 A_{i1}，…，A_{iK}。

（a）A_{i1}，…，A_{iK} 的直接先决均只有一个，由①知，r_{i1}，…，$r_{ih} \in R$，且记 $p = r_{i1} \vee r_{i2} \vee \cdots \vee r_{ih}$。

由扩张定理知 $p \in Q_s$，则 $p \leq r_j$ 且 $(r_j - p)^T (r_j - p) = 1$。

故 $p \neq r_j$，但 $p \circ Q_t = r_j \circ Q_t$。

（b）若 A_{i1}，…，A_{ih} 中有些属性的直接先决至少有两个，仿（a）可证 $\exists p \in Q_s$，使 $p \leq r_j$，$p \neq r_j$，$(p - r_j)^T (p - r_j) = 1$，且 $p \circ Q_t = r_j \circ Q_t$。

设 $R = (r_1，\cdots，r_K)$ 为可达阵。

引理 5.1.2 设 r_j 为可达阵 R 的第 j 列，且至少有两个非零元，即 $r_j^T r_j \geq 2$，则

（1）$r_{jj} = 1$，且 $\exists i < j$，使 $r_{ii} = 1$；

（2）属性 A_i 是 A_j 的先决属性；

（3）A_i 的所有先决属性均为 A_j 的先决属性；

（4）$r_i \leq r_j$，即 $r_j - r_i$ 的每一个元素均非负。

证明 （1）（2）均为显然，由先决关系的传递性，知（3）成立，（4）是（3）的直接推论。

引理 5.1.3 设 A_i 是 A_j 的直接先决，且 A_j 仅有一个直接先决属性，则有 $r_i \leq r_j$，且 $(r_j - r_i)^T (r_j - r_i) = 1$，即 r_j 仅比 r_i 多一个非零元且有 $r_{ij} r_{jj} = 1$。

证明　由引理 5.1.2 和直接先决关系的定义以及 R 为 0—1 上三角矩阵即得。

设由扩张算法扩张出来的部分（若存在）为 Q_0，即 $Q_r=(R\,|\,Q_0)$，$q\in Q_s$，又用 $R(q\rightarrow r_j)$ 表示用 q 代替 R 的第 j 列 r_j，$r_i\circ Q_t$ 表示知识状态为 r_i 的被试在测验 Q 阵 Q_t 上的理想反应模式。

引理 5.1.4　条件如引理 5.1.3，有 $r_i\circ R(q\rightarrow r_j)=r_j\circ R(q\rightarrow r_j)$，其中 $q\in Q_0$，r_i 和 r_j 为 R 的第 i，j 列。

注意 $q\in Q_0=Q_r-R$，因此 $q\leqslant r_i$ 不可能成立，同样 $q\leqslant r_j$ 也不可能成立，故 r_i，r_j 在 q 上的理想反应为 $r_i\circ q=r_j\circ q=0$。

注意到 $r_i\circ R=r_i$，$r_j\circ R=r_j$ 及引理 5.1.3，故 $r_i\circ R(q\rightarrow r_j)=r_j\circ R(q\rightarrow r_j)$。

引理 5.1.3 和引理 5.1.4 仅讨论 A_j 有且仅有一个直接先决属性的情况，若 A_j 至少有两个直接先决属性时，要另外处理，请见下例。

$$R=\begin{vmatrix} 1 & 1 & 1 & 0 & 0 & 1 & 1 \\ 0 & 1 & 1 & 0 & 0 & 1 & 1 \\ 0 & 0 & 1 & 0 & 0 & 1 & 1 \\ 0 & 0 & 0 & 1 & 1 & 1 & 1 \\ 0 & 0 & 0 & 0 & 1 & 1 & 1 \\ 0 & 0 & 0 & 0 & 0 & 1 & 1 \\ 0 & 0 & 0 & 0 & 0 & 0 & 1 \end{vmatrix}=(r_1,\ r_2,\ \cdots,\ r_6,\ r_7)。$$

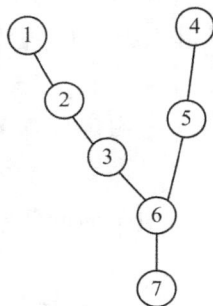

图 5-1-2　属性层级关系

若 $q\in Q_r-R$，$Q_t=R(q\rightarrow r_6)$，记 $p=r_3\vee r_5$，$p\leqslant r_6$ 且 $(p-r_6)^T(p-r_6)=1$。

这时，在 R 中找不到 r，使得 $r\leqslant r_6$ 且 $(r-r_6)^T(r-r_6)=1$，只能在由 R 扩张出来的 Q_0 中找到 p，使得 $r_6\circ R(q\rightarrow r_6)=p\circ R(q-r_6)$。

引理 5.1.5　设在属性层级中，属性 A_j 至少有两个直接先决属性，即 A_{i1}，$\cdots$，A_{ih} 均为 A_j 的直接先决，且 $Q_t=R(q\rightarrow r_j)$，记 $p=r_{i1}\vee r_{i2}\vee\cdots r_{ih}\overset{\triangle}{=}\vee^h_{l=1}r_{il}$，

则 $r_j\circ Q_t=p\circ Q_t$。

证明　由引理 5.1.2 知 $r_i\leqslant r_j$，$l=1$，2，$\cdots$，h，故 $p\leqslant r_j$，

往证 $(r_j-p)^T(r_j-p)=1$（＊）。

由于 A_{il}，$l=1$，2，$\cdots$，h 均为 A_j 的直接先决，故 $p\leqslant r_j$ 且 $p\neq r_j$，即
$$(p-r_j)^T(p-r_j)\neq 0。$$

除 A_j 本身之外，A_j 所有先决属性均在 r_{il}，$l=1$，2，$\cdots$，h 所表达的路之中，即在 p 之中，而 $\{A_j\}\bigcup\{A_t(A_t$ 为 p 中属性$)\}$ 仅比 p 中对应的属性多一个，故（＊）成立。

注意到 Q_t 与 R 仅有一列不同，即缺少 r_j，因此引理 5.1.5 成立。

定理 5.1.6 若 Q_t 中有一列且仅有一列与 R 不同，则存在 α，$\beta \in Q_s$，$\alpha \neq \beta$ [Q_s 表示学生 Q 阵，即 $Q_s = (Q_r | 0)$]，使

$$\alpha \circ Q_t = \beta \circ Q_t。$$

证明 由引理 5.1.4、引理 5.1.5 即得以上使 Q_t 中 R 的列被扩张列取代，下面使 R 的列被另一列代换。

如果 Q_t 为 $R(r_i \rightarrow r_j)$，不妨设 $i < j$，即测验 Q 阵中第 i 列代替第 j 列，亦即 Q_t 中两列相同，这时 $R \neq R(r_i \rightarrow r_j)$，是否存在 α，$\beta \in Q_s$，$\alpha \neq \beta$ 使 $\alpha \circ Q_t = \beta \circ Q_t$。

如上，同样对被取代的列 r_j 包含一个属性，还是包含多个属性，包含多个属性时，A_j 是仅含一个直接先决属性还是多个直接先决属性进行讨论，讨论手法与前面引理 5.1.2 至引理 5.1.5 相同，故至此知 R 的第 j 列被 R 的第 i 列（$i \neq j$）取代后，Q_s 中仍然存在两个不同知识状态 α 和 β，使它们对应的理想反应模式相同。

由定理 5.1.4 与定理 5.1.5 可得下述命题 5.1.3。

命题 5.1.3 测验 Q_t 以可达阵 R 为子矩阵，当且仅当 Q_s 中不同的知识状态对应不同的理想反应模式。

三、以可达阵 R 为子阵的测验 Q_t 的应用

（1）对 Henson 和 Douglas(2005)的结果的修正。Henson，Douglas(2005)考虑过属性层级关系对应可达阵为单位阵的情形，他们设计的模拟试验中测验蓝图 Q_t 中每个项目至少含两个属性，结果判准率很低。通过以上结论将 Q_t 中的列用 1 个或两个可达阵置换后，使之含 1 个或 2 个可达阵，其他条件不变，模拟结果显示判准率有了较大提高。

（2）有益于大型题库建设。认知诊断的大型题库建设仍需使用等值设计，如果每份测验以可达阵对应项目为锚题，则这组锚题代表性很强，完全符合锚题的挑选原则。

（3）有助于项目属性的计算机标定。若已知属性及其层级，可得可达阵 R。命题专家命制 R 的列对应的项目集合 S_R，其他项目属性未知（原始项目）。在一份试卷中既包含项目集 S_R，又有原始项目，则有可能通过实测数据，应用以上结论将原始项目属性自动标定。

（4）帮助制定具有认知诊断功能的计算机化自适应测验的选题策略，一般要求每个考生都对可达阵对应项目进行反应，然后再估计知识状态的初值，这可以提高诊断准确率。

第二节　可达阵等价类的不可替代性

2007 年以前，有一些关于认知诊断测验编制（或者称为认知诊断测验蓝图的设计）的讨论，有的不一定很成功。比如，Henson，Douglas(2005)虽然给出一种认知诊断测验选题和组卷的方法，但是从他们的模拟结果来看，当属性数目等于 8 的时候，模式判准率为 0.232～0.45，这样低的模式判准率，很难说是十分成功的方法。Leighton 等人(2004)的方案（包括 Gierl(2007)的方案）是将潜在 Q 矩阵 Q_p 作为测验 Q 矩阵，这个方案对于结构紧密（杨淑群等，2008）的属性层级结构是合理的，但是对于属性数目 K 比较大（如 $K>8$）且结构松散的属性层级结构，Q_p 的列数太多，测验不可能安排这么多题目。因此，如何从 Q_p 中寻找尽可能少的题目以代表 Q_p 是一个重要的问题。

例 5.2.1　4 个独立属性 A_i，$i=1$，2，3，4，学生 Q 矩阵 Q_s 包含 16 个不同的知识状态。给出两个测验 Q 矩阵，Q_1 是充分 Q 矩阵，Q_2 是一非充分阵。Q_2 表达的属性层级结构中 A_1，A_2，A_3 相互独立，而 A_3 是 A_4 的先决属性。其中 Q_1 和 Q_2 如下所示。

$$Q_1=\begin{pmatrix} 1 & 0 & 0 & 1 \\ 1 & 1 & 0 & 0 \\ 0 & 1 & 1 & 0 \\ 0 & 0 & 1 & 1 \end{pmatrix}, \quad Q_2=\begin{pmatrix} 1 & 0 & 0 & 0 \\ 0 & 1 & 0 & 0 \\ 0 & 0 & 1 & 1 \\ 0 & 0 & 0 & 1 \end{pmatrix}。$$

16 个不同的知识状态在 Q_1 上仅仅产生 10 个不同的理想反应模式，而在 Q_2 上却产生 12 个不同的理想反应模式。由此可知，Q_2 的理论构念效度高于 Q_1 的理论构念效度。这表明，充分 Q 矩阵并不一定能够提高效度。因为认知诊断测验的目的是探查被试的属性掌握情况，所以对所探查的知识状态的准确估计的程度应该是其效度。此例说明充分 Q 矩阵并不比非充分 Q 矩阵具有更高的效度。

其他人的研究结果也没有引起足够的重视。Gierl(2007)指出，2006 年出版的"Handbook of test development"里面没有关于认知诊断测验开发的章节，也没有诊断评估的词条，尽管作者对测验开发的概念、实践和创新提供了出色的综述，并且声称他们描述了 21 世纪测验开发的最新成果。

Chiu，Douglas，Li(2009)给出包含单位矩阵的设计原则，这对于属性层级关系是独立型结构的情形，是一个合理的解决方案，但是对于其他属性层级结构，单位阵并不是 Q_p 的子矩阵，这样做不是正确的解决方案。

Madison，Bradshaw(2015)认为认知诊断评估的设计是 Q 矩阵设计，他们给出 Q 矩阵设计的定义是根据每一个题目测量的特定的属性子集仔细地安排一组测验题目。他们认为 Q 矩阵设计的基本特征包括评估的题目数和测量的属性数，其他特征影响 Q 矩阵的复杂性。一般来讲，Q 矩阵中非零元增加则复杂性上升；复杂性因测量每一个属性的题目数、每一个题目测量的属性数和其他属性联合测量的属性数的变化而变化。一方面，他们和 Chiu 等人(2009)的观点基本一致，认为测验 Q 矩阵包含单位矩阵能够改善分类的准确性、可靠性和收敛速度；另一方面，他们意识到对于不同的属性层级结构，他们的这种设计有缺陷，于是他们提出一个解决方案，即通过属性"打包"的方式，将若干个粒度比较细的属性组合在一起，形成一个粒度比较大的属性，从而将其他属性层级结构化成独立结构。我们认为他们关于 Q 矩阵设计的定义不完整，没有说清楚仔细安排一组测验题目的目的，这样无法考查 Q 矩阵是否设计合格。另外，他们提出将非独立层级结构的若干属性"打包"以变成独立层级结构的解决方案是很难行得通的，特别是完全不适用 Leighton 等人(2007)所定义的属性层级结构，因为 Leighton 等人(2007)给出的层级结构都有一个公共的先决属性，按照"打包"方案，Leighton 等人(2007)的属性层级结构对应的只是一个属性，而这样又和认知诊断测验欲诊断各个属性的掌握情况的目的相违背。

对于 0—1 评分，属性之间不存在补偿关系条件下，丁树良等人(2010)指出在可达阵 R 作为测验 Q 矩阵时，任何一个属性掌握模式(知识状态)在这个测验上的理想反应模式仍然是这个属性掌握模式，从而建立可达阵 R 可以使知识状态和理想反应模式一一对应的结论。这个结论包含了前面的一些结果，解决了前面那些结果难以解决的问题，但是仔细审视这个结论，我们认为还是存在应该解决的两个问题。

(1)学生 Q 矩阵(Q_s)中任何一列均可以表成可达阵 R 的列的线性组合(组合系数只能是 0 或者 1)，问题是潜在 Q 矩阵中是否还存在另外的 K 阶方阵，使得其中任何一列均可表成这个 K 阶方阵的列的线性组合？

(2)任给学生 Q 矩阵中的一个知识状态 α，有 $\alpha \circ R = \alpha$，如果有 Q_1 是 Q_p 的 K 阶子矩阵，并且有 $\alpha \circ Q_1 = \alpha$，问题是 Q_1 是否必须等于 R？

第 1 个问题是讨论 Q_p 中是否存在一个子矩阵可以代表 Q_p，这个问题的解决可以作为解决 Leighton 等人(2007)方案困境的备选策略。

第 2 个问题的解决，可以使得认知诊断测验的设计和题库建设方案灵活多样，而且对于构建有认知诊断功能的计算机化自适应测验(CD-CAT)的选题策略有帮助。

上述两个问题实际上是可达阵 R 的可替代性问题。

约定 R 的列置换以后仍记为 R，这相当于测验中题目的先后顺序的安排不影响测验的内容。

一、Q_p 中是否存在有一个子矩阵可以代表 Q_p

Leighton 等人(2004)建议使用潜在 Q 矩阵作为测验 Q 矩阵,如前所述这个方案的缺陷是有时候列比较多,测验不可能那么长。因为其中任何一列都可以用可达阵 R 的列表达,即 R 是代表,所以前面建议用包含可达阵 R 的测验 Q 矩阵(称为必要 Q 矩阵)代替,如果频频使用可达阵 R,这容易使 R 对应的题目(题目的属性向量和可达阵的列对应)过度曝光,危害测验的安全性。所以产生第一个问题,存在其他的 K 阶子矩阵,可以将潜在 Q 矩阵的列都表达出来。这时候当然只要考虑除可达阵 R 之外,还有扩张出来的部分(称为非本质列,而可达阵的列称为本质列),记扩张出来的部分为 Q_e。

定理 5.2.1 设 Q_0 是 Q_p 的一个 K 阶子矩阵,则 Q_s 中任何一列可以由 Q_0 的列线性表示,当且仅当 $Q_0 = R$。

证明 由于可达阵可以表示成为上三角矩阵,要将 Q_s 中所有列表示出来,势必要将可达阵的列表示出来,所以不妨假设 Q_s 是上三角矩阵。

充分性:由扩张算法立即可得。

必要性:只须证明其逆否命题:Q_0 不等于 R,则 Q_s 中存在一列 q,使得 q 不可由 Q_0 的列线性表示。

首先注意到 R 是 Q_s 的子矩阵,而且 R 可以排列成对角元素均为 1 的上三角 0-1 矩阵,故 R 的任意一列均不可能由 R 的其他列表出。

若 Q_0 不等于 R,则 Q_0 至少缺少 R 中的某一列,如 r_j,注意 r_j 的第 j 个分量 $r_{jj} = 1$,而对于所有 $t > j$,$r_{tj} = 0$,对凡是第 j 个分量等于 1 并且 $t > j$,$q_{tj} = 0$ 的列 q(如果它存在),注意到 q 是经过 R 扩张出来的列,从而 q 的长度大于 r_j,所以 r_j 不可能由 Q_0 的列表示。如果 Q_0 中根本不存在第 j 个分量等于 1,并且对所有 $t > j$,第 t 个分量均等于 0 的向量,当然 Q_0 的列不可能表出 r_j。

二、是否存在可以替代 R 的矩阵

定理 5.2.2 在 0-1 评分并且属性之间不存在补偿作用条件下,设 Q_1 是 Q_p 的 K 阶子矩阵,且 α 是 Q_s 中的任意一个列向量,即一个属性掌握模式(知识状态)。则 $\alpha \circ Q_1 = \alpha \Leftrightarrow Q_1 = R$。

证明 充分性:设 $\alpha \circ Q_1 = \beta^T$,$\alpha = (\alpha_1, \alpha_2, \cdots, \alpha_k)^T$,$\beta = (\beta_1, \beta_2, \cdots, \beta_k)^T$,

要证对所有 $i = 1, 2, \cdots, K$,$\alpha_i = 1 \Leftrightarrow \beta_i = 1$,且 $\alpha_i = 0 \Leftrightarrow \beta_i = 0$。

由于 α 和 β 都是 0-1 向量,于是 $\alpha_i = 1 \Leftrightarrow \beta_i = 1$ 的逆否命题是 $\alpha_i = 0 \Leftrightarrow \beta_i = 0$,所以只需证明 $\alpha_i = 1 \Leftrightarrow \beta_i = 1$。

记 $Q_1=(q_1, q_2, \cdots, q_K)=(r_1, r_2, \cdots, r_K)$，$\beta_i=1 \Leftrightarrow \alpha_i \circ r_i = \alpha \circ q_i = 1 \Leftrightarrow r_i = q_i \leqslant \alpha \Leftrightarrow r_i$ 参与 α 的复合，即 r_i 是 α 的一个合成向量，且由 $r_{ii}=1 \Rightarrow \alpha_i=1$。

由 $\alpha_i=1$，知 r_i 是 α 的一个合成向量 $\Rightarrow r_i \leqslant \alpha$，因此 $\beta_i=1$。

由于 $\beta_i=0 \Leftrightarrow \alpha_i=0$ 是 $\beta_i=1 \Leftrightarrow \alpha_i=1$ 的逆否命题，故由上述证明知对一切的 $\alpha \in Q_s$，$\alpha \circ R = \alpha$。

必要性：反之，如果 K 阶方阵 Q_1，对任意 $\alpha \in Q_s$，有 $\alpha \circ Q_1 = \alpha^T$，要证 $Q_1=R$，令 $\alpha \circ Q_1 = \beta^T=(\beta_1, \beta_2, \cdots, \beta_k)$，$\alpha=(\alpha_1, \alpha_2, \cdots, \alpha_k)$。

以下总是假设 Q_1 是梯形矩阵，且 Q_1 不等于 R。

如果 Q_1 可以排成对角元均为 1 的上三角阵 $Q_1=(q_1, q_2, \cdots, q_K)$，则 Q_1 存在一列，如 q_j，q_j 不等于 r_j，于是由 $q_{jj}=r_{jj}=1$，而 q_j 不等于 r_j，可知 r_j 是 q_j 的合成向量，于是 $r_j^T r_j < q_j^T q_j$，从而 $r_j \circ q_j = 0$，即 $r_j \circ Q_1$ 的第 j 个分量 $\beta_j = (r_j \circ Q_1)_j = 0 \neq r_{jj}=1$。

Q_1 不可以化成对角元均为 1 的对角矩阵，比如，存在第 $j+1$ 列 q_{j+1}，使得 $q_{j,j+1}=1$，但对于任意 $t>j$，$q_{t,j+1}=0$，这时，

(1)因为可以对 Q_1 的列进行置换，不妨设 $q_j=q_{j+1}$，则考查 q_j 在测验 Q 矩阵上的理想反应模式，知 $\beta_{j+1}=(q_j \circ Q_1)_{j+1}=q_j \circ q_{j+1}=1>q_{j+1,j+1}=0$。由此可知存在 $\alpha \in Q_s$，使得 $\alpha \circ Q_1 \neq \alpha^T$。

由此可见，如果 Q_1 与 R 相比，仅仅是第 $j+1$ 列不同，且 $q_{j+1}=r_j$（也就是 Q_1 是将 R 中的某一列用其他 $K-1$ 列中的一列代替，其他 $K-1$ 列保持不变，即 Q_1 中有两列相同）也不能够满足任意 $\alpha \in Q_s$，使 $\alpha \circ Q_1 = \alpha^T$。

(2)如果 $q_j \neq q_{j+1}$，则由于 $q_{j,j+1}=1$，但 $\forall t>j$，$q_{t,j+1}=0$，故或者 $q_{j+1}=r_j$ 或者 $r_j \leqslant q_{j+1}$ 且 $r_j \neq q_{j+1}$，于是当 $q_{j+1}=r_j$ 时，考查 r_j 在测验 Q 矩阵 Q_1 上的理想反应模式，有 $r_j \circ q_{j+1}=1=\beta_{j+1}>r_{j+1}=0$，故 $r_j \circ Q_1 \neq r_j^T$。

当 $r_j \leqslant q_{j+1}$ 且 $r_j \neq q_{j+1}$ 时，考查 q_{j+1} 在测验 Q 矩阵 Q_1 上的理想反应模式，知 $\beta_{j+1}=(q_{j+1} \circ Q_1)_{j+1}=1>q_{j+1,j+1}=0$，则可知 $\exists \alpha \in Q_s$，使得 $\alpha \circ Q_1 \neq \alpha^T$。定理证毕。

注意，可达阵 R 经过列的置换以后记为 R_1，则 R_1 作为测验 Q 阵的子矩阵也可以使不同的知识状态对应的理想反应模式不同，但是任给一个知识状态 α，$\alpha \circ R_1 \neq \alpha^T$，因为 $\alpha \circ R_1$ 只能对应 α^T 的一个置换。

三、实际应用中需要注意的问题

由于理想反应模式不带随机误差，而观察反应模式往往带有随机误差，所以定理 5.2.2 只是在一定条件下，是好的认知诊断测验编制的必要条件。它在实际

应用中能够起多大作用，还应该结合实际数据进行分析。实际应用时，认知诊断测验的题目的质量肯定非常重要，题目质量越差，观察反应模式偏离理想反应模式越远，定理 5.2.2 的对认知诊断测验编制的指导作用越小，也就是说这种情况下，纵使可达阵作为测验 Q 矩阵的子矩阵，对于提高认知诊断测验的模式判准率的作用有限。另外，认知诊断测验蓝图如何编制，至少必须考虑测验的长度和是否利用选择项中的诊断信息，显然题目越多，测验误差的控制越好。特别是独立型属性结构，可达阵对应的题目的确比较简单，当 K 比较大时，挑选什么样的题目属性向量，很有讲究。罗欢等人（2011）提出过一个方案，在独立结构下，当 K 比较大时，仅仅选择可达阵（每列只包含一个属性）和只包含两个属性的项目，这种题目属性向量平衡的原则相对应，是否有更加合适的方案，如何平衡属性数目和题目数，值得讨论；至于利用选择项的诊断信息的认知诊断测验蓝图的编制问题，李瑜等人（2014）提出多项选择题认知诊断测验的编制原理和方法，认为既要有干扰项和正答项的属性向量相似，又要有干扰项和正答项的属性向量区分。

定理 5.2.2 的成立是有条件的，如果违背属性之间作用不可补偿的条件，即属性之间可以补偿或者部分属性之间作用可以补偿的情况，或者 0-1 评分的条件变成多级评分条件，甚至变成多值 Q 矩阵的条件，这时认知诊断测验蓝图的设计原理的讨论是一个非常重要而又具有挑战性的论题。当然多值 Q 矩阵的条件下，也有相应的扩张算法，定理 5.2.1 的讨论可能比较容易。

至于属性"打包"的问题，虽然不能够将其他属性层级结构化成独立结构，但是却可能解决属性过多，认知诊断模型难于处理的问题。

思考题

1. 什么是优良的认知诊断测验，如何设计一个优良的认知诊断测验？

2. 可达阵等价类的含义，如何在测验中使用可达阵的等价类？

3. 可达阵等价类有何特殊性？

4. 以上讨论均是在理想反应模式条件下获得的，在实际工作中，情况复杂得多，如何评价在实际工作中可达阵的重要性（试限定测验项目的质量以后进行讨论，或者设定相应情境进行讨论）。

5. 试用 Q_p 中的列的累赘表达式的概念证明定理 5.1.3。

6. 如果允许测验 Q 阵中包含不满足属性层级关系的列，是否可能存在非可达阵，使 IRP 与 KS 一一对应？（参见 Köhn，Chiu，2021）。

第六章 多级评分认知诊断测验蓝图的设计

在某种给定的评分方式下，假设属性之间没有补偿作用，讨论多级评分认知诊断测验蓝图设计问题。定义了菱型层级结构的概念，并根据图论，将基本属性层级结构划分为独立型、菱型和根树型，对于上述三种层级结构分别构造出完美测验 Q 阵，即使知识状态与期望反应模式一一对应，且列数最少的测验 Q 阵。研究发现这些层级结构的完美测验 Q 阵的列数均由最大不可比较属性集合中属性数目决定。

使用多值 Q 矩阵也可能采用多级评分，在此，对多值 Q 矩阵的认知诊断测验设计进行讨论，拟可达阵起着重要作用。

第一节 掌握一属性理想得分增加一分的结果

一、引言

认知诊断测验和传统测验不同，它关注的不是被试的总分或能力值，而是被试的知识状态即属性掌握情况，并且对未掌握的属性进行补救，因此它对促进发展的作用更大。认知诊断模型通过被试在项目（测验）上的反应（反应模型）估计被试的知识结构。欲使一个好的认知诊断模型充分发挥潜力，首要的前提是有合理的测验编制。事实上测验蓝图的编制，即测验的设计十分重要，因为测验蓝图直接关系到测验是否能够为每一个被试提供充分详细的信息。然而评分方式也可以影响诊断信息的质量。一般认为，同一个项目依照某一规则进行多级评分，因为多级评分可以揭示部分掌握的信息，一般可以提供比 $0-1$ 评分更多的信息。

如果认知诊断的范围包含 K 个属性，知识状态(KS)一般由一个 K 维 $0-1$ 向量表示，其中第 j 个分量等于 1，表示该被试掌握了第 j 个测验的属性；而如果采用 $0-1$ 评分，观察反应模式(ORP)的维数由测验项目数（如 m）确定。通常 K 和 m 不相等，且 $K<m$。

本文要在属性之间不可相互补偿、使用多级评分条件下讨论认知诊断测验蓝图的设计问题。和 $0-1$ 评分情形一样，我们希望找到一个测验蓝图，在给定的多级评分规则下，使理想反应模式(IRP)和 KS 一一对应。之所以要求一一对应，是因为认知诊断实际上是根据被试在项目上和测验上的反应或者反应模式通过认知诊断模型，将它们在知识状态空间定位。抽象一点来说，认知诊断模型的作用就是 ORP 集合(m 维)到 KS 集合(K 维)之间的映射(不妨记之为 F)，通常 $K < m$，映射 F 必须降维，而降维会损失一些信息。一般地，解决这个问题有如下一个途径：大部分认知诊断中都涉及属性和项目关联矩阵，即 Q 矩阵，而 KS 和测验 Q 矩阵相互作用，可以计算非补偿条件下的 IRP，即测验 Q 矩阵是 KS 到 IRP 的映射。IRP 和 ORP 的维数相同，所以建立 ORP 到 IRP 的映射有利于防止因为降维而导致的信息损失。但是仅仅建立 ORP 到 IRP 的映射还不能完成认知诊断的任务，还必须建立 IRP 到 KS 的映射。因此如果能够设计测验 Q 矩阵使之成为 KS 到 IRP 之间的双射，那么从 ORP 到 IRP 的映射和从 IRP 到 KS 的双射的复合映射(F)，就是 ORP 到 KS 的映射。所以构造测验 Q 矩阵使之成为 IRP 和 KS 之间的双射是提高认知诊断分类准确性的有效途径。

不少认知诊断模型通过 IRP 建立 ORP 和 KS 之间的映射。有人认为，IRP 是认知诊断的分类中心。特别地，孙佳楠等人的认知诊断模型—GDD 和 Sun 等人的 GDD-P 明确分解成两步：一步是给定 ORP，寻找与之最匹配的 IRP，另一步是通过 Q 矩阵的设计，建立 IRP 和 KS 的一一对应。能够使 ERP 和 KS 一一对应的测验 Q 矩阵称为必要 Q 矩阵，当这个必要 Q 矩阵包含列数最少时，称之为完美 Q 矩阵(perfect Q-matrix)。我们使用潜在 Q 矩阵(Q_p)、学生 Q 矩阵(Q_s)、测验 Q 矩阵(Q_t)等术语以区分不同的 Q 矩阵，并将 Tatsuoka 关于 Q 矩阵是属性和项目的关联矩阵的定义，扩展到包含学生 Q 阵(Q_s)的情形。事实上，Q_s 是属性和被试的关联矩阵而不是属性与项目的关联矩阵。

以下先罗列一些在属性间无补偿并且在给定属性及其层级的条件下，关于 0-1 评分和多级评分认知诊断测验蓝图设计中已有的结论。

定理 6.1.1　在 0-1 评分条件下，测验蓝图中包含可达矩阵当且仅当知识状态与理想反应模式一一对应。

定理 6.1.2　给定测验 Q 阵 Q_t，从学生 Q 矩阵 Q_s 中任取一列 α，若理想反应的评分方式是 $\alpha^T Q_t$，则只要 Q_t 满行秩，KS 集合与 IRP 集合之间就建立了入射。

定理 6.1.2 的评分方式是掌握项目中的一个属性，理想得分便多一分的记分方式。下面给出定理 6.1.3。

定理 6.1.3　在定理 6.1.2 的记分方式之下，如果测验矩阵 Q_t 的秩等于属性的个数，则 KS 与 IRP 是一一对应的。

这个重要结论的特殊情况是 Q_t 等于可达矩阵。定理 6.1.3 的证明并不复杂：不失一般性，可设可达矩阵是对角线元素等于 1 的上三角矩阵，即可达矩阵是满秩矩阵。用反证法证明：如果存在两个不同的知识状态 x，y 的转置乘 Q_t（乘积矩阵的秩等于 2），而得到两个相同的分数向量（它们的秩等于 1），这是不可能的。

但是定理 6.1.2、6.1.3 只是在多级评分方式下对于非补偿的认知过程给出了 IRP 与 KS ——对应的一个充分条件，存在反例，说明定理 6.1.3 不是必要条件。另外，我们下面证明的结论中就有这样的例子，如若属性满足线性层级结构，在定理 6.1.2 的评分方式下，使 IRP 与 KS ——对应的充分必要条件是测验 Q 阵是 $Q = (1, 1, \cdots, 1)^T$，即只需要一个项目且这个项目包含欲测领域中的所有属性即可。

讨论使 IRP 与 KS ——对应的充分必要条件比仅仅得到充分条件显然更有意义，这不仅仅是数学上的一种美，而且在应用中会带来很多方便。因为充分条件或许有一些多余，故充分条件有时显得不简洁。比如，上述关于线性层级结构下的测验蓝图的设计的合理性一旦得到证明，只要采用这种记分方式，则测验的项目数可以很少而获得的诊断信息却很丰富。这便是我们不仅仅寻找充分条件而且还要追寻必要条件的一个理由，也是我们为什么在找到使 KS 和 IRP ——对应的映射（必要 Q 矩阵）以后，还要继续寻找完美 Q 矩阵的原因。

二、基本属性层级的重新分类和期望得分的约定

为了证明方便起见，从图论出发对 Leighton 等人给出的属性的层级关系的类型进行重新划分，并且对记分方式给出一些基本的约定。我们知道，属性层级关系是自反、反对称、传递的，即偏序关系。

Leighton 等人对基本的属性层级做了一个划分，认为有四类层级：直线型、发散型、收敛型以及无结构型，然而国外文献常常讨论一种属性之间互不为先决属性的层级结构，即独立型结构，其他更复杂的层级关系可以由上面五种基本层级结构进行组合得到。但是由图论观点知，按照结点（属性）的连通与否，可以分成连通和非连通，于是在认知诊断的基本属性层级中，可以分为独立型和连通型，比如 Leighton 等人所说的四种层级类型均为连通型，而 Tatsuoka 所述的独立型结构属于非连通型。而连通型，又可以分成树和非树：连通而无回路的图称为树，它包括 Leighton 等人所说的线性型、发散型和无结构型，而收敛型则不是树型。若一个有向图在不考虑边的方向时是一棵树，则这个有向图称为有向树。一棵有向树若恰有一个结点的入度为 0，其他所有结点的入度都为 1，则称为根树。入度为 0 的结点称为根，出度为 0 的结点称为叶，出度不为 0 的结点称为分支点或内点。直线型、发散型与无结构型都可以看成根树型结构，这是一类结构；对于收敛型，如果不考虑边的方向的话，因为它有一个回路，所以它不是树结构，更不是根树，应该单独列为另一类结构，并且在收敛型中，一般是一个

（或者两个）直线型和一个菱型的复合，因此收敛型并不是一个最简单的层级结构；独立型结构与前两种结构不同，应该作为第三种结构。下文中关于属性之间基本结构的划分就是独立型（本来独立型也可以看成若干树组成的林，但这里单独列出）、菱型及根树型。我们先给出菱型结构的定义，为此要定义最大、最小元素（属性），不可以比较元素（属性），以及最大不可比较元素的集合。

设所讨论的属性集合为有限集合，记为 $\mathscr{A}$，在这个集合上定义偏序关系。若一个属性 A 是其他所有属性的先决属性，则称 A 为 $\mathscr{A}$ 中的最大元；若其他所有属性都是属性 B 的先决属性，则称 B 为 $\mathscr{A}$ 中的最小元；若 $\mathscr{A}$ 中有最大元和最小元，并含有不可比较属性，同时删除边的方向以后，它可以构成一个或者几个回路，则这个偏序关系对应的图形称为"菱形"。容易证明"菱形"至少含有 4 个属性。

设 N 是 $\mathscr{A}$ 的一个非空子集，$\forall x, y \in N \subseteq \mathscr{A}$，$x$ 和 y 不相等且不互为先决属性，且若 $z \notin N$，则 $\exists w \in N$，使 z 是 w 的先决属性或 w 是 z 的先决属性，即 w 和 z 可以比较。这时，称 N 为属性集 $\mathscr{A}$ 的最大不可比较属性集合，不致混淆时，简称 N 为最大不可比较属性集合。

设 A_1 是基础知识，A_2 是同分母相加，A_3 是求两个正整数的最小公倍数运算，A_4 是异分母相加，A_1，A_2，A_3，A_4 四个属性之间的层级关系的 Hasse 图如图 6-1-1 所示。则 A_1 是最大元，是其他属性的先决；A_4 是最小元，其他属性都是 A_4 的先决属性；而 A_2 和 A_3 之间不存在先决关系，故它们是不可比较的，且它们构成最大不可比较属性集合，故在这个图中，不可比较的属性的最大数目是 2。不考虑边的方向，这是一个回路，因此，图 6-1-1 是一个菱型。

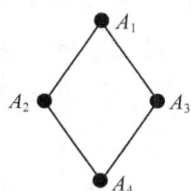

图 6-1-1　菱型 1

对于理想得分的计分方式，我们给出一个基本约定（下文中称为记分方式的约定）。

设进行认知诊断的领域中包含 K 个属性。以下均是对非补偿连接的认知加工过程进行讨论。除非另有声明，否则约定理想得分的计分方式为：每掌握测验项目中的一个属性，则理想得分增加一分，即假设被试 KS 为 $\boldsymbol{\alpha}$ 在测试 $\boldsymbol{Q}$ 阵（Q_t）下的 IRP 为 $\boldsymbol{\alpha}^T \boldsymbol{Q}_t$，亦即对 Q_t 中的第 j 个项目（Q_t 中第 j 列 $\boldsymbol{q}_j$），KS 为 $\boldsymbol{\alpha}$ 的被试的理想得分为 $\boldsymbol{\alpha}^T \boldsymbol{q}_j$。

三、各种基本层级对应的完美 $\boldsymbol{Q}$ 矩阵

（一）独立型层级

定理 6.1.4 若 K 个属性是独立的，即可达阵为 K 阶单位阵 $\boldsymbol{I}_K$，则必须且

只需使 Q_t 行满秩（Q_t 是非奇异矩阵）才能使理想反应模式和知识状态一一对应。

证明 Q_t 行满秩可以使理想反应模式与知识状态一一对应。

如果理想反应模式与知识状态一一对应，要证 Q_t 必须行满秩。若不然，设 $rkQ_t = r < K$，即 Q_t 不是行满秩的，由于 Q_t 为 K 行的 $0-1$ 矩阵，故 Q_t 必有某一行可以由其他行表示出来。不失一般性，设 Q_t 的第一行 $\boldsymbol{r}_1$ 可由 Q_t 的第 r_{i_1}，r_{i_2}，…，r_{i_t} 表示出来，即 $\boldsymbol{r}_1 = \sum_{h=1}^{t} r_{i_h}$。记单位阵 $\boldsymbol{I}_K$ 中的第 1 列，第 i_1，i_2，…，i_t 列为 $\boldsymbol{e}_1$，$\boldsymbol{e}_{i_1}$，$\boldsymbol{e}_{i_2}$，…，$\boldsymbol{e}_{i_t}$，则 $\boldsymbol{e}_1^T Q_t = \boldsymbol{r}_1 = \sum_{h=1}^{t} r_{i_h} = \left(\sum_{h=1}^{t} \boldsymbol{e}_{i_h}^T\right) Q_t$，可见知识状态为 $\boldsymbol{e}_1$ 的被试与知识状态为 $\sum_{n=1}^{t} \boldsymbol{e}_{i_h}^T$ 的被试的理想反应模式相同，显然，$\boldsymbol{e}_1 \neq \sum_{h=1}^{t} \boldsymbol{e}_{i_h}^T$，这与理想反应模式和知识状态一一对应的假设相矛盾。

由于要求独立型对应的完美 Q 矩阵行满秩，故 Q_t 至少包含 K 列，因此取 Q_t 为非奇异矩阵即可。

当然，此时单位矩阵是完美 Q 矩阵，但是定理 6.1.4 并没有要求 Q_t 包含可达矩阵 $\boldsymbol{I}_K$，而只是要求 Q_t 的秩等于 K，因此条件比 $0-1$ 评分条件下完美 Q 矩阵的要求低。然而非奇异矩阵可以由单位矩阵通过列的布尔加获得，即单位矩阵是"生成"其他完美 Q 矩阵的完美 Q 矩阵，从而称其为"基本完美 Q 矩阵"。

比如，对于三个独立属性，可以取完美 Q 矩阵为 $\begin{pmatrix} 1 & 1 & 1 \\ 0 & 1 & 0 \\ 0 & 0 & 1 \end{pmatrix}$，显然它不是可达矩阵，但是可以将单位矩阵的第 1 列分别加到第 2、第 3 列而获得。

（二）菱型

引理 6.1.1 对图 6-1-1 所示的层级关系，完美 Q 矩阵可以是如下两个 Q 阵中任一个。

$$Q_t^{(1)} = \begin{bmatrix} 1 & 1 \\ 1 & 1 \\ 1 & 0 \\ 1 & 0 \end{bmatrix}, \quad Q_t^{(2)} = \begin{bmatrix} 1 & 1 \\ 1 & 0 \\ 1 & 1 \\ 1 & 0 \end{bmatrix}。$$

证明 相应于图 6-1-1 的学生 Q 阵 Q_s 如下。

$$Q_s = \begin{bmatrix} 0 & 1 & 1 & 1 & 1 & 1 \\ 0 & 0 & 1 & 0 & 1 & 1 \\ 0 & 0 & 0 & 1 & 1 & 1 \\ 0 & 0 & 0 & 0 & 0 & 1 \end{bmatrix}。$$

易知 $Q_s^T Q_t^{(i)}$ 中理想反应模式与知识状态一一对应，$i=1$，2。注意到 Q_s 中各列之和为 0，1，2，2，3，4，记 $d_4^T=(1,1,1,1)$，则有 $Q_s^T d_4=(0,1,2,2,3,4)^T$，可见这时 $\alpha_2=(1,1,0,0)$ 和 $\alpha_3=(1,0,1,0)$ 对应的理想得分相同。而欲区分这两个知识状态，则测验 Q 阵 Q_t 中必须在 $(1,1,1,1)^T$ 基础上分别添加 $(1,1,0,0)^T$ 或 $(1,0,1,0)^T$。

因此 $Q_t^{(1)}$，$Q_t^{(2)}$ 可以使知识状态与期望反应模式一一对应，而欲使知识状态和理想反应模式一一对应，则测验 Q 阵或者是 $Q_t^{(1)}$，或者是 $Q_t^{(2)}$，即 $Q_t^{(1)}$ 或 $Q_t^{(2)}$ 是相应的完美 Q 阵。

往证图 6-1-1 对应的完美 Q 阵必须是 $Q_t^{(1)}$，或者是 $Q_t^{(2)}$。如不然，若其他测验 Q 阵为完美 Q 阵，至多由 Q_s 中的两列组成，可为 1 列或为 2 列。易知，仅挑 1 列必然不行，往证也不存在含其他 2 列而又不是 $Q_t^{(1)}$ 或 $Q_t^{(2)}$ 的情形。否则，首先必须挑选 $(1,1,1,1)^T$，如若不然知识状态 $(1,1,1,0)^T$ 和 $(1,1,1,1)^T$ 对应相同的理想反应模式。然后为了与 $Q_t^{(1)}$ 和 $Q_t^{(2)}$ 不同，只能够挑选 $(1,0,0,0)^T$ 或者 $(1,1,1,0)^T$，而这都不能保证知识状态与理想反应模式一一对应。

请注意在图 6-1-1 中，不可以相互比较的属性数为 2，这时完美 Q 阵的秩也是 2（至少含两个不同列），即 $rQ_t^{(1)}=rQ_t^{(2)}=2$。

引理 6.1.2　对图 6-1-2 所示层级关系，完美 Q 阵可以是且必须是如下三个 Q 阵中任意一个。

$$Q_t^{(1)}=\begin{pmatrix}1&1&1\\1&1&0\\1&0&1\\1&0&0\\1&0&0\end{pmatrix},\ Q_t^{(2)}=\begin{pmatrix}1&1&1\\1&1&0\\1&0&0\\1&0&1\\1&0&0\end{pmatrix},\ Q_t^{(3)}=\begin{pmatrix}1&1&1\\1&0&0\\1&1&0\\1&0&1\\1&0&0\end{pmatrix}。$$

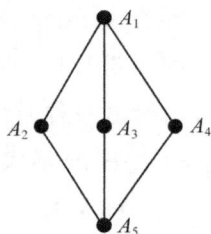

图 6-1-2　菱型 2

证明　仿照引理 6.1.1 即可得。

注意图 6-1-2 中不可比的属性有 3 个：A_2，A_3，A_4。

这时 $rQ_t^{(i)}=3$，$i=1$，2，3。

例 6.1.1　下列的两个矩阵 $Q_t^{(1)}$，$Q_t^{(2)}$ 都是图 6-1-3 对应的完美 Q 阵。

$$Q_t^{(1)}=\begin{pmatrix}1&1\\1&1\\1&0\\1&0\\1&0\end{pmatrix},\ Q_t^{(2)}=\begin{pmatrix}1&1\\1&0\\1&1\\1&1\\1&0\end{pmatrix}。$$

注意到 $Q_t^{(2)}$ 的第 2 列，它包含 3 个非零元素，对应于 A_1，A_3，A_4 的一条路（不含 A_5），而下列三个矩阵 $Q_t^{(3)}$，$Q_t^{(4)}$，$Q_t^{(5)}$ 是图 6-1-4 对应的完美 **Q** 阵。

$$Q_t^{(3)} = \begin{bmatrix} 1 & 1 & 1 \\ 1 & 1 & 0 \\ 1 & 0 & 1 \\ 1 & 0 & 0 \\ 1 & 0 & 1 \\ 1 & 0 & 0 \end{bmatrix}, \quad Q_t^{(4)} = \begin{bmatrix} 1 & 1 & 1 \\ 1 & 1 & 0 \\ 1 & 0 & 0 \\ 1 & 0 & 1 \\ 1 & 0 & 0 \\ 1 & 0 & 0 \end{bmatrix}, \quad Q_t^{(5)} = \begin{bmatrix} 1 & 1 & 1 \\ 1 & 0 & 0 \\ 1 & 1 & 0 \\ 1 & 0 & 1 \\ 1 & 1 & 0 \\ 1 & 0 & 0 \end{bmatrix}$$

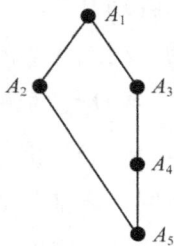

图 6-1-3　菱型 3

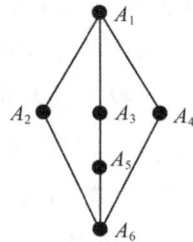

图 6-1-4　菱型 4

仔细考查引理 6.1.1、引理 6.1.2 和例 6.1.1 中的完美 **Q** 阵可以发现，完美 **Q** 阵的秩等于最大元到最小元的路径数。但对认知诊断而言，引理 6.1.1、引理 6.1.2 和例 6.1.1 表明，欲由最大元到达最小元，必须掌握最小元的所有先决属性才行。由于这一种说法可能引起一些误会，因此我们需改一种说法，为此我们才在前文引入一个"最大不可比较属性的集合"的概念。

例 6.1.2　图 6-1-1、图 6-1-2、图 6-1-3 中最大不可比较属性的集合分别记为 N_1，N_2，N_3，$N_1 = \{A_2, A_3\}$，图 6-1-2 中 $N_2 = \{A_2, A_3, A_4\}$，图 6-1-3 中 $N_3 = \{A_2, A_3\}$ 或 $N_3 = \{A_2, A_4\}$，但 $\{A_2, A_3, A_4\}$ 不是图 6-1-3 中最大不可比较属性的集合，因为 A_3 是 A_4 的先决属性。而对于直线型结构，其最大不可比较属性的集合仅含一个元素。

上文中图 6-1-1、图 6-1-2、图 6-1-3、图 6-1-4 中对应的结构为菱型。易知，Leighton 等人所说的收敛型结构是直线型和菱型的复合，图 6-1-5 是包含 A_1，A_2，A_3 的直线型与一个菱型的复合；图 6-1-6 是包含 B_1，B_2，B_3 的直线型与菱型和另一个包含 B_6，B_7 直线型的复合。

以下讨论相应于收敛型结构的完美 **Q** 阵的构造问题。由上面关于收敛型结构经过属性合并便可以导出菱型以及具体的菱型(图 6-1-1 至图 6-1-4)相应的完美 **Q** 阵的引理 6.1.1、引理 6.1.2 和例 6.1.1，可以导出以下定理。

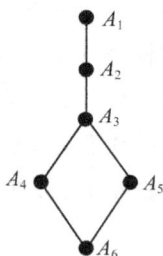

图 6-1-5　收敛型 1　　　　　图 6-1-6　收敛型 2

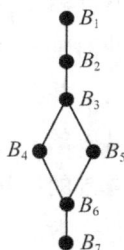

定理 6.1.5　含 K 个属性的收敛型由菱型和直线型复合而成，假设菱型结构里最大不可比较集合中属性的个数为 L，这个菱型对应的完美 Q 阵按列剖分为 $Q_1 = (q_1, \cdots, q_L)$，记 $d_p^T = (1 \quad 1 \quad \cdots \quad 1)_{1 \times p}$，则收敛型的完美 Q 阵的构造如下。

(1) rkQ 等于 L，则完美 Q 阵为 $K \times L$ 阵；Q 中有一列其元素全为 1，这一列记为 d_k；

(2) Q 中其他 $L-1$ 列的构造如下。

(2.1) 设菱型的最大元有 p 个先决属性，并且这 p 个先决属性呈直线型，最小元无子属性，则 Q 中除 d_K 外，其他 $L-1$ 列可从以下 Q_2 所有列中任意选取 $L-1$ 列：

(2.2) 设菱型最小元(假设为第 L 元)有 r 个子属性(菱型的最小元是 r 个属性的先决属性)，并且这 r 个属性呈直线型，最大元无先决属性，则 Q 中其他 $L-1$ 列可从以下 Q_3 所有列中任意选取 $L-1$ 列。

这里，

$$Q_2 = \begin{pmatrix} d_p & d_p & \cdots & d_p & d_p \\ q_1 & q_2 & \cdots & q_{L-1} & q_L \end{pmatrix}, \quad Q_3 = \begin{pmatrix} q_1 & q_2 & \cdots & q_{L-1} & q_L \\ 0 & 0 & \cdots & 0 & 0 \end{pmatrix}。$$

(2.3) 如果 Leighton 等人(2004)的收敛型中的菱型的最大元、最小元分别为 C_2，C_6，并且 C_2 有 p 个先决属性(不包含 C_2)，C_6 有 r 个后裔(不包含 C_6)，假设该菱型结构里最大不可比较属性的集合中属性的个数为 M，则它对应的完美 Q 矩阵分成三部分：菱型对应的完美 Q 矩阵 Q_1(Q_1 的最后一列的元素全部是 1)，Q_1 上面是 p 行 M 列元素完全是 1 的矩阵 Q_2，Q_1 下面是 r 行 M 列矩阵 Q_3，Q_3 的 $M-1$ 列元素全是 0，最后一列是 r 个 1。

证明　设菱型最大元有 C_2 个呈直线型结构的先决属性，最小元有 C_6 个呈直线型结构的后裔属性，结合引理 6.1.1 和引理 6.1.2，对 p_1，p_2 用数学归纳法即得。往证这样构造的完美 Q 阵的秩等于 L。

事实上，从菱型的最大元到这个菱型的最小元的不同的路径数恰好等于 L，其中任何一条路径都不可能由其他路径表示，所以这些路径对应的属性向量线性无关，从而包含菱型的对应的完美 *Q* 矩阵的秩等于 L，从中任取 $L-1$ 条路径对应的向量必定线性无关，并且添加一些零元素或全 1 元素，将它们延长以后仍然线性无关。这样延长以后的 $L-1$ 个 $0-1$ 向量和元素全部都是 1 的 K 维向量必定线性无关。所以这样构造的完美 *Q* 阵的秩必定等于 L，即等于菱型中最大不可比较属性的集合中属性的个数。

对考虑菱型最小元的子属性构成直线型的情况对应的完美 *Q* 阵的结论，可以同样证明。

例 6.1.3 如图 6-1-7 所示，属性结构收敛型，则要使理想反应模式和知识状态一一对应的充分必要条件是测验蓝图为 $K \times 2$ 矩阵，其中有一列的元素全部为 1，而另外一列包含菱型的一支。

$$Q_t^T = \begin{pmatrix} 1 & 1 & 1 & 1 & 1 & 1 \\ 1 & 1 & 0 & 0 & 0 & 0 \end{pmatrix}$$

或者

$$Q_t^T = \begin{pmatrix} 1 & 1 & 1 & 1 & 1 & 1 \\ 1 & 0 & 1 & 0 & 0 & 0 \end{pmatrix}。$$

如图 6-1-8 所示，属性层级结构收敛型，则可以将 *Q* 阵设计成

$$d_1^T = (1, 1, 1, 0, 0, 0, 0), \quad d_2^T = (1, 1, 0, 1, 0, 0, 0), \quad d_3^T = (1, 1, 0,$$

$$0, 1, 0, 0), \quad Q_t^T = \begin{pmatrix} 1 & 1 & 1 & 1 & 1 & 1 & 1 \\ 1 & 1 & 1 & 0 & 0 & 0 & 0 \\ 1 & 1 & 0 & 0 & 1 & 0 & 0 \end{pmatrix} \text{ 或者 } Q_t^T = \begin{pmatrix} 1 & 1 & 1 & 1 & 1 & 1 & 1 & 1 \\ & & & d_i^T & & & \\ & & & d_i^T & & & \end{pmatrix},$$

$i \neq j$，即可。

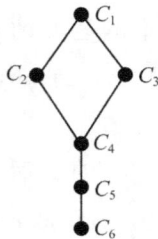

图 6-1-7 收敛型 3　　　图 6-1-8 收敛型 4

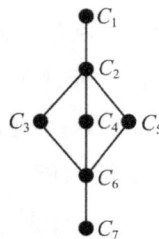

(三)根树型层级

对于根树结构 T，设 T 有 h 片树叶(入度为 1 而出度为 0 的结点)。注意到至少有两个结点的根树，其根结点到任一片树叶的路长至少为 1，所以 T 至少有

$h+1$ 个结点，结点对应着认知诊断中的属性。若 T 对应的潜在 Q 阵 Q_p 为 $K \times N$ 矩阵，Q_s 为 $K \times (N+1)$ 矩阵。又设测验 Q 阵（Q_t）为 $K \times m$ 阵，下文要证明 m 可以不超过 $h(m \leqslant h)$，使理想反应模式与知识状态一一对应。

1. 直线型

定理 6.1.6 若属性层级为线性结构，完美 Q 矩阵为 $K \times 1$ 矩阵，且所有元素均为 1。显然 $rk(Q)=1$。

证明 记 $d_0^T=(0, 0, \cdots, 0)$ 为零向量，$d_i^T=(1, \cdots, 10, \cdots, 0)$，它的前 i 个分量为 1，后 $K-i$ 个分量为 0，$i=1, 2, \cdots, K$，则对于线性结构，包含且仅包含 $d_0, d_1, \cdots, d_K$ 这 $K+1$ 个不同的 KS。记 $Q_t^T=q^T=(1, \cdots, 1)d_k^T$，则显然有 $d_i^T Q_t=i$，$i=0, 1, \cdots, K$。故不同的 KS 其 IRP 不同，由于所测领域内的 KS 的个数为 $K+1$，而不同的 IRP 也恰为 $K+1$ 个，即一一对应。

反之，如果 $Q_t^T \neq (1, \cdots, 1)$（或者 Q_t 不包含全 1 列），则 d_K 和 d_{K-1} 在 Q_t 下的 IRP 相同，即存在不同的 KS 对应同一个 IRP。

2. 更复杂的根树型例子

为了讨论更复杂的根树型结构对应的完美 Q 矩阵的结构，先看一个例子，以加强对下述定理证明部分的直观认识。

例 6.1.4 如图 6-1-9 至图 6-1-11 所示，它们相当于 Leighton 等人（2004）的无结构型和发散型。

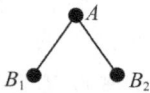

图 6-1-9 根树 1

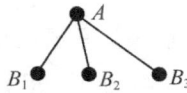

图 6-1-10 根树 2

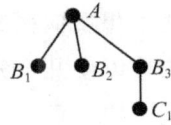

图 6-1-11 根树 3

对图 6-1-9，可达阵为 $R_1 = \begin{pmatrix} 1 & 1 & 1 \\ 0 & 1 & 0 \\ 0 & 0 & 1 \end{pmatrix}$, $Q_p^{(1)} = \begin{pmatrix} 1 & 1 & 1 & 1 \\ 0 & 1 & 0 & 1 \\ 0 & 0 & 1 & 1 \end{pmatrix}$, 令 $Q_t^{(*)} = \begin{pmatrix} 1 & 1 \\ 1 & 0 \\ 0 & 1 \end{pmatrix}$，这个测验 Q 矩阵是必要 Q 矩阵并且包含的列数最少（因为显然只包含 1 列的矩阵不可能是图 6-1-9 对应的必要 Q 矩阵）。这时，$Q_t^{(1)} = \begin{pmatrix} 1 & 1 \\ 1 & 1 \\ 1 & 0 \end{pmatrix}$ 或 $Q_t^{(2)} = \begin{pmatrix} 1 & 1 \\ 1 & 0 \\ 1 & 1 \end{pmatrix}$ 就可以使 IRP 与 KS 一一对应。这时，这两个测验 Q 矩阵都可以由 $Q_t^{(*)}$

"生成"。比如，由 $\boldsymbol{Q}_t^{(*)}$ 的第 1、第 2 列相加作为 $\boldsymbol{Q}$ 矩阵的第 1 列，可以得到 $\boldsymbol{Q}_t^{(2)}$，可见 $\boldsymbol{Q}_t^{(*)}$ 是"基本完美 $\boldsymbol{Q}$ 矩阵"。当然可以认为由 $\boldsymbol{Q}_t^{(1)}$，$\boldsymbol{Q}_t^{(2)}$ 作为子矩阵合并成为"大"矩阵以后通过"缩减算法"（或再通过列的交换后）便可导出"基本完美 $\boldsymbol{Q}$ 矩阵"。

图 6-1-10 是在图 6-1-9 的基础上增加了一片树叶 B_3，且 A 到 B_3 的路上仅有 A 和 B_3，这时，可达阵为

$$\boldsymbol{R}_2 = \begin{pmatrix} 1 & 1 & 1 & 1 \\ 0 & 1 & 0 & 0 \\ 0 & 0 & 1 & 0 \\ 0 & 0 & 0 & 1 \end{pmatrix}, \quad \boldsymbol{Q}_p^{(2)} = \begin{pmatrix} 1 & 1 & 1 & 1 & 1 & 1 & 1 & 1 \\ 0 & 1 & 0 & 0 & 1 & 1 & 0 & 1 \\ 0 & 0 & 1 & 0 & 1 & 0 & 1 & 1 \\ 0 & 0 & 0 & 1 & 0 & 1 & 1 & 1 \end{pmatrix}。$$

令 $\boldsymbol{Q}_t^{(*)} = \begin{pmatrix} 1 & 1 & 1 \\ 1 & 0 & 0 \\ 0 & 1 & 0 \\ 0 & 0 & 1 \end{pmatrix}$，可成为完美 $\boldsymbol{Q}$ 阵，而且是"基本完美 $\boldsymbol{Q}$ 矩阵"。

测验蓝图还可取 $\boldsymbol{Q}_t^{(3)} = \begin{pmatrix} 1 & 1 & 1 \\ 1 & 1 & 0 \\ 1 & 0 & 1 \\ 1 & 0 & 0 \end{pmatrix}$，或 $\boldsymbol{Q}_t^{(4)} = \begin{pmatrix} 1 & 1 & 1 \\ 1 & 1 & 0 \\ 1 & 0 & 0 \\ 1 & 0 & 1 \end{pmatrix}$ 或 $\boldsymbol{Q}_t^{(5)} = \begin{pmatrix} 1 & 1 & 1 \\ 1 & 0 & 0 \\ 1 & 1 & 0 \\ 1 & 0 & 1 \end{pmatrix}$

均可使理想反应模式与知识状态一一对应。如果从 $\boldsymbol{Q}_t^{(3)}$，$\boldsymbol{Q}_t^{(4)}$，$\boldsymbol{Q}_t^{(5)}$ 中删除任一列，均可以使几个知识状态对应同一个理想反应模式。特别要注意的是，这三个测验蓝图中，都有一列其每个分量均为 1；但是要注意，只要属性集合中没有全下界，可以不像上面提到的菱型那样，需要全部为 1 的列。$\boldsymbol{R}_1$ 是 $\boldsymbol{R}_2$ 的子矩阵，$\boldsymbol{Q}_t^{(1)}$（$j=3$，4，5）以某个 $\boldsymbol{Q}_t^{(i)}$（$i=1$，2）为子矩阵，而 $\boldsymbol{Q}_p^{(1)}$ 是 $\boldsymbol{Q}_p^{(2)}$ 的子矩阵。图 6-1-11 可以看成在图 6-1-10 的基础上增加一个结点 C_1，这时 $\boldsymbol{R}_2$ 是 $\boldsymbol{R}_3$ 的子矩阵，而 $\boldsymbol{Q}_p^{(2)}$ 是 $\boldsymbol{Q}_p^{(3)}$ 的子矩阵，$\boldsymbol{R}_2$ 比 $\boldsymbol{R}_3$ 少一行一列，但是由 $\boldsymbol{R}_3$ 扩张出来的列比由 $\boldsymbol{R}_2$ 扩张出来的列多 4 列。这 4 列与 $\boldsymbol{R}_2$ 的列数相关。另外，图 6-1-11 还可以看成在图 6-1-9 基础上增加了一片树叶 C_1，但到 C_1 的路上不止两个结点，这时

$$\boldsymbol{R}_3 = \begin{pmatrix} 1 & 1 & 1 & 1 & 1 \\ 0 & 1 & 0 & 0 & 0 \\ 0 & 0 & 1 & 0 & 0 \\ 0 & 0 & 0 & 1 & 0 \\ 0 & 0 & 0 & 0 & 1 \end{pmatrix},$$

$$\boldsymbol{Q}_p^{(3)} = \begin{pmatrix} 1 & 1 & 1 & 1 & 1 & 1 & 1 & 1 & 1 & 1 & 1 & 1 \\ 0 & 1 & 0 & 0 & 0 & 1 & 1 & 1 & 0 & 0 & 1 & 1 \\ 0 & 0 & 1 & 0 & 0 & 1 & 0 & 0 & 1 & 1 & 1 & 1 \\ 0 & 0 & 0 & 1 & 1 & 0 & 1 & 1 & 1 & 1 & 1 & 1 \\ 0 & 0 & 0 & 0 & 1 & 0 & 0 & 1 & 0 & 1 & 0 & 1 \end{pmatrix} = (\boldsymbol{R}_3 \,|\, \boldsymbol{Q}_0^{(3)})。$$

注意 $\boldsymbol{Q}_p^{(3)}$ 和 $\boldsymbol{Q}_p^{(1)}$ 相比，不仅行数增多，列数也增多。$\boldsymbol{Q}_p^{(3)}$ 是由 $\boldsymbol{R}_3$ 及 $\boldsymbol{R}_3$ 扩张出来的部分 $\boldsymbol{Q}_0^{(3)}$，请注意，图 6-1-9 中并没有图 6-1-11 中由 A 到 C_1 这一条路。由 $\boldsymbol{R}_3$ 扩张导出的 $\boldsymbol{Q}_p^{(3)}$ 的最下面两行（和图 6-1-9 相比，对应着增加的属性 B_3 和 C_1）的构成和由 $\boldsymbol{R}_1$ 导出的 $\boldsymbol{Q}_p^{(1)}$ 的构成之间的异同，对于以下的证明起重要作用。

下面定理的证明思路是对叶结点数做数学归纳。数学归纳时要根据可达矩阵使用扩张算法导出 $\boldsymbol{Q}_p$ 和 $\boldsymbol{Q}_s$。

定理 6.1.7　设 α 是知识状态，$\boldsymbol{Q}_t$ 为测验 $\boldsymbol{Q}$ 阵，属性之间无补偿作用，又设理想反应模式（IRP）等于 $\boldsymbol{\alpha}^T\boldsymbol{Q}_t$，则

（1）根树型结构对应的基本完美 $\boldsymbol{Q}$ 阵（记为 $\boldsymbol{Q}_B$）的列对应于根结点到各个叶结点的路径；

（2）由基本完美 $\boldsymbol{Q}$ 阵的某些列加到另外一列以后所得的仍然是完美 $\boldsymbol{Q}$ 阵，这里的"加"是指布尔加，并且导出的布尔矩阵的秩等于叶结点数。

证明　先证明（1），即 $\boldsymbol{Q}_B$ 是完美 $\boldsymbol{Q}$ 阵。先证明 $\boldsymbol{Q}_B$ 可以使得 KS 和 IRP 一一对应，即 $\boldsymbol{Q}_B$ 是必要 $\boldsymbol{Q}$ 矩阵。对叶结点数作数学归纳。设根结点为 u，叶结点为 v_1，v_2，$\cdots$，v_m。

当 $m=1$ 时，根树对应于 Leighton 等人（2004）所说的直线型。这时 $\boldsymbol{Q}_B^T = (1, 1, \cdots, 1)$，$\boldsymbol{Q}_B$ 是完美 $\boldsymbol{Q}$ 阵，当然是必要 $\boldsymbol{Q}$ 矩阵。

设 $m=k$ 时结论成立，这时对应的可达阵记为 $\boldsymbol{R}_1$，由 $\boldsymbol{R}_1$ 通过扩张算法，得到潜在 $\boldsymbol{Q}$ 阵，记为 $\boldsymbol{Q}_1$。这时，$\boldsymbol{Q}_1^T\boldsymbol{Q}_B$ 各行互异，且 $\boldsymbol{Q}_1$ 的第一行元素均为 1，即 $\boldsymbol{Q}_1^T$ 和第 1 列元素全为 1。当 $m=k+1$ 时，设新增加的叶结点为 v，如果 u，v 之间的路长 l 等于 1，则相应的可达阵（记为 $\boldsymbol{R}_2$，其中 0 的维数依据上下文而定，有时为标量，有时为向量）为

$$\boldsymbol{R}_2 = \begin{pmatrix} \boldsymbol{R}_1 & \boldsymbol{e}_1 \\ 0 & 1 \end{pmatrix}, \quad \boldsymbol{e}_1^T = (1, 0, 0, \cdots, 0)。 \tag{6-1-1}$$

对 $\boldsymbol{R}_2$ 施用扩张算法，得到潜在 $\boldsymbol{Q}$ 阵，记为 $\boldsymbol{Q}_2$，$\boldsymbol{Q}_2$ 构造如下。

按列剖分 $\boldsymbol{R}_1 = (\boldsymbol{r}_1, \cdots, \boldsymbol{r}_n)$，注意到 $\boldsymbol{R}_1$ 的第 1 行元素均为 1 及 $\boldsymbol{e}_1$ 的定义，知 $\forall j$，$\boldsymbol{r}_j \vee \boldsymbol{e}_1 = \boldsymbol{r}_j$，这里"$\vee$"为布尔加运算。按列部分 $\boldsymbol{Q}_1 = (\boldsymbol{q}_1, \cdots, \boldsymbol{q}_s)$，也有 $\forall j$，$\boldsymbol{q}_j \vee \boldsymbol{e}_1 = \boldsymbol{q}_j$，又有 $\begin{pmatrix} \boldsymbol{r}_j \\ 0 \end{pmatrix} \vee \begin{pmatrix} \boldsymbol{e}_1 \\ 1 \end{pmatrix} = \begin{pmatrix} \boldsymbol{r}_j \\ 1 \end{pmatrix}$；$\begin{pmatrix} \boldsymbol{q}_j \\ 0 \end{pmatrix} \vee \begin{pmatrix} \boldsymbol{e}_1 \\ 1 \end{pmatrix} = \begin{pmatrix} \boldsymbol{q}_j \\ 1 \end{pmatrix}$，

$$Q_2 = \left(\begin{matrix} Q_1 \\ 0 \end{matrix} \middle| \begin{pmatrix} r_1 \\ 1 \end{pmatrix}, \cdots, \begin{pmatrix} r_n \\ 1 \end{pmatrix} \middle| \begin{pmatrix} q_{i_1} \\ 1 \end{pmatrix}, \cdots, \begin{pmatrix} q_{i_n} \\ 1 \end{pmatrix} \right)$$

$$= \left(\begin{matrix} Q_1 \\ 0 \end{matrix} \middle| \begin{matrix} R_1 \\ (1 \cdots 1) \end{matrix} \middle| \begin{matrix} Q_1 \\ (1 \cdots 1) \end{matrix} \right) \overset{\triangle}{=} \left(\begin{matrix} Q_1 \\ 0 \end{matrix} \middle| \begin{matrix} R_1 \\ I^T \end{matrix} \middle| \begin{matrix} Q_0 \\ I^T \end{matrix} \right). \tag{6-1-2}$$

注意：Q_2 中所有列均不相等，$\begin{pmatrix} Q_0 \\ I^T \end{pmatrix}$ 是 $\begin{pmatrix} Q_1 \\ 0 \end{pmatrix}$ 中的列与 $\begin{pmatrix} e_1 \\ 1 \end{pmatrix}$ 作布尔加以后获得的。易知 Q_0 是 Q_1 的一个子矩阵，其中 $I^T = (1, 1, \cdots, 1)$ 是元素全为 1 的行向量，其维数由上下文确定。

再设 R_1 为前 k 列表示 $m = k$ 时的完美 Q 阵，记它们为 $Q_B = (r_1, \cdots, r_k)$，它对应于根结点 u 到叶结点 $v_1, v_2, \cdots, v_k$ 之间的路径。

于是，由归纳假设，有 $Q_1^T(r_1, \cdots, r_k) = Q_1^T Q_B$ 中的任意两行均不相同。

$$Q_2^T \begin{pmatrix} r_1 & \cdots & r_k & e_1 \\ 0 & \cdots & 0 & 1 \end{pmatrix} = \begin{pmatrix} Q_1^T & 0 \\ R_1^T & I \\ Q_0^T & I \end{pmatrix} \begin{pmatrix} Q_R & e_1 \\ 0 & 1 \end{pmatrix} = \begin{pmatrix} Q_1^T Q_B & Q_1^T e_1 \\ R_1^T Q_B & R_1^T e_1 + I \\ Q_0^T Q_B & Q_0^T e_1 + I \end{pmatrix}. \tag{6-1-3}$$

注意：$Q_1^T e_1$ 等于 Q_1^T 的第 1 列，即 Q_1 的第 1 行的转置，故 $Q_1^T e_1 = I$，同样可知 $R_1^T e_1 = I$，$Q_0^T e_1 = I$。

R_1 是 Q_1 的子阵，故 $R_1^T Q_B$ 是 $Q_1^T Q_B$ 的子阵。依归纳法假设，$Q_1^T Q_B$ 中各行元素均不相等。$(Q_1^T, Q_B, Q_1^T e_1)$ 的最后一个元素等于 1，而 $(R_1^T Q_B, R_1^T e_1 + I)$ 的最后一个元素等于 2。由此可知 $\begin{pmatrix} Q_1^T Q_B & Q_1^T e_1 \\ R_1^T Q_B & R_1^T e_1 + I \end{pmatrix}$ 的任两行均不相等。同理可知，$\begin{pmatrix} Q_1^T Q_B & Q_1^T e_1 \\ Q_0^T Q_B & Q_0^T e_1 + I \end{pmatrix}$ 的任两行均不相等。

往证 $\begin{pmatrix} R_1^T Q_B & R_1^T e_1 + I \\ Q_0^T Q_B & Q_0^T e_1 + I \end{pmatrix}$ 的任两行均不相等。这是因为 $\begin{pmatrix} R_1^T \\ Q_0^T \end{pmatrix} Q_B$ 中 $\begin{pmatrix} R_1^T \\ Q_0^T \end{pmatrix}$ 是 Q_1^T 的子矩阵，且 Q_0^T 与 R_1^T 没有交集，由于 $Q_1^T Q_B$ 任两行均不相等，故 $\begin{pmatrix} R_1^T \\ Q_0^T \end{pmatrix} Q_B = \begin{pmatrix} R_1^T Q_B \\ Q_0^T Q_B \end{pmatrix}$ 中任意两行均不相等。

这就证明了当 $m = k + 1$ 时且 u，v 之间路长等于 1 时，结论成立。

若 $m = k + 1$ 且 u，v 之间路长等于 $l(l \geqslant 2)$ 时，结论成立，往证 u，v 之间路长等于 $l + 1$ 时结论也成立。

注意到这时可达阵

$$R_2 = \begin{pmatrix} R_1 & e_1 \cdots e_1 \\ 0 & T \end{pmatrix} = \begin{pmatrix} R_1 & I^T \otimes e_1 \\ 0 & T \end{pmatrix}. \tag{6-1-4}$$

$\otimes$ 是矩阵 Kronecher 积，$T = \begin{bmatrix} 1 & 1 & \cdots & 1 \\ 0 & 1 & \cdots & 1 \\ \cdots & \cdots & \cdots & \cdots \\ 0 & \cdots & 0 & 1 \end{bmatrix}$ 为上三角阵，按列剖分，$T =$

$(t_1, \cdots, t_\ell, t_{\ell+1})$。

记由 R_2 经扩张算法导出潜在 Q 阵为 Q_2，注意到扩张算法的规则，知 R_2 中 $\begin{pmatrix} R_1 \\ 0 \end{pmatrix}$ 可以扩张出 $\begin{pmatrix} Q_3 \\ 0 \end{pmatrix}$，$\begin{pmatrix} R_1 \\ 0 \end{pmatrix}$ 与 $\begin{pmatrix} I^T \otimes e_1 \\ T \end{pmatrix}$ 可以扩张出一 $\begin{pmatrix} I^T \otimes a \\ T \end{pmatrix}$。

按列剖分 $R_1 = (r_1, \cdots, r_n)$，注意到 $\begin{pmatrix} R_1 \\ 0 \end{pmatrix}$ 的第 1 列 $\begin{pmatrix} r_1 \\ 0 \end{pmatrix}$ 为 $\begin{pmatrix} e_1 \\ 0 \end{pmatrix}$，故 $\begin{pmatrix} R_1 \\ 0 \end{pmatrix}$ 与 $\begin{pmatrix} I^T \otimes e_1 \\ T \end{pmatrix}$ 扩张后不应增加 $\begin{pmatrix} I \otimes r_1 \\ T \end{pmatrix}$，从而扩张出 $\begin{pmatrix} I^T \otimes r_2 & \cdots & I^T \otimes r_n \\ T & \cdots & T \end{pmatrix}$ 而 $\begin{pmatrix} I \otimes e_1 \\ T \end{pmatrix}$ 中每一列又可以和 $\begin{pmatrix} Q_3 \\ 0 \end{pmatrix}$ 中的列作布尔加，只要导出以前不存在的列便扩张了一个新列，记这些数列构成的矩阵为 $Q_4 = \begin{pmatrix} I^T \otimes q_{i_1} & \cdots & I^T \otimes q_{i_s} \\ T & \cdots & T \end{pmatrix}$，其中 $(q_{i_1} \cdots q_{i_s})$ 是 Q_3 的子矩阵且和 R_1 中的列均不相同；故 Q_2 可以表示为

$$Q_2 = \begin{pmatrix} R_1 & Q_3 & I^T \otimes e_1 & I^T \otimes r_1 \cdots I^T \otimes r_n & I^T \otimes q_{i_1} \cdots I^T \otimes q_{i_s} \\ 0 & 0 & T & T \cdots T & T \cdots T \end{pmatrix}. \tag{6-1-5}$$

记 $Q_{B_1} = \begin{pmatrix} Q_B & e_1 \\ 0 & I \end{pmatrix}$，

$$Q_2^T Q_{B_1} = \begin{pmatrix} R_1^T & 0 \\ Q_3^T & 0 \\ I^T \otimes e_1^T & T^T \\ I^T \otimes r_1^T & T^T \\ \vdots & \vdots \\ I^T \otimes r_n^T & T^T \\ I^T \otimes q_{i_1}^T & T^T \\ \vdots & \vdots \\ I^T \otimes q_{i_s}^T & T^T \end{pmatrix} \begin{pmatrix} Q_B & e_1 \\ 0 & I \end{pmatrix} = \begin{pmatrix} R_1^T Q_B & R_1^T e_1 \\ Q_3^T Q_B & Q_3^T e_1 \\ I^T \otimes e_1^T & (I^T \otimes e_1^T) e_1 + T^T I \\ I^T \otimes r_1^T & (I^T \otimes r_1^T) e_1 + T^T I \\ \vdots & \vdots \\ I^T \otimes r_n^T & (I^T \otimes r_n^T) e_1 + T^T I \\ I^T \otimes q_{i_1}^T & (I^T \otimes q_{i_1}^T) e_1 + T^T I \\ \vdots & \vdots \\ I^T \otimes q_{i_s}^T & (I^T \otimes q_{i_s}^T) e_1 + T^T I \end{pmatrix}. \tag{6-1-6}$$

(i)依归纳假设 $\begin{pmatrix} \pmb{R}_1^T \pmb{Q}_B \\ \pmb{Q}_3^T \pmb{Q}_B \end{pmatrix}$ 任两行均不相同，故式(6-1-6)中第一、第二行块中任两行不相等。

(ii) $(\pmb{I}^T \otimes \pmb{e}_1^T)\pmb{Q}_B = \begin{pmatrix} \pmb{e}_1^T \pmb{Q}_B \\ \vdots \\ \pmb{e}_1^T \pmb{Q}_B \end{pmatrix} = \begin{pmatrix} 1 & \cdots & 1 \\ \vdots & \ddots & \vdots \\ 1 & \cdots & 1 \end{pmatrix} \overset{\triangle}{=} \mathscr{J}, \quad (\pmb{I}^T \otimes \pmb{e}_1^T)\pmb{e}_1 = \begin{pmatrix} \pmb{e}_1^T \pmb{e}_1 \\ \vdots \\ \pmb{e}_1^T \pmb{e}_1 \end{pmatrix} = \pmb{I},$

$\pmb{T}^T \pmb{I} \begin{bmatrix} 1 \\ 2 \\ \vdots \\ l+1 \end{bmatrix}$。

(iii) $(\pmb{I}^T \otimes \pmb{r}_j^T)\pmb{Q}_B = \begin{pmatrix} \pmb{r}_1^T \pmb{Q}_B \\ \vdots \\ \pmb{r}_1^T \pmb{Q}_B \end{pmatrix},\ j=2,\ \cdots,\ n,$ 由于 $\pmb{r}_j$ 为 $\pmb{R}_1$ 的列，故依归纳假设，$\pmb{r}_1^T \pmb{Q}_B,\ \cdots,\ \pmb{r}_n^T \pmb{Q}_B$ 互不相等；同理，$\pmb{q}_{i_1}^T \pmb{Q}_B,\ \cdots,\ \pmb{q}_{i_s}^T \pmb{Q}_B$ 互不相等。

(iv)注意 $\pmb{r}_j^T \pmb{e}_1 = 1,\ j=2,\ \cdots,\ n,$

$$\pmb{q}_{i_n}^T \pmb{e}_1 = 1,\ h=1,\ 2,\ \cdots,\ s。$$

(v) $\pmb{r}_h^T \pmb{Q}_B \neq (1,\ 1,\ \cdots,\ 1),\ \forall h。$

往证(v)。

因为 $\pmb{r}_j$ 是 $\pmb{R}_1$ 的列，$\pmb{Q}_B$ 中的列也是 $\pmb{R}_1$ 的列，而且 $\pmb{R}_1$ 的列不仅包含了 $\pmb{Q}_B$ 中的所有列，而且包含了 $\pmb{Q}_B$ 的列至少包含两个非 0 元素的子向量，从而 $\pmb{r}_j^T \pmb{Q}_B \neq (1,\ 1,\ \cdots,\ 1),\ \forall J=2,\ \cdots,\ n。$

又由于 $\pmb{q}_{i_h}$ 是由 $\pmb{R}_1$ 扩张出来的列，故它与 $\pmb{R}_1$ 中任一列均不同，从而 $\pmb{e}_1 \leqslant \pmb{q}_{i_h}$，且 $\pmb{e}_1 \neq \pmb{q}_{i_h},\ \forall h$，故 $\pmb{q}_{i_h} \pmb{Q}_B \neq (1,\ 1,\ \cdots,\ 1)。$

于是 $(\pmb{I}^T \otimes \pmb{r}_j^T)\pmb{Q}_B$ 和 $(\pmb{I}^T \otimes \pmb{e}_1^T)\pmb{Q}_B$ 不相同，$(\pmb{I}^T \otimes \pmb{q}_{i_n}^T)\pmb{Q}_B$ 和 $(\pmb{I}^T \otimes \pmb{e}_1^T)\pmb{Q}_B$ 不相同。又由归纳假设，对于 $\pmb{R}_1$ 中的列 $\pmb{r}_2,\ \cdots,\ \pmb{r}_n$ 和由 $\pmb{R}_1$ 扩张出来的列 $\pmb{q}_{i_1},\ \cdots,\ \pmb{q}_{i_s}$，它们的转置与 $\pmb{Q}_B$ 相乘以后互不相等。

而同一个子块 $[(\pmb{I}^T \otimes \pmb{r}_j^T)\pmb{Q}_B \quad (\pmb{I}^T \otimes \pmb{r}_j^T)\pmb{e}_1 + \pmb{T}^T \pmb{I}]$ 的各行，由于最后一列为 $(1,\ 2,\ \cdots,\ l+1)^T$，它们互不相等，故同一个子块的各行互不相等。

同样可证 $[(\pmb{I}^T \otimes \pmb{q}_{i_n}^T)\pmb{Q}_B \quad (\pmb{I}^T \otimes \pmb{q}_{i_n}^T)\pmb{e}_1 + \pmb{T}^T \pmb{I}]$ 这个子块的各行也互不相等。

至此证明了将根结点到叶结点的所有路径构成的 $\pmb{Q}$ 阵为必要 $\pmb{Q}$ 阵，即使得 KS 和 IRP 一一对应的 $\pmb{Q}$ 矩阵。

应进一步证明这个必要 $\pmb{Q}$ 阵的列数最少。

设根树中有根结点 u 和叶结点 $v_1,\ v_2,\ \cdots,\ v_p$。在上述必要 $\pmb{Q}$ 阵 $\pmb{Q}_B$ 中删去

任一列，不失一般性，设删除 u 到 v_p 的路径，即 $\boldsymbol{Q}_B$ 中仅剩下 $p-1$ 列，记之为 $\boldsymbol{Q}'_B$。这 $p-1$ 列中不能提供叶结点 v_p 的信息，故对于 u 到 v_p 属性集相同的 KS 的 IRP 必与其他某一 KS 的 IRP 相同，从而 $\boldsymbol{Q}'_B$ 不可能是必要 $\boldsymbol{Q}$ 阵。故 $\boldsymbol{Q}_B$ 是可以使 KS 与 IRP 一一对应且含列数最少的 $\boldsymbol{Q}$ 矩阵，从而是完美 $\boldsymbol{Q}$ 阵。

往证（B）。

由于将 $\boldsymbol{Q}_B$ 中若干列（如第 j_1，j_2，…，j_k）加列（布尔加）另一列（如第 j 列），可以看成先将 j_1 列加到第 j 列后，再将 j_2 列加到第 j 列……最后将 j_k 列加到第 j 列，即可以分解成每次仅有 1 列加到第 j 列的较简单的情形，因此不失一般性，我们可以设 $\boldsymbol{Q}_B=(\boldsymbol{q}_1，\boldsymbol{q}_2，…，\boldsymbol{q}_p)$，将 $\boldsymbol{q}_p$ 加到 $\boldsymbol{q}_1$（布尔加）。

注意到这是讨论根树情形，故 $\boldsymbol{Q}_B$ 的第一行的元素均为 1。为证明结论对 $\boldsymbol{q}_p$ 中根结点 u 到叶结点 v_p 的路径长度 l 用数学归纳法。

当 $l=1$ 时，可以仿照（i）中相关的归纳法基础的证明，知结论成立。

当 $l=h$ 时，结论成立。

记 $\boldsymbol{Q}_{B_1}=(\boldsymbol{q}_1，\boldsymbol{q}_2…，\boldsymbol{q}_{p-1})$，则 $\boldsymbol{Q}_B=(\boldsymbol{Q}_{B_1}|\boldsymbol{q}_p)$，当 $l=h$ 时，可达阵记为 $\boldsymbol{R}$，且经扩张后，扩张部分记为 $\boldsymbol{Q}_0$，于是 $\boldsymbol{R}_{K\times K}\xrightarrow{扩张}(\boldsymbol{R}|\boldsymbol{Q}_0)=\boldsymbol{Q}_p$。

由归纳基础知 $\boldsymbol{Q}_p^T\boldsymbol{Q}_B=\begin{pmatrix}\boldsymbol{R}^T\boldsymbol{Q}_B\\\boldsymbol{Q}_0^T\boldsymbol{Q}_B\end{pmatrix}$ 中任两行均不相等。

注意 $\boldsymbol{Q}_p^T\boldsymbol{Q}_B=\begin{pmatrix}\boldsymbol{R}^T\\\boldsymbol{Q}_0^T\end{pmatrix}(\boldsymbol{Q}_{B_1}\quad\boldsymbol{q}_p)=\begin{pmatrix}\boldsymbol{R}^T\boldsymbol{Q}_{B_1}&\boldsymbol{R}^T\boldsymbol{q}_p\\\boldsymbol{Q}_0^T\boldsymbol{Q}_{B_1}&\boldsymbol{Q}_0^T\boldsymbol{q}_p\end{pmatrix}$，今在 v_p 上再增加一个结点 v，使 v_p 为内点而 v 为叶结点，则 u 到 v 的路径长度 $l=h+1$。

设 $\boldsymbol{Q}_c=\begin{bmatrix}\boldsymbol{q}_1\cdots\boldsymbol{q}_{p-1}&\boldsymbol{q}_p\\0\cdots0&1\end{bmatrix}=\begin{pmatrix}\boldsymbol{Q}_{B_1}&\boldsymbol{q}_p\\0&1\end{pmatrix}$，

相应的可达阵记为 $\boldsymbol{R}_c$，$\boldsymbol{R}_c$ 扩张出来的潜在 $\boldsymbol{Q}$ 阵记为 $\boldsymbol{Q}_p^{(c)}$，易知 $\boldsymbol{R}_c$ 为 $(K+1)*(K+1)$ 阵，且

$$\boldsymbol{R}_c=\begin{pmatrix}\boldsymbol{R}&\boldsymbol{q}_p\\0&1\end{pmatrix}。\tag{6-1-7}$$

前已述及，$\boldsymbol{R}$ 对应的潜在 $\boldsymbol{Q}$ 阵为 $\boldsymbol{Q}_p=(\boldsymbol{R}|\boldsymbol{Q}_0)$ $\begin{pmatrix}\boldsymbol{Q}_p\\0\end{pmatrix}$ 与 $\begin{pmatrix}\boldsymbol{q}_p\\1\end{pmatrix}$ 扩张作布尔并，设得出的扩张部分为 $\boldsymbol{Q}_1$，注意 $\boldsymbol{Q}_1$ 的最后一个元素均为 1，不妨设 $\boldsymbol{Q}_1=\begin{pmatrix}\boldsymbol{Q}_{11}\\\boldsymbol{I}^T\end{pmatrix}$。

事实上，$\boldsymbol{Q}_{11}$ 是 $\boldsymbol{Q}_p$ 与 $\boldsymbol{q}_p$ 作布尔加的结果，故 $\boldsymbol{Q}_{11}$ 必与 $\boldsymbol{Q}_p$ 中的某些列相同。于是 $\boldsymbol{R}_c$ 通过扩张以后得到 $\boldsymbol{Q}_p^{(c)}$。

$$\begin{pmatrix}\boldsymbol{R}&\boldsymbol{Q}_0&\boldsymbol{q}_p&\boldsymbol{Q}_{11}\\0&0&1&\boldsymbol{I}^T\end{pmatrix}\overset{\triangle}{=}\boldsymbol{Q}_p^{(c)}，$$

$$Q_p^{(c)}Q_c = \begin{pmatrix} \boldsymbol{R}^T & 0 \\ \boldsymbol{Q}_0^T & 0 \\ \boldsymbol{q}_p^T & 1 \\ \boldsymbol{Q}_{11}^T & \boldsymbol{I}^T \end{pmatrix} \begin{pmatrix} \boldsymbol{Q}_{B_1} & \boldsymbol{q}_p \\ 0 & 1 \end{pmatrix} = \begin{pmatrix} \boldsymbol{R}^T\boldsymbol{Q}_{B_1} & \boldsymbol{R}^T\boldsymbol{q}_p \\ \boldsymbol{Q}_0^T\boldsymbol{Q}_{B_1} & \boldsymbol{Q}_0^T\boldsymbol{q}_p \\ \boldsymbol{q}_p^T\boldsymbol{Q}_{B_1} & \boldsymbol{q}_p^T\boldsymbol{q}_p+1 \\ \boldsymbol{Q}_{11}^T\boldsymbol{Q}_{B_1} & \boldsymbol{Q}_{11}^T\boldsymbol{q}_p+\boldsymbol{I} \end{pmatrix}, \qquad (6\text{-}1\text{-}8)$$

（ⅰ）由归纳假设知，$\begin{pmatrix} \boldsymbol{R}^T\boldsymbol{Q}_{B_1} & \boldsymbol{R}^T\boldsymbol{q}_p \\ \boldsymbol{Q}_0^T\boldsymbol{Q}_{B_1} & \boldsymbol{Q}_0^T\boldsymbol{q}_p \end{pmatrix}$任两行均不相等；

（ⅱ）$\boldsymbol{q}_p^T\boldsymbol{Q}_{B_1}$ 与 $\boldsymbol{R}^T\boldsymbol{Q}_{B_1}$ 中的某一行相同，但$(\boldsymbol{q}_p^T\boldsymbol{Q}_{B_1} \quad \boldsymbol{q}_p^T\boldsymbol{q}_p+1)$与$(\boldsymbol{R}^T\boldsymbol{Q}_{B_1} \quad \boldsymbol{R}^T\boldsymbol{q}_p)$最后的分量不相同；

（ⅲ）注意 $\boldsymbol{Q}_{11}$ 是 $\boldsymbol{Q}_0$ 的子矩阵，故 $\boldsymbol{Q}_{11}^T\boldsymbol{Q}_{B_1}$ 中任两行均不相同，而$(\boldsymbol{Q}_0^T\boldsymbol{Q}_{B_1} \quad \boldsymbol{Q}_0^T\boldsymbol{q}_p)$与$(\boldsymbol{Q}_{11}^T\boldsymbol{Q}_{B_1} \quad \boldsymbol{Q}_{11}^1\boldsymbol{q}_p+\boldsymbol{I})$最后的分量不相同。

综上ⅰ，ⅱ，ⅲ知$\boldsymbol{Q}_p^{(c)T}\boldsymbol{Q}_c$的任两行均不相同。

以上证明部分均使用了潜在 **Q** 阵 $\boldsymbol{Q}_p$，而未使用学生 **Q** 阵 $\boldsymbol{Q}_s$ 的原因是，$\boldsymbol{Q}_p^T\boldsymbol{Q}_B$ 中没有零行，这显然与 $\boldsymbol{Q}_s$ 中知识状态为零向量不同。

猜测：如果 $\boldsymbol{Q}_B$ 中的若干行加（布尔加）到第 j 列，又有若干列加到第 k 列……只要导出的布尔矩阵的秩等于叶结点的数目，则 $\boldsymbol{Q}_B$ 仍然是完美 **Q** 阵。例如，

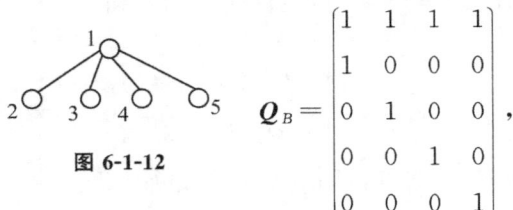

图 6-1-12

$$\boldsymbol{Q}_B = \begin{pmatrix} 1 & 1 & 1 & 1 \\ 1 & 0 & 0 & 0 \\ 0 & 1 & 0 & 0 \\ 0 & 0 & 1 & 0 \\ 0 & 0 & 0 & 1 \end{pmatrix},$$

$$\boldsymbol{Q}_p = \begin{pmatrix} 1 & 1 & 1 & 1 & 1 & 1 & 1 & 1 & 1 & 1 & 1 & 1 & 1 & 1 & 1 \\ 0 & 1 & 0 & 0 & 0 & 1 & 1 & 1 & 0 & 0 & 1 & 1 & 0 & 1 & 0 & 1 \\ 0 & 0 & 1 & 0 & 0 & 1 & 0 & 0 & 1 & 1 & 1 & 1 & 0 & 0 & 1 & 1 \\ 0 & 0 & 0 & 1 & 0 & 0 & 1 & 0 & 1 & 0 & 1 & 0 & 1 & 1 & 1 & 1 \\ 0 & 0 & 0 & 0 & 1 & 0 & 0 & 1 & 0 & 1 & 0 & 0 & 1 & 1 & 1 & 1 \end{pmatrix}.$$

如果将 $\boldsymbol{Q}_B$ 中第 $i+1$ 列加到第 i 列，$i=1,2,3$，得 $\boldsymbol{Q}_c = \begin{pmatrix} 1 & 1 & 1 & 1 \\ 1 & 0 & 0 & 0 \\ 1 & 1 & 0 & 0 \\ 0 & 1 & 1 & 0 \\ 0 & 0 & 1 & 1 \end{pmatrix}$，直

接代数运算知 $\boldsymbol{Q}_p^T\boldsymbol{Q}_c$ 中任何两行不相等，即实现 KS 和 IPP 一一对应。

四、小结和讨论

上文仅仅是在属性作用之间不可以补偿、属性等权、每掌握项目中一个属性

便期望得分增加一分等假设下，对多级评分认知诊断的测验蓝图的设计进行讨论，希望找到结构良好的测验蓝图，使得 KS 和 IRP 能够一一对应且测验蓝图包含项目最少（完美 Q 阵）。这里讨论完美 Q 矩阵的构造问题，它实质上是最优诊断测验的设计问题。

根据离散数学中的图论，对基本属性层级的重新分类，得到独立型、菱型和根树型（包括 Leighton 等人所说的直线型、发散型、无结构型）。给出"最大不可比较属性的集合"和"菱型"和的概念，而收敛型可以由菱型和直线型复合而成。对上述三种层级结构分别给出 KS 和 IRP 一一对应的测验 Q 矩阵的构造，它们均受到用测验 Q 阵的秩的约束。这一点似乎和 0—1 评分的情形相同，因为 0—1 评分时可达矩阵是完美 Q 矩阵，而可达矩阵是满秩矩阵，但是 0—1 评分对应的完美 Q 矩阵的秩等于属性的个数，而不可能小于属性个数。

根树型对应的完美 Q 矩阵的秩由这个根树的叶结点数决定，而叶结点集合可以充当根树中最大不可比较属性的集合；独立型对应的完美 Q 矩阵必须并且只需是满秩阵，独立型的结点集合就是其最大不可比较属性的集合；菱型对应的完美 Q 阵的秩由菱型的最大不可比较属性的集合中元素个数决定。可见最大不可比较属性的集合是一个很重要的集合，这个集合中元素（属性或者结点）的数目是一个很重要的量。这个量等于完美 Q 矩阵的秩。

由菱型和树型结构的完美 Q 阵的构造来看，它们和属性个数的关系不太密切，而与几何形状关系十分密切，这表明对于包含多个属性的内容领域采用多级评分方式可以使认知诊断测验包含的项目数更少。另外，多次测量可以减少测量误差，所以如何在缩短测验长度和提高测验精度方面达到平衡，可能要应用概化理论（generalization theory）进一步讨论（参见漆书青，戴海琦，丁树良，2002）。

菱型和根树之间存在某种联系：注意到删除结点时必须同时删除与这个结点关联的所有边，如果删除菱型中的最小元素以后，菱型就变成根树，于是根树和菱型对应的完美 Q 矩阵有千丝万缕的关系，只不过根据菱型结构对应的认知加工过程，菱型中必须有一列元素都是 1，而根树对应的完美 Q 矩阵则没有这个要求。

本文只是对属性基本层级对应的完美 Q 矩阵的构造进行讨论，更复杂的属性层级结构可以由基本层级结构复合而成。相应的完美 Q 矩阵应该视复合方式的不同而变化。

本文如果采用 Sun 等人（2013）所说的计分方式，即设被试 i 的 KS 为 $\boldsymbol{\alpha}_i$，项目 j 对应 Q_t 中的列 $\boldsymbol{q}_j$，则 i 在 j 上的理想得分等于 $s_{ij} = s(\boldsymbol{\alpha}_i, \boldsymbol{q}_j) = \sum_{t=1}^{K} q_{tj} \boldsymbol{I}(\boldsymbol{\alpha}_{ti} \geqslant q_{tj})$。这时，还可以采用 Sun 等人的多值 Q 矩阵和给出的方法，构造多值 Q 矩阵条件下的完美 Q 矩阵。例如，对于包含 3 个属性并且呈直线型结构，且第 i 个属性的最高水平为 i。Sun 等人构造的多值可达矩阵（拟可达阵）为下面 3 行 6 列矩阵

Q，以保证 KS 和 IRP 一一对应。

$$Q=\begin{pmatrix}1&1&1&1&1&1\\0&1&2&1&1&1\\0&0&0&1&2&3\end{pmatrix}, Q_1=\begin{pmatrix}1&1&1&1\\1&2&1&1\\1&1&2&3\end{pmatrix}, Q_2=\begin{pmatrix}1&1&1\\2&1&1\\1&2&3\end{pmatrix}.$$

然而我们可以应用上文的结论和 Sun 等人的方法，将 3 行 1 列的向量重复 4 次，构成 3 行 4 列的矩阵，然后将（2，2）元改写成 2，将（3，3）元，（3，4）元分别改写为 2，3，得到如上所示的 3 行 4 列矩阵 Q_1。采用 Sun 等人（2013）的计分方式，也可以使得 KS 和 IRP 一一对应，甚至删除 Q_1 的第一列以后得到 3 行 3 列的矩阵 Q_2，仍然可以使得知识状态和理想反应模式一一对应。这个例子说明，在属性结构紧密的条件下，本文的结果可以改进 Sun 等人的测验蓝图的设计。这种做法，对于属性层级结构紧密的认知模型，可以在一定程度上减轻多值 **Q** 矩阵测验设计时容纳属性数目不多的压力。这也表明，Sun 等人（2013）给出的包含拟可达阵的测验 **Q** 矩阵只是使得知识状态和理想反应模式一一对应的充分条件，而非必要条件。

DiBello 和 Stout（2007）指出，从效度和信度的角度考虑，对于给定的评估应用，一个悬而未决的研究内容是更少的复杂题目还是更多的简单（或许是多选题）题目是最富有信息的。根据我们这里给出的结果来看，如果说多级评分项目比两级评分项目更加复杂（至少评分上更加复杂），那么的确更少的复杂项目可以代替更多的简单项目而达到某种相同的效果。

由于这里的结论是在本文假设之下获得的，对于假设之外的情形，如属性之间作用可以相互补偿，或者属性不等权，或者采用其他方式计算理想得分，完美 **Q** 矩阵的构造如何，是十分有趣而迄今为止尚未见过相关研究报道的问题。

另外，Tatsuoka（1995，2009）给出 **Q** 矩阵行的逐对比较导出属性层级的方法。丁树良、罗芬（2013）证明如果 **Q** 矩阵中包含可达矩阵，则这种行逐对比较导出的属性层级与由可达矩阵导出的属性层级一致。用这种行逐对比较的方法，比如对直线型、菱型就不一定可以从多级评分对应的完美 **Q** 矩阵中挖掘出其蕴含的属性层级。除菱型属性的层级关系很难由完美 **Q** 矩阵导出之外，其他各种不同的层级关系对应的基本完美 **Q** 矩阵是固定的，由基本完美 **Q** 矩阵就可以对应到相应的属性层级关系。

第二节　多级评分测验设计的其他理论问题

第一节的讨论中，有几个问题值得进一步研究。第一，掌握一个属性理想反应增加一分的评分方式是否有合理之处？第二，重新审视完美 **Q** 矩阵的定义，并

给出基本完美 Q 矩阵的定义，而基本完美 Q 矩阵的重要特征是什么？它的某些列的布尔并代替某一列是否必定还能够保证知识状态和理想反应模式一一对应？第三，菱型是不是基本层级结构？它是否可以再分解？第四，基本属性层级结构对应的基本完美 Q 矩阵如何复合出复杂属性层级结构对应的基本完美 Q 矩阵？是不是完美 Q 矩阵的某一列被这一列与另外一列的布尔并代替以后，仍然是完美 Q 矩阵，即仍然能够保持知识状态与理想反应模式一一对应的性质？第五，一些相关问题的讨论，比如多级记分题的满分值应该如何给定，等等。

一、掌握一属性理想得分增加一分的评分方式是否合理

Tatsuoka(1995)，田伟、辛涛(2012)，祝玉芳、丁树良(2009)，康春花(2011)均采用掌握项目一个属性则这个项目上的理想得分增加一分的计分方式。

(一)理想反应模式的重要性

这种计分方式涉及理想得分，那么为什么选择知识状态与理想反应模式一一对应作为优良设计的标准？因为根据 Tatsuoka(1995，2009)的 Q 矩阵理论，要用可观察的项目反应模式(理想反应模式)表达知识状态，则它们之间建立起一一对应的关系有利于达到这个目标。另外，理想反应模式可以作为认知诊断分类的分类中心(丁树良等，2012)。

(二)潜在 Q 矩阵中列的累赘表达式

可达阵中凡是小于或者等于潜在 Q 矩阵的列 x 的那些列的布尔并，称为 x 的累赘表达式；x 的累赘表达式中参与布尔并的向量称为 x 的累赘表达式的构成分量；x 的构成分量进行两两比较，清除那些小的构成分量以后，余下的构成分量的布尔并称为 x 的简洁表达式。

累赘表达式有一条重要性质，即构成分量的个数与 Q 矩阵中列中的非零元素的个数相等，并且可以表成单位阵中 t 列之和，其下标与构成分量下标相同。

基于可达阵可以扩张出潜在 Q 矩阵，而潜在 Q 矩阵每一列的累赘表达式唯一，所以仿照线性代数，将可达阵的列作为"基底(base)"，而其他 Q 矩阵中的列可以由"基底"唯一表示。因此，如果将"基底"中每一个"基向量"规定为 1 分，根据潜在 Q 矩阵的列 y 的累赘表达式的构成分量的数目刚好等于 y 中非零元数目，于是这可以看成"掌握项目 y 中一个属性，则在项目 y 上理想反应得分增加一分"的计分方式有一定的合理性，因为这相当于在项目 y 上理想得分等于掌握可达阵对应的列(对应的项目)的数量。

二、基本完美 Q 矩阵及其重要特征

使得理想反应模式和知识状态一一对应并且包含列数最少的测验 Q 矩阵称为

完美 Q 矩阵；如果完美 Q 矩阵恰好是可达阵的子矩阵，那么这个完美 Q 矩阵称为基本完美 Q 矩阵。显然，在 $0-1$ 计分并且属性之间不可相互补偿的条件下，可达阵既是完美 Q 矩阵又是基本完美 Q 矩阵。

基于可达阵，使用扩张算法可以获得潜在 Q 矩阵，可达阵的列是潜在 Q 矩阵的"本质列"，而扩张出来的列称为"非本质列"。多级计分条件下，完美 Q 矩阵中本质列可以用非本质列代替。

请注意，既然基本完美 Q 矩阵是可达阵的子矩阵，因此从可达阵中挑选的基本完美 Q 矩阵可能不唯一。例如，4 个元素的菱型（参见丁树良等，2014a）对应的基本完美 Q 矩阵就有两个。第一、第二个矩阵的第 1，4 行相同，分别是（1，1，1），（0，0，1），而第一个矩阵的第 2 行是（0，1，1），第 3 行是（0，0，1）；第二个矩阵的第 2、第 3 行恰好是第一个矩阵的第 3、第 2 行，即仅仅是第一个矩阵第 2、第 3 行互换。尽管这两个矩阵仅仅是第 2、第 3 行互换，但是根据矩阵相等的概念，这两个矩阵仍然不相等。这两个测验 Q 矩阵是可达阵的子矩阵，并且在掌握一属性理想得分增加一分的规则下，可以使得知识状态集合和理想反应模式集合一一对应。所以这两个测验 Q 矩阵都是基本完美 Q 矩阵。

命题 6.2.1 测验 Q 矩阵的列的布尔并中所有元素必须全部等于 1，否则至少有一个属性无法测量。

证明 注意到测验 Q 矩阵的列均可表为可达阵的列的布尔并，而如果测验 Q 矩阵的所有列的布尔并中至少有一个元素等于 0（为明确起见，假设这个元素为第 k 个元素，即对应第 k 个属性），则意味着这个测验 Q 矩阵的任何一列的累赘表达式的构成分量都缺少可达阵的某一列（第 k 列），否则因为可达阵的第 $(k，k)$ 元等于 1，与测验 Q 矩阵所有列的布尔并的第 k 元等于 0 矛盾。根据可达阵的功能不可替代性原理（丁树良等，2016），可知这是不可能的，从而证明了我们的结论。更加详细的证明还可参见 Cai，Tu，Ding（2018）。

下面研究完美 Q 矩阵的某些列的布尔并代替某一列是否必定还能够保证知识状态和理想反应模式一一对应？即是否仍然是完美 Q 阵？

回答是否定的。这个问题的本质是 $x，y$ 是任意两个不相等的知识状态，Q 是完美 Q 矩阵，是否可能出现 $Qx=Qy$ 的情形？即是否可能出现 $Q(x-y)=0$ 的情形？由于 $x，y$ 互不相等，所以 $z=x-y$ 是非零向量，于是问题化成一个线性代数问题：当 Q 是完美 Q 矩阵时，$Qz=0$ 是否有非零解，并且解必须满足约束条件，即解向量的分量必须落在集合 $\{-1，0，1\}$ 之中（因为它是两个布尔向量之差）。我们知道，只要 Q 不是满列秩，那么 $Qz=0$ 就有非零解。我们可以给出如下的例子。

如图 6-2-1 所示，$Q_p = \begin{bmatrix} 1 & 1 & 1 & 1 & 1 & 1 & 1 & 1 \\ 0 & 1 & 0 & 0 & 1 & 1 & 0 & 1 \\ 0 & 0 & 1 & 0 & 1 & 0 & 1 & 1 \\ 0 & 0 & 0 & 1 & 0 & 1 & 1 & 1 \end{bmatrix}$,

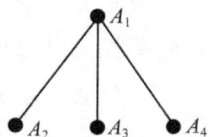

图 6-2-1

$$Q_s = \begin{bmatrix} 0 & \\ 0 & \\ 0 & Q_p \\ 0 & \end{bmatrix}, \quad Q_1 = \begin{bmatrix} 1 & 1 & 1 \\ 1 & 1 & 0 \\ 1 & 0 & 1 \\ 1 & 1 & 1 \end{bmatrix}$$ 是完美 Q 阵。因为

$$Q_s^T Q_1 = \begin{bmatrix} 0 & 0 & 0 & 0 \\ 1 & 0 & 0 & 0 \\ 1 & 1 & 0 & 0 \\ 1 & 0 & 1 & 0 \\ 1 & 0 & 0 & 1 \\ 1 & 1 & 1 & 0 \\ 1 & 1 & 0 & 1 \\ 1 & 0 & 1 & 1 \\ 1 & 1 & 1 & 1 \end{bmatrix} \cdot \begin{bmatrix} 1 & 1 & 1 \\ 1 & 1 & 0 \\ 1 & 0 & 1 \\ 1 & 1 & 1 \end{bmatrix} = \begin{bmatrix} 0 & 0 & 0 \\ 1 & 1 & 1 \\ 2 & 2 & 1 \\ 2 & 1 & 2 \\ 2 & 2 & 2 \\ 3 & 2 & 2 \\ 3 & 3 & 2 \\ 3 & 2 & 3 \\ 4 & 3 & 3 \end{bmatrix},$$

即知识状态与理想反应模式一一对应，将 Q_1 的第 3 列与第 2 列作布尔并，得到

$Q_2 = \begin{bmatrix} 1 & 1 & 1 \\ 1 & 1 & 0 \\ 1 & 1 & 1 \\ 1 & 1 & 1 \end{bmatrix}$，选择 Q_s 中两对知识状态，有 $\begin{bmatrix} 1 & 0 & 1 & 0 \\ 1 & 0 & 0 & 1 \\ 1 & 1 & 1 & 0 \\ 1 & 1 & 0 & 1 \end{bmatrix} \cdot \begin{bmatrix} 1 & 1 & 1 \\ 1 & 1 & 0 \\ 1 & 1 & 1 \\ 1 & 1 & 1 \end{bmatrix} = $

$\begin{bmatrix} 2 & 2 & 2 \\ 2 & 2 & 2 \\ 3 & 3 & 2 \\ 3 & 3 & 2 \end{bmatrix}$，即有不同的知识状态对应相同的理想反应模式。

丁树良等人（2014）认为完美 Q 矩阵的某一列被基本完美 Q 矩阵的某一些列的布尔并代替，仍然可以保持理想反应模式和知识状态一一对应。但是如上所述，可以找到反例，完美 Q 阵中某些列被一些列的布尔并代替以后，不一定能够保持 KS 与 IRP 一一对应，所以丁树良等人（2014）的结论有必要进行修正。

三、基本属性层级结构的重新划分

命题专家认定的属性层级结构和被试的结构应该一致。

如果命题专家认为属性满足某种属性层级结构，而被试知识状态集合实际上是对应独立层级结构，Leighton 等人（2014）的结果可能出现问题，所以这个结果严格的前提是什么？是不是要求专家认为的属性层级结构与被试的属性层级结构一致？

例如，命题专家认为被试的知识结构呈现 $K=4$ 的无结构型，但是被试实际的知识状态集合是独立型的。这时候可以找到例子：$Q_t = \begin{pmatrix} 1 & 1 & 1 \\ 1 & 0 & 0 \\ 0 & 1 & 0 \\ 0 & 0 & 1 \end{pmatrix}$,

$\begin{pmatrix} 1 & 0 & 0 & 0 \\ 0 & 1 & 1 & 1 \end{pmatrix} \cdot \begin{pmatrix} 1 & 1 & 1 \\ 1 & 0 & 0 \\ 0 & 1 & 0 \\ 0 & 0 & 1 \end{pmatrix} = \begin{pmatrix} 1 & 1 & 1 \\ 1 & 1 & 1 \end{pmatrix}$，对于两个不同的知识状态（1000）和

（0111），它们对于基本完美 Q 矩阵的理想反应模式相同，都等于（111）。

当然，很可能命题专家会认为被试群体的知识状态集合满足独立型结构，而被试的真实的知识状态集合满足无结构型。但是这个例子说明当专家认定的属性层级结构和被试真实的知识状态的结构不一样时，有可能发生问题。特别是属性层级结构认定不准确的话，更要仔细分析。

菱型分解为倒金字塔型和根树型的复合，于是基本属性层级结构可以划分为独立型、根树型、倒金字塔型。这样划分和图论中的划分规则一致，而且类别数目比较少，没有遗漏。只不过根树型包含的层级关系类型比较多，涵盖了 Leighton 等人（2004）的直线型、发散型和无结构型。

四、小结与讨论

（一）基本完美 Q 矩阵的特点至少有三条

第一，命题专家确定的属性层级关系和被试群体的属性层级关系一致，或者专家认定的属性层级关系包含了被试群体的属性层级关系；第二，基本完美 Q 矩阵是可达阵的子矩阵；第三，基本完美 Q 矩阵的所有列的布尔并中所有元素等于1；第四，完美 Q 矩阵的第 i 列与第 j 列的布尔并代替第 i 列（或者代替第 j 列）以后，要看一看结果矩阵的列秩是不是减少了，如果减少了，则结果矩阵不能够保持知识状态与理想反应模式一一对应。

（二）必要条件还是充分条件

尽管这些结论保证了用最少的项目使得理想反应模式和知识状态一一对应，但是实际测试数据必定包含随机误差，从统计学的角度来看，重复测量可以减少实验误差。故上述结论只是多级计分优良诊断测验设计的必要条件，试想对于包

含 K 个属性的最简单的根树型——直线型，仅仅安排一个测验题目，如何能够保证测准被试的知识状态？但是缺少这一类题目，肯定会有某些知识状态对应同一个理想反应模式，从而降低诊断分类的精度。

（三）掌握一属性加一分原则之外，是否有其他的"最优设计准则"

对于等级评分项目，掌握一个属性理想得分增加一分的想法，有利于计算理想反应模式，但是无法处理千变万化的评分规则。如果按照步骤，采用多级评分，如何计算理想反应模式，如何模拟？这个问题值得研究，因为计算机只能够处理给出明确规则的问题，如果没有明确的规则，计算机如何执行？

可否反过来看 Q 矩阵中列的累赘表达式。如果已经知道属性及其层级关系，又知道题目属性向量，想给出多级评分题的评分标准，可以按照正确完成的步骤数目给分，而不管这个步骤包含多少个属性。如果规定整个题目的满分值恰好对应这个题目的属性向量包含的属性个数，在这个条件下，模拟的问题就解决了，甚至还有一定的理论依据，对于非独立的属性层级结构，这个方案可能更好解释。

规定一个步骤对应累赘表达式的一个构成分量（这时，每一个步骤包含的属性可能不止一个，完成这个步骤所需要的属性恰好对应相应的构成分量中包含的属性个数）。这是实现这种评分规则最困难之处，因为命题专家不熟悉这种方法。

有专家可能反对，他们可能要问，为什么这样规定步骤？为什么满分值为 x，就必须给出 x 个步骤呢？由于上面的方案是"每一个解题步骤对应累赘表达式的一个构成分量"，而累赘表达式的构成分量恰恰对应可达矩阵的列，所以，要回答命题专家的一些疑问，就要好好研究可达矩阵的列，能否对应解题步骤。理论上，可达矩阵的列是构成其他非零列的"基本材料"，既然规定了题目分步骤给分，是不是能够把题目总分与题目属性向量中的非零元对应（使得总分等于题目属性向量非零元的个数），并且使得总分分数和步骤数目相等呢？

这样做，有可能试卷的满分值不是通常的 100 分，而是 w 分，并且 w 与 100 不相等。这对于认知诊断来讲，是没有任何影响的；对于分数报告来讲，可以每一个题分乘 $100/w$，进行调整。

真正改卷，可以看一看被试掌握了哪些属性，再看一看这些属性对应哪些"累赘表达式"的构成分量，根据构成分量的数目，进行这个题目的评分。但是，这样做不仅增加了阅卷的难度，也会增加评分标准设计的复杂性。

计算机模拟时，理想反应模式的计算也应该遵循这个评分原则（这个评分原则只是适用于给出大题和满分值，而不给出步骤题的情形）。

以上这些内容，是否可以这样认为：除认知诊断测验需要设计之外，多级评分的认知诊断测验还应该考虑分值的设计，即如何赋分。在项目反应理论（IRT）

中，似乎有最佳权值的问题，在认知诊断测验中，相应地，也应该存在赋分设计的问题。这样实际上也约束了命题专家，整个大题包含若干个属性，那么每一个步骤都应该是这个大题属性向量的"子向量"，而不是其他。这一点实际上限制了命题专家命题的自由发挥权，也就是限制了组卷的多样性。这是一个缺陷。

（四）等级评分项目的满分值如何确定？最优赋分原则是否应该探讨

设想一份试卷，如果要求每个项目的满分可以超过1分，那么如何赋分问题，就值得讨论。对于同一个项目，不同的命题专家很可能会给出不同的满分值，他们可能依据项目的难度（经典测量理论或者项目反应理论的难度），将题目进行两两比较以后，将难题满分值赋分更高；也可能出于其他方面的考虑进行赋分。对于两个不同的赋分方案，应该如何取舍？取舍的原则是什么，即什么是优良的赋分方案？优良的标准如何制定，它的理论依据是什么？对于多级记分认知诊断测验，什么是优良的赋分方案，它和项目包含的属性（不一定是属性数目）是否有关？优良性的标准是否有利于准确评估被试的潜在特质，还是其他（如有利于编制计算机程序），或者是几种不同目标的结合？

在满分值小于该题的属性数目的情况下，如果不考虑步骤权重差异则似乎可以规定一个步骤对应累赘表达式的1个或多个构成分量。

思考题

1. 复合属性层级结构对应的基本完美 *Q* 矩阵与基本属性层级结构对应的基本完美 *Q* 矩阵的关系探索。

提示：这是一个比较困难的讨论题，不妨从4个元素的菱型、3个元素的无结构型（实际上是根树型结构的一种）以及3个元素的逆金字塔型结构入手考虑，再考虑更加复杂的情境。

2. 多级评分方式的优良性的探索。

提示：首先给出你认为合理的评分规则，其次论证它的合理性，最后和其他评分规则进行比较（包括比较的标准、模拟比较的设计、结果的讨论等）。

3. 每一个题目对应的测验 *Q* 矩阵 Q_c 是否可以用这个题目对应的累赘表达式构成的 *Q* 矩阵（方阵）表达？

4. 多值 *Q* 矩阵对应的评分规则也可能是多级评分，对应的基本完美 *Q* 矩阵如何构造？

第七章　基于多值 Q 矩阵的测验设计

在认知诊断的某些场合使用多值 Q 矩阵比使用布尔矩阵更加方便。使用多值 Q 矩阵进行认知诊断，必须清楚多值 Q 矩阵和布尔矩阵的一些区别和联系，了解多值 Q 矩阵的一些基本性质，掌握多值 Q 矩阵对应的认知诊断测验设计的原则。根据评分规则的不同，测验设计的原则也随之变化。

第一节　拟可达阵 R_p 的重要作用

一、多值 Q 矩阵

众所周知，在 $0-1$ 评分和属性之间无补偿作用条件下，可达阵在认知诊断测验蓝图设计中有重要作用，即可达阵 R 作为测验 Q 阵 Q_t 的子矩阵，可使知识状态和理想反应模式一一对应（丁树良等，2010，2011），但在多级评分条件下，如果属性之间无补偿作用，在每多掌握一个项目所测属性则理想得分增加 1 分的记分方式下，可达阵仍可以使理想反应模式和知识状态一一对应，并且完美 Q 阵可以使理想反应模式与知识状态一一对应且包含列数最少（丁树良等，2014a，2014b）。这些都是对于布尔矩阵的结论，而对于多值 Q 矩阵，认知诊断测验应该如何设计，这是一个值得探讨的问题。有时候，使用多值 Q 矩阵可能比使用布尔矩阵更加方便。比如，Samejima(1995)列举幂指数函数的例子，幂指数可以为 0、正整数、负整数、分数、小数、无理数，表面上这都可以包含在幂指数函数的范围内，但是其难度却相差悬殊，或者说它们代表着不同的认知水平。如果一个认知诊断测验包含范围广而又希望限定属性数目，就可以考虑使用多值 Q 矩阵。

Chen 等人（2013）和 Sun 等人（2013）都使用了多值 Q 矩阵，并且 Sun 等人（2013）还在 $0-1$ 可达阵的基础上引入类似于可达阵的"多值可达阵"。

例 7.1.1　A_i 有 i 个水平，$i=1$，2，3，并且这三个属性构成直线型，A_1 是 A_2 的先决属性，A_2 是 A_3 的先决属性，如图 7-1-1 所示。

对应的二值可达阵 R_2 和多值可达阵 R_p，以及基于 R_p 使用多值扩张算法获

得的多值潜在 Q 矩阵如下。

$$R_2 = \begin{pmatrix} 1 & 1 & 1 \\ 0 & 1 & 1 \\ 0 & 0 & 1 \end{pmatrix}, \quad R_p = \begin{pmatrix} 1 & 1 & 1 & 1 & 1 & 1 \\ 0 & 1 & 2 & 1 & 1 & 1 \\ 0 & 0 & 0 & 1 & 2 & 3 \end{pmatrix},$$

$$Q_p = \begin{pmatrix} 1 & 1 & 1 & 1 & 1 & 1 & 1 & 1 & 1 \\ 0 & 1 & 2 & 1 & 1 & 1 & 2 & 2 & 2 \\ 0 & 0 & 0 & 1 & 2 & 3 & 1 & 2 & 3 \end{pmatrix}.$$

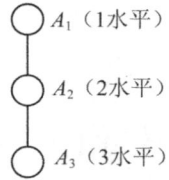

图 7-1-1　三属性线性结构

一般而言，多值 Q 矩阵对应多级评分，Sun 等人（2013）介绍的评分方式为

$$S_j^{(1)}(\alpha) = \sum_{k=1}^{K} q_{kj} I(\alpha_k \geqslant q_{kj})。 \tag{7-1-1}$$

它表示知识状态 α 在项目 j 上的得分。Sun 等人（2013）认为多值可达阵仍可以使理想反应模式与知识状态一一对应，然而他们对此没有给出数学证明。以下我们给出数学证明。在给出证明之前，我们将"多值可达阵"称为"拟可达阵"，因为二值可达阵（甚至是图论中的可达阵）均为方阵，而多值可达阵一般不是方阵，所以我们在可达阵前面加上"拟"字。

二、定义

由拟可达阵和多值扩张算法，我们也可以定义多值潜在 Q 矩阵的列的累赘表达式和简洁表达式。

设 $R_p = (r_1, \cdots, r_w)$ 为 $K \times w$ 拟可达阵，α 为非零多值 K 维知识状态，

$$\alpha = (\alpha_1, \cdots, \alpha_k)^T, \quad r_j = (r_{1j}, \cdots, r_{Kj})^T, \quad j = 1, 2, \cdots, m。 \tag{7-1-2}$$

α 在以 R_p 为测验蓝图，记分方式为（7-1-1）时，理想反应模式记为 $\alpha \circ R_p$。

定理 7.1.1　假设采用评分方式为（7-1-1），对 R_p 中两个不同的列 r_i 与 r_j，$r_i \neq r_j$，有 $r_i \circ R_p \neq r_j \circ R_p$，即 R_p 为测验 Q 阵，对 R_p 中任两个不同列对应的知识状态，它们对应的理想反应模式不同。

证明　不妨记 $r_i = \alpha$，$r_j = \beta$，$\alpha \neq \beta$。

（ⅰ）如果 α 与 β 可以比较，即 $\alpha \leqslant \beta$，或者 $\beta \leqslant \alpha$。不妨设 $\alpha \leqslant \beta$，由于 $\alpha \neq \beta$，故必有 β 的某个分量 β_k 大于 α 的对应分量 α_k，由记分方式（7-1-1）知 α 不可能在 $r_j (\neq \beta)$ 上获得满分，而 β 在 r_j 上获得满分，故 $\alpha \circ R_p \neq \beta \circ R_p$。

（ⅱ）如果 α 与 β 不可以比较，则 $\alpha (= r_i)$ 在 $r_j (= \beta)$ 上不可能得满分，但 $\beta (= r_j)$ 在 r_j 上得满分，β 在 r_i 上不可能得满分，但 α 可以，由此可知 $\alpha \circ R_p \neq \beta \circ R_p$。

定理 7-1-1 证毕。

定理 7.1.2 如果 $\boldsymbol{\alpha}$ 与 $\boldsymbol{\beta}$ 为多值非负 K 维知识状态，且 $\boldsymbol{\alpha} \neq \boldsymbol{\beta}$，则

$$\boldsymbol{\alpha} \circ \boldsymbol{R}_p \neq \boldsymbol{\beta} \circ \boldsymbol{R}_p \text{。} \tag{7-1-3}$$

证明　为简化记号而使版面清楚起见，使用多值潜在 Q 矩阵的列的累赘表达式的概念，不妨设 $\boldsymbol{\alpha} = \vee_{t=1}^{h} \boldsymbol{r}_t$，而 $\boldsymbol{\beta} = \vee_{h=1}^{p} \boldsymbol{s}_h$，且 $\boldsymbol{r}_t (t=1, 2, \cdots, h)$ 和 $\boldsymbol{s}_1, \cdots, \boldsymbol{s}_p$ 均为 $\boldsymbol{R}_p$ 中的列向量，由于 $\boldsymbol{\alpha} \neq \boldsymbol{\beta}$，如果 $\boldsymbol{\alpha} \leqslant \boldsymbol{\beta}$，但 $\boldsymbol{\alpha} \neq \boldsymbol{\beta}$，则与定理 7.1.1 的证明类似，可知 $\boldsymbol{\alpha} \circ \boldsymbol{R}_p \neq \boldsymbol{\beta} \circ \boldsymbol{R}_p$。

如果 $\boldsymbol{\alpha}$ 与 $\boldsymbol{\beta}$ 不可以比较，则 $\boldsymbol{\alpha}$，$\boldsymbol{\beta}$ 均不为零向量，故它们有累赘表达式且不相等，故存在 $\boldsymbol{R}_p$ 中的某一列，不妨记之为 $\boldsymbol{u}$，有 $\boldsymbol{u} \leqslant \boldsymbol{\alpha}$，而 $\boldsymbol{u}$ 与 $\boldsymbol{\beta}$ 不可以比较或 $\boldsymbol{u} \leqslant \boldsymbol{\beta}$，而 $\boldsymbol{u}$ 与 $\boldsymbol{\alpha}$ 不可比较。为明确计，设 $\boldsymbol{u} \leqslant \boldsymbol{\alpha}$，但 $\boldsymbol{u} \leqslant \boldsymbol{\beta}$ 不成立，则 $\boldsymbol{\alpha}$ 在 $\boldsymbol{u}$ 上得满分，但 $\boldsymbol{\beta}$ 在 $\boldsymbol{u}$ 上不可能得满分，故 $\boldsymbol{\alpha} \circ \boldsymbol{R}_p \neq \boldsymbol{\beta} \circ \boldsymbol{R}_p$。

注意到 $\boldsymbol{\alpha} \neq \boldsymbol{0}$，有 $\boldsymbol{\alpha} \circ \boldsymbol{R}_p \neq \boldsymbol{0}$，故任意非零知识状态 $\boldsymbol{\alpha}$ 与零知识状态在 $\boldsymbol{R}_p$ 上的理想反应必定能够区分。

定理 7.1.3　设 $\boldsymbol{Q}_t^{(p)}$ 以拟可达阵 $\boldsymbol{R}_p$ 为其子矩阵，则如果 $\boldsymbol{\alpha} \neq \boldsymbol{\beta}$ 有 $\boldsymbol{\alpha} \circ \boldsymbol{Q}_t^{(p)} \neq \boldsymbol{\beta} \circ \boldsymbol{Q}_t^{(p)}$。

证明　由定理 7.1.2 以及向量相等的定义，知结论成立。

当 $\boldsymbol{R}$ 和 $\boldsymbol{Q}$ 均为 $0-1$ 矩阵，式(7-1-1)化成掌握题目中一个属性则理想评分增加一分的情形，上述结论同样成立，并可获得更强的结论(丁树良等，2014a，2014b)。

定义 7.1.1　(多值必要 Q 矩阵)如果采用式(7-1-1)的方式对理想反应评分，称多值测验 Q 矩阵为多值必要 Q 矩阵，如果拟可达阵 $\boldsymbol{R}_p$ 作为测验 Q 矩阵的子矩阵。

定义 7.1.2　(多值完美 Q 矩阵)包含列数最少的多值必要 Q 矩阵，称为多值完美 Q 矩阵。

Sun 等人(2013)只是说，多值可达阵(拟可达阵)可以使得知识状态和理想反应模式一一对应。下面要讨论拟可达阵是保证理想反应模式和知识状态一一对应的充分条件还是充分必要条件？

例 7.1.2　(续例 7.1.1)考查如下多值 Q 矩阵。

取 $\boldsymbol{Q}_1 = \begin{pmatrix} 1 & 1 & 1 & 1 & 1 \\ 1 & 2 & 1 & 1 & 1 \\ 0 & 0 & 1 & 2 & 3 \end{pmatrix}$，$\boldsymbol{Q}_2 = \begin{pmatrix} 1 & 1 & 1 & 1 \\ 2 & 1 & 1 & 1 \\ 0 & 1 & 2 & 3 \end{pmatrix}$，$\boldsymbol{Q}_3 = \begin{pmatrix} 1 & 1 & 1 \\ 2 & 1 & 1 \\ 1 & 2 & 3 \end{pmatrix}$，可以通过 Sun 等人(2013)的计算公式发现 $\boldsymbol{Q}_1$，$\boldsymbol{Q}_2$，$\boldsymbol{Q}_3$ 均可以使知识状态和理想反应模式一一对应。特别地，$\boldsymbol{Q}_3$ 仅仅含 3 列。

$$\begin{pmatrix} 0 & 0 & 0 \\ 1 & 0 & 0 \\ 1 & 1 & 0 \\ 1 & 2 & 0 \\ 1 & 1 & 1 \\ 1 & 1 & 2 \\ 1 & 1 & 3 \\ 1 & 2 & 1 \\ 1 & 2 & 2 \\ 1 & 2 & 3 \end{pmatrix} \circ \begin{pmatrix} 1 & 1 & 1 \\ 2 & 1 & 1 \\ 1 & 2 & 3 \end{pmatrix} = \begin{pmatrix} 0 & 0 & 0 \\ 1 & 1 & 1 \\ 1 & 2 & 2 \\ 3 & 2 & 2 \\ 2 & 2 & 2 \\ 2 & 4 & 2 \\ 2 & 4 & 5 \\ 4 & 2 & 2 \\ 4 & 4 & 2 \\ 4 & 4 & 5 \end{pmatrix}.$$

请注意，这里 Q_1，Q_2 均为拟可达阵的子矩阵，其列数比拟可达阵少，而 Q_3 的第一列是 Q_2 的第 1 列与第 2 列的布尔并，并且仅仅保留 3 列。也就是说，Q_3 中包含"非本质列"（由拟可达阵扩张出来的列）。至于 Q_3 是不是一个多值完美 **Q** 矩阵（或许多值完美 **Q** 矩阵不止一个），还需要讨论、论证。当然采取不断试误的"笨办法"，在属性数比较少并且属性的水平数也不多的情况下，不断试误（计算），从多值潜在 **Q** 矩阵中挑选出多值完美 **Q** 矩阵，不失为一种保险的办法。

第二节　基本属性层级关系对应的完美 **Q** 矩阵

考虑最简单的仅仅包含三个属性的基本属性层级关系，我们将基本属性层级关系划分为独立型、根树型和逆金字塔型三种，其中根树型包含 Leighton，Gierl，Hunka(2004)的直线型、发散型和无结构型，而逆金字塔型、根树型复合成为 Leighton 等人(2004)的菱型。独立型是 Leighton 等人(2004)不予考虑的层级关系。由于布尔矩阵中多级评分认知诊断测验设计中，直线型是非常典型的例子（题量很少而又保持知识状态集合与理想反应模式集合———对应），所以对于多值 **Q** 矩阵，我们也考虑直线型，如上述例 7.1.1、例 7.1.2。

我们再研究如下几个例子。为简单计，我们仅仅考虑三个属性的情形，并且 A_i 具有 i 个水平（$i=1$，2，3）对应的多值必要 **Q** 矩阵，采用式(7-1-1)的评分规则。

例 7.2.1　独立型结构，其相应的可达阵是 3 阶单位阵，而拟可达阵为：

$$\boldsymbol{R}_p = \begin{pmatrix} 1 & 0 & 0 & 0 & 0 & 0 \\ 0 & 1 & 2 & 0 & 0 & 0 \\ 0 & 0 & 0 & 1 & 2 & 3 \end{pmatrix}_{3\times 6}, \quad \boldsymbol{Q}_4 = \begin{pmatrix} 1 & 0 & 0 & 1 \\ 0 & 1 & 0 & 2 \\ 0 & 2 & 1 & 3 \end{pmatrix}_{3\times 4},$$

$$Q_p = \begin{pmatrix} 1 & 0 & 0 & 0 & 0 & 0 & 1 & 1 & 1 & 1 & 1 & 0 & 0 & 0 & 1 & 1 & 1 & 0 & 0 & 0 & 1 & 1 & 1 \\ 0 & 1 & 2 & 0 & 0 & 0 & 1 & 2 & 0 & 0 & 0 & 1 & 1 & 1 & 1 & 1 & 1 & 2 & 2 & 2 & 2 & 2 & 2 \\ 0 & 0 & 0 & 1 & 2 & 3 & 0 & 0 & 1 & 2 & 3 & 1 & 2 & 3 & 1 & 2 & 3 & 1 & 2 & 3 & 1 & 2 & 3 \end{pmatrix}_{3\times 23} \text{，则}$$

$$\begin{pmatrix} 0 & 0 & 0 \\ 1 & 0 & 0 \\ 0 & 1 & 0 \\ 0 & 2 & 0 \\ 0 & 0 & 1 \\ 0 & 0 & 2 \\ 0 & 0 & 3 \\ 1 & 1 & 0 \\ 1 & 2 & 0 \\ 1 & 0 & 1 \\ 1 & 0 & 2 \\ 1 & 0 & 3 \\ 0 & 1 & 1 \\ 0 & 1 & 2 \\ 0 & 1 & 3 \\ 1 & 1 & 1 \\ 1 & 1 & 2 \\ 1 & 1 & 3 \\ 0 & 2 & 1 \\ 0 & 2 & 2 \\ 0 & 2 & 3 \\ 1 & 2 & 1 \\ 1 & 2 & 2 \\ 1 & 2 & 3 \end{pmatrix} \circ \begin{pmatrix} 1 & 0 & 0 & 1 \\ 0 & 1 & 0 & 2 \\ 0 & 2 & 1 & 3 \end{pmatrix} = \begin{pmatrix} 0 & 0 & 0 & 0 \\ 1 & 0 & 0 & 1 \\ 0 & 1 & 0 & 0 \\ 0 & 1 & 0 & 2 \\ 0 & 0 & 1 & 0 \\ 0 & 2 & 1 & 0 \\ 0 & 2 & 1 & 3 \\ 1 & 1 & 0 & 1 \\ 1 & 1 & 0 & 3 \\ 1 & 0 & 1 & 1 \\ 1 & 2 & 1 & 1 \\ 1 & 2 & 1 & 4 \\ 0 & 1 & 1 & 0 \\ 0 & 3 & 1 & 0 \\ 0 & 3 & 1 & 3 \\ 1 & 1 & 1 & 1 \\ 1 & 3 & 1 & 1 \\ 1 & 3 & 1 & 4 \\ 0 & 1 & 1 & 2 \\ 0 & 3 & 1 & 2 \\ 0 & 3 & 1 & 5 \\ 1 & 1 & 1 & 3 \\ 1 & 3 & 1 & 3 \\ 1 & 3 & 1 & 6 \end{pmatrix}。$$

　　如果保留 Q_4 的第 2、第 4 列，而将第 3 列加到第 1 列以后删除原来的第 3 列，所得到的 3 行 3 列矩阵记为 Q_6，它仍然能够然保持 KSs 与 IRPs 一一对应，所以多值完美 Q 矩阵仅仅包含 3 列。为什么对于 3 个属性，并且属性的最高水平数为 3 的条件下，多值完美 Q 矩阵必须要保留 3 列？因为既然要求知识状态集合和理想反应模式集合一一对应，那么就要求这个测验设计对于本例中多值拟可达阵的最后 3 列必须区别开来。任何少于 3 列的多值测验 Q 矩阵都无法区分这 3 列，所以本例对应的多值完美 Q 矩阵必须为 3 列。

例 7.2.2 根树型结构(图 7-2-1)

$$A_1（1水平）$$

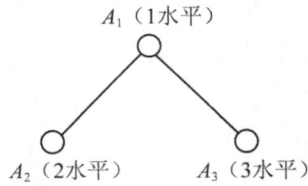

$$A_2（2水平） \qquad A_3（3水平）$$

图 7-2-1 三属性根树结构

$$\boldsymbol{R}_2 = \begin{pmatrix} 1 & 1 & 1 \\ 0 & 1 & 0 \\ 0 & 0 & 1 \end{pmatrix}, \boldsymbol{R}_p = \begin{pmatrix} 1 & 1 & 1 & 1 & 1 & 1 \\ 0 & 1 & 2 & 0 & 0 & 0 \\ 0 & 0 & 0 & 1 & 2 & 3 \end{pmatrix},$$

$$\boldsymbol{Q}_p = \begin{pmatrix} 1 & 1 & 1 & 1 & 1 & 1 & 1 & 1 & 1 & 1 & 1 & 1 \\ 0 & 1 & 2 & 0 & 0 & 0 & 1 & 1 & 1 & 2 & 2 & 2 \\ 0 & 0 & 0 & 1 & 2 & 3 & 1 & 2 & 3 & 1 & 2 & 3 \end{pmatrix}_{3 \times 12} 。$$

取 $\boldsymbol{Q}_6 = \begin{pmatrix} 1 & 1 & 1 & 1 \\ 1 & 2 & 0 & 0 \\ 0 & 1 & 2 & 3 \end{pmatrix}_{3 \times 4}$ ，显然 $\boldsymbol{Q}_6$ 不是拟可达阵。

$$\boldsymbol{Q}_3 \circ \boldsymbol{Q}_3 = \begin{pmatrix} 0 & 0 & 0 \\ 1 & 0 & 0 \\ 1 & 1 & 0 \\ 1 & 2 & 0 \\ 1 & 0 & 1 \\ 1 & 0 & 2 \\ 1 & 0 & 3 \\ 1 & 1 & 1 \\ 1 & 1 & 2 \\ 1 & 1 & 3 \\ 1 & 2 & 1 \\ 1 & 2 & 2 \\ 1 & 2 & 3 \end{pmatrix} \circ \begin{pmatrix} 1 & 1 & 1 & 1 \\ 1 & 2 & 0 & 0 \\ 0 & 1 & 2 & 3 \end{pmatrix} = \begin{pmatrix} 0 & 0 & 0 & 0 \\ 1 & 1 & 1 & 1 \\ 2 & 1 & 1 & 1 \\ 2 & 3 & 1 & 1 \\ 1 & 2 & 1 & 1 \\ 1 & 2 & 3 & 1 \\ 1 & 2 & 3 & 4 \\ 2 & 2 & 1 & 1 \\ 2 & 2 & 3 & 1 \\ 2 & 2 & 3 & 4 \\ 2 & 4 & 1 & 1 \\ 2 & 4 & 3 & 1 \\ 2 & 4 & 3 & 4 \end{pmatrix} 。$$

其实，还可以找到一个 3 行 3 列的多值潜在 *Q* 矩阵的子矩阵，使得知识状态集合和理想反应模式集合一一对应，比如取这个多值测验 *Q* 矩阵的第 1 行为(1，1，1)，第 2 行为(1，2，0)，第 3 行为(2，1，3)，则这个 3 列的多值 *Q* 矩阵仍然可以保持知识状态集合和理想反应模式集合一一对应的性质。而且由于 A_3 具有 3 水平，要区分具有这 3 个水平的知识状态，至少要有 3 列。因此这个测验 *Q* 矩阵

是多值完美 Q 矩阵。

　　直线型是根树型中的一种，且最为简单。对布尔矩阵在掌握一属性理想得分增加一分的评分方式下，多级评分的认知诊断测验设计可以仅使用一个元素全为 1 的列向量作为测验 Q 阵，就能够使 IRP 与 KS 一一对应。在多值 Q 阵条件下，直线型结构能否找到一个很简单的测验设计（在 Sun 等人（2013）的评分方式下）？从例 7.1.2 可知，拟可达阵为 6 列，而如果可以找到一个测验 Q 矩阵仅仅包含 3 列，就可以使得知识状态集合和理想反应模式集合一一对应。但是是否能够找到仅仅只包含 1 列或者 2 列的多值测验 Q 矩阵使得知识状态集合和理想反应模式集合一一对应，值得研究。

　　例 7.2.3　逆金字塔型结构（图 7-2-2）。

　　即 Q_1 这个非拟可达阵，同样可以使 KSs 集合与 IRPs 集合一一对应。

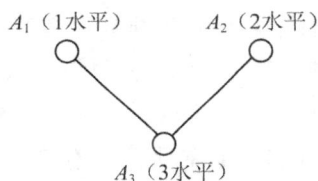

图 7-2-2　3 属性逆金字塔型结构

$$\boldsymbol{R}_2=\begin{pmatrix}1&0&1\\0&1&1\\0&0&1\end{pmatrix},\ \boldsymbol{R}_p=\begin{pmatrix}1&0&0&1&1&1\\0&1&2&1&1&1\\0&0&0&1&2&3\end{pmatrix}_{3\times6},$$

$$\boldsymbol{Q}_p=\left(\begin{array}{cccccc|ccccc}1&0&0&1&1&1&1&1&1&1&1\\0&1&2&1&1&1&1&2&2&2&2\\0&0&0&1&2&3&0&0&1&2&3\end{array}\right)_{3\times11},\ \boldsymbol{Q}_7=\begin{pmatrix}1&1&1&1\\2&1&1&1\\0&2&3&1\end{pmatrix},$$

$$\begin{pmatrix}0&0&0\\1&0&0\\0&1&0\\0&2&0\\1&1&1\\1&1&2\\1&1&3\\1&1&0\\1&2&0\\1&2&1\\1&2&2\\1&2&3\end{pmatrix}\circ\begin{pmatrix}1&1&1&1\\2&1&1&1\\0&2&3&1\end{pmatrix}=\begin{pmatrix}0&0&0&0\\1&1&1&1\\0&1&1&1\\2&1&1&1\\1&2&2&3\\1&4&2&3\\1&4&5&3\\1&2&2&2\\3&2&2&3\\3&2&2&3\\3&4&2&3\\3&4&5&3\end{pmatrix}$$

可见，非拟可达阵 Q_7 也可使 IRP 与 KS 一一对应。其实，如果再进一步，令 3 行 3 列的矩阵如下：第 1 行为(1，1，1)，第 2 行为(2，1，1)，第 3 行为(1，3，2)，那么这个多值测验 Q 矩阵也可以使得知识状态集合和理想反应模式集合一一对应。

第三节　多值 Q 矩阵标定问题

一、面临的问题

正像 Q 矩阵为布尔矩阵那样，认知诊断测验设计固然重要，但是 Q 矩阵标定的准确性是测验设计的基础。一方面，Q 矩阵标定不准确，无论什么样的设计对应的测验数据、采用什么样的认知诊断模型分析其判准率都不可能太高；另一方面，当然我们要寻求对 Q 矩阵标定不太准确而有稳健性的测验设计(比如，甘朝红等人的研究结果认为包含可达阵的测验 Q 矩阵对其他题目属性向量有一定的稳健性)和认知诊断模型(比如，RRUM 允许 Q 矩阵的元素带有一定的不确定性)。我们曾经设计过 Q 矩阵标定的简单方法，对于多值 Q 矩阵我们同样面临这个问题。

二、方法

多值 Q 矩阵中属性的水平可以是非负整数(可参见 Chen，de la Torre，2013 和 Sun，Xin，Zhang et al.，2013)。给出 K 个属性，假设第 j 个属性的水平数为 w_j，丁树良等人(2015)讨论在 K 阶 0−1 可达阵 R 的基础上，结合属性的水平数，使用"膨胀算法"，获得一个 w 阶($w=w_1+\cdots+w_K$)的 0−1 方阵 S，然后在 S 的行的方向上使用"压缩算法"，将 S 压缩成为 K 行 w 列的矩阵，称为"拟可达阵"，记为 R_p。将扩张算法中计算两个元素布尔并的方法，修改为求两个元素的最大值，即对扩张算法进行修改，在 R_p 的基础上，使用修改过的扩张算法，就可以获得所有的多值知识状态，即获得多值潜在 Q 矩阵。

将布尔矩阵中的可达阵 R 改为拟可达阵 R_p，假设 x，y 是多值潜在 Q 矩阵的列，x 是测验 Q 矩阵的未知列，如果 $x \leqslant y$，则 y 在 x 上的理想反应正确。

例 7.3.1　三个属性 A_1，A_2，A_3，A_1 是根节点，A_2，A_3 是叶节点，它们的最高水平数分别为 3，2，2(图 7-3-1)。

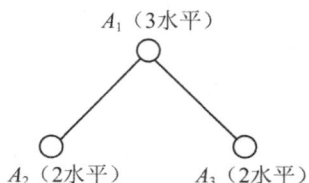

图 7-3-1　属性多水平的例子

$$\boldsymbol{R}_2=\begin{pmatrix}1&1&1\\0&1&0\\0&0&1\end{pmatrix}\rightarrow\boldsymbol{R}_p=\begin{pmatrix}1&2&3&1&1&1&1\\0&0&0&1&2&0&0\\0&0&0&0&0&1&2\end{pmatrix}=(\boldsymbol{r}_1,\,\boldsymbol{r}_2,\,\boldsymbol{r}_3,\,\boldsymbol{r}_4,\,\boldsymbol{r}_5,\,\boldsymbol{r}_6,\,\boldsymbol{r}_7),$$

$\boldsymbol{R}_p$ 是 3×7 矩阵。

$$\boldsymbol{Q}_p^{(p)}=\begin{pmatrix}1&2&3&1&1&1&1&\bigm|&\overset{j=2}{2}&2&2&2&\bigm|&\overset{j=3}{3}&3&3&3\\0&0&0&1&2&0&0&\bigm|&1&2&0&0&\bigm|&1&2&0&0\\0&0&0&0&0&1&2&\bigm|&0&0&1&2&\bigm|&0&0&1&2\end{pmatrix}$$

$$\begin{pmatrix}\overset{j=4}{1}&1&2&2&3&3&\bigm|&\overset{j=5}{1}&1&2&2&3&3&\bigm|&\overset{j=6}{\underset{j=7}{}}\\1&1&1&1&1&1&\bigm|&2&2&2&2&2&2&\bigm|\\1&2&1&2&1&2&\bigm|&1&2&1&2&1&2&\bigm|\end{pmatrix},\ \boldsymbol{Q}_p\text{ 是 }3\times27\text{ 矩阵。}$$

取 $\boldsymbol{x}=\begin{pmatrix}2\\1\\2\end{pmatrix}$，$\boldsymbol{Q}_t\,[\boldsymbol{R}_x\,|\,\boldsymbol{x}]$，在 $\boldsymbol{x}$ 上理想反应正确的 $\boldsymbol{Q}_p^{(p)}$ 中的列有 $\begin{bmatrix}y_1\\2\\1\\2\end{bmatrix}\begin{bmatrix}y_2\\3\\1\\2\end{bmatrix}\begin{bmatrix}y_3\\2\\2\\2\end{bmatrix}$

$\begin{bmatrix}y_4\\3\\2\\2\end{bmatrix}$，$S_{y_1}=\{\boldsymbol{r}_1,\,\boldsymbol{r}_2,\,\boldsymbol{r}_4,\,\boldsymbol{r}_6,\,\boldsymbol{r}_7\}$，$S_{y_2}=\{\boldsymbol{r}_1,\,\boldsymbol{r}_2,\,\boldsymbol{r}_3,\,\boldsymbol{r}_4,\,\boldsymbol{r}_6,\,\boldsymbol{r}_7\}$，$S_{y_3}=\{\boldsymbol{r}_1,$

$\boldsymbol{r}_2,\,\boldsymbol{r}_4,\,\boldsymbol{r}_5,\,\boldsymbol{r}_6,\,\boldsymbol{r}_7\}$，$S_{y_4}=\{\boldsymbol{r}_1,\,\boldsymbol{r}_2,\,\boldsymbol{r}_3,\,\boldsymbol{r}_4,\,\boldsymbol{r}_5,\,\boldsymbol{r}_6,\,\boldsymbol{r}_7\}$，则 $\bigcap_{h=1}^{4}S_{y_h}=S_{y_1}=\{\boldsymbol{r}_1,$

$\boldsymbol{r}_2,\,\boldsymbol{r}_4,\,\boldsymbol{r}_6,\,\boldsymbol{r}_7\}$，

所以 $\boldsymbol{x}=\boldsymbol{r}_1\vee\boldsymbol{r}_2\vee\boldsymbol{r}_4\vee\boldsymbol{r}_6\vee\boldsymbol{r}_7=(2,\,1,\,2)^T$。

思考题

1. 基于多值 Q 矩阵的认知诊断测验设计，拟可达阵是不是保证知识状态集合和理想反应模式集合一一对应的唯一的测验 Q 矩阵？

2. 多值 Q 矩阵条件下，举例说明属性数、水平数影响认知诊断测验设计，另外还有什么因素影响测验设计？

提示：考虑属性层级关系和评分方案，等等。

3. 欲使知识状态集合和理想反应模式集合一一对应，在给定的条件下，说一说充分条件是什么？必要条件是什么？

4. 考虑两个属性 A_1，A_2 的线性型（或独立型）层级结构，并且 A_1 具有 3 个水平，A_2 具有 2 个水平，使用 Sun 等人（2013）的评分方式寻找使知识状态集合和

理想反应模式集合一一对应的完美 *Q* 矩阵。它具有多少列？结合文中的例子，考虑多值完美 *Q* 矩阵的列数是由属性数决定还是由各个属性的最大水平数决定的。

5. 考查 4 个属性，并且每一个属性具有 2 水平的情形，就属性层级关系分别为独立型、逆金字塔型和根树型（可以直线型、无结构型为例），写出相应的拟可达阵及完美 *Q* 矩阵。然后再考虑多值 *Q* 矩阵的完美 *Q* 矩阵的构造与属性数、水平数、层级关系的关系。

6. 你是否可以找到一种多值 *Q* 矩阵情形下的评分规则，这种评分规则等同于布尔矩阵情形下掌握题目中一个属性则该题目上理想得分增加一分的规则？然后将多值 *Q* 矩阵的膨胀算法联系起来，把知识状态和测验 *Q* 矩阵统统转化为布尔矩阵（向量）的形式，再使用矩阵乘法的方式计算理想得分。验证你找到的多值 *Q* 矩阵的评分规则的某种合理性。

7. 对于多值 *Q* 矩阵通过膨胀算法和压缩算法可以和一个 0—1 矩阵一一对应。拟可达阵通过膨胀算法可以对应一个 0—1 矩阵，在第四章第二节称为 *M* 矩阵。*M* 矩阵通过扩张算法，可以导出多值潜在 *Q* 矩阵对应的 0—1 矩阵（记为 Q_m）。试讨论由膨胀算法导出的可达阵的作用。

8. 讨论是否可以用比拟可达阵（或者其膨胀以后的 *M* 矩阵）更少的项目从而使得知识状态与理想反应模式一一对应。

第三篇　应用

　　应用 Q 矩阵理论，特别是测验 Q 矩阵设计的结果，开发认知诊断模型，包括涉及多策略认知诊断模型的开发；对具有认知诊断功能的计算机化自适应测验（CD-CAT）中选题策略的制定、对具有认知诊断功能的在线多步骤计算机化自适应测验（CD-OMST）的设计、对 S-P 表的改造的建议，等等。

　　如果从可达阵和邻接阵之间的转化（丁树良，罗芬，2005），或者从状态空间转换入手研究认知诊断算起，通过十多年的努力，我们在 Q 矩阵、Q 矩阵理论及其应用方面研读了一些国内外的文献，积累了一些想法，有了一些认识，甚至有的和国际上的权威认识有一些不同，我们想集中起来，进行梳理并写出来，供同人批评、指正和参考，以期促进这方面的争论、研究和应用。由于是对以往研究的总结，所以会对以往研究不足之处进行修正（将给出说明）；叙述有时不会按照严格的逻辑组织穿插。本书在梳理过程中有一些新的想法，也零零星星散落在一些章节之中。

第八章　可达阵在认知诊断测验编制中的应用

对于布尔矩阵,采用 0—1 评分,属性间不存在补充作用,且当且仅当掌握题目属性向量中所有属性理想得分为 1,否则为 0(这个理想得分规则相当于属性不可补偿),在此条件下,如果认知诊断的测验 Q 矩阵中包括可达阵,则测验可一一区分不同知识状态的理想反应模式,这对于认知诊断的正确分类非常重要。第一节介绍测验 Q 矩阵设计的模拟研究。研究表示,给定属性层级结构下,测验中含可达阵对应的项目越多,测验的分类准确率越高,这再次印证了可达阵在认知诊断测验编制的重要作用。这一原则不仅对认知诊断测验蓝图的设计有指导作用,而且对制定有认知诊断功能的计算机化自适应测验的选题策略有着重要的参考作用。第二节叙述了最原始的进位计数制 0—1 评分测验及分析,由于当时 Q 矩阵理论或测验 Q 阵设计研究成果的局限性,本节指出了这项较早的研究在测验设计和分析中存在的问题。第三节重点介绍了认知诊断测验编制原则在“进位计数制”诊断测验编制或修订中的应用案例。在该应用案例中,先请教师分析“进位计数制”的属性及层级结构,编制认知诊断测验,再采用认知诊断分类方法对被试属性状态和策略诊断进行分析。

第一节　测验 Q 矩阵设计模拟研究

如上所述,在一定条件下认知诊断测验的测验 Q 矩阵(Q_t)中包括可达阵 R,则对有不同知识状态 α_i 和 α_j 的被试,他们的理想反应模式 $\alpha_i \circ Q_t$ 与 $\alpha_j \circ Q_t$ 必不相等。这也表明只要将可达阵作为测验蓝图的一部分,则在理想反应条件下一定可以避免知识状态的误判。这时可以证明另一个结论,即被试知识状态与其理想反应模式是一一对应的,而不是像 Tatsuoka(1995)所说的多个知识状态对应同一个理想反应模式。该结果对于认知诊断的重要性是不言而喻的。

一、研究目的

为了验证这一结论,下面设计了模拟试验,采用随机化试验,针对不同测验蓝图所编制的测验诊断准确率(模式判准率及边际判准率)进行考查。下面从属性

层次结构、测验设计、研究设计、研究过程、评价指标以及试验结论等方面分开
陈述。

二、属性层级结构

根据四种属性层级结构（Leighton，Gierl，Hunka，2004），在保持其结构不
变的前提下，将属性个数 K 增加到 8 个，如图 8-1-1 所示。四种属性层级结构分
别为直线型、收敛型、发散型和无结构型。在以下表格中，分别用 L，C，D 和 U
表示这四种不同的属性层级结构。

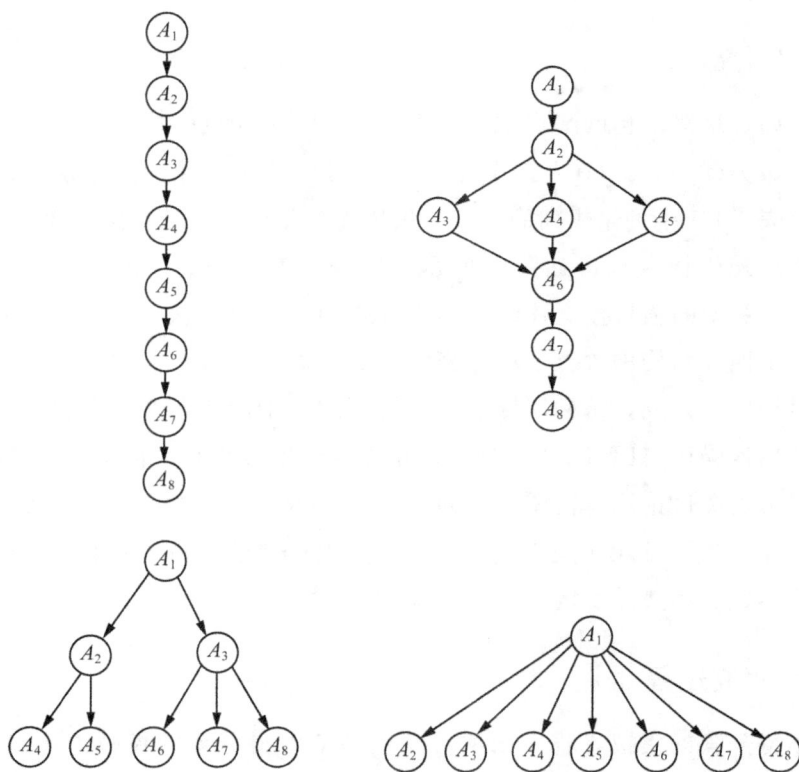

图 8-1-1　四种属性层级结构

注：从左往右，从上往下，依次是直线型（L）、收敛型（C）、发散型（D）和无结构型（U）。

三、测验设计

由属性层级结构可得到可达阵 R，再通过扩张算法得到简化 Q 阵 Q_r，知直线
型 Q_r 的项目数为 8，收敛型 Q_r 的项目数为 12，发散型 Q_r 的项目数为 45，无结
构型 Q_r 的项目数为 128，从而得到需模拟的知识状态全集或学生 Q 阵 Q_s，即 Q_r
中加上一全零列，它表示对所测属性均未掌握。

为反映可达阵对诊断准确率的影响，对每种层级结构均编制四个诊断测验蓝图，它们分别含 5 个、3 个、1 个和 0 个可达阵。固定测验长度为属性个数 K 的 5 倍。将 Q_r 中减去 R 对应的列，得到"非本质列"，记为 $Q_r - R$。对于未包含指定测验长度的测验蓝图，如测验蓝图中含有 i 个可达阵，$i = 3，1，0$，这些可达阵还不够规定的测验长度，不足的项目从 $Q_r - R$ 中随机抽取 $K(5-i)$ 列进行补充。由于直线型结构 $Q_r - R$ 为空，取 Q_r 为独立型（8 个属性相互独立）的 Q_r，再从 $Q_r - R$ 中随机抽取以得到测验 Q_t（注意这时抽到的列一般不满足直线型结构，对诊断结果有影响）。

四、研究设计

每种属性层级结构的知识状态分别产生 30 人，即 Q_s 每列重复 30 次，如直线型模拟人数为 $(8+1) \times 30 = 270$（人）。同理可以计算其他的属性层级结构的模拟人数，见表 8-1-1 中的第 1 列的人数。采用随机化试验设计且重复 6 次，以尽量减少无关变量随机抽取非可达阵中项目的影响。为此除 i 个可达阵项目以外（$i = 3，1，0$），剩余的项目按上述测验生成方式随机抽取 6 次，它们可能包括不同的项目。对于四种结构中含五个可达阵的蓝图，由于不存在随机抽取，构成 6 个测验的项目相同。因此，每种属性层次结构下的每个测验蓝图可得到 6 个测验。使用确定性输入噪声与门（DINA）模型，并自编参数估计 EM 程序。试验次数为 $4 \times 4 \times 6$。因为主要讨论测验蓝图编制问题，故 DINA 模型中的项目参数并不是本文关注的对象。为了排除无关变量 DINA 模型项目参数对试验结果的干扰，每个项目的失误参数 s 和猜测参数 g 的真值均定为 0.15。

五、研究过程

对于得分阵的模拟，若采用项目反应理论中得分阵的模拟方法获取得分阵，由于能力与知识状态之间的对应关系没有一个明显表达式，所获得分阵导出的知识状态估计不一定有充分根据。所以我们采用 DINA 模型的反应函数模拟得分阵，由模拟的知识状态真值 $\alpha \in Q_s$、项目参数真值（失误参数 s 和猜测参数 g）和测验项目 $q_j \in Q_t$ 模拟得分阵：如被试 α_i 对项目 q_j 的得分模拟，由 DINA 模型可计算其正确作答概率 $P_j(\alpha_i)$，再产生服从 $(0，1)$ 上的均匀分布的一个随机数 r，若 $r > P_j(\alpha_i)$，则被试 α_i 在项目 q_j 上得 0 分，否则得 1 分。

六、评价指标

为评价测验的诊断准确率，采用两个常用指标，即模式判准率及边际判准率进行评价。用模拟的知识状态作为真值，然后计算属性和知识状态分类的正确率来比较不同测验蓝图设计的质量。比如，诊断测验共有 K 个属性（本实验中 $K=8$），且有 N 个被试参加测验，记被试 i 模拟的知识状态真值为 $\boldsymbol{\alpha}_i$ 和由 DINA 模型参数估计 EM 程序所得被试 i 的知识状态极大似然估计为 $\hat{\boldsymbol{\alpha}}_i$，如果两个向量对应分量相等，即 $\boldsymbol{\alpha}_i = \hat{\boldsymbol{\alpha}}_i$，则 $h_i = 1$；否则 $h_i = 0$。由此，可得模式判准率为 $\sum_{i=1}^{N} h_i / N$，记为 PMR（Pattern match ratio）。

边际属性诊断判准率，也称为单个属性判准率。对 K 个属性中的第 k 个属性，如被试 i 掌握（未掌握）第 k 个属性，判断其掌握（未掌握）该属性，则称为对第 k 个属性判准了一次，即若 $\alpha_{ki} = \hat{\alpha}_{ki}$，则 $g_{ki} = 1$，否则 $g_{ki} = 0$。令 MMR(k)（Marginal match ratio）为第 k 个属性诊断判准率，也称为边际诊断判准率。MMR 为 K 个属性的平均判准率，简称为属性平均判准率。第 k 个属性的判准率和边际判准率的计算公式分别为 $\text{MMR}(k) = \sum_{i=1}^{N} \dfrac{g_{ki}}{N}$ 和 $\text{MMR} = \sum_{k=1}^{K} \dfrac{\text{MMR}(k)}{K}$。

七、试验结论

通过 DINA 模型的自编参数估计程序，由模拟的得分阵和 $\boldsymbol{Q}_t$ 估计项目参数（s 和 g）和知识状态的极大似然估计，然后计算模式判准率及边际判准率指标。另外，还计算了度量项目参数估计的准确程度的两个指标 ABS 和 RMSD，其中 ABS 表示真值与估计值的绝对误差平均，而 RMSD 是真值与估计值的均方误差。试验的结果见表 8-1-1 和表 8-1-2。

从表 8-1-1 可以看出，对各种结构下四种测验蓝图产生的测验结果进行比较，随着可达阵数量的减少，模式判准率和边际判准率均明显下降，即知识状态误判率增加。对于直线型结构下四种测验蓝图的测验，后三种测验蓝图的测验的诊断准确率有所下降，这是因为后三种测验蓝图的剩余项目是从 8 个属性独立时产生的 $\boldsymbol{Q}_r$ 减去 $\boldsymbol{R}$ 对应的列中随机抽取，这些列不反映属性存在的层次关系，即测试 $\boldsymbol{Q}_t$ 阵不能正确表达真实的层次关系，故诊断准确率必然下降。对收敛型（C）、发散型（D）和无结构型（U）结构，可达阵组成的测验的诊断准确率均优于后三种测验蓝图（含项目的从 $\boldsymbol{Q}_r - \boldsymbol{R}$ 随机抽取）的判准率。特别地，对于收敛型（C）结构测验蓝图 4，由于 $\boldsymbol{Q}_r - \boldsymbol{R}$ 中的项目均测量了属性 A_1 和 A_2，而蓝图 4 中不含可达阵，即没有单独测量 A_1 或 A_1 与 A_2 的项目类，因此属性 A_1 和 A_2 的边际判准率急剧下降。表 8-1-2 显示不同蓝图所编制的测验项目参数估计精度没有明显差异。以上结论显示模拟试验的结果与理论研究结果相符。

表 8-1-1　不同蓝图所编制的测验的诊断准确率

结构	蓝图	边际判准率（MMR）均值								模式判准率（PMR）	
		A_1	A_2	A_3	A_4	A_5	A_6	A_7	A_8	M	SD
1(L) 270 人	1	0.9933	0.9926	0.9896	0.9926	0.9904	0.9941	0.9941	0.9948	0.9444	0.0170
	2	0.9689	0.9637	0.9511	0.9422	0.9541	0.9407	0.9363	0.9548	0.7837	0.0400
	3	0.8844	0.9141	0.8896	0.9178	0.9459	0.9296	0.9644	0.9674	0.6911	0.0632
	4	0.7430	0.7430	0.8393	0.8356	0.8467	0.8644	0.8600	0.8244	0.4815	0.0796
2(C) 390 人	1	0.9923	0.9959	0.9841	0.9810	0.9800	0.9964	0.9944	0.9974	0.9251	0.0165
	2	0.9887	0.9821	0.9779	0.9744	0.9779	0.9908	0.9831	0.9933	0.8959	0.0213
	3	0.9641	0.9467	0.9477	0.9405	0.9379	0.9662	0.9651	0.9913	0.7708	0.0157
	4	0.6154	0.6872	0.9113	0.9118	0.9092	0.8451	0.9200	0.9969	0.4482	0.0049
3(D) 1380 人	1	0.9986	0.9872	0.9929	0.9770	0.9825	0.9761	0.9771	0.9768	0.8797	0.0087
	2	0.9965	0.9762	0.9820	0.9604	0.9645	0.9575	0.9646	0.9599	0.8016	0.0107
	3	0.9838	0.9436	0.9474	0.9428	0.9264	0.9268	0.9125	0.9593	0.7062	0.0184
	4	0.7919	0.8113	0.8243	0.8577	0.8638	0.8168	0.8455	0.8919	0.4864	0.0158
4(U) 3870 人	1	0.9992	0.9722	0.9747	0.9709	0.9732	0.9741	0.9750	0.9754	0.8296	0.0087
	2	0.9979	0.9514	0.9496	0.9522	0.9485	0.9483	0.9533	0.9494	0.7159	0.0093
	3	0.9887	0.8837	0.8857	0.8849	0.8887	0.8796	0.8860	0.8911	0.5169	0.0141
	4	0.9351	0.7937	0.7584	0.7732	0.7535	0.7513	0.7320	0.8084	0.3480	0.0328

注：蓝图 1，2，3，4 分别含有 5 个，3 个，1 个，0 个可达阵；*SD* 表示对同一蓝图，6 次随机试验的标准差；*M* 对应的列表示模式判准率。由于表格限制，边际判准率标准差未列入表中，若有需要，可向作者索取。

表 8-1-2　不同蓝图所编制的测验项目参数估计精度

结构	蓝图	6 次随机试验均值（M）					6 次随机试验标准差（SD）				
		失误参数（S）		猜测参数（G）		行均 M	失误参数（S）		猜测参数（G）		行均 M
		ABS	RMSD	ABS	RMSD		ABS	RMSD	ABS	RMSD	
1(L) 270 人	1	0.0278	0.0309	0.0384	0.0410	0.0345	0.0014	0.0027	0.0050	0.0036	0.0032
	2	0.0352	0.0313	0.0467	0.0441	0.0393	0.0060	0.0039	0.0080	0.0046	0.0056
	3	0.0407	0.0281	0.0530	0.0448	0.0416	0.0054	0.0037	0.0072	0.0058	0.0055
	4	0.0482	0.0270	0.0627	0.0352	0.0433	0.0086	0.0035	0.0139	0.0037	0.0074
2(C) 390 人	1	0.0304	0.0273	0.0404	0.0384	0.0341	0.0047	0.0040	0.0084	0.0069	0.0060
	2	0.0290	0.0242	0.0398	0.0366	0.0324	0.0028	0.0030	0.0050	0.0079	0.0047
	3	0.0309	0.0207	0.0416	0.0255	0.0297	0.0035	0.0029	0.0043	0.0039	0.0036
	4	0.0286	0.0181	0.0378	0.0227	0.0268	0.0042	0.0030	0.0067	0.0031	0.0043

续表

结构	蓝图	6 次随机试验均值（M）					6 次随机试验标准差（SD）				
		失误参数（S）		猜测参数（G）		行均 M	失误参数（S）		猜测参数（G）		行均 M
		ABS	RMSD	ABS	RMSD		ABS	RMSD	ABS	RMSD	
3（D） 1380 人	1	0.0120	0.0189	0.0154	0.0295	0.0189	0.0011	0.0012	0.0017	0.0030	0.0018
	2	0.0152	0.0157	0.0222	0.0270	0.0200	0.0022	0.0026	0.0044	0.0070	0.0040
	3	0.0216	0.0123	0.0285	0.0228	0.0213	0.0025	0.0023	0.0043	0.0104	0.0049
	4	0.0257	0.0092	0.0332	0.0119	0.0200	0.0010	0.0015	0.0030	0.0021	0.0019
4（U） 3870 人	1	0.0070	0.0143	0.0090	0.0287	0.0148	0.0006	0.0020	0.0006	0.0071	0.0026
	2	0.0112	0.0121	0.0159	0.0269	0.0165	0.0009	0.0026	0.0016	0.0094	0.0036
	3	0.0174	0.0080	0.0231	0.0140	0.0156	0.0033	0.0010	0.0053	0.0032	0.0032
	4	0.0314	0.0079	0.0400	0.0111	0.0226	0.0043	0.0012	0.0048	0.0017	0.0030
列均	M	0.0258	0.0191	0.0342	0.0288	0.0270	0.0033	0.0026	0.0053	0.0052	0.0041

注：蓝图 1，2，3，4 分别含有 5 个，3 个，1 个，0 个可达阵。

第二节　进位计数制 0−1 评分测验编制及分析

一、属性层级结构

"进位计数制"是大学计算机文化基础或高中信息技术课程中的一项重要内容。陆云娜（2008）和一线的专职教师对"进位计数制"的知识技能进行了界定，确定了 7 个属性及其层级关系，如图 8-2-1 所示。7 个属性的命名及含义为：A_1 表示数的概念；A_2 表示基数；A_3 表示位权；A_4 表示十进制转化成其他进制；A_5 表示其他进制转换成十进制；A_6 表示二进制转换成八进制或十六进制；A_7 表示八进制或十六进制转换成二进制。

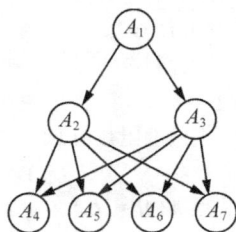

图 8-2-1 "进位计数制"属性层级结构

二、0−1 评分测验编制

根据属性层级关系和 **Q** 矩阵设计原则，陆云娜编制了含 16 道 0−1 评分的选择题来测试这 7 个属性的测验，测试题如图 8-2-2 所示。

1. 若十进制数为 57，则其二进制数为（   ）（含属性 A_1，A_2，A_3，A_4）

   A. 111011   B. 111001   C. 110001   D. 110011

2. 若十六进制数为 A_3，则其十进制数为（   ）。（含属性 A_1，A_2，A_3，A_5）

   A. 163   B. 172   C. 179   D. 188

3. 下列二进制数，符合要求的是（   ）。（含属性 A_1，A_2，A_3）

   A. 21   B. 12   C. 20   D. 11

4. 下列八进制数，符合要求的是（   ）。（含属性 A_1，A_2，A_3）

   A. 78   B. 77   C. 80   D. 79

5. 下列二进制、八进制、十六进制数，符合要求的是（   ）。（含属性 A_1，A_2，A_3）

   A. 11，78，19   B. 12，77，10   C. 11，77，10   D. 21，78，19

6. 二进制数为 11111110，则其十进制数是（   ）。（含属性 A_1，A_2，A_3，A_5）

   A. 508   B. 254   C. 255   D. 509

7. 若十进制数为 180，则其十六进制数为（   ）。（含属性 A_1，A_2，A_3，A_4）

   A. A_8 B. B4   C. B6   D. A9

8. 八进制数为 332，则其十进制数为（   ）。（含属性 A_1，A_2，A_3，A_5）

   A. 216   B. 174   C. 218   D. 176

9. 十进制数为 333，则其八进制数为（   ）。（含属性 A_1，A_2，A_3，A_4）

   A. 615   B. 472   C. 476   D. 515

10. 二进制数为 11010011，则其八进制数为（   ）。（含属性 A_1，A_2，A_3，A_6）

   A. 323   B. 333   C. 211   D. 221

11. 八进制数为 62，则其二进制数为（   ）。（含属性 A_1，A_2，A_3，A_7）

   A. 111110   B. 110100   C. 110010   D. 110110

12. 二进制数为 1010111，则其十六进制数为（   ）。（含属性 A_1，A_2，A_3，A_6）

   A. 77   B. 127   C. 57   D. 87

13. 十六进制数为 8D，则其二进制数为（   ）。（含属性 A_1，A_2，A_3，A_7）

   A. 10011101   B. 10001001   C. 10001110   D. 10001101

14. 八进制数为 456，则其十六进制数为（   ）。（含属性 A_1，A_2，A_3，A_6，A_7）

   A. 12B   B. 12E   C. 12D   D. 12C

15. 十六进制数为 D32，则其八进制数为（   ）。（含属性 A_1，A_2，A_3，A_6，A_7）

   A. 3378   B. 6462   C. 3376   D. 6464

16. 二进制数 10，八进制数 10，十进制数 10，十六进制数 10，这四个数中最大的是（   ）。（含属性 A_1，A_2，A_3，A_5）

   A. 二进制数 10   B. 八进制数 10

   C. 十进制数 10   D. 十六进制数 10

图 8-2-2 "进位计数制"测验（选择题）

三、0—1 评分测验数据及诊断分析

陆云娜选取当年高二的学生，用一节信息课进行施测。发下试卷 240 份，回收 236 份，可用于分析的有效试卷 189 份。对回收的 189 份有效试卷，除去 37 份满分试卷后的 152 份试卷，在两参数逻辑斯蒂克模型下，由理想项目反应模式和被试反应模式估计被试能力参数值 θ 和项目参数 a（区分度）、b（难度）。然后，根

据估计出来的能力参数，估计出它们的警戒指标 ζ。这样，就得到了被称为"纯规则点"的典型项目反应模式在规则空间中的映射点 $(\theta_R，\zeta_R)$ 和待归类点——被试反应模式在规则空间中的映射点 $(\theta_X，\zeta_X)$，19 个纯规则点和 152 个待归类点见图 8-2-3。

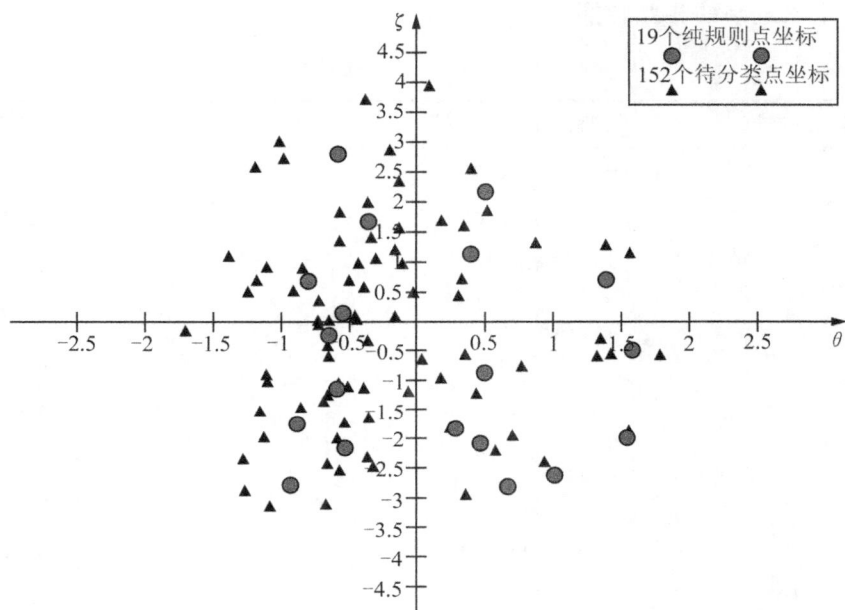

图 8-2-3 19 个纯规则点和 152 个待归类点

根据上面估计出来的 θ 和 ζ 值，运用马氏距离分类方法可得出待分类点（被试反应模式）的分类，见表 8-2-1。从对 152 名被试的判别结果可以看出：152 名被试中有 6.57%，6.57%，6.57%，6.57%，6.57%，23.68% 的人分别属于第 1，2，4，5，14，11 种理想反应模式。对被试具体的属性掌握情况分析可以看出：测验的 152 名被试对数的概念、基数、位权和其他进制转换成十进制掌握得比较好；而对于十进制转换成其他进制，二进制转换成八进制、十六进制，八进制、十六进制转换成二进制掌握得不是很好，分别只有 27.63%，15.13%，15.79% 的被试掌握。

测验后，几个任课老师分别找学生了解情况，对于新学的不同进位计数制之间的相互转换，学生普遍反映十进制转换成其他进制比较难掌握，二进制、八进制和十六进制之间的相互转换也有一些同学表示还没弄得很清楚。这个结果与用规则空间模型诊断出来的结果一致。

通过和同年级的任课老师仔细分析，认为出现这种情况的可能原因为：第一，二进制、八进制、十六进制是进入高一以后新学的进位计数制，学生以前没有接触过，对这三种进制之间的相互转换方法比较陌生，一时还很难熟练掌握；第二，十进制转换成其他进制这个属性对学生来说学习起来有一定的难度。根据分析结果，几个任课老师有针对性地修改了教学方法和计划，并设计出了补救教学。补救教学之后，学生表示已能熟练掌握十进制转换成其他进制，二进制与八进制、十六进制的相互转换。

表 8-2-1　被试判别表

理想反应模式	理想属性掌握模式	判归人数	所占百分比/%
1	1000000	10	6.57
2	1100000	10	6.57
3	1010000	7	4.61
4	1110000	10	6.57
5	1111000	10	6.57
6	1110100	7	4.61
7	1110010	8	5.26
8	1110001	5	3.29
9	1111100	9	5.92
10	1111010	2	1.32
11	1111001	36	23.68
12	1110110	2	1.32
13	1110101	1	0.65
14	1110011	10	6.57
15	1111110	9	5.92
16	1111101	2	1.32
17	1110111	8	5.26
18	1111011	0	0
19	1111111	3	1.97
总计		149	100

四、测验设计和分析中存在的问题

由于当时 *Q* 矩阵理论或测验 *Q* 阵设计研究成果的局限性，这项较早的研究在测验设计和分析中存在一定的问题：第一，所设计的测验 *Q* 矩阵并不是充分 *Q* 矩阵，更不是必要 *Q* 矩阵。因此，图 8-2-2 给出的测验 *Q* 矩阵（各个题目后标注了所测量的属性向量)并不包括图 8-2-1 给定的属性层级结构对应的可达阵。第二，采用规则空间模型分类，它只是一类较早的认知诊断模型。第三，当时该测验相关数据的收集并不太完善，无法对效度进行评价等。下面第三节叙述的进位计数制多级评分测验是在此原始测验的基础上修订而来的。

第三节　进位计数制多级评分测验编制及分析

一、属性层级结构

喻晓峰等人利用贝叶斯网络对属性间层级结构进行修正(喻晓锋等，2011)，修正的属性层级结构如图 8-3-1 所示。陆云娜所编制的诊断测验题中，每道题都包含图 8-3-1 的 A_1(数的概念)、A_2(基数)和 A_3(位权)这三个属性，所以祝玉芳等人将图 8-3-1 的 A_1，A_2 和 A_3 这三个粒度比较细的属性合并为一个粒度比较粗的属性——进制的概念(祝玉芳，2015)，故修改后的属性层级结构图如图 8-3-2 所示。5 个属性的命名及含义为：A_1 表示进制的概念；A_2 表示十进制转化成其他进制；A_3 表示其他进制转换成十进制；A_4 表示二进制转换成八进制或十六进制；A_5 表示八进制或十六进制转换成二进制。

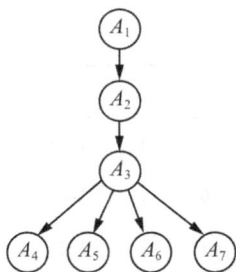

图 8-3-1　"进位计数制"
属性层级结构

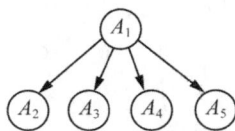

图 8-3-2　合并属性后的"进位计数制"属性层级结构

根据图 8-3-2 的属性层级关系可以推导出这 5 种属性的邻接阵，然后从该邻接阵(**A** 阵，如表 8-3-1)推导出对应的可达矩阵(**R** 阵，如表 8-3-2)。再通过扩张算法(Ding et al.，2008；丁树良等，2009；杨淑群等，2008)或 Tatsuoka 的缩减算法(Tatsuoka，1995)导出对应的潜在 Q_r 阵，如表 8-3-3 所示。Q_r 阵再加上一个零列，构成被试 **Q** 阵(**Q_s** 阵)。其中 Q_r 阵的列可作为认知诊断测验的项目类，Q_s 阵的列可表示被试知识状态的所有可能类。

表 8-3-1 邻接矩阵(**A** 阵)

属性	A_1	A_2	A_3	A_4	A_5
A_1	0	1	1	1	1
A_2	0	0	0	0	0
A_3	0	0	0	0	0
A_4	0	0	0	0	0
A_5	0	0	0	0	0

表 8-3-2 可达矩阵(**R** 阵)

属性	A_1	A_2	A_3	A_4	A_5
A_1	1	1	1	1	1
A_2	0	1	0	0	0
A_3	0	0	1	0	0
A_4	0	0	0	1	0
A_5	0	0	0	0	1

表 8-3-3 Q_r 阵

属性	I_1	I_2	I_3	I_4	I_5	I_6	I_7	I_8	I_9	I_{10}	I_{11}	I_{12}	I_{13}	I_{14}	I_{15}	I_{16}
A_1	1	1	1	1	1	1	1	1	1	1	1	1	1	1	1	1
A_2	0	1	0	0	0	1	1	1	0	0	1	1	0	1	0	1
A_3	0	0	1	0	1	0	1	0	1	1	1	1	0	0	1	1
A_4	0	0	0	1	0	1	0	1	0	1	0	1	1	1	1	1
A_5	0	0	0	0	1	0	0	1	0	1	0	1	1	1	1	1

二、多级评分认知诊断测验

多级评分认知诊断测验的题目是由祝玉芳等人在陆云娜编制测验的基础上修改得到的(祝玉芳，2015)，如图 8-3-3 所示。对应的测验 **Q** 矩阵如表 8-3-4 所示。多级评分认知诊断测验主要有以下两点改变：一是把选择题改成简答题，并要写解题步骤，这样可以减少被试做题时的猜测；二是把 0—1 评分改成多级评分。

计算下列题目，并写解答过程。

1. 二进制数 10，八进制数 10，十进制数 10，十六进制数 10，这四个数比较大小（2 分）。

2. 下列二进制、八进制、十六进制数，符合要求的是（　　）。（1 分）

A. 11，78，9H　　　　B. 12，77，16　　　　C. 11，77，16

D. 21，78，9H　　　　E. 11，77，H9　　　　F. 11，78，H9

3. 下列八进制数，符合要求的是（　　）。（1 分）

A. 78　　　　　　　B. 77　　　　　　　C. 80　　　　　　　D. 79

4. 下列二进制数，符合要求的是（　　）。（1 分）

A. 21　　　　　　　B. 12　　　　　　　C. 20　　　　　　　D. 11

5. 十进制数为 57，则其二进制数为_____。（2 分）

6. 二进制数为 11111110，则其十进制数是_____。（2 分）

7. 若十进制数为 180，则其十六进制数为_____。（2 分）

8. 八进制数为 332，则其十进制数为_____。（2 分）

9. 十进制数为 333，则其八进制数为_____。（2 分）

10. 二进制数为 11010011，则其八进制数为_____。（2 分）

11. 八进制数为 62，则其二进制数为_____。（2 分）

12. 二进制数为 1010111，则其十六进制数为_____。（2 分）

13. 十六进制数为 8D，则其二进制数为_____。（2 分）

14. 八进制数为 456，则其十六进制数为_____。（3 分）

15. 十六进制数为 D32，则其八进制数为_____。（3 分）

16. 若十六进制数为 A_3，则其十进制数为_____。（2 分）

图 8-3-3　"进位计数制"多级评分测验

表 8-3-4　多级评分测验的测验 Q 阵（Q_t 阵或 Q_tA 阵）

属性	I_1	I_2	I_3	I_4	I_5	I_6	I_7	I_8	I_9	I_{10}	I_{11}	I_{12}	I_{13}	I_{14}	I_{15}	I_{16}
A_1	1	1	1	1	1	1	1	1	1	1	1	1	1	1	1	1
A_2	0	0	0	0	1	0	1	0	1	0	0	0	0	0	0	0
A_3	1	0	0	0	0	1	0	1	0	0	0	0	0	0	0	1
A_4	0	0	0	0	0	0	0	0	0	0	0	1	0	1	1	0
A_5	0	0	0	0	0	0	0	0	0	0	1	0	1	1	1	0
分值 f_{jA}	2	1	1	1	2	2	2	2	2	2	2	2	2	3	3	2

　　该测验假设每个属性的权值为 1，如第 1 题涉及 2 个属性，则第 1 题的满分为 2，从而测验 Q 阵（Q_t 阵，如表 8-3-4）中的值非 0 即 1。如果每个属性的权重不一样，则 Q_t 阵中的值为对应属性在该题目的权重。该 Q_t 阵包含可达阵 R，所以知识状态和理想反应模式是一一对应的（丁树良，罗芬，汪文义，2013；丁树良，杨淑群，汪文义，2010）。测验的理想作答反应模式全集为 $Q_s'Q_t$，即由 Q_s 的转置乘 Q_t 得到。其中，理想作答反应全集对应分量的值是用多级评分规则确定的。

三、多级评分测验数据及诊断分析

选取某市某中职学校的学生作为测试对象。测试时间 45 分钟，参加测试的学生共 750 人，收回有效数据 705 份，其中一年级（14 级 1 到 7 班、英语班）338 人，三年级（12 级 16 班）51 人，四年级（11 级 1，2，4，7，8，9 和 10 班）316 人。一年级和三年级学生在施测前 2 周学习完，四年级学生在一年级学过该内容，在施测的前一节课简单复习了该内容。

根据该测验的属性层级结构和诊断测验 Q 阵（Q_t 阵），采用模拟方法对两种多级评分测验诊断分类方法进行比较研究。两种多级评分测验诊断分类方法分别为：多级评分的广义距离法（A Polytomous Extension of the Generalized Distance Discriminating Method，GDD-P；Sun et al.，2013）和基于等级反应模型的属性层级方法（Grade Response Model for Attribute Hierarchy Method，GRM-AHM；祝玉芳，丁树良，2009）。多级评分的广义距离法是一种多级评分的认知诊断模型的方法，它通过计算被试的观察作答反应模式和每个理想作答反应模式之间的广义距离，然后将与广义距离最小的理想作答反应模式对应的知识状态作为该被试的知识状态。基于等级反应模型的属性层级方法也是一种多级评分诊断模型，它是应用对数似然比作判别准则。通过模拟研究结果，最终选择了判准率更高的 GDD-P 作为本测验的认知诊断方法。

使用 Matlab 7.0 软件编写程序。测验的项目参数和能力参数是采用三参数等级反应模型（陈青等，2010）估计的；使用 GDD-P 计算被试的观察反应模式和理想反应模式的广义距离，把符合要求的理想反应模式对应的知识状态作为该被试的知识状态，从而得到各被试的属性掌握情况。

被试的属性掌握情况见表 8-3-5，从结果看出：对所有的被试来说，在 A_1，A_2 和 A_3 这三个属性上均有 60% 的被试掌握了这些属性，对于 A_4 和 A_5 均有 40% 左右的被试掌握了这两个属性。按班级来看，每个班对 A_1，A_2 和 A_3 这三个属性掌握的被试多于掌握了 A_4 和 A_5 的被试；一般情况下，每个班对 A_1，A_2 和 A_3 这三个属性掌握的被试人数差不多，对 A_4 和 A_5 掌握的被试人数也不相上下，特别对于 11 级的七个班，每个班对 A_1，A_2 和 A_3 这三个属性掌握的被试人数都相同，掌握了 A_4 的被试人数略多于掌握了 A_5 的被试人数；11 级的七个班，每个属性的平均掌握率都高于其他班级的，特别对于前三个属性（A_1，A_2 和 A_3），均有 85% 以上的被试掌握了，这说明 11 级的七个班的大部分被试都能掌握这三个属性。

从认知属性的角度来看，由表 8-3-5 可知，被试对前三个属性的掌握情况不相上下。理想情况下，被试对属性 A_1 的掌握率应该高得更多，因为从属性的层级结构来看，属性 A_1 是别的属性的前提，要掌握别的属性必须先掌握属性 A_1。被试对属性 A_1 的掌握率与别的属性相差不大的原因，可能与每道测验题都包含属性 A_1 有关系，有些题目不会做是因为别的属性没掌握而导致不会做这些题，所以就会导致被试对属性 A_1 总的掌握率变低了。对于属性 A_1、A_2 和 A_3 来说，属性 A_2 的掌握率相对来说会低点，因为属性 A_2 是十进制转化成其他进制，该转化方法较难理解。

表 8-3-5　属性平均掌握率

班级	A_1	A_2	A_3	A_4	A_5
11(1)班	0.918367	0.918367	0.918367	0.530612	0.44898
11(2)班	0.948718	0.948718	0.948718	0.871795	0.717949
11(4)班	1	1	1	0.911111	0.844444
11(7)班	0.854167	0.854167	0.854167	0.583333	0.5625
11(8)班	0.977778	0.977778	0.977778	0.822222	0.777778
11(9)班	0.955556	0.955556	0.955556	0.888889	0.8
11(10)班	0.888889	0.888889	0.888889	0.622222	0.488889
14(1)班	0.333333	0.333333	0.313725	0.117647	0.117647
14(2)班	0.372549	0.372549	0.352941	0.117647	0.078431
14(3)班	0.085106	0.042553	0.085106	0.021277	0.021277
14(4)班	0.326087	0.282609	0.326087	0.130435	0.086957
14(5)班	0.346939	0.346939	0.346939	0.102041	0.061224
14(6)班	0.684211	0.684211	0.684211	0.263158	0.157895
14(7)班	0.717391	0.630435	0.673913	0.478261	0.521739
12(16)班	0.470588	0.45098	0.470588	0.254902	0.235294
14 英语班	0	0	0	0	0
总	0.619858156	0.607092199	0.614184397	0.422695035	0.375886525

　　被试在掌握属性个数的情况见表 8-3-6。从结果看出，被试掌握的属性个数集中在 0 个、3 个和 5 个上，有 36.88% 的被试掌握了全部的 5 个属性，有 38.01% 的被试一个属性都没掌握；少数被试掌握的属性个数为 2 个、3 个和 4 个。总体来讲，被试掌握属性的情况不够理想。

表 8-3-6　被试掌握属性个数的情况

属性个数	0	1	2	3	4	5
被试人数	268	0	9	129	39	260
百分比/%	38.01	0	1.28	18.3	5.53	36.88

从被试的角度来看，由表 8-3-7 可知，705 名被试主要集中在第 1 和第 17 种期望作答反应模式上，分别有 268 和 260 名被试属于这两种模式；有 35 名被试的属性掌握模式编号是 12，有 128 名被试的属性掌握模式编号是 7，其他属性掌握模式的被试人数都很少。结合表 8-3-6 和表 8-3-7 可知，除去掌握了全部的 5 个属性和 0 个属性的被试外，掌握了 3 个属性的被试最多，而这些被试集中在认知属性模式（11100）上；掌握了 4 个属性的被试主要集中在认知属性模式（11110）上。

表 8-3-7　认知模式判别结果

属性掌握模式编号	属性掌握模式	人数	百分比/%
1	00000	268	38.01
2	10000	0	0.00
3	11000	3	0.43
4	10100	6	0.85
5	10010	0	0.00
6	10001	0	0.00
7	11100	128	18.16
8	11010	0	0.00
9	11001	0	0.00
10	10110	0	0.00
11	10101	0	0.00
12	11110	35	4.96
13	11101	2	0.28
14	10011	1	0.14
15	11011	0	0.00
16	10111	2	0.28
17	11111	260	36.88

四、学生访谈及常见错误分析

参加访谈的有 32 人，每个班选取两名学生，最终收回有效数据 30 份。对被试进行访谈的目的是了解被试做题时所采用的解题方法，考查被试在解题过程中是否用到本题包含的属性，当正确作答时，是猜测还是掌握本题包含的属性，当出现错误时是什么原因导致的，是失误还是未掌握本题包含的属性。因此，在访谈时，要启发被试详细描述解题的过程和策略。

通过对被试的访谈结果，发现有些项目是可以利用多种策略的，对于一些未包含在 *Q* 阵中的被试常用的策略，还有一些被试容易出现的错误，具体见表 8-3-8。

从表 8-3-8 可以看出，很多题目涉及多种解题方法和对属性 A_1 的错误认识，属性 A_1 表示进制的概念，涉及的内容比较广，所以，即使有些题涉及的 A_1 能被掌握，但并不能保证涉及 A_1 的内容都能被掌握，这也是为什么被试对 A_1 的掌握率并不比对别的属性高很多的原因。

表 8-3-8 中关于第 10 题和第 12 题中的常见错误是：二进制转化为八进制和十六进制的时候，不足位添加 0，理应在最高位添 0，却在最低位添 0。这种错误会导致对 A_4 的掌握率降低，因为 A_4 是二进制转换成八进制或十六进制，转化方法是三位二进制数转化一位八进制数，四位二进制数转化为一位十六进制数，不足位添加 0，所以如果犯了这种错误，即使掌握了转化方法也会做错第 10 题和第 12 题。

表 8-3-8　访谈结果发现的新增答题关键点

题号	新增答题关键点
1	把所有数都转化为二进制再比较大小，则属性模式为$(A_1，A_2，A_5)$
2	把十六进制字母表示 H 混淆为其数码
5	十进制转化二进制采用除 2 取余后，却用顺序排列
6	计算错误
7	把十进制转化为二进制，再把二进制转化为十六进制，则属性模式为$(A_1，A_2，A_4)$
8	计算错误
9	十进制转化为八进制采用除 8 取余后，却用顺序排列
10	把二进制转化为八进制时，不足三位，应在最高位添 0，却在最低位添 0（错误）
11	把八进制 6 转化成 3 位二进制数（错误）
12	把二进制转化为十六进制时，不足四位，应在最高位添 0，却在最低位添 0（错误）
13	误把十六进制 D 转化为十进制数 14
14	把八进制转化为十进制，再把十进制转化为十六进制，则属性模式为$(A_1，A_2，A_3)$
15	误把十六进制 A 转化为十进制数 11

五、多策略及其诊断分析

从对学生的访谈发现，在同一测验题上有学生采用不同于老师讲解的解题策略，即同一测验题有不同的解题策略。多策略的多级评分认知诊断方法之一是采用多个 Q 矩阵来表示多种策略，然后结合 Q 矩阵理论和多级评分认知诊断方法来实现（祝玉芳等，2015）。经分析得到"进位计数制"诊断测验还有两种测验 Q_t 阵，见表 8-3-9 的 Q_{tB} 和表 8-3-10 的 Q_{tC}，从表 8-3-9 可以看出，Q_{tB} 的第 1 和第 7 个项目的总分是不同于 Q_{tA} 和 Q_{tC} 的。把测验 Q_t 阵 Q_{tA}，Q_{tB} 和 Q_{tC} 所采用的策略分别记为 A 策略、B 策略和 C 策略。由于这三种测验 Q_t 阵都包含可达阵 $\boldsymbol{R}$，所以它们的知识状态和理想反应模式是一一对应的，故将诊断被试的知识状态转化为确定其对应的理想反应模式即可。测验的理想作答反应模式全集为 Q'_sQ_t，即由 Q_s 阵的转置乘 Q_t 阵得到理想作答反应模式的全集，其对应分量的值是使用多级评分规则获得的。

表 8-3-9 Q_{tB}

属性	I_1	I_2	I_3	I_4	I_5	I_6	I_7	I_8	I_9	I_{10}	I_{11}	I_{12}	I_{13}	I_{14}	I_{15}	I_{16}
A_1	1	1	1	1	1	1	1	1	1	1	1	1	1	1	1	1
A_2	1	0	0	0	1	0	1	0	1	0	0	0	0	0	0	0
A_3	0	0	0	0	0	0	0	1	0	0	0	0	0	0	0	1
A_4	0	0	0	0	0	0	1	0	0	1	0	1	0	1	1	0
A_5	1	0	0	0	0	0	0	0	0	0	1	0	0	1	1	0
分值 f_{jB}	3	1	1	1	2	2	3	2	2	2	2	2	2	3	3	2

表 8-3-10 Q_{tC}

属性	I_1	I_2	I_3	I_4	I_5	I_6	I_7	I_8	I_9	I_{10}	I_{11}	I_{12}	I_{13}	I_{14}	I_{15}	I_{16}
A_1	1	1	1	1	1	1	1	1	1	1	1	1	1	1	1	1
A_2	0	0	0	0	0	1	0	1	0	0	0	0	0	1	1	0
A_3	1	0	0	0	0	1	0	1	0	0	0	0	0	1	1	1
A_4	0	0	0	0	0	0	0	0	0	1	0	1	0	0	0	0
A_5	0	0	0	0	0	0	0	0	0	1	0	1	0	0	0	0
分值 f_{jB}	2	1	1	1	2	2	2	2	2	2	2	2	2	3	3	2

由表 8-3-4、表 8-3-9 和表 8-3-10 可以看出，只有在第 1、7、14 和 15 题（记为 I_1，I_7，I_{14} 和 I_{15}）使用不同的解题策略，才会导致这几道题的总分会有不同，比如，Q_{tB} 的第 1 题和第 7 题的总分是 3 分，而 Q_{tA} 和 Q_{tB} 的第 1 题和第 7 题的总分都是 2 分。考虑到被试使用的解题策略和评分方式无关，故多策略的多级评分认知诊断方法的思路是先将多级评分转化为 0—1 评分，然后采用 0—1 评分方式诊断被试的策略，最后使用多级评分诊断被试的属性掌握模式（祝玉芳等，2015）。

三份测验 Q_t 阵通过 $Q'_s \cdot Q_t$ 计算得到对应的理想反应模式全集。然后把"进位计数制"测验的得分阵和 3 个测验的理想反应模式全集（$Q'_s \cdot Q_{tA}$，$Q'_s \cdot Q_{tB}$ 和 $Q'_s \cdot Q_{tC}$）都转化为 0—1 评分的，然后对 0—1 评分的得分阵和 3 个测验的理想反应模式全集进行参数估计，得到对应的能力值和项目参数，然后分别计算被试的得分反应模式与 3 个测验的理想反应模式全集的广义距离，使得广义距离值最小的理想反应模式对应的测验 Q_t 阵作为该被试的测验 Q_t 阵。比如，使得被试的广义距离值最小的理想反应模式在 Q_{tA} 阵中，则说明该被试采用 A 策略。如果某被试被诊断有多种策略，由于 A 策略是老师讲解的策略，故在本测验中，若是这些策略中包含 A 策略，就判为 A 策略，要是没有 A 策略就随机选一种策略。对测验数据的策略诊断结果得到，使用 A 策略的有 593 人、B 策略的 75 人、C 策略的 37 人。

把同一策略的观察作答模式和相应的理想反应模式，采用一种多级评分 IRT 模型（这里用等级反应模型）估计被试的能力参数和项目参数，然后用 GDD-P 确定每个被试的属性掌握模式。使用不同策略会导致项目总分不同，所以在参数估计之前需要把不同策略间总分不同的项目进行分值转换。由表 8-3-4、表 8-3-9 和表 8-3-10 可知，只有 Q_{tB} 的第 1 和第 7 题与 Q_{tA} 的第 1 和第 7 题总分不同，所以只要把使用 B 策略的这些被试的第 1 和第 7 题的分数进行转换（把总分为 2 分转换成总分为 3 分）。数值转换的方法可以采用抛随机数的方法或是重新评分，本研究采用抛随机数的方法（祝玉芳等，2015），具体按如下方法进行分值转换：如果这个题目在 A 策略上得到 0 分或者 2 分，对应 B 策略为 0 分或者 3 分；如果此题在 A 策略上得到 1 分，从（0，1）上的均匀分布抽取随机数 u，要是 $u > 0.8$，则相当于 B 策略 2 分，否则只相当于 1 分。

表 8-3-11 是使用多策略的多级评分认知诊断方法得到的每种属性掌握模式的人数及所占的百分比。表 8-3-7 是同一批数据，采用 GDD-P 得到的结果。从这两个表可以看到，两者的诊断结果是有些差别的，但总体相差不大，这是因为本测验的被试大部分是使用老师讲解的 A 策略，只有 112 人使用 B 策略或 C 策略；使用 B 策略或 C 策略得出的属性掌握模式会与只使用 A 策略的诊断结果有所不同。

表 8-3-12 是被试掌握属性个数的情况。从结果可以看出，被试掌握属性集中在 0 个、3 个和 5 个上，掌握了全部的 5 个属性的被试有 36.17%，有 37.45% 的被试一个属性都没掌握，少数被试掌握属性个数在 2 个、3 个和 4 个上。总体来讲，被试掌握属性的情况不够理想。从认知属性的角度来看，由表 8-3-13 可知，被试对 A_1 的掌握率最高，对 A_2 和 A_3 这两个属性的掌握情况不相上下，但比对 A_4 和 A_5 属性的掌握率更高一点。

表 8-3-11　认知模式判别结果（多策略 GDD-P）

属性掌握模式编号	属性掌握模式	人数	百分比/%
1	00000	264	37.45
2	10000	0	0.00
3	11000	5	0.71

续表

属性掌握模式编号	属性掌握模式	人数	百分比/%
4	10100	6	0.85
5	10010	0	0.00
6	10001	0	0.00
7	11100	93	13.19
8	11010	0	0.00
9	11001	3	0.43
10	10110	0	0.00
11	10101	0	0.00
12	11110	35	4.96
13	11101	10	1.42
14	10011	24	3.40
15	11011	3	0.43
16	10111	7	0.99
17	11111	255	36.17

表 8-3-12　被试掌握属性个数的情况

属性个数	0	1	2	3	4	5
被试人数	264	0	11	120	55	255
百分比/%	37.45	0.00	1.56	17.02	7.80	36.17

表 8-3-13　属性平均掌握率

属性	A_1	A_2	A_3	A_4	A_5
百分比/%	62.55	57.30	57.59	45.96	42.84

　　运用认知诊断方法对某市某一学校的学生对"进位计数制"这一内容的掌握情况进行诊断，通过认知诊断测验得到每个被试的策略和属性掌握模式，这为如何使用多策略的多级评分认知诊断的应用研究提供了范例，也为指导"进位计数制"学习、教学及评估提供了丰富的信息。

思考题

1. 请简述测验 Q 矩阵设计模拟研究的主要结构。
2. 请简述"进位计数制"测验的编制过程。
3. 请简述可达阵在认知诊断测验编制中的作用和应用的前提条件。
4. 你认为策略诊断如何实施？
5. 你认为可达阵在认知诊断评估中有哪些其他应用？

第九章 Q 矩阵理论在认知诊断模型开发中的应用

认知诊断测验蓝图的设计影响认知诊断方法的判准率，因此，大部分新开发的隐式认知诊断方法都特别注重测验蓝图的设计，即测验 Q 矩阵必须包含可达矩阵。本章介绍的认知诊断方法包括三类：一是 0—1 评分下的广义距离判别方法、海明距离判别法和马氏距离判别法；二是多级评分下的广义距离判别法；三是多策略的认知诊断方法。最后将测验蓝图的设计思想应用于传统的 S-P 表法。

第一节　0—1 评分认知诊断模型

一、引言

认知诊断要实现认知心理和教育测量的紧密结合（Leighton，Gierl，2007），它至少应该包含两个部分：一是描述欲诊断的内容领域的认知模型（CM），二是根据认知理论和项目的计量学特性对获取的数据进行分析，从而对被试的知识状态进行分类的方法或者技术，即认知诊断模型（CDM），又称为认知诊断方法或诊断分类方法。Tatsuoka（1995，2009）和 Leighton 等人（2004）认为认知模型可以由属性及其层级描述。属性及其层级可以用属性的邻接阵 A 抽象表达，通过邻接阵 A 可以给出相应的可达阵 R，进而计算出潜在 Q 阵（Q_p）和学生 Q 阵（Q_s）（丁树良等，2009，2010，2011）。属性的层级关系是由先决关系决定的（Tatsuoka，2009；Leighton et al.，2004）。层级关系是一种偏序关系（Tatsuoka，2009），由偏序关系的可达阵 R 可以提取出邻接阵 A（丁树良，罗芬，2005），这意味着偏序关系、邻接阵 A（与属性及其层级关系相对应）和可达阵 R 是相互决定的，也就是认知模型可以由可达阵 R 描述。

可达阵 R 在 0—1 评分认知诊断测验编制中有重要意义。丁树良等人（2011）探讨了可达阵作为测验蓝图的一部分对提高认知诊断准确率的关系，并在 0—1 评分，属性之间无补偿作用且完全掌握项目所测属性理想得分为 1，否则为 0 的条件下对认知诊断测验编制进行讨论。结论表示，在一个认知诊断测验中，如果测验蓝图 Q_t 中包括可达阵 R，则对有不同知识状态的被试，他们的理想反应模式必不相等；同时，对各种结构下四种测验蓝图产生的测验的结果进行比较，随着可达阵的减少，模式判准率和边际判准率均明显下降，即属性掌握模式误判率增加。如果测验 Q 矩阵设计不好，诊断分类结果会受到严重影响。孙佳楠等人（2011）给出的广义距离判别法（GDD），罗照盛等人（2015）给出的海明距离判别法（HDD）和罗慧等人（2018）给出的马氏距离判别法（MDD），特别强调可达矩阵在测验设计中的重要作用，下面分别介绍它们的分类方法及原理，并通过模拟研究探查各方法的表现。

显式 CDM 又称为参数化 CDM，隐式 CDM 又称为非参数化 CDM，一般显式 CDM 包含知识状态，而隐式 CDM 不直接包含知识状态。

二、广义距离判别法（GDD）

GDD 判别分类方法是：给出包含可达矩阵的测验 Q 矩阵（必要 Q 阵），计算理想反应模式（IRP）；定义观察反应和理想反应的某一种距离（加权距离），挑选出与观察反应模式（ORP）"最接近"的（加权距离最小）IRP，则该 IRP 对应的知识状态即所求。

GDD 判别分类方法的原理是：采用 $0-1$ 评分方式时，将测验蓝图 Q_t 设计成一个必要 Q 阵，即可达阵 R 是 Q_t 的子矩阵，以保证 IRP 与知识状态（KS）的一一对应。计算被试在测验 Q_t 上的观察反应模式 $x_i = (x_{i1}, \cdots, x_{im})$ 和各类 IRP 的广义距离。比如，x_i 对第 j 个 IRP$y_j = (y_{j1}, \cdots, y_{jm})$ 的广义距离，记为 $\mathrm{GDD}(x_i, y_j)$，在 IRP 中寻找使 $\mathrm{GDD}(x_i, y_j)$ 最小的某个 y_t，则认为 ORP 中 x_i 对应的 IRP 为 y_t，设 y_t 对应 KS 中的 α_t，由于 IRP 与 KS 的一一对应，便将 x_i 判归为 α_t。

用数学式子表示 GDD 如下。

$$\mathrm{GDD}(x_i, y_j) = \sum_{k=1}^{m} |x_{ik} - y_{jk}| w_k \text{。} \tag{9-1-1}$$

对于 $0-1$ 评分方式，通常取

$$w_k = P_{ik}^{x_{ik}} Q_{ik}^{1-x_{ik}} \text{。} \tag{9-1-2}$$

这里 $Q_{ik} = 1 - P_{ik}$，P_{ik} 是 x_i 决定的能力为 θ_i 的项目反应函数。

记

$$y_t = \underset{y_j \in \mathrm{IRP}}{\arg\min} \mathrm{GDD}(x_i, y_j) \text{。} \tag{9-1-3}$$

则 y_t 是与 x_i 最匹配的 IRP，而 y_t 对应的 KS 即 x_i 对应的 KS，从而达到诊断分类的目的。

（一）GDD 判别分类方法和 AHM 中 A 方法的区别与联系

显然（9-1-1）（9-1-2）式可以表示为

$$\mathrm{GDD}(x_i, y_j) = \sum_{k=1}^{m} |x_{ik} - y_{jk}| w_k = \sum_{k=1, \ x_{ik} \neq y_{jk}}^{m} w_k$$

$$= \sum_{k=1, \ x_{ik} \neq y_{jk}}^{m} P_{ik}^{x_{ik}} Q_{ik}^{1-x_{ik}} \text{。} \tag{9-1-4}$$

注意到 Leighton 等人（2004）的属性层级模型（AHM）中的 A 方法可以表示成

$$A(\boldsymbol{x}_i, \quad \boldsymbol{y}_j) = \prod_{\substack{k=1 \\ x_{ik} \neq y_{jk}}}^{m} P_{jk}^{x_{ik}} Q_{jk}^{1-x_{ik}} 。 \tag{9-1-5}$$

P_{jk} 中的能力是由 IRP 中的 $\boldsymbol{y}_j$ 决定的,且选取使上式达到最大的 IRP 对应的知识状态。由式(9-1-3)(9-1-4)和(9-1-5)可知,从表面上看,AHM 的 A 方法本质上是一种相似性(毛萌萌,2008;Mao,Wang,Ding,2011),所以取使判别函数最大(最相似)的理想反应;而 GDD 是一种距离,所以取使判别函数最小(最接近)的理想反应。除此之外,GDD 方法与 AHM 中的 A 方法还有两点不同。

第一,GDD 方法更加强调测验蓝图的设计,即测验 *Q* 矩阵必须包含可达矩阵,而 AHM 中的 A 方法不强调这一点。

第二,GDD 中项目反应函数的计算依据的是 ORP 对应的能力,而 AHM 中的 A 方法依据的是 IRP 对应的能力。

(二)GDD 方法与 LL 方法的区别与联系

祝玉芳、丁树良(2009)提出对数似然比的方法(LL),即

$$\sum_{k=1}^{m} \left| \ln P_{ik}^{x_{ik}} Q_{ik}^{1-x_{ik}} - \ln P_{jk}^{y_{jk}} Q_{jk}^{1-y_{jk}} \right| 。 \tag{9-1-6}$$

LL 方法表面上是求和式,如果将绝对值符号改为小括号,这个求和实质上是乘积后取自然对数。另外,LL 中的能力是 $\boldsymbol{x}_i$ 和 $\boldsymbol{y}_j$ 对应的能力都用上了,这或许也是 LL 方法的判准率不如 GDD 分类方法的原因之一。

三、海明距离判别法(HDD)

罗照盛等人(2015)提出的海明距离判别法(HDD),使用信息论中的海明距离定义被试的 ORP 与每种 IRP 之间的距离,根据距离最短准则对被试进行判别分类。不考虑测验中被试的 ORP 缺失的情况,在 0—1 计分项目的认知诊断测验中,将被试 i 的 ORP 与第 t 种 IRP 之间的海明距离定义为

$$HD(Y_i, \quad I_t) \overset{\Delta}{=} \sum_{j=1}^{J} HD(Y_{ij}, \quad I_j^{(t)}) 。 \tag{9-1-7}$$

其中, $HD(Y_{ij}, I_j^{(t)}) \overset{\Delta}{=} \left| Y_{ij} - I_j^{(t)} \right|$。

J, Y_i 和 I_t 的含义与 GDD 一致,测验 *Q* 矩阵的设计也和 GDD 相同,要求测验 *Q* 矩阵必须包含可达矩阵。在项目 j 上被试 i 的观察反应 Y_{ij} 与第 t 种理想反应 $I_j^{(t)}$ 的海明距离用 $HD(Y_{ij}, I_j^{(t)})$ 表示,$HD(Y_i, I_t)$ 表示被试 i 在所有 J 个项目上的海明距离之和。HDD 没有引入额外的参数,具有零参数的特点,不需要进行参数估计,操作步骤非常简单,在相同实验条件下与 GDD 相比,具有较高的分类准确率(罗照盛等,2015)。

四、马氏距离判别方法(MDD)

孙佳楠等人(2011)提出的 GDD 和罗照盛等人(2015)提出的 MDD 都具有简单

易用且分类准确率高等特点。因此试图将它们的本质抽象出来，提出了一种新的认知诊断模型。马氏距离判别法（MDD）由此应运而生（罗慧等，2018），该方法可以看作是 GDD 和 HDD 的一般化模型，同时引入香农熵作为马氏距离的协方差，探讨其分类效果。

（一）马氏距离

马氏距离是由印度统计学家马哈拉诺比斯（Mahalanobis）提出的，表示数据的协方差距离。它是一种有效估算两个不同样本之间相似度的方法，与欧氏距离不同的是，它考虑到各种特性之间的联系并且是与尺度无关的（scale-invariant）。假设有 m 个样本向量 $\boldsymbol{X}_1 \sim \boldsymbol{X}_m$，协方差阵记为 $\boldsymbol{\Sigma}$，则其中两个样本向量 $\boldsymbol{X}_i$ 与 $\boldsymbol{X}_j$ 之间的马氏距离 m 定义为：

$$d^2(\boldsymbol{X}_i, \ \boldsymbol{X}_j) = (\boldsymbol{X}_i - \boldsymbol{X}_j)^T \boldsymbol{\Sigma}^{-1}(\boldsymbol{X}_i - \boldsymbol{X}_j)。 \tag{9-1-8}$$

（二）香农熵

香农熵是衡量分布的混乱程度或分散程度的一种度量。计算给定的样本集 X 的香农熵的公式如下。

$$H(X) = \sum_{i=1}^{n} -p_i \log p_i。 \tag{9-1-9}$$

其中，n 表示样本集 X 的分类数，p_i 表示 X 中第 i 类元素出现的概率。香农熵越大，表明样本集 X 分类越分散；香农熵越小，则表明样本集 X 分类越集中。当 X 中 n 个分类出现的概率一样大时（都是 $1/n$），香农熵取最大值，不确定性最大。当 X 只有一个分类时，信息熵取最小值 0，唯一确定。

（三）用马氏距离统一表示 GDD 和 HDD

将广义距离公式变换成下式：

$$d(Y_{ij}, \ I_j^{(t)}) \overset{\Delta}{=} (Y_{ij} - I_j^{(t)})^2 P_j(\theta_i)^{Y_{ij}}((1 - P_j(\theta_i))^{1 - Y_{ij}}$$
$$= (Y_{ij} - I_j^{(t)})^T P_j(\theta_i)^{Y_{ij}}((1 - P_j(\theta_i))^{1 - Y_{ij}}(Y_{ij} - I_j^{(t)})。$$

便可将 GDD 表示成马氏距离的表达形式：

$$d(Y_i, \ I_t) = (Y_i - I_t)^T \boldsymbol{\Sigma}_i^{-1}(Y_i - I_t)，$$

其中 $\boldsymbol{\Sigma}_i^{-1} = diag(P_1(\theta_i)^{Y_{i1}} Q_1(\theta_i)^{1 - Y_{i1}}, \ \cdots, \ P_J(\theta_i)^{Y_{ij}} Q_J(\theta_i)^{1 - Y_{iJ}})$。

同样，对海明距离公式进行简单变换，即可得到：

$$\mathrm{HD}(Y_{ij}, \ I_j^{(t)}) \overset{\Delta}{=} (Y_{ij} - I_j^{(t)})^2 = (Y_{ij} - I_j^{(t)})^T(Y_{ij} - I_j^{(t)})。$$

便可得到 HDD 的马氏距离表达形式：

$$\mathrm{HD}(Y_i, \ I_t) \overset{\Delta}{=} (Y_i - I_t)^T \boldsymbol{\Sigma}_i^{-1}(Y_i - I_t)，$$

其中 $\boldsymbol{\Sigma}_i^{-1} = \boldsymbol{E}$（单位矩阵）。

由此可见，GDD 和 HDD 的本质都是马氏距离，只是对马氏距离中协方差矩阵进行了不同的定义而得到的，因此马氏距离判别法是一种更一般化的认知诊断方法。

（四）定义反应模式间的马氏距离

我们从马氏距离的定义的角度导出更一般化的 ORP 和 IRP 之间的马氏距离。不考虑测验中被试 ORP 含有缺失的情况，在项目为 0—1 计分的认知诊断测验中，定义被试 i 的 ORP 与第 t 种 IRP 之间的马氏距离，并将被试 i 分类到使马氏距离最小的 IRP 上。其公式如下。

$$\mathrm{MD}(Y_i, I_t) \overset{\Delta}{=} (Y_i - I_t)^T \boldsymbol{\Sigma}_i^{-1} (Y_i - I_t) 。 \tag{9-1-10}$$

$\mathrm{MD}(Y_i, I_t)$ 表示 Y_i 到 I_t 的马氏距离，其中，Y_i 和 I_t 的含义与 GDD 中的一致，测验 Q 矩阵的设计也与 GDD 相同。将香农熵作为对协方差矩阵的定义，由于这里考虑 0—1 评分项目，故香农熵中的分类数只有两种，即答对（P）和答错（$Q=1-P$），因此对于某个被试 i 在某个项目 j 上的香农熵可以表示为：

$$\boldsymbol{\Sigma}_{ij}^{-1} = -P_j(\theta_i)\ln P_j(\theta_i) - Q_j(\theta_i)\ln Q_j(\theta_i) ,$$

而被试 i 在所有项目 J 上的香农熵可以用对角矩阵表示为：

$$\boldsymbol{\Sigma}_i - 1 = diag(-P_1(\theta_i)\ln P_1(\theta_i) - Q_1(\theta_i)\ln Q_1(\theta_i), \cdots,$$
$$-P_J(\theta_i)\ln P_J(\theta_i) - Q_J(\theta_i)\ln Q_J(\theta_i)) 。$$

在表达式 $\boldsymbol{\Sigma}_{ij}^{-1} = -P_j(\theta_i)\ln P_j(\theta_i) - Q_j(\theta_i)\ln Q_j(\theta_i)$ 中，当 $P_j(\theta_i)$ 取值为 1 或 0 时，即确定答对或答错时，香农熵的值为 0，达到最小，表示不确定性最小，即最确定。而当 $P_j(\theta_i)=1/2$ 时，即答对和答错的概率相等时，香农熵的值达到最大，最不确定；其他的情况介于两者之间。因此选用香农熵作为协方差能够将 ORP 判别到使马氏距离最小的 IRP 上，由于采用和 GDD 中相同的认知诊断测验设计，即测验 Q 矩阵必须包含可达矩阵，使 IRP 和知识状态能够一一对应，那么就可以达到对被试的知识状态进行诊断分类的目的。

另外，这里 $\dfrac{P_j(\theta_i)}{Q_j(\theta_i)}$ 考虑两种定义：一种是与 GDD 中的定义一致，即以 IRT 下的 2PLM 为例，$\dfrac{P_j(\theta_i)}{Q_j(\theta_i)}$ 表示能力水平为 θ_i 的被试正确/错误作答项目 j 的概率；另一种是使用经典测量理论（CTT）下的通过率来表示，这种定义计算简单，用 $\dfrac{P_j}{Q_j}$ 表示在项目 j 上的 $\dfrac{通过率}{未通过率}$。

（五）应用马氏距离做判别

具体步骤是：计算某被试的 ORP 与每种理想反应模式的马氏距离，并找到最短距离对应的那个理想反应模式，在理想反应模式与知识状态一一对应的前提下，该被试可以按这个理想反应模式对应的知识状态归类。

五、模拟研究

本研究主要考查认知诊断模型（3 水平）（MDD 方法、GDD 方法和 HDD 方法）、属性层级关系（5 水平）（直线型、收敛型、发散型、无结构型和独立型，如图 9-1-1 所示）和作答反应失误概率（5 水平）（0.02，0.05，0.10，0.15，0.2）的影响，一共有 $3\times5\times5=75$ 种水平搭配进行试验。为了结论的稳定性和减少实验误差，每种实验条件下的模拟次数为 50 次，具体实验设计如下。

（一）$\boldsymbol{Q}$ 矩阵的设计

为了将 MDD 方法与 GDD 和 HDD 方法在同等条件下进行比较，本研究采用与孙佳楠等人（2011）和罗照盛等人（2015）相同的实验条件，考查五种基本的属性层级关系——直线型、收敛型、发散型、无结构型和独立型，应用丁树良等人（2010）关于测验 $\boldsymbol{Q}$ 阵（图 9-1-2）中含可达矩阵 $\boldsymbol{R}$ 可以使得知识状态与 IRP 一一对应的结论，然后依照属性之间的层级关系，得到 5 种属性层级关系下的典型项目考核模式，它们分别为直线型 6 个项目、收敛型 7 个项目、发散型 15 个项目、无结构型 32 个项目和独立型 63 个项目。为了保证参数估计的精度和保证各种层级结构下的测验长度基本一致，将 5 种典型项目考核模式分别重复出现在测验中的次数设为 5 次、5 次、2 次、1 次和 1 次，其中独立型层级关系下，由于测验长度的限制，将其典型项目考核模式按属性个数从小到大排序并取前 30 个项目。因此，本研究中 5 种属性层级关系的测验长度分别是 30 题、35 题、30 题、32 题和 30 题。

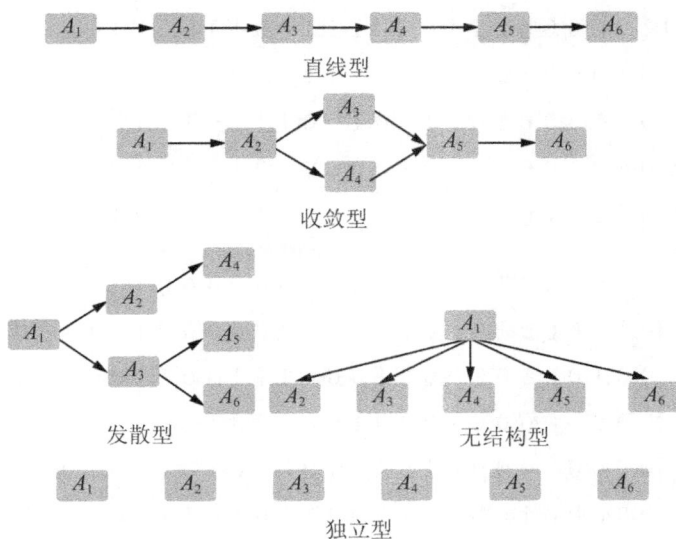

图 9-1-1　5 种基本的属性层级结构

$$
Q=\begin{pmatrix}
1&1&1&1&1&1&1&1&1&1&1&1&1&1&1&1&1&1&1&1&1&1&1&1&1&1&1&1&1&1\\
0&1&1&1&1&1&0&1&1&1&1&1&0&1&1&1&1&1&0&1&1&1&1&1&0&1&1&1&1&1\\
0&0&1&1&1&1&0&0&1&1&1&1&0&0&1&1&1&1&0&0&1&1&1&1&0&0&1&1&1&1\\
0&0&0&1&1&1&0&0&0&1&1&1&0&0&0&1&1&1&0&0&0&1&1&1&0&0&0&1&1&1\\
0&0&0&0&1&1&0&0&0&0&1&1&0&0&0&0&1&1&0&0&0&0&1&1&0&0&0&0&1&1\\
0&0&0&0&0&1&0&0&0&0&0&1&0&0&0&0&0&1&0&0&0&0&0&1&0&0&0&0&0&1
\end{pmatrix}
$$

直线型

$$
Q=\begin{pmatrix}
1&1&1&1&1&1&1&1&1&1&1&1&1&1&1&1&1&1&1&1&1&1&1&1&1&1&1&1&1&1&1&1&1&1&1\\
0&1&1&1&1&1&1&0&1&1&1&1&1&1&0&1&1&1&1&1&1&0&1&1&1&1&1&1&0&1&1&1&1&1&1\\
0&0&1&0&1&1&1&0&0&1&0&1&1&1&0&0&1&0&1&1&1&0&0&1&0&1&1&1&0&0&1&0&1&1&1\\
0&0&0&1&1&1&1&0&0&0&1&1&1&1&0&0&0&1&1&1&1&0&0&0&1&1&1&1&0&0&0&1&1&1&1\\
0&0&0&0&1&1&0&0&0&0&0&1&1&0&0&0&0&0&1&1&0&0&0&0&0&1&1&0&0&0&0&0&1&1&0\\
0&0&0&0&0&1&0&0&0&0&0&0&1&0&0&0&0&0&0&1&0&0&0&0&0&0&1&0&0&0&0&0&0&1&0
\end{pmatrix}
$$

收敛型

$$
Q=\begin{pmatrix}
1&1&1&1&1&1&1&1&1&1&1&1&1&1&1&1&1&1&1&1&1&1&1&1&1&1&1&1&1&1\\
0&1&0&1&0&0&1&1&1&1&1&1&0&1&1&0&1&0&1&0&0&1&1&1&1&1&1&0&1&1\\
0&0&1&0&1&1&1&1&1&1&1&1&1&1&1&0&0&1&0&1&1&1&1&1&1&1&1&1&1&1\\
0&0&0&1&0&0&0&0&0&1&1&1&0&0&1&0&0&0&1&0&0&0&0&0&1&1&1&0&0&1\\
0&0&0&0&1&0&0&1&0&0&1&0&1&1&1&0&0&0&0&1&0&0&1&0&0&1&0&1&1&1\\
0&0&0&0&0&1&0&0&1&0&0&1&1&1&1&0&0&0&0&0&1&0&0&1&0&0&1&1&1&1
\end{pmatrix}
$$

发散型

$$
Q=\begin{pmatrix}
1&1&1&1&1&1&1&1&1&1&1&1&1&1&1&1&1&1&1&1&1&1&1&1&1&1&1&1&1&1&1&1\\
0&1&0&0&0&0&1&1&1&1&0&0&0&1&1&1&0&0&1&1&0&0&1&1&0&1&0&1&0&1&0&1\\
0&0&1&0&0&0&1&0&0&0&1&1&1&1&1&1&0&0&0&0&1&1&1&1&0&0&1&1&0&0&1&1\\
0&0&0&1&0&0&0&1&0&0&1&0&0&1&0&0&1&1&1&1&1&1&1&1&0&0&0&0&1&1&1&1\\
0&0&0&0&1&0&0&0&1&0&0&1&0&0&1&0&1&0&1&0&1&0&1&0&1&1&1&1&1&1&1&1\\
0&0&0&0&0&1&0&0&0&1&0&0&1&0&0&1&0&1&0&1&0&1&0&1&1&1&1&1&1&1&1&1
\end{pmatrix}
$$

无结构型

$$
Q=\begin{pmatrix}
1&0&0&0&0&0&1&1&1&1&1&0&0&0&0&0&0&0&0&0&0&1&1&1&1&1&1&1&1&1\\
0&1&0&0&0&0&1&0&0&0&0&1&1&1&1&0&0&0&0&0&0&1&1&1&1&0&0&0&0&0\\
0&0&1&0&0&0&0&1&0&0&0&1&0&0&0&1&1&1&0&0&0&1&0&0&0&1&1&1&0&0\\
0&0&0&1&0&0&0&0&1&0&0&0&1&0&0&1&0&0&1&1&0&0&1&0&0&1&0&0&1&1\\
0&0&0&0&1&0&0&0&0&1&0&0&0&1&0&0&1&0&1&0&1&0&0&1&0&0&1&0&1&0\\
0&0&0&0&0&1&0&0&0&0&1&0&0&0&1&0&0&1&0&1&1&0&0&0&1&0&0&1&0&1
\end{pmatrix}
$$

独立型

图 9-1-2　5 种基本属性层级关系的测验 Q 矩阵

(二)被试观察反应模式的模拟

本研究中，在各种实验条件下模拟的被试样本容量都为 1000 人，被试观察反应模式 ORP 的模拟过程如下：①计算直线型、收敛型、发散型、无结构型和独立型 5 种属性层级关系下被试的理想掌握模式（IMP）（知识状态），分别为直线型 7 种、收敛型 8 种、发散型 16 种、无结构型 33 种和独立型 64 种。②结合下文的 **Q** 矩阵设计，计算各种 IMP 所对应的理想反应模式 IRP，求取每种 IRP 对应的测验总分，并按总分由小到大进行排序。在满足被试总分符合标准正态分布的前提下，确定属于同一理想反应模式的被试人数，并保证总分相同的 IRP 对应的被试人数相同。③根据 5 种属性层级关系下 1000 个被试的理想掌握模式 IMP 及 **Q** 矩阵设计，模拟产生理想反应模式 IRP。④在 IRP 的基础上，采用 Leighton 等人（2004）的模拟方法，模拟作答反应失误概率分别为 0.02，0.05，0.10，0.15，0.2 情况下的 1000 个被试的观察反应模式 ORP。

(三)判别准确性的衡量

主要通过两种指标来衡量判别的准确性：一种是模式判准率（PMR），即被试 i 估计的知识状态与模拟产生的真实的知识状态完全一致（每一个分量都一致），则为一次正判，否则为一次误判。另一种是属性平均判准率（Average Attribute Match Ratio，AAMR），即被试 i 估计的知识状态的某个分量与模拟产生的真实的知识状态的对应分量一致，则为一次正判，否则为一次误判。两者公式如下。

$$\text{PMR} = \frac{\sum_{i=1}^{N} N_{i\_correct}}{N}, \quad \text{AAMR} = \frac{\sum_{i=1}^{N} \sum_{k=1}^{K} N_{ik\_correct}}{K \times N}。$$

其中，N 为被试总人数，$N_{i\_correct}$ 表示被试 i 的整个属性掌握模式是否判对，判对为 1，否则为 0，K 为属性个数，$N_{ik\_correct}$ 表示被试 i 的属性 k 是否判对，判对为 1，否则为 0。

对于本章后续章节中讨论的多级计分认知诊断模型判别准确性的评价，同样采用这两个指标。而对于多策略认知诊断模型，除了 PMR 和 AAMR，还需要增加策略判准率（Strategy Match Ration，SMR）这个指标，公式如下。

$$\text{SMR} = \frac{\sum_{i=1}^{N} N_{i\_strategy}}{N}。$$

其中 $N_{i\_strategy}$ 表示是否判对第 i 个被试的答题策略，判对为 1，否则为 0。

(四)认知诊断方法的比较

欲比较新提出的 MDD 方法与 GDD 方法、HDD 方法在模式判准率和属性平均判准率上的差异。对于 MDD 和 GDD 这两种方法，协方差中均涉及概率 P 这个参数，对于 P 的获得，我们设计了两种方案：一种是基于项目反应理论的方法，即参考孙佳楠等人（2011）的做法，使用 1000 名被试的观察反应模式 ORP 和所有理想项目反应模式的组合来估计项目参数，使用被试的 ORP 估计能力参数，再根据估计出的参数使用 IRT 模型中的 2PLM 项目特征函数计算正确作答概率 P 和错误作答概率 Q；另一种是基于经典理论的方法，即直接使用 1000 名被试的观察反应模式 ORP 来计算通过率 P 和未通过率 Q。为了探查不同的参数计算方法对判别结果的影响，故表示为如下四种组合：MDD-CTT，MDD-IRT，GDD-CTT，GDD-IRT。另外，对于 HDD 方法，罗照盛等人（2015）的结论中指出，HDD 的 B 方法和 HDD 的 R 方法相比，具有更好的表现，故本研究只将 HDD 的 B 方法拿来比较，简称为 HDDB，在每种实验条件下均使用以上认知诊断方法对其进行判别分类。

六、研究结果

首先，从表 9-1-1 和表 9-1-2 可见，在属性层级关系与作答反应失误概率的 25 种组合中，本研究提出的 MDD 方法的表现都是最优的（PMR 和 AAMR 值较大），而 GDD 和 HDDB 的方法则各有千秋，在直线型、收敛型和无结构型层级关系下，HDDB 方法优于 GDD 方法，在发散型和独立型层级关系下的 HDDB 方法介于 GDD-IRT 和 GDD-CTT 之间或比两者都差。MDD-CTT 和 MDD-IRT 是 MDD 方法中因采用不同参数估计方法得到的两种不同形式，它们的模式判准率和属性判准率都比较接近，在直线型和收敛型层级关系下，MDD-IRT 略优于 MDD-CTT，而在独立型层级关系下 MDD-CTT 略优于 MDD-IRT，在其他层级关系下不分上下。GDD-CTT 和 GDD-IRT 之间也存在相同的结果。

其次，从图 9-1-3 和图 9-1-4 可以直观地看出，在同一种属性层级关系下，随着作答反应失误概率的增大，每种方法的模式判准率和属性判准率都呈下降趋势，其中 MDD 方法下降较慢，而其他两种方法则各有短长，在直线型和收敛型层级关系下，GDD 方法下降较快，在发散型和独立型层级关系下，HDD 方法下降较快，无结构层级关系下两者相当。

表 9-1-1 各认知诊断方法的模式判准率的比较

属性层级关系类型	反应失误概率	模式判准率（PMR）				
		MDD-CTT	MDD-IRT	GDD-CTT	GDD-IRT	HDDB
直线型	0.02	0.9999	0.9999	0.9808	0.9982	0.9999
	0.05	0.9980	0.9980	0.9691	0.9887	0.9980
	0.1	0.9856	0.9857	0.9242	0.9674	0.9852
	0.15	0.9521	0.9534	0.8794	0.9284	0.9502
	0.2	0.8936	0.8959	0.8126	0.8756	0.8869

续表

属性层级关系类型	反应失误概率	模式判准率（PMR）				
		MDD-CTT	MDD-IRT	GDD-CTT	GDD-IRT	HDDB
收敛型	0.02	0.9998	0.9998	0.9808	0.9973	0.9998
	0.05	0.9980	0.9981	0.9667	0.9877	0.9980
	0.1	0.9844	0.9847	0.9167	0.9703	0.9843
	0.15	0.9524	0.9538	0.8702	0.9307	0.9509
	0.2	0.8937	0.8982	0.8179	0.8836	0.8887
发散型	0.02	0.9863	0.9867	0.9854	0.9707	0.9813
	0.05	0.9633	0.9618	0.9605	0.9282	0.9456
	0.1	0.9083	0.9076	0.9047	0.8700	0.8695
	0.15	0.8416	0.8426	0.8289	0.8096	0.7836
	0.2	0.7494	0.7537	0.7205	0.7348	0.6737
无结构型	0.02	0.9553	0.9550	0.9474	0.9449	0.9457
	0.05	0.8927	0.9007	0.8781	0.8749	0.8803
	0.1	0.8036	0.8223	0.7827	0.7733	0.7928
	0.15	0.7176	0.7367	0.6864	0.6887	0.7109
	0.2	0.6403	0.6582	0.5993	0.6298	0.6353
独立型	0.02	0.9887	0.9786	0.9888	0.9595	0.9844
	0.05	0.9684	0.9564	0.9670	0.8995	0.9566
	0.1	0.9074	0.9023	0.9045	0.8065	0.8803
	0.15	0.8248	0.8193	0.8147	0.7233	0.7777
	0.2	0.7043	0.7025	0.6917	0.6427	0.6431

表 9-1-2　各认知诊断方法的属性判准率的比较

属性层级关系类型	反应失误概率	属性判准率（AAMR）				
		MDD-CTT	MDD-IRT	GDD-CTT	GDD-IRT	HDDB
直线型	0.02	1.0000	1.0000	0.9967	0.9997	1.0000
	0.05	0.9997	0.9997	0.9944	0.9981	0.9997
	0.1	0.9975	0.9975	0.9860	0.9944	0.9971
	0.15	0.9911	0.9916	0.9776	0.9872	0.9896
	0.2	0.9790	0.9797	0.9629	0.9762	0.9747

续表

属性层级	反应失误	属性判准率（AAMR）				
关系类型	概率	MDD-CTT	MDD-IRT	GDD-CTT	GDD-IRT	HDDB
	0.02	1.0000	1.0000	0.9967	0.9996	1.0000
	0.05	0.9997	0.9997	0.9940	0.9979	0.9996
收敛型	0.1	0.9973	0.9974	0.9850	0.9950	0.9971
	0.15	0.9913	0.9918	0.9761	0.9877	0.9898
	0.2	0.9796	0.9811	0.9645	0.9786	0.9749
	0.02	0.9976	0.9977	0.9972	0.9948	0.9956
	0.05	0.9932	0.9930	0.9923	0.9871	0.9861
发散型	0.1	0.9814	0.9815	0.9805	0.9752	0.9618
	0.15	0.9655	0.9662	0.9638	0.9601	0.9311
	0.2	0.9411	0.9426	0.9390	0.9413	0.8891
	0.02	0.9903	0.9916	0.9899	0.9886	0.9905
	0.05	0.9759	0.9802	0.9748	0.9739	0.9772
无结构型	0.1	0.9519	0.9614	0.9501	0.9506	0.9550
	0.15	0.9257	0.9377	0.9221	0.9270	0.9244
	0.2	0.8993	0.9128	0.8946	0.9074	0.8905
	0.02	0.9976	0.9962	0.9979	0.9927	0.9946
	0.05	0.9931	0.9918	0.9933	0.9811	0.9847
独立型	0.1	0.9781	0.9791	0.9787	0.9599	0.9545
	0.15	0.9558	0.9577	0.9555	0.9361	0.9101
	0.2	0.9216	0.9256	0.9216	0.9084	0.8502

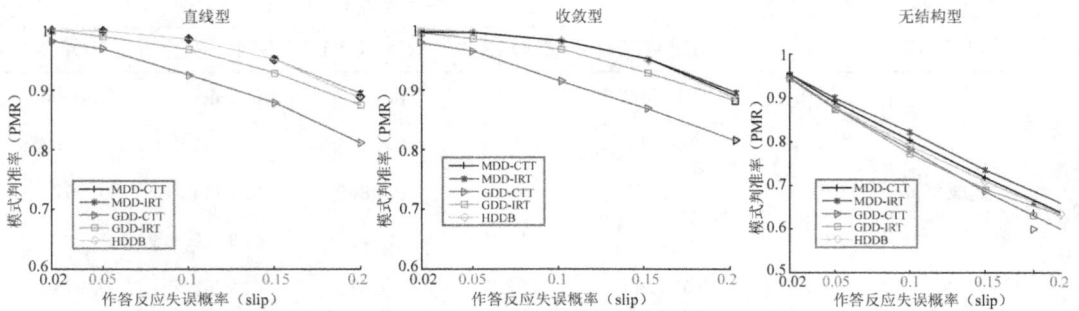

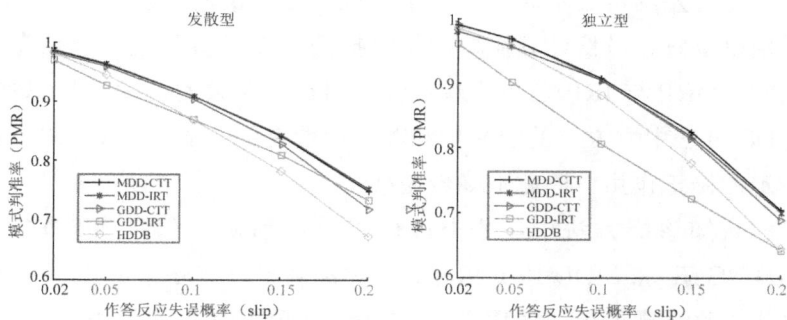

图 9-1-3　各认知诊断方法的模式判准率的比较

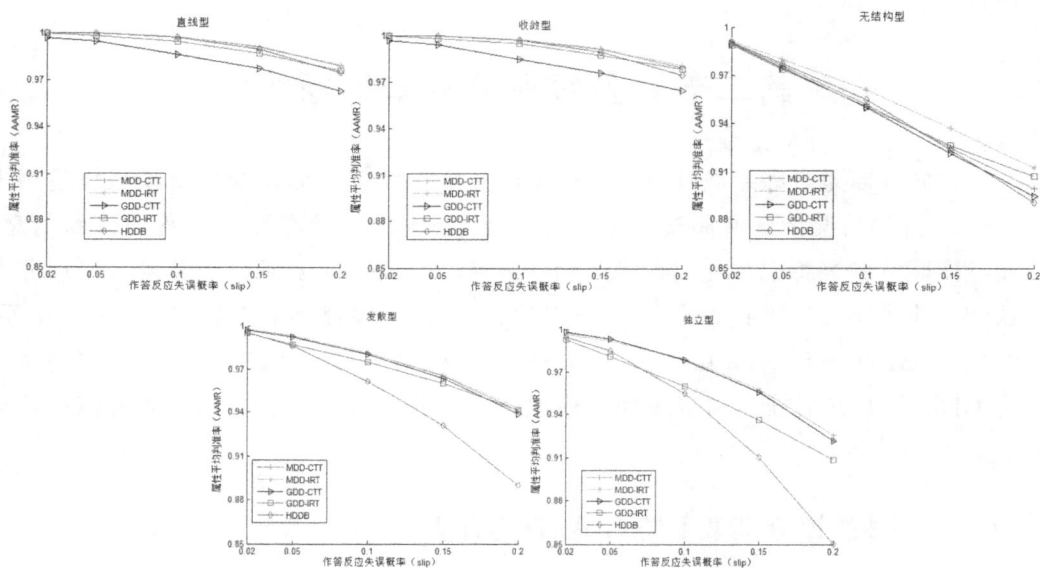

图 9-1-4　各认知诊断方法的属性判准率的比较

七、小结

根据上述实验结果，可以得出以下结论。

各认知诊断方法的分类准确率均受属性层级结构的影响，其中直线型和收敛型的分类准确率最高，其次是发散型和独立型，无结构型最低，因此认知诊断中属性层级关系的认定非常重要。

认知诊断方法的分类准确率还受作答反应失误概率的影响，反应失误概率越小，分类准确率越高；反应失误概率越大，分类准确率越低。在本研究讨论的三种认知诊断方法中，分类准确率随反应失误概率下降最慢的是 MDD，其次是 GDD，而下降最快的是 HDDB。这三种方法虽然都可以化为马氏距离，但由于不同方法中对协方差的定义不同而导致了不同的分类准确率。比如，HDDB 方法中协方差采用单位阵，虽然计算简单，但也损失了项目参数这部分信息，所以当失误率增大时，ORP 与 IRP 之间的差异就越明显，导致判准率下降迅速；而 MDD 方法和 GDD 方法中协方差的定义均和项目参数有关，从而对 ORP 与 IRP 之间的距离有一定的修正作用，因此下降较慢。

在三种认知诊断方法中，分类准确率排在前两位的是 MDD-IRT 和 MDD-CTT，MDD-CTT 和 MDD-IRT 相比，分类准确率只有略微的差别，而通过 CTT 方法计算通过率直观简单，使用 IRT 方法估计项目参数和能力参数有前提条件，估计方法也比较复杂，故对于 MDD 方法使用 CTT 计算的通过率定义 P 简单可行。

第二节　多级评分认知诊断模型

认知诊断是近些年教育测量研究中的热点，大多数的认知诊断模型仅适用于 0—1 评分的情况。众所周知，多级评分比 0—1 评分具有更加丰富的诊断信息，而且实际测验当中也往往包含多级评分项目，所以有必要研究和开发多级评分的认知诊断模型。已有关于多级评分的认知诊断模型有：P-DINA（涂冬波等，2011），GDD-P（Sun et al.，2013），rP-DINA（蔡艳等，2017）等。本节主要讨论将 GDD 分类方法推广到多级评分模型下的几种形式，并通过模拟研究探讨其分类效果。

一、多级评分模型下的 GDD 分类方法

这里给出两种多级评分的 GDD（PGDD）分类方法。

设给出一个测验 Q 阵 Q_t，这是一个 $K \times m$ 阵，它是一个必要 Q 矩阵；且 Q_t 的第 k 列 q_k 中包含 t_k 个 1，$t_k \geq 1$，$k=1, 2, \cdots, m$。设掌握一个属性便给出一分，则第 k 题的满分值为 t_k。又设被试 i 的知识状态为 α_i，则 α_i 在项目 h 上的理想得分为 $\alpha_i^T q_h = \sum_{t=1}^{K} \alpha_{it} q_{th}$，再设被试 i 在测验 Q_t 上的得分向量（观察反应向量）为 $x_i = (x_{i1}, x_{i2}, \cdots, x_{im})$，在 Q_t 上的理想反应向量为 $y_i = (y_{i1}, y_{i2}, \cdots, y_{im})$。

（一）多级评分 GDD 分类方法之一（PGDD-1）

用 Σ 表示求和符号，如果 $a < b$，则定义 $\sum_{i=b}^{a} f(i) = 0$。令

$$d(x_i, y_j) = \sum_{k=1}^{m} \sum_{h=0}^{f_k} |u_{ikh} - v_{jkh}| \left(\sum_{h=y_{jk}}^{x_{ik}} P_{ikh} + \sum_{h=x_{ik}}^{y_{jk}} P_{ikh} \right). \quad (9\text{-}2\text{-}1)$$

式中 $u_{ikh} = \begin{cases} 1, & \text{若被试 } i \text{ 在项目 } k \text{ 上得 } h \text{ 分，若 } x_{ik} = h, \\ 0, & \text{否则，} x_{ik} \neq h. \end{cases}$

$$v_{ikh} = \begin{cases} 1, & y_{jk} = h, \\ 0, & y_。 \end{cases}$$

取 $y_{t_0} = \underset{y_t}{\mathrm{argmin}} d(x_i, y_t)$，则由于测验 **Q** 矩阵是必要 **Q** 矩阵，所以 y_{t_0} 对应的唯一的知识状态 α_{t_0} 即所求。

这种将多级评分上的得分改写成一个仅取 0，1 值的示性函数的方法是 IRT 中处理多级评分模型似然函数的常用手段（漆书青，戴海琦，丁树良，2002；陈青等，2010）。

（二）多级评分 GDD 分类方法之二（PGDD-2）

$$d(x_i, y_j) = \sum_{k=1}^{m} \sum_{h=0}^{f_k} |y_{jk} - x_{ik}| P_{ikh}^{u_{ikh}} 。 \tag{9-2-2}$$

取 $y_{t_0} = \underset{y_t}{\mathrm{argmin}} d(x_i, y_t)$。

（9-2-1）（9-2-2）两式中，P_{ikh} 可以取任一个多级评分 IRT 模型，比如取 Samejima（1969）等级反应模型（GRM），或分部评分模型（PCM），或概化分部评分模型（GPCM），甚至是 3 参数等级反应模型（3PL-GRM，陈青等，2010）。下文中以 GRM 为例进行相应的模拟研究。

二、模拟研究

（一）试验设计

本文采用 MonteCarlo 模拟研究考查属性层级结构、失误概率、分类方法对诊断准确率的影响。其中包含 4 种属性层级结构、3 种作答失误概率、4 种认知诊断模型。进行 4×3×4 全面试验。试验重复 30 次，每次模拟 1000 个被试。

4 种属性层级结构是采用 Leighton 等人（2004）给出的（直线型、收敛型、发散型和无结构型），如图 9-2-1 所示；3 种作答失误概率分别为 5％，10％，15％；4 种认知诊断模型分别是本文提出的 PGDD-1 方法、PGDD-2 方法，祝玉芳等人（2009）提出的多级评分 AHM-A 方法和 LL 方法。这四种诊断方法中均采用 Samejima（1969）提出的等级反应模型（GRM）。

对于每个给定的属性层级结构，应用 Warshall 算法（屈婉玲，耿素云，张立昂，2008；左孝凌，李为鑑，刘永才，1982）由邻接矩阵获取可达矩阵，再用扩张算法（Ding et al.，2008；丁树良等，2009）以及杨淑群等人（2008）由可达矩阵生成潜在 **Q** 矩阵 Q_p，再获得学生 **Q** 阵 Q_s（丁树良等，2010），对于 Q_s 和测验 **Q** 阵 Q_t，可以获得 IRP。对 4 种结构使用扩张算法计算可知，发散型对应的项目类型个数（Q_p 的列数）是 25 个，收敛型的是 8 个，直线型的是 7 个，无结构型的是 64 个，每种 Q_p 的列都加上一个维数合适的全零列，便得到相应的 Q_s，故易得 Q_s 的列数。为保证参数估计结果的准确性，根据 Reise 和 Yu（1990）的研究结论，当使用 GRM 模型，样本容量大于 500 时，参数的真值和估计的参数值相关性大于 0.85。在模拟研究中，发散型保留了 25 个项目，收敛型和直线型根据罗欢等人（罗欢等，2010）的方法扩充到 27 个项目，无结构型取潜在 Q 矩阵的前 27 个列对应的项目，这些项目构成相应于不同层级结构的测验 Q 矩阵（Q_t）。由 Q_t 的构造可以得知，这四个测验 Q 矩阵都包含了可达矩阵，所以都是必要 Q 矩阵。

由 Q_s 和 Q_t 可知，根据普通的矩阵乘法运算便可以计算出 IRP（Tasuoka，1995；祝玉芳，丁树良，2009）。这种计算方法表明被试掌握了所测项目中多少个属性，就等于这个被试在相应题目上的理想得分值，也就是在理想反应状态下，掌握项目中一个属性便得一分。

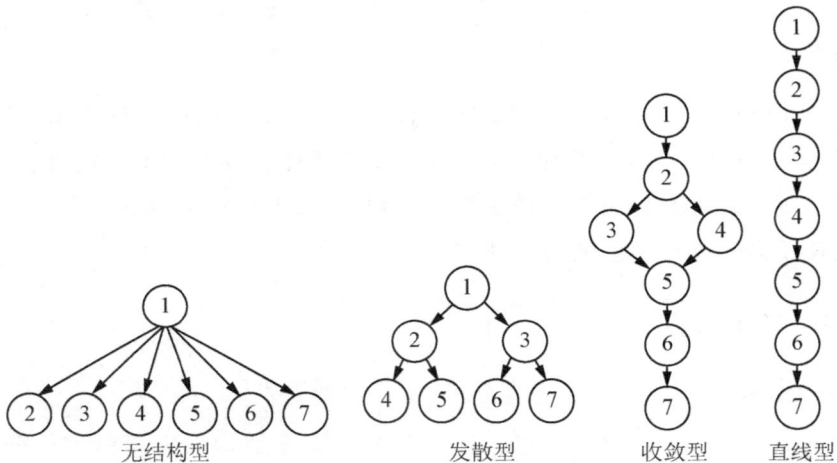

图 9-2-1　4 种属性层级结构图

（二）观察反应的模拟

将所有的 IRP 按总分从小到大排序，假定所有被试总分满足标准正态分布，并且总分相同的 IRP 对应的被试人数相同，则将 1000 个被试分配到各个不同的 IRP 中（祝玉芳，丁树良，2009）。

对应于某个 IRP 的被试，对这个 IRP 中的每个分量 x，生成一个被试作答失误概率 slip，再生成一个 [0，1] 的随机数 r，如果 $r <$ slip 并且 x 不等于 0，则得到对应的观察反应模式的分量 y，这里 $y = x - 1$；如果 $r > 1 -$ slip 并且 x 不等于该题的满分值，则得到对应的观察反应模式的分量 y，这里 $y = x + 1$。由此得到被试的观察反应模式。

得到观察反应模式以后，将 PGDD-1 方法、PGDD-2 方法、祝玉芳等人（2008）提出的多级评分 AHM-A 方法和 LL 方法，共四种诊断模型分别进行诊断。观察各个模型的诊断结果。

以上模拟和诊断过程，可以归结为如下四步：

（1）对于某个层级结构导出的学生 *Q* 阵和测验 *Q* 阵，计算 IRP。

（2）给定一个失误概率 slip，模拟观察反应模式。

（3）应用多序列相关系数（王孝玲，1993）计算 IRT 模型中的项目参数，采用贝叶斯期望后验估计方法计算能力参数（漆书青等，2002）。

（4）分别应用四种诊断模型进行诊断，计算评价指标。

（三）试验结果

表 9-2-1　四种诊断模型的诊断结果

层级结构	评价指标	15%				10%				5%		
		P1	P2	LL	A	P1	P2	LL	A	P1	P2	LL
D	PMR	0.7844	0.9776	0.8607	0.8714	0.8795	0.9968	0.9505	0.9216	0.9378	0.9999	0.9918
	MMR	0.8804	0.9907	0.9357	0.9271	0.9350	0.9987	0.9777	0.9506	0.9681	0.9999	0.9964
C	PMR	0.8883	0.9813	0.9625	0.6130	0.9619	0.9935	0.9909	0.7337	0.9915	0.9993	0.9990
	MMR	0.9307	0.9956	0.9812	0.7113	0.9771	0.9987	0.9969	0.7993	0.9946	0.9999	0.9997
L	PMR	0.9420	0.9964	0.9797	0.7165	0.9773	0.9991	0.9983	0.8415	0.9945	1.0000	0.9998
	MMR	0.9508	0.9989	0.9859	0.7786	0.9801	0.9998	0.9991	0.8720	0.9952	1.000	0.9999
U	PMR	0.5022	0.9528	0.6983	0.7140	0.7184	0.9881	0.8964	0.8546	0.9112	0.9989	0.9867
	MMR	0.7882	0.9857	0.8610	0.8680	0.8899	0.9968	0.9564	0.9336	0.9676	0.9997	0.9952

注：D，C，L，U 分别表示属性层级结构为发散型、收敛型、直线型、无结构型；P1，P2，A 分别表示 PGDD-1，PGDD-2，AHM-A。

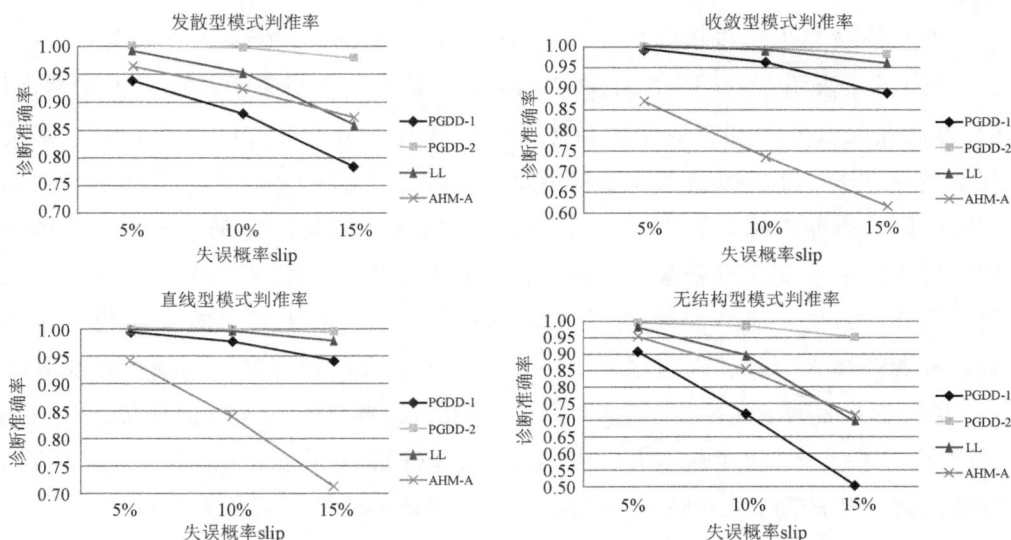

图 9-2-2　各种属性层级结构的模式判准图

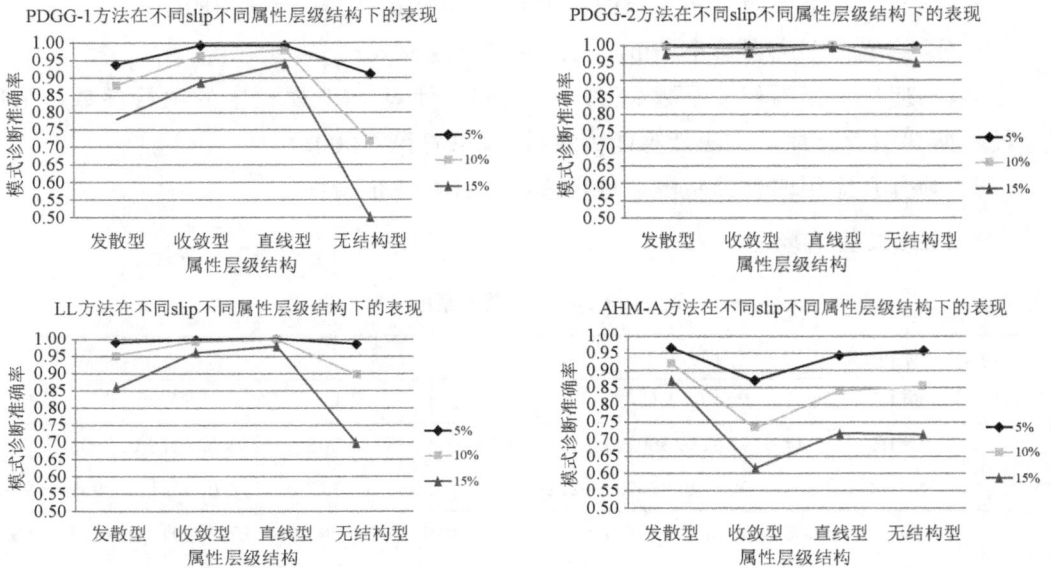

图 9-2-3　各个诊断方法在不同 slip 不同属性层级结构下模式诊断准确率的表现

(四)结果分析

从表 9-2-1 中可以看出,四种诊断方法在同一 slip 下,无论是哪种属性层级模型,PDGG-2 的模式诊断准确率都是最高的。在发散型和无结构型结构下,LL 和 AHM-A 方法的诊断结果比较相近,但对于收敛型和直线型,LL 方法要明显好于 AHM-A 方法。随着 slip 值的增大,四种诊断方法的诊断准确率都在下降。

四种诊断方法的边际诊断准确率与模式诊断准确率的结论基本一致。

图 9-2-2 表明,PDGG-2 的模式诊断准确率基本上都高于其他三种诊断方法。LL 方法在收敛型和直线型层级结构下,表现与 PGDD-2 方法基本相当,都高于其他两种方法;在发散型和无结构型下,要差于 PGDD-2 方法,但高于其他两种方法。四种诊断方法在发散型和无结构型下随 slip 变化趋势基本一致;收敛型和直线型下随 slip 变化趋势基本一致。PGDD-1 方法在发散型和无结构型下表现最差,但在收敛型和直线型属性层级结构下,与 PGDD-2 方法的变化趋势基本一致,两者都高于 AHM-A 方法;而 AHM-A 方法在收敛型和直线型下表现最差。

图 9-2-3 表明 PDGG-1 方法和 LL 方法在无结构下,对 slip 值最敏感;直线型结构下,对 slip 值的影响不大。PDGG-2 对属性层级结构和 slip 的值都不太敏感,诊断结果都比较高。AHM-A 方法在收敛型结构下诊断结果最差。

三、小结与讨论

孙佳楠等人(2011)的广义距离判别(GDD)分类方法有许多优点:直观、容易掌握、有很高的诊断准确率等，它的更重要的优点是可以较方便地推广为多级评分模型。

本节推广的 PGDD-2 比 PGDD-1 更好的原因，除了对不同距离所加的权不同之外，我们认为 PGDD-2 中的绝对值部分更加准确地反映理想反应模式与观察反应模式之间的距离，而 PGDD-1 却让任何不相同的理想反应和观察反应之间的距离只能取 0 或者 1 这两个值。为了证实这个观点，我们甚至将 PGDD-1 与 PGDD-2 相结合，将 PGDD-1 的距离和 PGDD-2 的权重相互组合得到 PGDD-3；再利用 PGDD-1 的权重和 PGDD-2 的距离得到 PGDD-4。实验结果表明，还是 PGDD-2 的诊断准确率最高。

但是本节的研究工作仍然有许多地方值得进一步讨论。

在模拟实验中，采用的是多级评分参数估计常用的初值计算方法（王孝玲，1993；Muraki，Bock，1997)对 GRM 模型的项目参数和被试能力参数进行估计，也采用过陈青等人(2010)的程序估计所需参数。实验结果表明参数估计结果越准确越有助于提高模型的诊断准确率。但陈青等人的参数估计程序采用了 EM 算法，耗时较长，而诊断结果的准确率仅有小幅度提高。

我们自编的程序计算的是多级评分模型中的参数初值，因此相对粗糙。然而在这种条件下，P-GDD 的诊断准确率仍然相当高，这说明使用等级评分的认知诊断模型的确可以获得更加丰富的信息，取得更加好的诊断结果。

如同多级评分 AHM(祝玉芳等，2009)一样，期望反应中掌握一个正确回答项目所需要的属性便给一分，这种做法不一定合理；能否像涂冬波等人(涂冬波等，2010)的 PDINA 一样，取消这个限制，值得讨论。

PGDD-1 和 PGDD-2 与 PDINA 比较，如容纳属性的多寡、诊断准确率的高低、操作的时间长短等是一个有趣的问题。

本节中各个属性权重相等，是否如罗欢等人(2009)考虑不同属性赋不同的权重，这也值得深思。

GDD 分类方法特别重视认知模型（测验蓝图是必要 **Q** 阵)，如果认知模型界定准确，可以为提高认知诊断准确性提供保证；GDD 分类方法的成功是否为开发新的认知诊断模型或改造已有的模型提供一个有益的借鉴？这可以启发我们，提出新的认知诊断模型的时候，充分考虑认知模型是值得的。

但是认知模型的界定有时是很困难的，特别是像 Tatsuoka(1995，2009)使用"翻新"的手段对现存的测验数据进行认知诊断，测验之前根本没有考虑（或者不能考虑)认知模型，这种情况下，不能满足 GDD 使用的前提条件，GDD 分类方法便不能使用，有何补救措施？或者如果专家组本身对认知模型就存在不一致的意见，这时将不准确的认知模型用于 GDD 分类方法势必带来严重后果。对这一点应该有充分的认识。

另外，在 0—1 评分条件下，IRP 与知识状态——对应的充分必要条件，在多级评分条件下，是否仍然是必要条件？这是一个值得探讨的理论问题。

第三节　多策略认知诊断方法

一、引言

多数认知诊断模型基本上只能处理单策略的测验情境，一般都假设所有被试均采用同一种加工策略/解题策略，从而忽视了加工策略的多样性及差异性。加工策略/解题策略的多样性及差异性问题向来是当前大多数认知诊断研究所回避的问题，通常假定所有被试均采用相同的加工策略。人们渐渐发现这种假设往往与实际情况不符，个体的心理加工特点不尽相同，使用的加工策略/解题策略也各有不同，从而解决同一问题的加工过程也不尽相同。因此开发多策略的认知诊断计量模型/方法（Multiple-Strategies Cognitive Diagnosis Method）值得探讨，它不仅要诊断被试采用何种加工策略，还要诊断被试对相应策略所涉及的认知属性的掌握情况，因此较传统的认知诊断模型提供的信息更为丰富，也更具价值。

目前对于多策略认知诊断方法的研究不多。基于 0—1 评分模型的多策略认知诊断方法主要包括：de la Torre 和 Douglas（2008）提出的多策略 DINA 模型（MS-DINA），涂冬波等人（2012）提出的多策略的广义距离判别法（MSCD），李元白等人（2018）提出的多策略的海明距离判别法（MS-HDD）。基于多级评分模型的多策略认知诊断方法主要包括：祝玉芳等人（2015）提出的多策略的多级评分认知诊断方法，而黄玉等人（2018）在其基础了做了进一步的研究。多策略认知诊断测验蓝图的设计中也强调可达矩阵的重要性，本节主要介绍在测验蓝图包含可达阵的情况下这些方法的表现。

二、多策略 0—1 评分认知诊断方法

（一）多策略 DINA 模型（MS-DINA）

de la Torre 等人（2008）提出的多策略 DINA 模型假定测验中的每道题目均可采用 M 种不同的策略进行解决，每种策略所需的认知属性可各不相同，则 M 种策略对应 M 个 Q 矩阵。假设每种策略的难度相同，则在不同策略下，项目的猜测参数（g）和失误参数（s）均保持不变。由此，第 i 个被试使用第 m 种策略作答第 j 题的潜在反应变量可以定义为 $\eta_{ijm} = \prod_{k=1}^{K} \alpha_{ik}^{q_{jkm}}$ ，其中 q_{jkm} 表示应用第 m 种策略解决

第 j 题时，是否考查了第 k 个属性，α_{ik} 表示被试 i 是否掌握了属性 k。取 M 个潜在反应变量的最大值作为被试 i 在项目 j 上的潜在反应，其判别方式为 $\eta_{ij} = \max$ $(\eta_{ij1}, \eta_{ij2}, \cdots, \eta_{ijM})$，$P(Y_{ij}=1 \mid \alpha_i) = P(Y_{ij}=1 \mid \eta_{ij}) = (1-s_j)^{\eta_{ij}} g_j^{1-\eta_{ij}}$。

图 9-3-1 清晰地给出了 MS-DINA 的思维导图。在给定被试知识状态 α_i 的情况下，由于不同策略下 **Q** 矩阵不同，所以不同策略的 **Q** 矩阵对应第 j 题则会有 M 种 q_{jm}，分别对应了 M 种潜在反应变量，从其中选择最大的作为该被试最终的潜在反应，然后依据猜测参数和失误参数结合其观测分数便可得该被试的属性掌握模式。

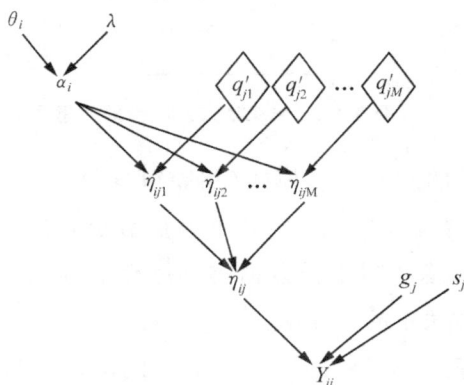

图 9-3-1　MS-DINA 思维导图

de la Torre 等人（2008）的研究结果表明对于两种加工策略/解题策略的测验情境，多策略 DINA 模型具有较好的性能，比较可惜的是作者并未报告其对于加工策略诊断的正确率，也未进一步充分考查该模型对于两种以上加工策略/解题策略的测验情境下的性能及表现。但 de la Torre 和 Douglas（2008）采用多个 **Q** 矩阵来表征多种加工策略/解题策略的思想值得借鉴。

（二）多策略广义距离判别法（MSCD）

涂冬波等人开发的 MSCD 方法（涂冬波等，2012）沿用 de la Torre 和 Douglas（2008）的思想，采用多个 **Q** 矩阵来表征不同加工策略，每个 **Q** 矩阵中的各列代表该策略下的认知技能；诊断分类方法结合 **Q** 矩阵理论及孙佳楠等人（2011）的广义距离判别法。MSCD 方法的具体诊断过程如下（其诊断示意图见图 9-3-2）。

（1）计算每种策略下被试理想掌握模式即知识状态及在测验项目上的理想反应模式（IRP）（计算过程可详见丁树良等，2009）。如果测验含有 M 种解题策略，则需计算 M 套理想掌握模式和在测验上的理想反应模式。

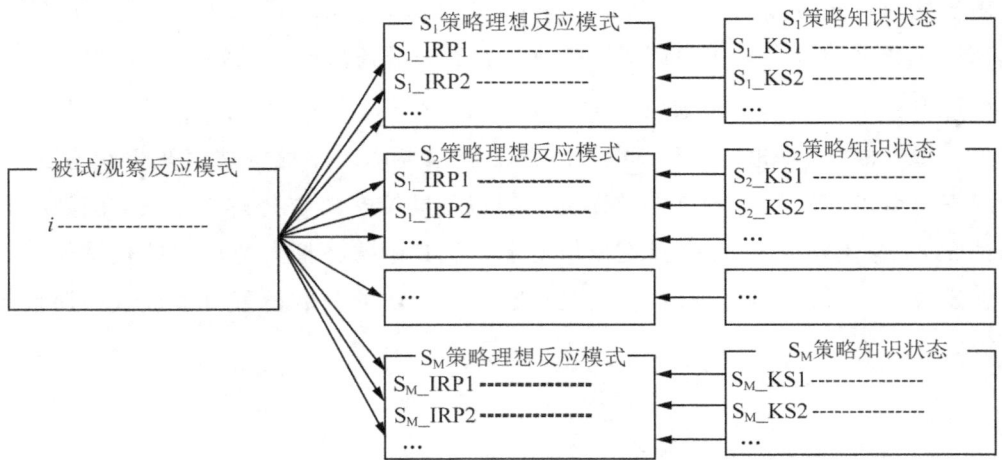

图 9-3-2   MSCD 方法的诊断示意图

（2）根据所有被试的观察作答模式（测验得分数据），采用 IRT 模型估计被试的能力参数和项目参数。对于二值记分测验情境，主要的 IRT 模型有 1PLM、2PLM 和 3PLM，研究者可以根据数据的具体特征选用合适的模型。为了说明方便，此处沿用 GDD 方法中的 2PLM。

（3）采用孙佳楠等人（2011）的广义距离判别法计算被试观察反应模式到每种策略下每种理想反应模式的广义距离，即 $d(Y_i, I_t^m)$。

$$d(Y_i, I_t^m) \overset{\Delta}{=} \sum_{j=1}^{J} d(Y_{ij}, I_{j(t)}^m)。 \tag{9-3-1}$$

其中 $d(Y_{ij}, I_{j(t)}^m) \overset{\Delta}{=} |Y_{ij} - I_{j(t)}^m| \times (1 - P_{I_{j(t)}^m}(\theta_i))$，$J$ 表示项目个数，$Y_i = (Y_{i1}, Y_{i2}, \cdots, Y_{iJ})$ 为被试 i 的观察反应模式，I_t^m 为第 m 种策略下第 t 种理想反应模式，$d(Y_{ij}, I_{j(t)}^m)$ 为被试 i 在项目 j 上的观察反应与第 m 种策略下第 t 种理想掌握模式在项目 j 上理想反应之间的广义距离，因此被试 i 的观察反应模式与第 m 种策略下第 t 种理想反应之间的广义距离 $d(Y_i, I_t^m)$，即所有项目的广义距离之和，$P_{I_{j(t)}^m}(\theta_i)$ 为能力水平为 θ_i 的被试 i 在项目 j 上得到反应为 $I_{j(t)}^m$ 的概率，θ_i 为根据被试 i 的观察作答反应模式估计出的能力值。

（4）比较所有 $d(Y_i, I_t^m)$ 的值，并把使得 $d(Y_i, I_t^m)$ 值最小的 I_t^m 对应的理想掌握模式判定为被试的属性掌握模式，对应的解题策略为被试的解题策略。

值得注意的是：

（1）在进行项目参数和被试参数估计时，仅使用到了被试的观察反应数据，并未用到理想反应模式，因此进行项目参数和被试参数的估计与加工策略及其理想反应模式无关；广义距离 $d(Y_i, I_t^m)$ 的计算也不受加工策略的个数影响，故

MSCD 方法不太受策略个数的影响，理论上 MSCD 方法可以处理两种以上加工策略的测验情境。

（2）在采用 MSCD 方法时，测验 *Q* 矩阵中应包含可达矩阵 *R*，以实现理想掌握模式与理想反应模式的一一对应（丁树良，杨淑群，汪文义，2011；丁树良，汪文义，杨淑群，2010）。

（3）对于在测验项目上全部答对的被试或全部答错的被试，仅从反应模式本身而言是无法判断被试采用何种加工策略的，因此把这种情境视为"加工策略无法归类"或"待判"现象。

多策略认知诊断方法（MSCD 方法）具体要实现两个目标：一是诊断被试采用何种加工策略；二是诊断被试对相应加工策略中涉及的认知属性的掌握情况如何。这较传统的单策略模型提供的信息更为丰富，也更具价值。

研究结果表明：在单策略测验情境下，采用传统的认知诊断方法与采用 MSCD 方法的诊断正确率均比较理想，且差异不大；但在多策略测验情境时，传统的认知诊断方法诊断正确率较低，而 MSCD 方法的诊断正确率仍较理想；当加工策略增至 5 种时，MSCD 方法仍有较高的边际判准率、模式判准率以及加工策略判准率，这表明 MSCD 方法基本合理、可行。

（三）多策略海明距离判别法（MS-HDD）

在本章第一节已经介绍了单策略情境下海明距离判别法（HDD）的基本思想，即选取与实际作答反应距离最小的理想反应向量作为其被试的 IRP，并依据在一定条件下可达阵可以使得知识状态和理想反应模式一一对应的结论，由该 IRP 推测该被试的理想掌握模式即被试的知识状态。可见，HDD 的思想简单易懂，无须参数估计，且具有较高的判准率。因此，将 HDD 拓展至多策略情境，并考查其稳定性和准确性是有意义的。

针对被试解题策略的多样性和差异性，需要对被试策略进行转换，被试的策略转换可以分为被试间策略转换和混合策略转换。被试间策略转换即不同被试可能具有不同的解题策略，但同一名被试在一套题目上的策略相同。混合策略则指不同被试可能采用不同的解题策略，甚至同一被试在不同项目上也有可能采用不同的策略。研究表明，在策略的使用方面，较常见的是被试间策略转换（祝玉芳，王黎华，丁树良，2015），而关于混合策略使用的研究结果则较不理想（李瑜，2014）。

基于已有关于被试策略转换及多策略拓展的思路，将单策略海明距离判别法（HDD）拓展至多策略海明距离判别法（MS-HDD），其表达式为 $d_h(Y_i, \ I_t^m) \overset{\Delta}{=}$

$\sum_{j=1}^{J} |Y_{ij} - I_{j(t)}^{m}|$，其中，$J$ 表示项目个数，M 表示策略数，$Y_i = (Y_{i1}，Y_{i2}，\cdots，Y_{iJ})$ 为被试 i 的观察反应模式，I_t^m 为第 m 种策略下第 t 种理想反应模式，$C = \text{argmin}\{d_h(Y_i，I_t^m) \mid m=1，2，\cdots，M\}$ 即取使得 $d_h(Y_i，I_t^m)$ 最小的海明距离所对应的属性掌握模式作为该名被试 i 的属性掌握模式，而使得该距离值最小的 m 为该名被试的解题策略。当 $m=1$，即测验情境为单策略时，MS-HDD 就等同于 HDD。

由于在确保测验 *Q* 矩阵中包含 *R* 矩阵，则可以实现属性掌握模式，即知识状态与 IRP 一一对应（丁树良，杨淑群，汪文义，2010；丁树良，汪文义，杨淑群，2011）。所以，本文在保证测验 *Q* 矩阵中包含 *R* 矩阵的条件下，依据 HDD 的思想，寻找与某被试的 ORP 距离最小的 IRP，将该 IRP 所对应的 KS 判别给该被试（罗照盛等，2015）。据此，MS-HDD 的判别思路为：①先构造出不同策略下的 *Q* 矩阵，并依据该 *Q* 矩阵计算不同策略下的 IRP 及属性掌握模式。②根据涂冬波等人的思路，即选取与待测被试 ORP 距离最小的策略下的 IRP 对应的 KS 判别给该被试，从而完成多策略下的判别。因此该步骤根据被试的 ORP，将不同策略下所有的 IRP 与该被试的 ORP 进行距离比较，获得与该被试 ORP 距离最小的 IRP，并将该 IRP 对应的属性掌握模式判别给该被试。当存在一个 ORP 对应多个 IRP 的情况时，本研究采用 R 方法（罗照盛等，2015）对被试进行归类判别。③以此类推，直至将所有被试都判别到其所属的属性掌握模式。

通过模拟研究，并采用模式判准率（PMR）和解题策略判准率（SMR）作为评价指标，结果表明：①单策略情境时，MS-HDD 与 HDD 具有等同的判别效果，且判准率均高于相同条件下的 GDD 和 MSCD；②多策略情境时，MS-HDD 具有与 MSCD 相当的 PMR 和 SMR，MS-HDD 适用于多策略测验情境。

三、多策略多级评分认知诊断方法

多级评分是考试的常见题型，相同的测验题目，采用多级评分可以比采用 0—1 评分提供更加丰富的被试信息，特别是诊断信息。在多级评分认知诊断测验中，也存在被试采用多种解题策略的现象。事实上，在实证研究中，就遇到了这个问题，因此寻找一种多策略的多级评分认知诊断方法很有必要。

祝玉芳等人（2015）在运用多级评分的广义距离法（GDD-P）对某中职学校 750 名学生在"进位计数制"这一内容进行认知诊断过程中，通过对学生的访谈发现，一些被试在某些题目上使用不同的解题策略。他们在涂冬波等人（2012）的基础上探讨开发了解决"进位计数制"测验中的多策略问题的多策略多级评分认知诊断方法。诊断过程分成 2 个步骤：①测验蓝图的制定，不同的策略对应不同的测验蓝图；②对于不同的测验蓝图，分别做策略诊断和认知诊断。由于策略的使用不受评分方式的影响，而多级评分可以提供更加丰富的诊断信息，所以采用先将得分看成 0－1 评分进行策略诊断，再做多级评分认知诊断的方式；由于使用不同策略解答同一个题目，可能满分值不同，对在不同测验蓝图中相同题目对应不同得分，要采取某种方式进行转换。在转换过程中可能会损失部分信息，降低判准率。黄玉等人（2018）提出了另一种基于 IRT 的多级计分多策略的认知诊断方法：如果对同一个题目使用不同的策略从而规定的满分值不同时，借用 IRT 的等值的做法，将不同 **Q** 矩阵和不同知识状态对应的所有理想反应模式与所有观察反应模式放在一起做 IRT 参数估计，这时项目的参数就置于相同量尺上，可以相互比较。下面就详细介绍该方法的基本原理和模拟研究结果。

（一）多策略多级评分认知诊断方法的提出

该方法是在祝玉芳等人（2015）的基础之上进一步对多级计分多策略认知诊断方法进行探讨。使用多个不同的 **Q** 矩阵，每个 **Q** 矩阵表示一种属性层级结构不同的策略，模式诊断方法运用 GDD-P（多级计分的广义距离法）以及多级评分认知诊断测验蓝图的设计（丁树良，罗芬，汪文义，2014；丁树良，汪文义，罗芬，2014）。

众所周知，计分方式（计分规则）会对被试的测验得分产生影响。这里的计分规则为被试每掌握一个项目所需的一个属性，得分加 1（田伟，辛涛，2012）。

$d(Y_i, I_t^m)$ 表示被试的测验得分向量与理想反应模式间的 GDD-P，公式如下。

$$d(Y_i, I_t^m) \stackrel{\Delta}{=} \sum_{j=1}^{J} d(Y_{ij}, I_{j(t)}^m)。 \tag{9-3-2}$$

$$d(Y_{ij}, I_{j(t)}^m) \stackrel{\Delta}{=} |Y_{ij} - I_{j(t)}^m| \times (1 - P_{I_{j(t)}^m}(\theta_i))。 \tag{9-3-3}$$

其中，J 为项目总数，$Y_i = (Y_{i1}, Y_{i2}, \cdots, Y_{iJ})$ 为被试 i 的测验得分向量，I_t^m 为策略 m 下第 t 种理想反应，$d(Y_{ij}, I_{j(t)}^m)$ 为项目 j 上被试 i 的测验得分与策略 m 下第 t 种理想反应间的 GDD-P 值，θ_i 为根据观察作答反应估计出的被试 i 的能力值。比较所有 $d(Y_i, I_t^m)$ 的值，并将使得 $d(Y_i, I_t^m)$ 值最小的 I_t^m 对应的理想掌握模式即被试的知识状态，对应的解题策略即被试的解题策略。

（二）多策略多级评分认知诊断方法的诊断过程

具体的诊断过程如下。

（1）根据不同策略的认知模型，计算所有可能的策略下被试理想的知识状态

（理想掌握模式），进而获得每一种理想属性掌握模式（知识状态）在测试项目上的理想反应。

（2）在所有被试都完成作答得到测验得分后，将每种策略下的理想反应模式与观察反应联合，使用适合的项目反应理论模型进行参数估计。

（3）使用能够处理多级评分数据的认知诊断模型 GDD-P 对每位被试进行诊断分类，分别计算被试的观察作答反应（测验得分向量）到每种策略下每种理想反应模式的 GDD-P 值，根据 GDD-P 的最小值确定被试的知识状态和答题策略。

（三）研究一：多级计分多策略认知诊断方法与多级计分单策略认知诊断方法的比较

1. 实验设计

情境一：多级计分单策略，所有被试均采用策略 A 答题。

情境二：多级计分多策略，被试中部分使用策略 A 答题，另一部分使用策略 B 答题。分别比较传统单策略认知诊断方法和本文提出的方法的诊断结果，检验该方法的性能。

2. 策略数据（Q 矩阵）的模拟

多数研究实际上隐含了一个假设，即不同的策略的属性对应相同的层级关系，只要考查它们使用的 Q 矩阵就可以证实，因为 Q 矩阵是属性层级结构的数学表示，也可能存在不同的策略对应的属性层级不同的情况。由此，假设测验中存在两种答题策略，各自对应的 5 个属性的层级结构如图 9-3-3 所示（策略 A 的 $A_1 - A_5$ 与策略 B 的 $A_1 - A_5$ 相同）。

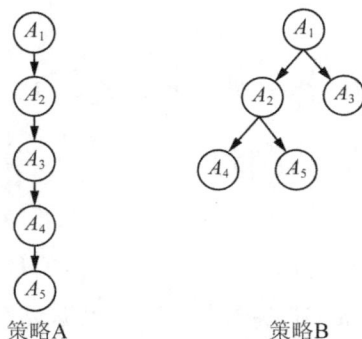

图 9-3-3 两种策略对应属性间的层级结构图

由此可导出每种策略的可达矩阵 R、潜在 Q 矩阵（Q_r 阵），学生 Q 矩阵（Q_s 阵）（详细计算方法参考丁树良等，2009）。对每种策略的 Q_r 阵重复若干次得到相应的测验 Q 矩阵，测验 Q 阵涵盖了各自的 R 阵，因此知识状态与理想反应模式一一对应（丁树良等，2010，2011）。测验 Q 阵设计如表 9-3-1 所示。

表 9-3-1　模拟的 Q 矩阵

项目	策略											
	A					f_{jA}	B					f_{jB}
	A_1	A_2	A_3	A_4	A_5		A_1	A_2	A_3	A_4	A_5	
1	1	0	0	0	0	1	1	0	0	0	0	1
2	1	1	0	0	0	2	1	1	0	0	0	2
3	1	1	1	0	0	3	1	0	1	0	0	2
4	1	1	1	1	0	4	1	1	0	1	0	3
5	1	1	1	1	1	5	1	1	0	0	1	3
6	1	0	0	0	0	1	1	1	1	0	0	3
7	1	1	0	0	0	2	1	1	1	1	0	4
8	1	1	1	0	0	3	1	1	1	0	1	4
9	1	1	1	1	0	4	1	1	0	1	1	4
10	1	1	1	1	1	5	1	1	1	1	1	5
11	1	0	0	0	0	1	1	0	0	0	0	1
12	1	1	0	0	0	2	1	1	0	0	0	2
13	1	1	1	0	0	3	1	0	1	0	0	2
14	1	1	1	1	0	4	1	1	0	1	0	3
15	1	1	1	1	1	5	1	1	0	0	1	3
16	1	0	0	0	0	1	1	1	1	0	0	3
17	1	1	0	0	0	2	1	1	1	1	0	4
18	1	1	1	0	0	3	1	1	1	0	1	4
19	1	1	1	1	0	4	1	1	0	1	1	4
20	1	1	1	1	1	5	1	1	1	1	1	5
21	1	0	0	0	0	1	1	0	0	0	0	1
22	1	1	0	0	0	2	1	1	0	0	0	2
23	1	1	1	0	0	3	1	0	1	0	0	2
24	1	1	1	1	0	4	1	1	0	1	0	3
25	1	1	1	1	1	5	1	1	0	0	1	3
26	1	0	0	0	0	1	1	1	1	0	0	3
27	1	1	0	0	0	2	1	1	1	1	0	4
28	1	1	1	0	0	3	1	1	1	0	1	4
29	1	1	1	1	0	4	1	1	0	1	1	4
30	1	1	1	1	1	5	1	1	1	1	1	5

注：表中 f_{jA} 和 f_{jB} 分别为策略 A 和策略 B 在项目 j 上的满分值。

3. MonteCarlo 模拟过程

根据上节的方法固定属性、策略以及测验 *Q* 阵。以下是多级计分多策略的模式分类方法具体过程。

(1)被试知识状态真值模拟。

由每个策略对应的属性层级可知：策略 A 的理想掌握模式有 6 种，策略 B 有 11 种。这 17 种属性模式各分派 100 名被试，即共 1700 个被试，其中 600 人使用策略 A，1100 人使用策略 B。对于知识状态为全 0 的被试，无法诊断其采用的答题策略，因此在实际的诊断测验中，不对这种类型的被试进行诊断分析。

(2)计算每种策略下的理想反应模式。

每种策略下的被试在不发生失误和猜测下答题，根据测验的计分方式得到其理想反应。例如，策略 A 下属性掌握模式为(11110)的被试，在 1～6 个项目的理想反应为(123441)；策略 B 下属性掌握模式为(11101)的被试，在 1～6 个项目的理想反应则为(122233)。

策略 A 下属性的理想掌握模式为(11110)，在前 6 个项目上的理想反应为(444323)；策略 B 下同样的理想掌握模式，在前 6 个项目上的理想反应则为(222312)。

(3)模拟被试的测验得分。

将每种理想反应在给定失误概率分别为 2%、5%、10% 和 15% 下波动 100 次得到(具体做法参考 Leighton，Gierl，Hunka，2004)。

(4)估计项目参数与被试能力值。

本文使用 Samejima 等级反应模型(GRM)拟合数据，因为 GRM 是适用于多级计分并且不包含猜测参数的简单模型。利用多序列相关系数法(陈青等，2010)估计项目参数和被试能力，将所有被试的测验得分矩阵 ORP 矩阵与所有的理想反应模式 IRP 矩阵联合估计项目参数，并采用最大后验估计被试的能力。

(5)诊断被试的知识状态和答题策略。

计算被试的测验得分向量到每种策略下每种理想反应模式的 GDD-P 值。使得 GDD-P 值最小的理想反应对应模式的理想掌握模式和策略即被试的知识状态和使用的答题策略。

(6)为了降低实验偏差，每种测验均重复实验 30 次。

4. 实验结果

表 9-3-2 为单策略和多策略认知诊断方法在两种测验情境下关于三个评价指标的比较。

表 9-3-2　单策略和多策略认知诊断方法的判准率比较(实验 30 次的平均值)

| 情境 | slip | 单策略 A | | 多策略 | | | | | | | | |
| | | | | | | | 策略 A | | | 策略 B | | |
		PMR	AAMR	PMR	AAMR	SMR	PMR	AAMR	SMR	PMR	AAMR	SMR
单策略	2%	0.9997	0.9999	—	—	—	0.9997	0.9999	1.0000	—	—	—
	5%	0.9984	0.9997	—	—	—	0.9984	0.9997	1.0000	—	—	—
	10%	0.9926	0.9985	—	—	—	0.9926	0.9985	1.0000	—	—	—
	15%	0.9838	0.9967	—	—	—	0.9834	0.9966	0.9997	—	—	—
	$\bar{x}$	0.9936	0.9987	—	—	—	0.9935	0.9987	0.9999	—	—	—
多策略	2%	0.4645	0.8341	0.9978	0.9996	0.9333	0.9935	0.9987	1.0000	0.9999	1.0000	0.9000
	5%	0.4619	0.8268	0.9944	0.9989	0.9332	0.9845	0.9969	1.0000	0.9994	0.9999	0.8998
	10%	0.4529	0.8183	0.9782	0.9953	0.9322	0.9465	0.9886	0.9999	0.9940	0.9987	0.8984
	15%	0.4319	0.8040	0.9256	0.9801	0.9314	0.8650	0.9600	0.9991	0.9560	0.9902	0.8975
	$\bar{x}$	0.4528	0.8208	0.9740	0.9935	0.9325	0.9474	0.9861	0.9998	0.9873	0.9972	0.8989

表 9-3-2 表明:作答数据含有多策略反应后,使用多策略的诊断结果要明显好于单策略的诊断结果,其结果的模式判准率(PMR)在 4 种失误率下的平均值为 97.40%,当失误率为 2% 时,其模式判断准确率高达 99.78%;属性边际判准率(AAMR)在 4 种失误率下的平均值为 99.35%,并且 SMR 的平均值为 93.25%;其中,使用策略 A 的被试诊断结果的 PMR、AAMR 和 SMR 在 4 种失误率下的平均值分别为 94.74%,98.61% 和 99.98%,使用策略 B 的被试诊断结果的 PMR、AAMR 和 SMR 在 4 种失误率下的平均值分别为 98.73%,99.72% 和 89.89%。若采用传统的单策略的诊断方法进行诊断发现 PMR 和 AAMR 很不如人意,4 种失误率下的平均值分别为 45.28% 和 82.08%。

(四)研究二:多级计分多策略认知诊断方法的性能

1. 实验设计

在同样的多策略实验情形下,采用祝玉芳等人的多策略多级计分认知诊断方法与本节提出的新方法分别进行诊断分析,并比较两种方法的诊断结果。策略数据沿用研究一。评价指标与研究一相同:PMR,AAMR 和 SMR。

2. MonteCarlo 模拟过程

本文方法模拟过程研究一已详细介绍,以下为祝玉芳等人的方法模拟过程。

步骤一、二和三模拟方法与研究一一致。

第四步,确定被试的策略参数。

将所有被试多级计分的观察作答反应以及每个策略下的所有理想反应模式全

部转换成 0—1 计分。将所有被试 0—1 计分的测验得分与理想反应模式拼接进行参数估计,利用 GDD 值确定被试的答题策略。

第五步,估计项目参数与被试能力值。

将被诊断出使用相同策略的被试的测验得分与相应策略的理想反应模式组合来估计项目参数和被试的能力参数。

第六步,诊断被试的知识状态。

分别计算被试的测验得分向量与判定的策略下的每种理想反应模式的 GDD-P 值,诊断被试的知识状态。

第七步,重复实验 30 次。

3. 实验结果

表 9-3-3 为多级计分多种策略测验中,分别采用本节提出的认知诊断方法和祝玉芳等人的认知诊断方法进行诊断,在三个评价指标上进行比较。

表 9-3-3　本文的方法和祝玉芳等人的方法判准率比较(实验 30 次的平均值)

slip	方法	多策略测验情形								
		PMR	AAMR	SMR	策略 A			策略 B		
					PMR	AAMR	SMR	PMR	AAMR	SMR
2%	本节	0.9978	0.9996	0.9333	0.9935	0.9987	1.0000	0.9999	1.0000	0.9000
	祝玉芳等人	0.9310	0.9729	0.9313	0.9935	0.9987	0.9945	0.8997	0.9599	0.8997
5%	本节	0.9944	0.9989	0.9332	0.9845	0.9969	1.0000	0.9994	0.9999	0.8998
	祝玉芳等人	0.9263	0.9719	0.9261	0.9848	0.9969	0.9838	0.8971	0.9594	0.8973
10%	本节	0.9782	0.9953	0.9322	0.9465	0.9886	0.9999	0.9940	0.9987	0.8984
	祝玉芳等人	0.9048	0.9668	0.9070	0.9663	0.9929	0.9627	0.8740	0.9538	0.8792
15%	本节	0.9256	0.9801	0.9314	0.8650	0.9600	0.9991	0.9560	0.9902	0.8975
	祝玉芳等人	0.8470	0.9511	0.8610	0.9378	0.9853	0.9439	0.8016	0.9340	0.8195
$\bar{x}$	本节	0.9740	0.9935	0.9325	0.9474	0.9861	0.9998	0.9873	0.9972	0.8989
	祝玉芳等人	0.9023	0.9657	0.9064	0.9706	0.9935	0.9712	0.8681	0.9518	0.8739

表 9-3-3 表明,在多级计分多策略测验情形中,本节提出的诊断方法在各个 slip 下对于被试的模式判准率分别为 99.78%,99.44%,97.82% 和 92.56%,平均值 97.40% 均高于祝玉芳等人的 93.10%,92.63%,90.48% 和 84.70%,平均值为 90.23%。实验结果表明,祝玉芳等人的分值转换的确损失了部分信息。

(五)结论、讨论与展望

本节在祝玉芳等人的研究上提出了一种新的基于 IRT 的多级计分多策略认知诊断数据处理方法,利用 GDD-P 诊断被试的知识状态和答题策略。研究结果表明，在多级计分的测验中答题策略不唯一时：①本节给出的方法的诊断结果要明显优于单策略诊断方法；②祝玉芳等人的分值转换造成了信息的缺损。模拟实验结果表明，新方法提供了分类的准确性。

在模拟研究的过程中，通过计算被试的测验得分向量与每个策略下每种理想反应模式的 GDD-P 来确定被试的知识状态及其答题策略。然而，这与祝玉芳等人的方法有所不同，他们的研究：对于每个被试先判定策略再诊断知识状态，并认为由于计分规则不会对答题策略的采用产生影响，故先将被试的测验得分和所有的理想反应均转化成 0—1 计分，随后用 GDD 值确定被试作答时的策略。最后用 GDD-P 诊断被试的知识状态。

值得注意的是：由于这里的计分方式会导致同一个项目采用不同的答题策略涉及的属性内容和个数以及满分值有所不同。故项目的满分值取所有被试在该项目上测验得分中最高的分值。对此祝玉芳等人指出在估计参数之前需要进行不同策略之间的分值转换。由于其研究的项目满分最多为 3 分，分值转换相对简单，若满分值过大，这种分值转换方法将无法推广，且随机性大。因此，本节研究中模拟祝玉芳等人的诊断方法时没有进行分值转换。

认知测试中，属性层级关系反映被试对属性认知过程的层次性（Leighton，Gierl，2007）。被试在作答每个项目使用不同策略所需的属性内容、属性个数以及对于这些属性的认知过程可能有所不同。因此，不同的策略所对应的属性层级也可能有差异。注意到属性层级关系可以使用可达阵（或者必要 ***Q*** 矩阵）表达，不同的策略对应的可达阵可能不同。因此本节探索在这种情境下的认知诊断问题，先假设测验中两种不同解题策略分别对应不同的属性层级结构。当然这样的假设的合理性还有待深入研究。

第四节　S-P 表的改进

一、引言

S-P 表（Student Problem Chart）是学生的答题得分表，它是由日本学者佐藤隆博于 1970 年创立的。它通过计算每位学生及每道试题的作答反应模式的注意系数，以及整份测验的差异系数和同质性系数，使教师可以借助这些统计指标来诊断学生表现、测验品质以及教学成果，并作为改进教学、命题与辅导学生的参考。S-P 表法的基本过程为：把使用选择题题型的测验分数变成 1（答对）或 0（答错）的数据，并按学生总分的高低，由上向下的顺序排列，试题按照答对人数的多少，由左向右排列，然后画出学生得分曲线，称 S（student）线，画出问题答对人数曲线，称 P(problem)线，这就得出一个 S-P 表(刘新平，刘存侠，2009)。

S-P 表法最大的优势是计算方便，教师易掌握，而且依据计算学生及每道试题的作答反应模式的注意系数，将学生的学习类型和试题类型进行定性分类。根据定性分类信息，可以为改进教学和命题质量提供有效信息。但是它对学生的学习类型分类较粗糙，只是将学生的学习类型分为 6 种类型，不能详细指出学生学习中存在的不足，即不能指出学生对某个概念或者某些学习材料是否真正掌握，对人数较少的班级进行形成性评价时，使用 S-P 表法才比较合适(Takeya，1980；Tatsuoka，1984)。因此，本节着力探讨如何借助现代认知诊断测量理论的优势，使得现代认知诊断测量理论和技术与 S-P 法相结合，提供更加准确有效的反馈信息，争取在人数较多的场合也可以使用该方法。

二、S-P 表法改进的基本思路

现代认知诊断测量理论是近几十年发展起来的新的测验理论，其最大的特征是强调宏观和微观、能力水平和认知水平的评估并举，将被试在测验上的反应进行加工，以揭示个体所知道的和所能做的事实，更着重告诉利益分担者(stakeholder)被试所不知和不能之处，以便于有针对性地进行补救，而不仅局限于能力的特质水平的概念。该理论实现的途径是借助于认知心理学与心理和教育测量学，通过认知心理学研究方法对测量任务所涉及的知识、技能、策略、加工过程与成分等各认知变量做认知分析，获得测量任务的实质性的心理模型。然后依据设计好的心理模型进行测验设计，将各种认知变量直接融入测量模型，借助现代统计方法揭示个体认知变量的特征(刘声涛，戴海崎，周骏，2006)。现代认知诊断测量理论由于大多使用复杂的心理计量模型，因此只有专业人员才能理解和运用，而普通的中小学教师通常认为心理计量模型过于艰涩、深奥、难懂，影响到现代认知诊断测量理论的推广和运用(涂冬波等，2008)，而且过于复杂的心理计量模型中的参数估计也比较困难，参数估计的质量也会影响到后期认知诊断的精度。许志勇、丁树良、杨庆红(2011)改进 S-P 法的基本思路是不借助于复杂的心理计量模型，以经典测量理论为基础，吸取现代认知诊断理论相关知识，达到改进 S-P 表法后期分类过于粗糙的目的。

三、S-P 表法改进的基本步骤

结合认知诊断理论的相关知识，S-P 表法改进的基本步骤如下。

(1)确定所欲测内容的认知属性及属性间的层次关系。

(2)根据步骤(1)给出可达阵 *R* 及被试 *Q* 矩阵(Q_s 矩阵)，获得知识状态集合并进行测验蓝图设计，即给出测验 *Q* 矩阵(Q_t 矩阵)，由知识状态和 Q_t 计算出理想反应模式(IRP)。

(3)对学生的测验总分成绩和观察反应模式(ORP)用 S-P 表法进行分析。

(4)对任意一个被试 i 的 ORP,记之为 ORP(i),根据测验的标准误,计算 ORP(i)总分的置信区间$[a_i, b_i]$。

(5)寻找总分成绩落在$[a_i, b_i]$的所有 IRP,这些 IRP 构成的集合,记为 IRP$_i$。

(6)应用马氏距离法从 IRP$_i$ 中找出一个 IRP,使之与 ORP(i)的距离最小。ORP 与 IRP 的马氏距离由对应项目的观察得分的方差矩阵的逆决定。

(7)根据步骤(6)中获得的理想反应模式,可以知道学生的知识状态(属性掌握模式)。

(8)重复第(4)步到第(7)步,直到得出所有被试的 KS。

(9)由步骤(3)到步骤(8)导出的 S-P 表分析与 KS 的综合,就是改进 S-P 表法分析结果。

设计步骤(1)(2)(4)(6)的理由在于:①给出认知模型,达到改进 S-P 表法前期缺乏测验设计的不足之处;②设计很好的认知诊断测验(可达矩阵 R 作为 Q_t 的一部分),保证理想反应模式(IRP)与知识状态(KS)一一对应(丁树良,杨淑群,汪文义,2010);③观察反应模式(ORP)的总分成绩是随机变量,可以波动;④使用马氏距离法可以吸取学生作答表现的整体信息,有利于保证诊断分类的准确性。

四、S-P 表法改进的试验

(一)数据来源

为了进一步了解改进 S-P 表法的效果,以某市小学五年级诊断测验的数据作为分析的基础数据,从中选取了 4 所学校的数据作为分析对象诊断测验数据,如表 9-4-1 所示。

表 9-4-1　4 所学校参加诊断测验不同类型试卷考试的人数分布

学校代码	A 卷	B 卷	C 卷	小计
103	27	28	25	80
104	80	82	83	245
105	62	60	60	182
106	72	72	69	213
合计	241	242	237	720

(二)测验的基本属性

该测验以认知诊断理论作为编制测验的理论指导，选取小学数学五年级下学期简单分数(不含带分数)加、减运算作为测验的内容。该测验确立的认知属性及属性层级关系以及潜在 Q 矩阵 Q_p，如图 9-4-1 和表 9-4-2 所示。在图中，A_1 为基础知识(分数单位、分数性质、加减混合运算顺序)，A_2 为同分母分数加减方法，A_3 为通分，A_4 为约分，A_5 为异分母分数加减方法，A_6 为化成最简分数，A_7 为分数加减混合运算方法。

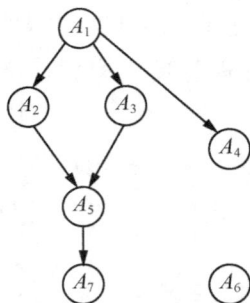

图 9-4-1　小学数学五年级分数简单加减法的认知属性层级关系

表 9-4-2　18 种类型考核的认知属性

类型	A_1	A_2	A_3	A_4	A_5	A_6	A_7
1	1	0	0	0	0	0	0
2	1	1	0	0	0	0	0
3	1	0	1	0	0	0	0
4	1	1	1	0	0	0	0
5	1	0	0	1	0	0	0
6	1	1	0	1	0	0	0
7	1	0	1	1	0	0	0
8	1	1	1	1	0	0	0
9	1	1	1	0	1	0	0
10	1	1	0	1	1	0	0
11	1	0	0	1	0	1	0
12	1	1	1	1	0	1	0
13	1	0	1	1	0	1	0
14	1	1	1	1	0	1	0
15	1	1	1	1	1	1	0
16	1	1	1	0	1	0	1
17	1	1	1	1	1	0	1
18	1	1	1	1	1	1	1

该测验由进行了等值设计 A、B、C 的 3 份平行试卷构成，每份试卷共 40 题，包含 2 种题型，分别为选择题和填空题，其中选择题 20 题、填空题 20 题。每份试卷考核的认知属性一样，位置和顺序基本一致，而且测验内部将考核属性较少的试题放在前面，考核属性较多的试题放在后面。

五、数据分析及结果

（一）S-P 表分析结果

根据余民宁书中《教育测验与评量—成就测验与教学评量》的分类标准，A 为学习稳定型，A′为粗心大意型，B 为努力不足型，B′为欠缺不足型，C 为学习不足型，C′为学习异常型。

使用自编 S-P 表分析程序，对数据进行 S-P 表分析，数据分析结果如表 9-4-3 所示。

表 9-4-3　S-P 表诊断分类各学校不同类别学生的人数

学校代码		A	A′	B	B′	C	C′	小计
103	A 卷	9	14	1	3	0	0	27
	B 卷	7	18	1	0	0	2	28
	C 卷	19	6	0	0	0	0	25
	小计	35	38	2	3	0	2	80
104	A 卷	33	36	4	6	0	1	80
	B 卷	26	47	2	5	1	1	82
	C 卷	33	37	4	3	6	0	83
	小计	92	120	10	14	7	2	245
105	A 卷	20	31	2	6	0	3	62
	B 卷	26	28	3	3	0	0	60
	C 卷	27	25	3	3	0	2	60
	小计	73	84	8	12	0	5	182
106	A 卷	25	32	6	5	0	4	72
	B 卷	30	26	6	8	0	2	72
	C 卷	31	21	7	5	3	2	69
	小计	86	79	19	18	3	8	213
合计		286	321	39	47	10	17	720

表 9-4-3 的数据表明，有 607 名学生被诊断为 A 和 A′类型，约占总人数的 84.31%；有 39 名学生被诊断为 B 类型，约占总人数的 5.42%；有 47 名学生被

诊断为 B′类型，约占总人数的 6.53％；有 27 名学生被诊断为 C 和 C′类型，约占总人数的 3.75％。

(二)认知诊断结果

由于 S-P 表法分析不能为改进教学提供更加详细的信息，不利于补救教学，为此需使用改进后的 S-P 表法进行分析。根据改进后 S-P 表法的基本过程，首先通过表 9-4-2 的 18 种类型考核的认知属性可以得到 18 种 IRP，然后按照马氏距离法，对考生的实际作答模式进行诊断分类，分类结果如表 9-4-4 所示。

表 9-4-4 改进后 S-P 表法诊断分类的结果

类型	属性掌握模式	A	A′	B	B′	C	C′	小计
1	1000000	0	0	0	0	0	3	3
4	1110000	0	0	0	0	0	1	1
6	1101000	0	0	0	0	0	1	1
7	1011000	0	0	0	0	1	1	2
8	1111000	0	0	0	0	1	2	3
9	1110100	0	0	0	0	0	4	4
10	1111100	0	0	1	5	4	2	12
13	1011010	0	0	0	0	1	1	2
14	1111010	0	9	18	28	0	0	55
15	1111110	129	163	14	8	0	0	314
16	1110101	0	0	0	0	0	2	2
17	1111101	0	1	6	6	3	0	16
18	1111111	157	148	0	0	0	0	305
合计		286	321	39	47	10	17	720

表 9-4-4 的数据表明，全部的学生分属于 13 种类型，其中第 2 类型、第 3 类型、第 5 类型、第 11 类型、第 12 类型缺少学生分布。绝大部分学生(619 名)，约占总人数的 85.97％的学生被诊断为第 18 类型和第 15 类型，与 S-P 表法诊断的结果(绝大部分学生被诊断为 A 和 A′类型)较为一致。其他 83 名学生多被诊断为第 10 类型、第 14 类型和第 17 类型。

表 9-4-4 的数据还表明，S-P 表法分类为 B 类型和 B′类型，属性掌握模式多为第 14 类型和第 15 类型。分类为 C 类型，属性掌握模式多为第 10 类型。分类为 C′类型，属性掌握模式多为第 1 类型、第 9 类型。因此，改进的 S-P 法达到了对原有分类更加细分的目的，而且通过学生属性掌握模式的判定，可以了解学生是否掌握了某种属性，然后对未掌握属性进行针对性的补救教学。

六、诊断结果的有效性

为了进一步了解改进后 S-P 法的有效性，采用让有经验的教师对诊断结果进行评判的方法，具体过程如下。

（一）学生作答试卷的抽样

根据表 9-4-4 的诊断结果，采取按不同属性掌握模式所占总体比例随机抽样的方法，对于每种属性掌握模式至少保证抽取 1 份试卷，共抽取了 36 份试卷，其中还保证了不同卷别所考核的人数一致，均为 12 人。抽样结果如表 9-4-5 所示。

表 9-4-5　抽样学生考查试卷所属卷别及诊断为不同属性掌握模式的人数分布表

类型	属性掌握模式	试卷类别			小计
		A 卷	B 卷	C 卷	
1	1000000	1	0	0	1
4	1110000	1	0	0	1
6	1101000	0	1	0	1
7	1011000	0	0	1	1
8	1111000	0	1	0	1
9	1110100	0	0	1	1
10	1111100	0	0	2	2
13	1011010	0	0	1	1
14	1111010	0	2	2	4
15	1111110	5	4	1	10
16	1110101	0	0	1	1
17	1111101	1	0	1	2
18	1111111	4	4	2	10
合计		12	12	12	36

（二）教师对诊断结果的一致性

为了了解教师对改进后 S-P 法诊断结果的认同性，邀请了 3 名教学经验丰富的教师对改进 S-P 法诊断结果进行评判，其中 2 名为小学教研员，1 名为在职教师。在教师进行评判之前，首先，对教师进行相关知识培训，让教师熟悉和了解诊断考试的认知属性及属性之间的层级关系，并熟悉 3 份平行试卷的考核内容。其次，组织教师讨论如何判断学生是否掌握了某些属性以及学生掌握了某些属性后，与传统 S-P 法学生作答反应方式分类的关系。在此基础上，教师分别对 36 份抽样试卷进行诊断，确定学生是否掌握了某些属性以及作答反应方式，最后，让教师对改进后 S-P 法的诊断结果进行评判，判断是否认同改进 S-P 法的诊断结果。

表 9-4-6 的数据表明，3 名教师对诊断结果基本同意及以上的比例约达到 69%，说明教师对于改进 S-P 法的诊断结果较为认可，故可成为辅助教师开展诊断评价工作的工具，达到减轻教师工作量的目的。

表 9-4-6　3 名教师对改进 S-P 法诊断结果的评判结果

教师	同意	基本同意	不同意	小计
A	25	0	11	36
B	18	4	14	36
C	21	7	8	36
小计	64	11	33	108

七、小结

改进的 S-P 表法有着比传统 S-P 表法更加精细的诊断分类结果，能够为改进教学和命题提供较多的改进信息，也比一般的认知诊断能提供更多的定性分析信息。教师对改进后 S-P 表法诊断分类结果有着较高的认同性，说明其可以成为辅助教师开展诊断评价工作的工具。但是在使用该方法过程中，有以下问题值得关注。

（一）属性及属性层次关系确定的重要性

按照 Leighton 等人（2004）的说法，属性和属性之间的层级关系构成认知模型。改进的 S-P 表法是以认知模型的建立为前提的。目前认知属性的确定一般由学科专家、口语报告、回顾文献等方法来确定，对于基础教育实践者来说，通过学科专家或一般教师来确定认知属性是可行的，但是必须注意到认知属性及其层级确定的复杂性，以及认知模型的准确性对后期诊断分类的影响。另外，还需注意的是，确立了认知属性及层级关系以后，进行测验设计时，须将可达矩阵放入测验蓝图之中，在掌握了项目中所有属性才能答对项目的 0—1 评分规则下，才能保证 IRP 与 KS 的一一对应（丁树良等，2009；丁树良，汪文义，杨淑群，2009，2010；吴智辉，甘登文，丁树良，2011），才能保证后期诊断分类精度，否则就可能因为多个 KS 对应一种 IRP，而影响认知诊断分类的准确率。

（二）诊断分类方法对诊断分类的影响

认知属性大多存在层次关系，Leighton 等人（2004）认为，通常有 4 个基本类型，分别为直线型、收敛型、分支型和无结构型，更复杂属性层次关系由 4 个基本层级关系组合而成。如果诊断分类方法能够考虑属性层级，分类精度可能会进一步提高。改进的 S-P 表法分成两步：S-P 表分析法和运用马氏距离法进行诊断分类，这个分类方法并没有充分考虑属性之间的层次关系的信息。如果采用其他一些认知诊断模型，如 AHM、DINA，分类效果可能更好，值得尝试。

（三）改进 S-P 表法的局限性

改进 S-P 表法应用了现代认知诊断理论和经典测量理论，计算方便，推广容易。但是改进 S-P 表法没有给出个体属性掌握概率，也没有给出可能错误诊断的概率，这些都值得进一步讨论，使这个辅助诊断方法更加有效。对改进的 S-P 表法进行模拟研究，以考查该方法的行为表现，这也是今后可以考虑的问题。

思考题

1. 简述 GDD 判别分类方法和 AHM 中 A 方法的异同点。
2. 简述孙佳楠等人（2011）的广义距离（GDD）判别法的优点。
3. 简述海明距离判别法和马氏距离判别法的定义。
4. 简述 MSCD 方法的基本步骤。
5. 简述 S-P 表法改进的过程。

第十章 Q 矩阵理论在 CD-CAT 选题策略中的应用

认知诊断计算机化自适应诊断测验不仅可以从宏观上为被试提供一个测验分数，而且从微观上能够提供详细的诊断信息，即被试掌握了哪些属性（作答一个项目需要的任务、子任务、认知加工或技能），未掌握哪些属性，为被试提供比较准确的补救信息，本章讨论 Q 矩阵理论在 CD-CAT 中的应用。

第一节 CD-CAT 简介

一、CD-CAT 常用的认知诊断模型

有研究人员称，到 2012 年，学者们开发的认知诊断模型就已达 100 多种（辛涛，乐美玲，张佳慧，2012），根据项目反应函数是否包含知识状态（又称为属性掌握模式）或者关联 Q 矩阵，可将认知诊断模型分为显式（explicit）和隐式（implicit）认知诊断模型（DiBello，Roussos，Stout，2007）两类：如果项目反应函数中包含知识状态或者关联 Q 矩阵，则为显式认知诊断模型（DiBello et al.，2007），如 DINA，DINO，NIDA，R-RUM 等；否则为隐式认知诊断模型（implicit cognitive diagnostic models），隐式认知诊断模型又称为（隐式）认知诊断分类方法，如 RSM，AHM，GDD 等。本节仅介绍本章研究中涉及的模型。

（一）DINA 模型

DINA 模型（Junker，Sijtsma，2001）是一种常见的认知诊断模型。模型中"and gate"，即"与门"这里的"与"，是逻辑"与"运算的含义。DINA 模型假定考生必须掌握与特定项目相关的每个属性才能正确作答该项目，然而，该模型也认识到考生作答可能会与预测有偏差（"噪声"）。某些考生可能在某个项目作答有失误，即他们掌握了项目考查的所有属性，也可能会错误地回答该项目，而其他考生可能在某个项目有猜测，即他们缺失了项目考查的某些属性，但也可能正确回答该项目。因此，DINA 模型中被试 i 正确作答项目 j 的概率为

$$P(Y_{ij}=1 \mid \boldsymbol{\alpha}_i)=(1-s_j)^{\eta_{ij}} g_j^{1-\eta_{ij}} 。 \tag{10-1-1}$$

其中 $\boldsymbol{\alpha}_i=(\alpha_{i1}, \alpha_{i2}, \cdots, \alpha_{ik})$ 为被试的掌握模式，如果被试 i 掌握了属性 k，

则 α_{ik} 为 1，否则为 0。s_j 是已掌握项目考查所有属性的考生错误回答项目 j 的概率，即项目 j 的失误概率；g_j 是至少缺失一个项目考查属性的考生正确回答项目 j 的概率，即项目 j 的猜测概率。被试 i 在项目 j 上的理想反应是 $\eta_{ij} = \prod_{k=1}^{K} \alpha_{ij}^{q_{jk}}$，$\eta_{ij} = 1$ 当且仅当被试 i 掌握了项目 j 所有考察的属性。

给定被试 i 在所有考查项目上的作答反应 Y_i，可以计算有限的各种知识状态的后验概率，可以将该被试判归于此后验概率最大者对应的知识状态（这种判别方法称为最大后验概率判别法）。

（二）AHM 模型

Leighton 等人（2004）提出了一种属性层级方法（AHM）的认知诊断模型，他们认为认知属性被假设为具有层级关系能更好地反映人的认知特征，因为认知研究表明认知技能不是孤立操作而是属于一个相互联系的加工网络，其中属性定义为正确求解测试项目所要求的基本认知过程或技能。AHM 的另一个优点是有利于指导测验的编制和开发，一旦确定了某一领域的属性及属性层级结构，测验开发者就能够根据属性的层级结构来编写测验项目，这样测验开发者就能最大限度地控制测验项目所测量的具体属性。

将属性按层次组织的假设出发，可以将属性的层次结构组合起来形成越来越复杂的认知技能结构，Leighton 等人（2004）提出了 4 种基本层级结构，即直线型、收敛型、发散型和无结构型，可以通过这 4 种基本属性层级结构的复合获得其他更加复杂的结构（图 10-1-1）。

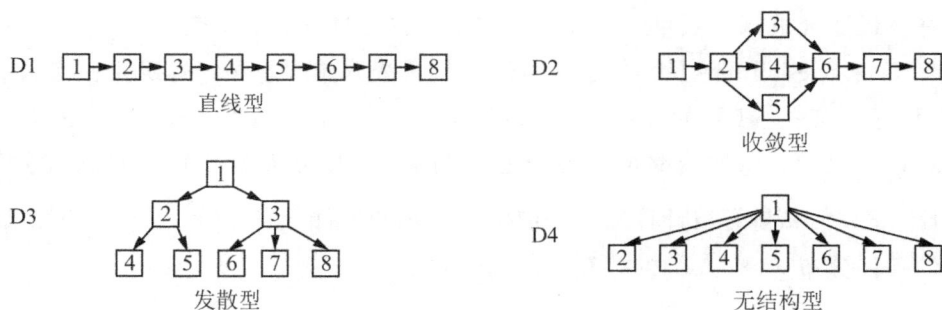

图 10-1-1　属性层级结构

AHM 当中，模式识别阶段用的方法有 IRT 分类法和非 IRT 分类法，IRT 分类法可分为 A 方法和 B 方法，非 IRT 方法是用多层感知器神经网络，支持向量机等来估计被试对每个属性的掌握概率。B 方法仅考虑了被试的失误概率，而 A 方法既考虑了被试的失误概率又考虑了被试的猜测概率，因而诊断准确率更高。

本节仅介绍 A 方法。在该方法中，将某个被试观察反应模式与所有期望反应模式进行比较，识别出 0→1 和 1→0 的滑动，根据当前估计的能力值和项目参数计算每个滑动概率的乘积，给出观察反应模式从每个理想反应模式产生的可能性，将该被试判属于概率值最大的理想反应模式对应的知识状态。设 V_j 为作答 n 个项目的第 j 个理想反应模式，X_j 是某被试在第 j 个项目的观察反应模式，令 $d_j = V_j - X_j$，则

$$P_{jExpected}(\theta) \prod_{k=1}^{K} P_{jk}(\theta) \prod_{m=1}^{M} [1 - P_{jm}(\theta)]。 \qquad (10\text{-}1\text{-}2)$$

其中，K 为 d_j 中为 -1 的元素个数，M 为 d_j 中为 1 的元素个数，$P_{jk}(\theta)$ 是第 k 个观察到的正确答案而期望得到错误答案时的概率（0→1 错误），$1 - P_{jm}(\theta)$ 是第 m 个当期望得到正确答案而观察到错误答案的概率（1→0 错误）。毛萌萌（2008）对 AHM 的作用原理进行了更深入的解析。

二、CD-CAT 常用的选题策略

构造具有认知诊断功能的 CAT，关键在于设计不同于传统 CAT 的选题策略。CD-CAT 同 CAT 的选项目一样，从题库中选择最适合被试的项目，以提高估计的精度和测验的效率，尽快而准确地测量出被试的潜在知识结构，从而将考生进行分类。但两者的选题策略不同，IRT 的选题是根据被试当前的能力估计值进行选题，是单维的；而认知诊断是通过对被试当前估计的潜在知识状态进行选题，是多维的。此时的自适应测验，不仅是适应被试的能力水平，还要适应被试的知识状态（要有利于对被试的知识状态的诊断），根据认知诊断进行的过程分别选用不同的项目（林海菁，丁树良，2007）。在 CD-CAT 中如何在自适应的系统中选择最好及最适合被试的项目，已经有许多学者进行过有关的研究。

Kullback-Leibler（KL）信息量可以度量两个分布的差异，有研究者将 KL 信息量用于 CD-CAT（Henson，Douglas，2005；Xu，Chang，Douglas，2003；Cheng，2009），选题策略的目标是必须将 $\boldsymbol{\alpha}_i$ 与其余可能的知识状态区分开来，因此，KL 信息量可以计算给定当前估计状态的条件分布 $f(Y_{ij} | \hat{\boldsymbol{\alpha}}_i)$ 与真实知识状态的条件分布 $f(Y_{ij} | \boldsymbol{\alpha}_i)$ 的差异，计算公式如下。

$$\mathrm{KL}_j(\hat{\boldsymbol{\alpha}}_i \parallel \boldsymbol{\alpha}_i) \sum_{y=0}^{1} \log\left(\frac{P(Y_{ij} = y | \hat{\boldsymbol{\alpha}}_i)}{P(Y_{ij} = y | \boldsymbol{\alpha}_i)}\right) P(Y_{ij} = y | \hat{\boldsymbol{\alpha}}_i)。 \qquad (10\text{-}1\text{-}3)$$

因为真实的 $\boldsymbol{\alpha}_i$ 未知，公式 10-1-3 不能直接计算。Xu 等人（2003）提出将所有可能知识状态的条件分布与当前估计知识状态的条件分布之间的 KL 距离累加，计算公式如下。

$$\mathrm{KL}_j(\hat{\boldsymbol{\alpha}}_i) \sum_{c=1}^{2^K} \left[\sum_{y=0}^{1} \log\left(\frac{P(Y_{ij} = y | \hat{\boldsymbol{\alpha}}_i)}{P(Y_{ij} = y | \boldsymbol{\alpha}_c)}\right) P(Y_{ij} = y | \hat{\boldsymbol{\alpha}}_i) \right]。 \qquad (10\text{-}1\text{-}4)$$

上式中假设每个 $\boldsymbol{\alpha}_c$ 都是真实的知识状态。在实践中，考虑到被试的作答反

应模式，其中某个 $\boldsymbol{\alpha}_c$ 可能是真实的认知状态。因此，应该更多地通过那些更可能是实际知识状态的 $\boldsymbol{\alpha}_c$ 来决定选择哪个项目。例如，如果 $\boldsymbol{\alpha}_c$ 更可能是被试的真实知识状态，则应该优选能够更好地区分 $\boldsymbol{\alpha}_c$ 和 $\hat{\boldsymbol{\alpha}}_i$ 的项目。为了量化每个知识状态对 KL 的贡献，Cheng（2009）通过将 $KL_j(\hat{\boldsymbol{\alpha}}_i \parallel \boldsymbol{\alpha}_c)$ 与相应的后验概率 $\pi(\boldsymbol{\alpha}_c \mid y_{n-1})$ 相乘来提出公式 10-1-4 的贝叶斯版本。这种改进后的加权 KL 指数（PWKL）可以写成

$$\text{PWKL}_j(\hat{\boldsymbol{\alpha}}_i) = \sum_{c=1}^{2^K} \left\{ \pi(\boldsymbol{\alpha}_c \mid y_{n-1}) \sum_{y=0}^{1} \left[\log\left(\frac{P(Y_{ij}=y \mid \hat{\boldsymbol{\alpha}}_i)}{P(Y_{ij}=y \mid \boldsymbol{\alpha}_c)}\right) P(Y_{ij}=y \mid \hat{\boldsymbol{\alpha}}_i) \right] \right\}.$$

$$(10\text{-}1\text{-}5)$$

其中，

$$\pi(\boldsymbol{\alpha}_c \mid y_{n-1}) = p(\boldsymbol{\alpha}_c) \prod_{j=1}^{n-1} P(Y_{ij}=1 \mid \boldsymbol{\alpha}_c)^{y_{ij}} [1 - P(Y_{ij}=1 \mid \boldsymbol{\alpha}_c)^{y_{ij}}]^{1-y_{ij}}, \quad p(\boldsymbol{\alpha}_c) 为$$

先验信息。

Cheng（2009）研究表明，与 KL 选择方法相比，通过最大化 PWKL 信息来选择项目能产生更高的测量精度。对于具有大的滑动和猜测参数且信息量较少的项目库，测量精度的提高是显著的。

香农熵量化单个随机变量分布中固有的不确定性（Shannon，1948）。如果随机变量是均匀分布，则香农熵最大化，如果是单点分布，则香农熵最小化，即在最不肯定时（均匀分布），香农熵最大，而在最确定时（单点分布），香农熵最小。在 CD-CAT 中，理想情况下人们想获得 $_i$ 的后验分布是单点分布。因此，Tatsuoka（2002）建议选择最小化期望香农熵的项目。具体来说，

$$\sum_{y=0}^{1} \left\{ \sum_{c=1}^{2^K} \left[\pi(\boldsymbol{\alpha}_c \mid y_{n-1}, \quad y_n=y) \log\left(\frac{1}{\pi(\boldsymbol{\alpha}_c \mid y_{n-1}, \ y_n=y)}\right) \right] \right.$$

$$\left. \left[\sum_{c=1}^{2^K} P(y_n=y \mid \boldsymbol{\alpha}_c) \pi(\boldsymbol{\alpha}_c \mid y_{n-1}) \right] \right\}.$$

$$(10\text{-}1\text{-}6)$$

Tatsuoka（2002）研究表明，选择最小化的项目（10-1-5）优于 KL 方法。

三、CD-CAT 选题策略常用的评价指标

通过 MonteCarlo 模拟实验可以对比各选题策略的性能，以下各项指标分别从不同的方面进行了分析。

$$PMR = \frac{\sum_{i=1}^{N} N_{i\_correct}}{N},$$

$$TL = \sum_{i=1}^{N} n_i / N,$$

$$\chi^2 = \sum_{j=1}^{L} (r_j - \bar{r})^2 / \bar{r}, \quad \bar{r} = TL/L,$$

$$TC = \sum_{i=1}^{N} t_i / N 。$$

其中，N 为被试人数，L 为题库容量。$N_{i\_correct}$ 表示对被试 i 的整体属性掌握模式是否判对，判对为 1，判错为 0。n_i 是被试 i 在规定的模拟条件下测试所作答的项目数。r_j 是题库中第 j 个项目的曝光率，等于作答第 j 个项目的人数除以被试总数 N。$\bar{r}$ 等于平均测验长度除以题库容量，称为项目平均曝光率。t_i 是被试 i 在规定的模拟条件下完成测验所花的时间（单位：秒/人）。

模式判准率 PMR 评价选题策略对被试分类的准确性，其值越大越好；平均测验长度 TL(Test Length)记录被试完成测验的作答题量；卡方值 χ^2 评价题库使用的均匀性；TC 记录每种选题策略下每个被试的平均选题时间；在测量精度相同（如 PMR 相同）条件下，后面三个指标的值越小越好。当然，有时也采用属性判准率这个指标，即对第 i 个被试，对于第 j 个属性，如果被试 i 的第 j 个属性是否掌握的估计和真值相同，则增加 1，否则不增加；$i=1$，2，…，N，$j=1$，2，…，K 进行累加，然后将所得到的和数除以 NK，得到属性判准率。属性判准率又称为边际判准率（marginal match ratio，MMR）。

第二节　可达阵对 CD-CAT 选题策略的影响

一、不同的测验蓝图对诊断精度的影响

吴智辉、甘登文、丁树良（2011）在 DINA 模型的基础上选用 SHE 选题策略，采用 4 种不同的测验蓝图考查可达阵的项目及其质量对诊断精度的影响。

在 CD-CAT 中，将可达阵作为测验蓝图的一部分，即让每个被试接受的部分项目的属性向量对应于可达阵 $\boldsymbol{R}$ 中的列，在理想反应条件下一定能够避免对知识状态的误判，从而提高判准率。有研究表明（丁树良等，2010，2011），如果每个考生先对可达阵对应项目进行反应，然后再估计知识状态的初值，可以提高 CD-CAT 的诊断准确率。在研究使用 KL，SHE 等选题策略时，若各个项目的项目参数相同，则在计算机自适应选题过程中，这两种选题策略可能会倾向于选择可达阵对应的项目，以至于无法将可达阵在 CD-CAT 中的作用"过滤"出来，也就使得这些选题策略不能直观地表明可达阵对于提高被试诊断准确率起到的重要作用。例如，在 Cheng(2008)，Henson 和 Douglas(2005)文章中用到的选题策略，设定每个项目的项目质量条件一样，即每个项目的项目参数（失误参数 s，猜测参数 g）都相同，在其选题过程中计算机自动地选择了较多的可达阵中的项目，其实验结果相对较好，但忽视了项目质量在选题过程中对于结果的影响，且未能显现出可达阵在 CD-CAT 中对于提高被试判准率的重要作用。对于上述的选题策略，探讨将可达阵中的项目与其扩张部分的项目质量设置为不同时，对于被试的判准率

有何影响，是本节的主要研究目的。为考查可达阵在 CD-CAT 的重要作用，可以将扩张部分相对于可达阵中项目的项目质量设置得稍好一点，以更好地解释实验效果。在 DINA 模型中，关于项目质量的因素即项目参数，其中含有失误参数 s 和猜测参数 g。为了更好地考查在试验中运用可达阵对于提高被试判准率的准确性，对可达阵与扩张部分的项目质量进行改动，即将可达阵中的项目参数 (s, g) 对应于扩张部分的项目参数 (s, g) 的值相应增加一点。例如，在收敛型的属性层级结构下，将扩张部分的项目参数 (s, g) 分别设为 $(0.1, 0.1)$，而将可达阵中的项目参数 (s, g) 设为 $(0.2, 0.2)$，以考查在项目质量变差了的条件下，选择可达阵的方法是否能弥补这一缺陷。

同时，为了考查可达阵在选题策略中的重要作用，通过考查在测验蓝图中含有可达阵的多少对于测验精度的影响，编制了多个测验蓝图，以更好地解释可达阵在其中的重要作用。如图 10-1-1 所示，对于 AHM 中的 4 种层级结构均编制 4 个诊断测验蓝图，它们分别含有 0 个、1 个和 3 个可达阵，最后一个测验蓝图全部采用可达阵中的项目。

二、模拟研究

采用 MonteCarlo 模拟实验验证可达阵在选题策略中的研究运用，将模式判准率（PMR）作为考查指标。

模拟被试人数为 10000 人，共考查了 8 个属性，4 个属性层级结构如图 10-1-1 所示。其中，题库中每种模式的项目的个数为 100，测验总长度设定 30，以保证被试、项目都非常充分，考查测验的准确率。选择极小化 SHE 作为 CD-CAT 的选题策略。每个属性层级结构包含 4 个不同的测验蓝图，分别含 0 个、1 个、3 个可达阵和全部采用可达阵中的项目。同时为了考查可达阵中项目参数对实验结果的影响，对可达阵中项目的失误参数和猜测参数 (s, g) 的值相应增加，故共设计了 7 个实验，各个实验对应的项目参数如表 10-2-1 所示。

表 10-2-1　7 个实验及其项目参数

项目参数/实验	A_1	A_2	B_1	B_2	C_1	C_2	C_3
可达阵中的项目参数 (s, g)	(0.1, 0.1)	(0.2, 0.2)	(0.15, 0.15)	(0.3, 0.3)	(0.2, 0.2)	(0.45, 0.05)	(0.05, 0.45)
扩张部分的项目参数 (s, g)	(0.1, 0.1)	(0.1, 0.1)	(0.15, 0.15)	(0.15, 0.15)	(0.2, 0.2)	(0.2, 0.2)	(0.2, 0.2)

由于直线型结构中的项目都是由可达阵中的项目构成的，故当只含有 0 个可达阵时，从 R 中随机选取 5 个项目，重复 6 次，表示没有包含完整的 R 阵；仅含 1 个可达阵时，剩余 22 个项目是从 R 中随机抽 2 个项目，重复 11 次；含有 3 个

可达阵时，剩余 6 个项目是从 **R** 中随机抽取 1 个，重复 6 次（表 10-2-2）。

表 10-2-2　四种属性层级结构下的四种测验蓝图相对不同的项目参数的模式判准率

结构	测验蓝图	A_1	A_2	B_1	B_2	C_1	C_2	C_3
直线型	0	0.5815	0.5732	0.5648	0.5627	0.4971	0.4766	0.4631
	1	0.7831	0.7216	0.7526	0.6915	0.6881	0.6658	0.6483
	3	0.9177	0.9104	0.9085	0.8915	0.8879	0.8521	0.8316
	全	0.9337	0.9261	0.9271	0.9217	0.9214	0.8762	0.8635
收敛型	0	0.5017	0.5032	0.4482	0.4412	0.4214	0.4152	0.4105
	1	0.7405	0.6553	0.7208	0.6413	0.6612	0.6427	0.6135
	3	0.8914	0.8801	0.8779	0.8647	0.8543	0.8394	0.8122
	全	0.9217	0.9105	0.9138	0.8946	0.8973	0.8645	0.8427
发散型	0	0.4864	0.4732	0.4327	0.4203	0.4136	0.4079	0.4081
	1	0.6762	0.5934	0.6404	0.5532	0.6217	0.5960	0.5739
	3	0.8630	0.8415	0.8473	0.8327	0.8232	0.8011	0.7834
	全	0.8932	0.8847	0.8853	0.8732	0.8782	0.8621	0.8235
无结构型	0	0.3631	0.3577	0.3256	0.3215	0.3012	0.2967	0.2916
	1	0.5169	0.4417	0.4526	0.3745	0.4370	0.4159	0.4076
	3	0.7329	0.7159	0.7223	0.7056	0.7096	0.6741	0.6650
	全	0.8092	0.8032	0.8069	0.7913	0.8025	0.7613	0.7468

注：1. 除直线型结构在正文中做了特别说明之外，对其他层级结构中测验蓝图中的 0，1，3，全分别表示含 0 个、1 个、3 个可达阵，全部用可达阵中的项目。

2. 当测验蓝图含有 0 个可达阵即不含可达阵时，所有试验项目的失误参数和猜测参数都是相同的。表头 A_1，A_2，B_1，B_2，C_1，C_2，C_3 的含义在表 10-2-1 中做了说明。

三、结果分析

当所有项目参数相同时，选题加入可达阵所对应的项目属性向量类型，则模式判准率有明显的提高，如在图 10-1-1 收敛型层级关系的 A_1 条件下，在没有可达阵的情况下，模式判准率仅为 0.5017，加入一个可达阵后，模式判准率提高到了 0.7405，一般情况下包含的可达阵越多判准率越高，当其加入 3 个可达阵和全部是可达阵的情况下，其模式判准率分别达到了 0.8914，0.9217。由此可见可达阵在认知诊断选题中的重要作用。

当可达阵与扩张部分的项目参数不同时，选题加入可达阵，对模式判准率会有显著的影响。例如，在实验 B_1 和 B_2 中的发散型层级关系下，在只有一个可达阵的情况下，其模式判准率分别为 0.6404，0.5532，B_2 中的项目质量比 B_1 的稍差，其模式判准率下降 0.0872，下降非常明显，而在有 3 个可达阵的情况下，其模式判准率分别为 0.8473，0.8327，模式判准率仅下降了 0.0146。可见，当可达阵中项目的失误参数 *s* 和猜测参数 *g* 增大时，选取较多的可达阵对于测验的判断准确率有显著的弥补作用。

当可达阵中的项目参数不同时，猜测参数对于测验的模式判准率有较大的影响。例如，在实验 C_1，C_2 和 C_3 中的收敛型层级关系下，含 3 个可达阵的情况下其模式判准率分别为 0.8543，0.8394，0.8122。C_2 比 C_1 的模式判准率下降了 0.0149，C_3 比 C_1 的模式判准率下降了 0.0421。可见，相对于猜测参数，失误参数对于测验的模式判准率的影响不大。在不同的属性层级关系下，在 CD-CAT 过程中选择较多可达阵的列对应的项目能够明显提高模式判准率，项目参数对结果的影响不大，而未包含所有可达阵的列对应的项目时，项目参数对于模式判准率有较大的影响。

四、其他的研究

涂冬波、蔡艳、戴海琦(2013)的研究中把包含可达矩阵所考核的认知属性矩阵简称为"*T* 阵"(*R* 阵为 *T* 阵的子矩阵)，并把认知诊断 CAT 的初始题从"*T* 阵"中选取并同时保证"*T* 阵"中含有 *R* 阵的方法称为"*T* 阵法"。可以看出，*T* 阵实际上就是必要 *Q* 矩阵。"*T* 阵法"可以保证整个 CAT 在测试的初始阶段就尽可能实现对每个属性的诊断，从而提高认知诊断 CAT 诊断的正确率。"*T* 阵法"思想还可用于指导认知诊断测验的编制，同时也可用于认知诊断测验的组卷中。他们的研究表明从能力参数的返真性、被试模式判准率及稳健性三个指标，初始选题采用"*T* 阵法"均优于传统的随机选题法。

第三节 可达阵对 AHM 和 DINA 诊断精度的影响

颜远海等人(2011)针对 AHM 和 DINA 这两个认知诊断模型，通过 Monte Carlo 模拟实验探讨测验编制、测验长度、属性结构和项目质量对认知诊断精度的影响。

一、实验设计与条件

考查 7 个属性的情形和 4 个影响 AHM 和 DINA 诊断精度的因素：测验编制(F1)、测验长度(F2)、属性结构(F3)和失误率 slip(F4)。测验编制有 3 种水平，分别是含 0，1，2 个可达阵；测验长度有 5 种水平，分别包含 14，21，28，35，42 个项目；失误率包含 4 个水平，slip 分别等于 0.05，0.10，0.15，0.20；属性结构如图 10-1-1(在原图基础上减少一个属性，即 7 个属性)。这种设计包含 2 种模型，4 个影响因子（这 4 个因子共有 3×5×4×4 水平搭配），完全试验的组合数目很多，本节仅列出了一些比较有代表性的结果。

被试的知识状态由潜在 *Q* 矩阵加上零列（没有掌握任何属性）得到，总人数相同，按照理想反应模式总得分服从正态分布，得分相同的不同理想反应模式采用平均分配人数的方法（Xu，Chang，Douglas，2003）。

实验 1：探究测验编制、测验长度及属性结构对认知诊断准确率的影响

为了探究测验编制（F1）、测验长度（F2）、属性结构（F3）对认知诊断准确率的影响，编制了 3 类测验蓝图，分别命名为 Test1，Test2，Test3。Test1 不包括可达阵；Test2 包含 1 个可达阵；Test3 包含 2 个可达阵；每类测验的长度又设置为 5 个水平：14，21，28，35，42。以发散型为例，发散型可达阵 *R* 是 7×7 的矩阵，潜在 *Q* 阵是 7×25 的矩阵，由可达矩阵扩张出 18 列，这 18 列称为扩张部分。除了可达阵之外的其他测验项目随机在扩张部分中取得。实验重复 30 次。被试模拟 1000 人，被试知识状态共 26 类，作答模拟加入失误率为 slip=0.10。其他属性层级（除直线型）用类同方法进行实验。由于线形的扩张部分为空，故当直线型中含 0 个可达阵时，对于不同的测验长度，从可达阵中分别随机选取 2，3，4，5，6 个项目，所选项目重复 7 次；仅含 1 个可达阵时，对于不同的测验长度，剩余项目从可达阵中分别随机选取 1，2，3，4，5 个项目，所选项目重复 7 次；仅含 2 个可达阵时，对于不同的测验长度，剩余项目从可达阵中分别随机选取 0，1，2，3，4 个项目，所选项目重复 7 次。

实验 2：作答反应数据中失误率大小对诊断准确性的影响

探究作答反应数据中失误率 slip（F4）大小对诊断准确性的影响，随机误差为 4 个水平：0.05，0.10，0.15，0.20。在被试作答上，加入失误率。例如，模拟失误率 slip=0.05，采用产生一个服从均匀分布 $U(0,1)$ 的随机数 r。若 $r>0.95$，则某个理想反应模式在某个项目上的得分就发生改变，即 1 改为 0，0 改为 1；否则，该理想反应模式在该题上的得分保持不变。这样就模拟产生一个有 5% 失误概率的观察反应模式矩阵。测验的编制根据属性层级结构的不同而不同，测验编制为每个属性结构的简化 *Q* 阵，根据扩张算法知 4 个属性层级对应的测验长度分别为 25，8，7，64。模拟 1000 人，实验重复 30 次。

评价指标见本章第一节。

为了叙述方便，现引入以下两个术语。设 K 为属性数，m 为简化 *Q* 阵（Q_p 阵）的列数，定义属性层级结构紧密度的指标为 $1-\left[\dfrac{m}{2^K-1}\right]$（杨淑群等，2008）。指标值越大，代表属性层级结构越紧密；指标值越小，属性层级结构则越松散。根据这个指标，以上 4 个属性层级紧密程度从大到小分别为：直线型、收敛型、发散型、无结构型。

属性层次结构中结点 x 是结点 y 的直接或间接的前提条件，则称 x 是 y 的约束属性（又称为父结点，相反 y 称为 x 的子结点）（杨淑群等，2008）。

二、实验结果与分析

从表 10-3-1 到表 10-3-2，试验都在 slip＝0.10，30 次重复下进行。表 10-3-1 数据显示，在 F1，F3，F4 相同的条件下，考查 F2（测验长度）对判准率的影响可以发现，在发散型、收敛型、无结构型中测验长度越长，判准率相应地也会增加。而在直线型中，测验长度并非越长越好。如表 10-3-1 中，0.8398（42 题）＜0.8502（35 题）＜0.8809（28 题）；0.8956＜（42 题）＜0.9012（35 题）＜0.9276（28题）。从表 10-3-3 和表 10-3-4 可以看出，Test2，Test3（含有可达阵）中的 PMR 和 MMR 值比 Test1（不含可达阵）中的 PMR 和 MMR 值有明显提高，而 Test3（含 2个可达阵）的 PMR 和 MMR 值比 Test2（含 1 个可达阵）中的 PMR 和 MMR 值也有所提高。

表 10-3-1 AHM 与 DINA，Test2（含 1 个可达阵）中的实验 1 的 PMR 值

模型/测验长度	AHM				DINA			
	发散型	收敛型	直线型	无结构型	发散型	收敛型	直线型	无结构型
14	0.5924	0.6135	0.6935	0.3923	0.6431	0.6975	0.7556	0.5775
21	0.7219	0.7684	0.8178	0.6026	0.7434	0.8190	0.8824	0.7009
28	0.7885	0.7994	0.8809	0.6689	0.8074	0.8413	0.9276	0.7623
35	0.7902	0.7996	0.8502	0.7012	0.8149	0.8590	0.9012	0.7734
42	0.8098	0.8175	0.8398	0.7151	0.8167	0.8678	0.8956	0.7945

表 10-3-2 AHM 与 DINA 测验长度为 21 的实验 1 的 PMR 值

模型/测验长度	AHM				DINA			
	发散型	收敛型	直线型	无结构型	发散型	收敛型	直线型	无结构型
Test1	0.6538	0.6863	0.7013	0.5374	0.7064	0.7306	0.7623	0.5876
Test2	0.7219	0.7684	0.8178	0.6026	0.7434	0.8190	0.8824	0.7009
Test3	0.7890	0.8165	0.8332	0.6035	0.7946	0.8308	0.8998	0.7525

表 10-3-3 在 Test1 中，实验长度为 14 的结果值

属性层级/分类方法	发散型	收敛型	直线型	无结构型
AHM-A	0.4999	0.6023	0.6989	0.4465
DINA-MLE	0.5126	0.6278	0.7034	0.4923

表 10-3-3 的数据显示，在 F1，F2，F4 相同的条件下，考查 F3（属性结构）对判准率的影响发现，判准率依次从小到大的排列是：无结构型、发散型、收敛型、直线型。在 F1，F2，F3，F4 相同的条件下，可以发现，DINA-MLE 的判准率要高于相同条件下 AHM-A 的判准率。

在实验 2 中，抽取在 slip＝0.10 时两种模型的属性判准率结果如表 10-3-4 和图 10-3-1 所示。计算表 10-3-4 中每个模型下项目属性判准率标准差可得到表 10-3-5。表 10-3-5 显示，AHM 边际判准率的 SD 值的分布范围为 0.001～0.009，DINA 模型的属性判准率的 SD 值的分布范围为 0.001～0.005。

表 10-3-4　不同属性层级不同分类方法下的属性判准率

属性层级	模型/属性	属性 1	属性 2	属性 3	属性 4	属性 5	属性 6	属性 7
发散型	AHM-A	0.8896	0.8089	0.8064	0.7341	0.7032	0.6946	0.6644
	DINA-MLE	0.9158	0.7975	0.8053	0.7670	0.8277	0.7777	0.7680
收敛型	AHM-A	0.8275	0.7633	0.7506	0.7463	0.7361	0.7255	0.6971
	DINA-MLE	0.8849	0.8023	0.8132	0.8232	0.7367	0.8516	0.8381
直线型	AHM-A	0.8596	0.7982	0.7708	0.7359	0.6893	0.6443	0.5981
	DINA-MLE	0.8856	0.7956	0.7842	0.8064	0.7755	0.8382	0.7977
无结构型	AHM-A	0.8041	0.7066	0.6340	0.6697	0.7284	0.7302	0.7278
	DINA-MLE	0.8856	0.8156	0.7842	0.7064	0.8255	0.8382	0.7077

表 10-3-5　slip＝0.10 的两种模型属性判准率的方差值（SD）

属性结构/模型	发散型	收敛型	直线型	无结构型
AHM-A	0.006434	0.001631	0.008253	0.002866
DINA-MLE	0.002721	0.002139	0.001452	0.004503

表 10-3-6　DINA 模型与 2^k 种模式匹配实验结果值

	线型	收敛型	发散型
M_1	0.3506	0.3162	0.2495
M_2	103	95	81

注：M_1＝出现不合理估计的被试所占百分比的平均值；
　　M_2＝出现不合理估计的模式数的平均值；$N=1000$，重复次数为 30，$K=7$。

表 10-3-5 显示 DINA 模型下属性判准率方差的分布范围更小。从表 10-3-4 可以看出，AHM 中某属性的判准率往往低于该属性的约束属性判准率。例如，发散型，属性 2 是属性 5 的约束属性，在 AHM 中属性 2 的判准率（0.8089）高于属

性 5 的判准率(0.7032)，DINA 中属性 2(父结点)的判准率(0.7975)低于属性 5(子结点)的判准率(0.8277)(以下这种现象简称为"父低子高现象")。因此猜想 AHM 对属性层级结构的敏感性是否较 DINA 更强，为了证明猜想，特添加直线型中含 5，9，11 个属性的实验(其他条件与实验 2 条件一致，测验长度＝可达阵的列数，测验编制＝1 个可达阵，slip＝0.1)。最后求 30 次的平均值，结果如图 10-3-1 所示(属性 i 是属性 $i+1$ 的直接约束属性)；图 10-3-2 显示 AHM 在线型结构中约束属性的判准率大于被约束属性的判准率，而 DINA 模型中会出现被约束属性判准率大于约束属性判准率的现象。如含 11 个属性时，0.8464(属性 5 的判准值)＞0.8007(属性 4 的判准值)。由图 10-3-3 可以得出，在 AHM-A 和 DINA-MLE 中，在每个属性层级中，失误率越大，模式判准率和边际判准率越低。

为了进一步解释诊断模型对属性层级结构的敏感性，如果不管什么属性层级，只要是含 K 个属性都允许被试的知识状态有 2^K 种可能的变化，那么使 DINA 模型可能会估计出一些不合理的模式(所谓不合理模式是指不在学生 **Q** 阵中的模式；反之就是合理的模式)。结果如表 10-3-6 所示。

研究发现 AHM 对属性结构更"敏感"，而 DINA 对属性层级更"迟钝"。当属性层级的紧密度大时，应使用 AHM 而不应该使用 DINA。在选择认知诊断模型时，必须考虑认知模型(属性及属性之间的关系假设)与认知诊断模型两者进行匹配。

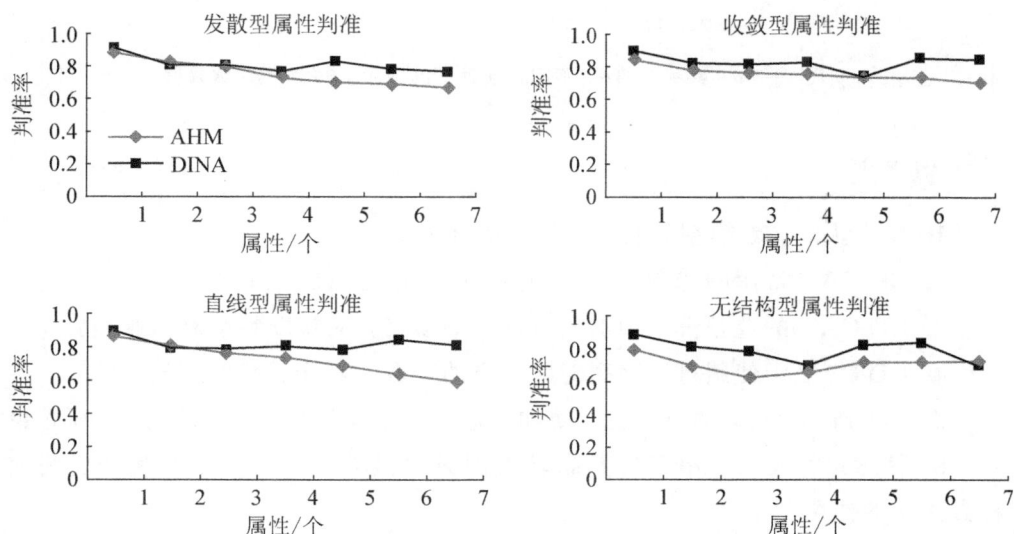

图 10-3-1　slip＝0.1 的两种模型属性判准率的示意图

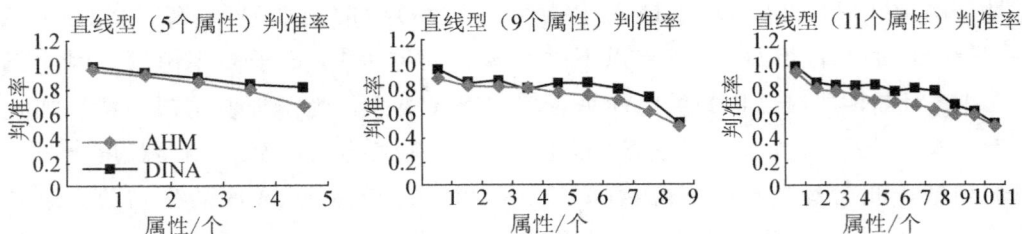

图 10-3-2　直线型中含有 5，9，11 个属性的属性判准率结果示意图

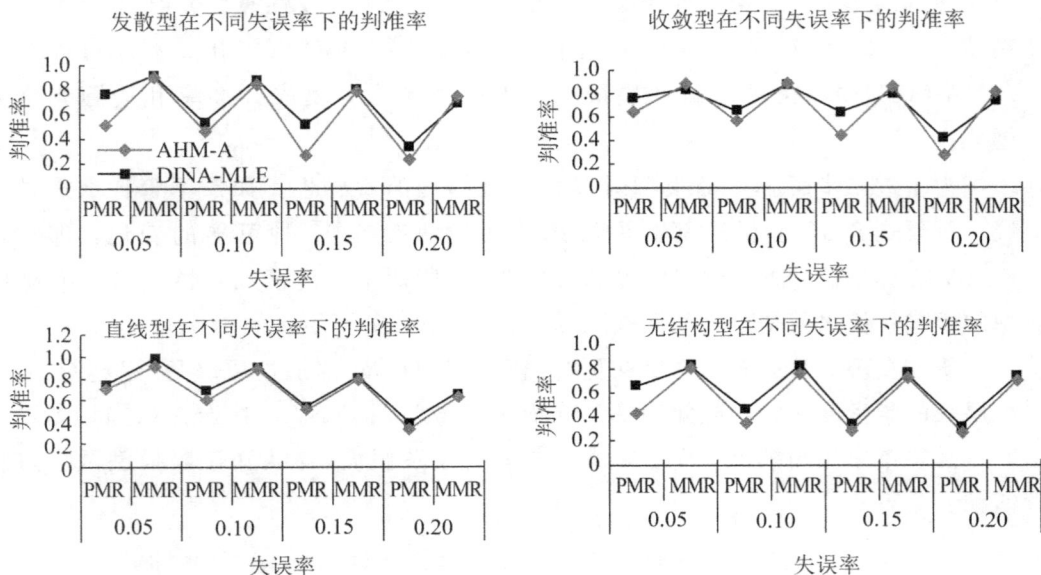

图 10-3-3　实验 2 结果(不同失误率下的结果，30 次重复结果值)

思考题

1. 显式认知诊断模型和隐式认知诊断模型的区别。

2. CD-CAT 常用的选题策略有哪些，并说明各自的优缺点。

3. CD-CAT 的选题策略中加入可达阵的项目，对诊断精度有何影响？

4. CD-CAT 中使用可达阵列对应项目的个数，对诊断精度有何影响？

5. 如何解释 AHM 的 A 方法才更加合理(提示：可以参见毛萌萌的硕士学位论文)？

6. 林海菁等人(2007)开发状态转换图方法做 CD-CAT 时，研究可达阵在这种方法中的作用。

7. 使用隐式认知诊断模型，如何制定 CD-CAT 选题策略？

8. 非参数分类方法如何应用于 CD-CAT？

9. CAT 和 CD-CAT 终止规则的判定有何不同？

第十一章 有诊断功能的多步骤计算机化自适应测验

有诊断功能的多步骤计算机化自适应测验（CD-MST）将计算机化多阶段自适应测验（MST）与认知诊断计算机化自适应测验（CD-CAT）相结合，既可获得 CAT 快速反馈的优势，又具有允许考生返回检查和修改，能有效缓解考生的紧张焦虑情绪等优点，本章介绍结合 Q 矩阵理论实现 CD-MST 的相关技术。

第一节　CD-MST 初始阶段模块组建

近年来，美国注册会计师考试和研究生入学考试分别由纸笔测验和 CAT 转向新的测验形式——多阶段测验（Multi-stage testing，MST）（Breithaupt，Hare，2007）。计算机化多阶段自适应测验是纸笔测验（pen and pencil testing，P & P）同计算机化自适应测验相结合的一种测验方式。MST 将测验分为若干个阶段，每个阶段包含多个不同难度水平的模块（一组项目集合），被试的测验过程是依据路由规则在每个阶段选取一个模块，因此自适应过程中提供给被试是一个项目集合而不是一个项目。MST 测验前必须事先确定测验阶段数、每阶段包含的模块数以及对各类（而不是各个）被试实施测验的路径，这是对 MST 的设计。由于每个阶段模块的难度划分相对粗糙，因此 MST 自适应程度不如 CAT，但有人认为它能缓解 CAT 的诸多不足（Hendrickson，2007）。

已有 MST 的研究和应用都是基于 IRT 的，根据考生的作答估计被试的能力，缺乏对考生知识状态的诊断，这限制了 MST 的推广和应用。现阶段认知诊断评价的发展迅速，认知诊断的测验方式也在不断地创新。von Davier 和 Cheng（2014）提出了具有认知诊断功能的 MST（cognitive diagnostic multi-stage testing，CD-MST），并对 CD-MST 的实施提出了意见和建议。

与 MST 相似，对于 CD-MST 来说，第一阶段的判准率将极大地影响后面对被试的最终知识状态的估计。高椿雷、罗照盛、喻晓锋、彭亚风、郑蝉金（2017）借鉴 CD-CAT 的初始阶段项目选取方法，根据认知诊断评估（CDA）和 MST 的自身特点，提出了 7 种 CD-MST 初始阶段模块组建方法。

一、随机法

随机法是指采用随机的方法从题库中选取项目作为 CD-MST 初始阶段模块，在选取项目的时候不考虑项目参数和项目所考查的属性。这种方法简单快速。

二、选题策略法

选题策略法是指根据随机分配的知识状态和信息量选取出 CD-MST 初始阶段所需项目进行模块组建，如采用 PWKL（Posterior Weighted Kullback-Leibler，PWKL）进行模块组建，根据知识状态和 PWKL 信息量从题库中选取出当前知识状态下 PWKL 信息量最大的一部分项目，如初始阶段项目数是 5，则选取出 PWKL 信息量最大的 5 题组成第一阶段模块。

三、R_* 矩阵法

可达矩阵 R 是指能够描述属性之间所具有的直接关系、间接关系和自身关系的矩阵。在 CD-MST 初始阶段模块组建时考虑 R 矩阵是指在选取项目时考虑项目和属性的关系属于 R 矩阵所描述的关系；当初始阶段的项目个数同 R 矩阵的项目个数不是一一对应时，如属性个数为 5 个，则 R 矩阵是 5×5 的矩阵，初始阶段项目个数是 6 个时，则在采用 R 矩阵的项目后，再随机从 R 矩阵中选择一个项目组成初始阶段项目。当初始阶段项目个数小于属性个数时，如初始阶段项目个数是 4 个，属性个数是 5 个，则随机考查其中的 4 个属性。这种方法称为 R_* 矩阵法。R_* 矩阵法能够实现在初始阶段对每个属性的考查，保证 Q 矩阵的完备性，提高初始阶段的判准率。

四、基于经典测量理论的项目区分度（Classified Test Theory Item Discrimination，CTTID）法

在 MST 中，第一阶段通常采用难度水平为中等的题目（Kim，Moses，Yoo，2015）。在 CDA 中，虽然模型众多，但是都考虑项目参数。因此，在初始阶段项目的选取时考虑项目参数是有必要的。项目的区分度是指项目对所测内容的区分能力。有良好区分度的项目能够将不同水平的被试区分开来。在该项目上水平高的被试得高分，水平低的被试得低分。在 CTT 中，使用鉴别度指数计算项目的区分度。Rupp，Templin 和 Henson（2010）依据该思想计算 CDA 中项目的区分度是

$$d_i = p_{ah} - p_{al} \, 。$$

p_{ah} 是指掌握属性最多的被试正确作答该项目的概率，p_{al} 是掌握属性最少的

被试正确作答该项目的概率。在 DINA 模型中，

$$p_{ah}=(1-s_i)^1 g_i^{1-1}=(1-s_i),$$
$$p_{al}=(1-s_i)^0 g_i^{1-0}=g_i,$$
$$d_i=p_{ah}-p_{al}=(1-s_i)-g_i。$$

Templin 和 Henson(2006)曾指出，在 DINA 模型中，一个质量较好的项目应该具有较小的 s 和 g 参数。s 和 g 越小，表示失误和猜测的概率越小，判准率越高。依据 CTTID 计算出的 DINA 模型的项目的区分度符合了这一思想。因此根据 CTTID 方法选取出区分度最高的那部分项目组成 CD-MST 初始阶段模块。

五、认知诊断区分度指标(Cognitive Diagnosis Index，CDI)法

上一方法采用经典测量理论的思想计算项目的区分度，这种方法易于计算，但是却依赖于模型。为了克服这个困难，研究使用 Henson 和 Douglas(2005)提出的 CDI 作为另外一种区分度指标计算方法。Chang 和 Ying(1999)指出在初始阶段应使用区分度参数较低的项目，因为测验初期对被试的能力估计不准确。CDI 既是选题指标也是区分度指标，在作为选题指标时，CDI 不依赖于初始知识状态，因此在测验初期优于其他方法，适用于初始阶段的选题。作为区分度指标，CDI 针对每个项目有区分度值，这个值不依赖于被试的知识状态和后验估计结果。如前所述，在 CD-MST 中由于自适应频次更少，需要在初始阶段的判准率更高，CDI 用于 CD-MST 初始阶段模块组建方法会更加有效。

六、CTTID 和 R_* 相结合的方法(CTTIDR$_*$法)

项目参数和项目所考查的属性是 CDA 中影响测验效率的重要因素。CD-MST 需要依靠项目参数、被试在项目上的属性的掌握情况估计知识状态。CTTID 法是根据 CTT 计算区分度的方法推广到了 CDA 中。这种方法是在项目参数层面计算区分度，没有考虑项目所考查的属性。为了提高测验的效率，需要同时考虑项目所考查的属性。R_* 矩阵法能够保证 Q 矩阵的完备性，将 R_* 矩阵和 CTTID 相结合，既保证项目质量又保证对属性的全面诊断。因此将 CTTID 法和 R_* 矩阵法相结合作为 CD-MST 初始阶段模块组建方法。

七、CDI 和 R_* 相结合的方法(CDIR$_*$法)

CDI 从属性的角度上计算项目的区分度。在初始阶段，CDI 法选取的项目考查的属性并不确定，也就是说不能保证每个属性都被考查到。为了保证在初始阶段就尽可能实现对每个属性的诊断，在选取出 CDI 最大的项目的基础上考虑 R_* 矩阵的方法，将 CDI 的方法和 R_* 方法相结合。这种方法在项目区分度最大的基

础上同时保证初始阶段实现对 CDI 方法所有属性的诊断。作为第 7 种 CD-MST 初始阶段模块组建的方法，称为 CDIR$_*$法。

八、部分实验结果

采用 DINA 模型，属性独立且个数为 5，每种属性模式有 40 个项目，题库共有 1240 个项目。实验重复 10 次取平均值。CD-MST 共有 3 个阶段，每个阶段含 5 个项目，测验包含 15 个题目。de la Torre，Hong 和 Deng（2010）研究表明题库的项目质量影响测验的判准率。题库根据项目质量分为高区分度（high discrimination，HD）、低区分度（low discrimination，LD）、高方差（high variance，HV）和低方差（low variance，LV）四者组合，且产生 4 种实验条件，HD-LV，HD-HV，LD-LV，LD-HV，参数如表 11-1-1 所示，评价指标采用 PMR。

表 11-1-1   项目参数

项目质量	s 和 g
HD-LV	$U(0.05，0.15)$
HD-HV	$U(0.00，0.20)$
LD-LV	$U(0.15，0.25)$
LD-HV	$U(0.10，0.30)$

如图 11-1-1 所示，他们的研究发现含有 **R**$_*$矩阵的方法作为初始阶段模块组建的方法效果更好，其中 CTTIDR$_*$法效果更优，由此可见，在初始阶段使用含有 **R** 矩阵的项目能够保证 **Q** 矩阵的完备性。

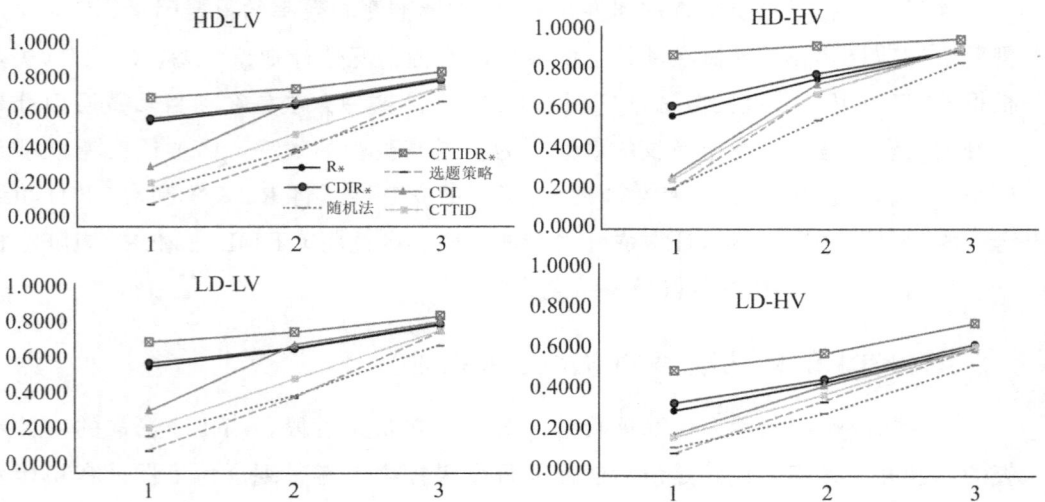

图 11-1-1   4 种题库参数下的 7 种初始选题方法的 PMR 值

第二节　自适应分组认知诊断测验设计

MST 的预先组织比较耗费时力，Zheng 和 Chang(2015)将 CAT 和 MST 优势互补，提出了在线组卷多阶段自适应测验(on-the-fly assembled multi-stage adaptive testing，OMST)，即测验开始时只要预置第一阶段的模块，后续阶段的模块则由模块构造算法根据被试的当前能力估计值自动生成和装配，测验的阶段数由测量精度决定。OMST 中的能力值是一个连续标量，CD-CAT 中的被试知识状态是一个离散向量，无法像标量那样比较大小。罗芬，王晓庆，丁树良，熊建华(2018)基于偏序关系对题目类型向量和被试知识状态向量进行比较，并应用 OMST 在线组卷的思想设计了自适应分组认知诊断测验(adaptive multi-group testing for cognitive diagnosis，CD-AMGT)的分组方法及其选题策略，该测验与 OMST 类似，仅需预置第一个分组，后续阶段仅一个分组且根据自适应算法自动生成。

一、CD-AMGT 的构造

OMST 在未到达终止状态时，每作答完一组项目，需根据被试的当前能力估计值挑选下一组项目。OMST 中能力估计值和项目难度均为标量，容易比较，而 CD-AMGT 中的知识状态估计值和题目类型均为向量，不好比较大小，需给出能反映向量间"接近"程度的度量指标，此外还要解决如何设计分组以获得"影子题库"(影子题库是指符合当前选题要求的候选项目集合)(McGlohen，Chang，2008)，以及如何从影子题库中挑选出一组题目等问题。

(一)知识状态"大小"的比较

认知诊断测验涉及多个表示属性和项目(或被试)间联系的 Q 矩阵，可达矩阵 R 是特殊的 Q 矩阵，表达属性间直接或间接的先决关系，对 R 进行列扩张(丁树良等，2009)可以得到潜在题目类型 Q 阵(记为 Q_p)，其每列对应一种题目类型。测验 Q 阵(记为 Q_t)是 Q_p 的子矩阵；Q_p 增加一个同阶零列可以获得被试的类别 Q 阵(记为 Q_s)，其每列代表被试的一种知识状态。

向量之间可以定义偏序关系(左孝凌，李为鑑，刘永才，1982)。在知识状态全集上定义的先决关系(Tatsuoka，1995)是偏序关系，可构成格(丁树良等，2015)，知识状态全集用 Q_s 表示，先决关系用"≤"表示，则<Q_s，≤>是一个格。由格的性质知，在格中任取向量 x，y，必有 $x \leqslant x \vee y$(x 的每一个分量不超过 $x \vee y$ 的相应分量)，$y \leqslant x \vee y$ 和 $x \wedge y \leqslant x$，$x \wedge y \leqslant y$。

(二)CD-AMGT 的分组设计

每测完一个分组，需重新估计被试的知识状态，并根据新的估计值自适应构建下一个分组。分组数量和每个分组所含项目数均依据被试知识状态的当前估计值进行动态调整，分组所覆盖的测试属性集，既包含有待进一步探查的属性，也包含当前认为被试已掌握的认知属性，以期纠正前面可能错估的情况。分组设计具体做法如下。

用 $K \times m$ 阶矩阵 $\boldsymbol{F}_i^{(t)}$ 保存被试 i 在第 t 个分组中已作答的题目类型，K 为属性个数，m 为已作答的题目类型个数。对 $\boldsymbol{F}_i^{(t)}$ 按列划分：$\boldsymbol{F}_i^{(t)} = (f_1, f_2, \cdots, f_m)$，$\boldsymbol{F}_i^{(0)}$ 初始为空。被试 i 每作答完一个新类型项目就在 $\boldsymbol{F}_i^{(t)}$ 中增加相应列。

(1)利用可达阵构造首个分组。注意到在一定条件下可达阵在认知诊断测验设计中的重要作用(丁树良，汪文义，杨淑群，2011)，CD-AMGT 的首个分组根据可达阵 $\boldsymbol{R}$ 的每一列(题目类型)选取相应项目，即 $\boldsymbol{F}_i^{(1)} = \boldsymbol{R}$。

(2)构造后续分组，同时考虑对前一分组潜在错误估计的校正。被试 i 作答完上一个分组 t 后，要估计其知识状态 $\hat{\boldsymbol{\alpha}}_i^{(t)}$，再用 $\hat{\boldsymbol{\alpha}}_i^{(t)}$ 与 $\boldsymbol{F}_i^{(t)}$ 每列进行布尔并(交)构造集合 $\boldsymbol{U}_i^{(t+1)}(\boldsymbol{L}_i^{(t+1)})$；

$$\boldsymbol{U}_i^{(t+1)} = \{\hat{\boldsymbol{\alpha}}_i^{(t)} \vee f_j | j=1, 2, \cdots, m\}, \boldsymbol{L}_i^{(t+1)} = \{\hat{\boldsymbol{\alpha}}_i^{(t)} \wedge f_j | j=1, 2, \cdots, m\}.$$

这里布尔并(交)是指将两个 0—1 向量的元素逐对作布尔并(交)。这两个集合的作用是：当 $\hat{\boldsymbol{\alpha}}_i^{(t)}$ 中等于 1 的元素少于 $\boldsymbol{\alpha}_i$ 时，$\boldsymbol{U}_i^{(t+1)}$ 可以校正；而当 $\hat{\boldsymbol{\alpha}}_i^{(t)}$ 中等于 1 的元素多于 $\boldsymbol{\alpha}_i$ 时，$\boldsymbol{L}_i^{(t+1)}$ 可以进行校正。令 $\boldsymbol{P}_i^{(t+1)} = \{\hat{\boldsymbol{\alpha}}_i^{(t)}\} \bigcup \boldsymbol{U}_i^{(t+1)} \bigcup \boldsymbol{L}_i^{(t+1)}$ (即将三者的列放在一起，构成一个更大的矩阵)，它代表与当前估计接近的潜在真实知识状态的集合，也对应题目类型的集合。称 $\boldsymbol{M}_i^{t+1} = \boldsymbol{P}_i^{t+1} - \boldsymbol{F}_i^{(t)}$ 为被试 i 的第 $t+1$ 个校正分组题目类型集合(简称校正矩阵)，它表示已经使用过的题目类型在后续分组中不再使用；下一个分组选择 $\boldsymbol{M}_i^{(t+1)}$ 所对应的项目集合对被试进行施测，有助于校正上一个分组可能的错误估计。上述自适应分组方法称为 AMGT。

(三)分组内选题策略

(1)首个分组选题策略。

针对可达阵 $\boldsymbol{R}$ 的每列(题目类型)选取一个相应项目，构造首个分组，若题库中某题目类型对应多个项目，则随机选取一个。

(2)后续分组选题策略。

校正矩阵 $\boldsymbol{M}_i^{(t+1)}$ 中单个题目类型对应多个项目时的优化策略。在多个项目中用 PWKL 或 SHE 策略选题，相应的策略分别称为 AMGT-PWKL 和 AMGT-SHE。校正矩阵 $\boldsymbol{M}_i^{(t+1)}$ 为空时的补救策略。此 AMGT-PWKL(AMGT-SHE)策略退化为原本的 PWKL(SHE)选题策略，每次从被试剩余题库中选取一个项目。

重复上述自适应分组设计及选题策略直至达到测验设定的终止条件。

二、实验设计

假定测验测量 5 个属性（文献中常认为 $K=5$ 为中等数目的属性个数）（Cheng，2009；Wang，2013；Wang，Zheng，Chang，2014），属性之间不可补偿且相互独立，能够获得 31 类不同类型的项目（图 11-2-1），再增加一个全零列得到被试知识状态全集，共 32 类。以 DINA 模型为例探查 AMGT 的性质，题目参数 s，$g \sim U(0.05，0.25)$。定长测验模拟 1000 个被试；不定长测验模拟 10000 个被试以保证实验结果的稳定，被试真实的知识状态从 32 种类型中随机选取。评价指标见第 10.1.3 节。实验设计考虑如下两个目标。

（1）AMGT 分组设计考虑了对潜在估计偏差的校正，探查 AMGT 初始阶段选题方式对其性能的影响。对比两种测验：AMGT-NR 和 AMGT，R 表示可达阵，NR 和 BR 分别表示初始选题时"随机选题"和"基于可达阵 R 选题"。

（2）将 AMGT 与单题选择策略 SHE 和 PWKL 进行比较，探查新选题策略的优势和不足。SHE，PWKL 中初始题一般随机选取，因初始阶段（分组）选题策略会影响 CD-CAT 的诊断正确率（涂冬波，蔡艳，戴海琦，2013），本研究将 PWKL 和 SHE 的初始随机选题调整为与 AMGT 第一阶段的选题策略相同，均取可达阵 R 所有列对应题目类型的项目，记为 PWKL-BR 策略和 SHE-BR 策略。预研究发现定长实验下 PWKL-BR 策略和 SHE-BR 策略在各个评价标准的表现均好于相应的 PWKL 策略和 SHE 策略，因此本实验主要比较 AMGT-PWKL、AMGT-SHE 与 RND，PWKL-BR，SHE-BR。

三、题库设计

测验矩阵如果包含可达矩阵 R 可提高认知诊断测验的判准率（丁树良等，2011），因此本研究模拟的 4 个题库中，R 所包含的题目类型所对应的项目相对更多。

一般题库的容量至少是测验长度的 12 倍（Stocking，1994；Chang，Zhang，2002）。设定长测验长度为 25 个项目。模拟生成四种不同构成、容量均为 300 个项目的题库。题库中每种题目类型采用不同重复次数，使得测量不同属性个数的项目数尽可能接近。

题库 1（题型丰富题库）：题库中包含所有可能的题目类型（图 11-2-1 中矩阵 Q 的每列代表了一种题目类型），测量 1 个属性和 5 个属性的题目类型重复 25 次，其他的题目类型重复 6 次。

题库 2（题型相对丰富题库）：题库中仅包含测量 1 个、2 个、3 个属性的题目类型(图 11-2-1 中矩阵 Q 的第 1～25 列)。其中测量 1 个属性的题目类型重复 28 次;测量 2 个属性和 3 个属性的题目类型重复 8 次。

题库 3(题型相对简单题库):题库中仅包含测量 1 个属性、2 个属性的题目类型(图 11-2-1 中矩阵 Q 的第 1～15 列)。其中测量 1 个属性的题目类型重复 30 次;测量 2 个属性的题目类型重复 15 次。

题库 4(题型简单题库):题库中仅包含测量 1 个属性的题目类型(图 11-2-1 中矩阵 Q 的第 1～5 列)。每种类型重复 60 次。

$$Q\begin{pmatrix} 1\,0\,0\,0\,0 & 1\,1\,1\,1\,0\,0\,0\,0\,0\,0 & 1\,1\,1\,1\,1\,1\,0\,0\,0\,0 & 1\,1\,1\,1\,0 & 1 \\ 0\,1\,0\,0\,0 & 1\,0\,0\,0\,1\,1\,1\,0\,0\,0 & 1\,1\,1\,0\,0\,0\,1\,1\,1\,0 & 0\,1\,1\,1\,1 & 1 \\ 0\,0\,1\,0\,0 & 0\,1\,0\,0\,1\,0\,0\,1\,1\,0 & 1\,0\,0\,1\,1\,0\,1\,1\,0\,1 & 1\,0\,1\,1\,1 & 1 \\ 0\,0\,0\,1\,0 & 0\,0\,1\,0\,0\,1\,0\,1\,0\,1 & 0\,1\,0\,1\,0\,1\,1\,0\,1\,1 & 1\,1\,0\,1\,1 & 1 \\ 0\,0\,0\,0\,1 & 0\,0\,0\,1\,0\,0\,1\,0\,1\,1 & 0\,0\,1\,0\,1\,1\,0\,1\,1\,1 & 1\,1\,1\,0\,1 & 1 \end{pmatrix}$$

图 11-2-1　5 个独立属性题目类型全集

四、结果与分析

(一)初始阶段选题对 AMGT 的影响

图 11-2-2 表明,对于题型丰富题库(题库 1),AMGT 的判准率远好于 AMGT-NR,说明基于题型丰富题库的测验,初始阶段的选题方法对判准率起了决定性作用,初始阶段宜采取根据可达阵选题的策略。而随着题库丰富性的下降(从

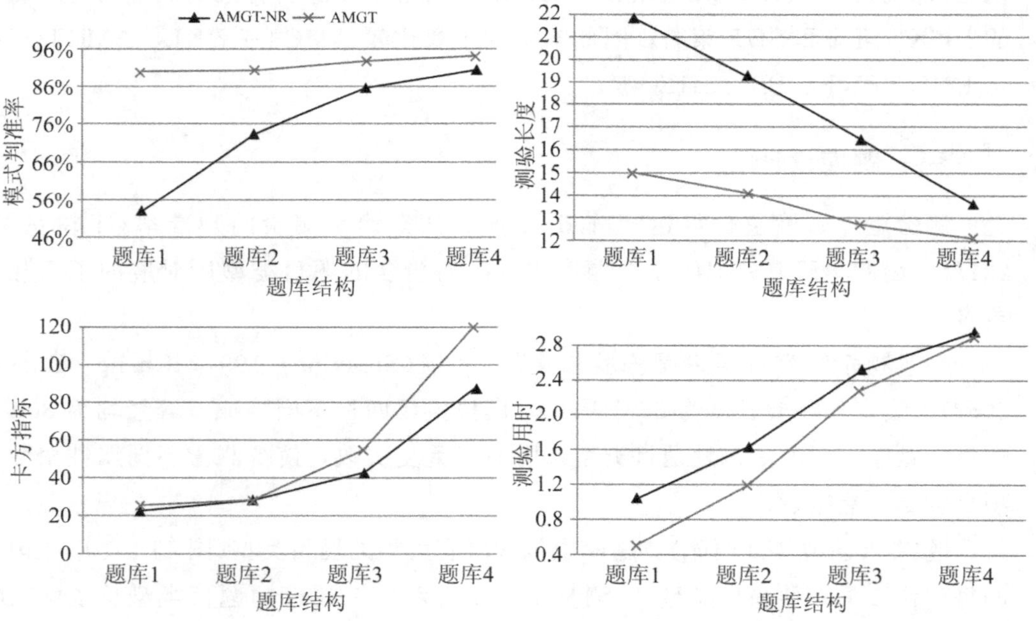

图 11-2-2　AMGT 初始阶段选题的比较

题库 2 到题库 4），AMGT 的优势不断缩小，原因是题库中可达阵所代表的题目类型在题库中所占的比例不断增大，减少了初始阶段选题方式对判准率的影响。

图 11-2-2 还表明，对于题型丰富题库（题库 1）和题型相对丰富题库（题库 2），AMGT 在判准率最高和测验长度最短的情况下，仍能保持较小的卡方值和较短的测验用时，而对于简单型和比较简单型题库，虽然判准率和测验长度两个指标仍保持领先，但卡方值和测验用时增长过快。同时注意到 AMGT-NR 的卡方值要好于 AMGT。

（二）AMGT 的分组策略与 PWKL、SHE 策略的对比

表 11-2-1 为定长测验和不定长测验下 AMGT-PWKL、AMGT-SHE 与 PWKL-BR、SHE-BR、RND 这 5 种策略的对比，RND 策略作为卡方值和测验用时指标的基准。

AMGT-SHE 策略和 AMGT-PWKL 策略的比较。表 11-2-1 表明 AMGT-SHE 与 AMGT-PWKL 相比，模式判准率更高，测验用时更少，不定长测验中用题量更少；但后者卡方值好于前者，尤其当题库中题目类型比较简单时，后者优势更明显。两种选题策略随题库题目类型简单化，模式判准率呈上升趋势，测验长度呈下降趋势，但卡方值和测验用时指标亦随之变差，尤其 AMGT-SHE 随题库题目类型简单化，卡方值上升较快。

成组选题策略和单题选题策略的比较。表 11-2-1 表明，AMGT-SHE 策略与 SHE-BR 策略相比，模式判准率稍低，但前者测验用时指标明显好于后者。当题库题目类型丰富时，AMGT-SHE 的卡方值优于 SHE-BR，且测验用时指标有较大优势，约为后者的 1/8；当题库题目类型比较简单时，两者卡方值较接近，前者测验用时几乎只是后者的一半。不定长测验中，AMGT-SHE 策略与 SHE-BR 策略相比，由于前者用题量更多，故前者模式判准率会高于或相当于后者。除题库 3 外，前者卡方值要好于后者；当题库题目类型比较丰富时，前者在测验用时指标上仍有优势。AMGT-PWKL 策略与 PWKL-BR 策略的差异与上述相似。

表 11-2-1　AMGT 与 PWKL，SHE 的比较

题库结构	选题策略	定长测验			不定长测验			
		PMR	χ^2	TC	PMR	TL	χ^2	TC
题库 1	AMGT-PWKL	89.7%	54.13	1.03	89.9%	19.94	46.79	0.99
	AMGT-SHE	92.7%	58.76	0.93	92.8%	18.30	49.76	0.79
	PWKL-BR	99.1%	67.12	9.93	93.8%	14	47.19	5.17
	SHE-BR	99.7%	84.21	8.40	93.1%	12	52.34	3.43
	RND	69.0%	0.32	0.36	69.9%	25	0.27	0.46

题库结构	选题策略	定长测验			不定长测验			
		PMR	χ^2	TC	PMR	TL	χ^2	TC
题库 2	AMGT-PWKL	94.0%	58.95	2.65	93.3%	19.21	48.87	1.82
	AMGT-SHE	96.1%	73.44	2.24	95.2%	17.60	62.06	1.41
	PWKL-BR	99.4%	72.50	10.22	93.9%	12.0	61.66	3.72
	SHE-BR	99.8%	87.59	8.73	92.8%	10.0	62.66	2.47
	RND	73.5%	0.37	0.37	73.3%	25.0	0.35	0.31
题库 3	AMGT-PWKL	97.8%	75.05	4.59	95.4%	18.13	63.57	3.04
	AMGT-SHE	98.5%	106.96	3.87	96.5%	16.44	86.47	2.27
	PWKL-BR	99.2%	68.59	9.92	93.7%	13.0	50.62	3.70
	SHE-BR	99.6%	95.70	8.40	92.8%	10.0	65.13	2.32
	RND	81.0%	0.41	0.36	79.3%	25.0	0.50	0.28
题库 4	AMGT-PWKL	98.0%	91.43	7.71	95.7%	17.31	75.79	3.92
	AMGT-SHE	99.4%	148.15	6.60	96.9%	15.67	123.30	2.90
	PWKL-BR	99.5%	93.72	12.07	93.0%	12.0	84.90	3.71
	SHE-BR	99.7%	152.93	10.27	93.6%	10.0	143.78	2.56
	RND	80.8%	0.36	0.44	81.7%	25.0	0.44	0.28

PWKL-BR 策略和 SHE-BR 策略的比较。定长测验中，SHE-BR 模式判准率和测验用时指标稍好于 PWKL-BR，但卡方值差于后者，尤其题库题目类型比较简单时，差异更显著；不定长测验中，两者模式判准率基本相当；SHE-BR 测验长度更短，测验用时指标也有优势，但 PWKL-BR 卡方值好于 SHE-BR。

五、小结

AMGT 的设计及其选题策略，试图使在线施测响应更快，题库利用更合理。AMGT 的实施效果与题库设计紧密相连，因为项目分组与题库中题目类型的丰富性息息相关，题库中题目类型越丰富，AMGT 后续分组中能选到所需题目类型项目的可能性越大，且因它每次仅针对特定类型项目，而无须对所有剩余项目计算信息量，因此也能有效减少选题用时并提高题库利用均匀性；当题库中题目类型趋于简单时，AMGT 后续分组中能选到所需题目类型项目的可能性也随之下降，AMGT 方法容易退化为 SHE 或 PWKL 方法。因此，随着题库中题目类型丰富性下降，AMGT 在模式判准率、测验长度、卡方值和测验用时等指标上的表现逐渐接近 SHE 或 PWKL 方法。AMGT 方法用于题库 4 时，卡方值过高，原因是题库 4 中仅包含可达阵各列所对应题目类型，且 AMGT 初始阶段选题方式使得其卡方值上升较快，因此，当题库中题目类型种类比较简单时，如果注重题库利用率，建议使用 AMGT-NR 方法，通过初始阶段随机选题方法降低卡方值。

　　AMGT 将测验分成若干分组，分组内采用 AMGT-PWKL 和 AMGT-SHE 策略。模拟实验表明，AMGT-PWKL，AMGT-SHE 与 PWKL-BR，SHE-BR 相比，当题库题目类型比较丰富时，以增加用题数和稍微损失一点模式判准率为代价，可显著提高题库使用的均匀性，使高风险测验更安全。若测验更注重安全性，则 AMGT-PWKL 选题策略表现更优；若既注重题库安全又注重测量精度，则宜采用 AMGT-SHE 选题策略。AMGT 仅在局部范围内计算信息量，计算用时要明显减少，更适合实时性较高的在线测验。由于 AMGT 设计中被试作答完一个分组后才构建下一个分组，因此允许被试在同一分组中修改作答，这可部分解决 CD-CAT 的不足。

思考题

1. 简述 CD-MST 与 CD-CAT 的异同。
2. 简述 CD-MST 有哪些初始阶段的组卷方法。
3. 简述 CD-MST 初始阶段若干组卷方法的特点。
4. 从 OMST 转到 CD-OMST，你认为困难在哪里？

第十二章 Q 矩阵标定

认知诊断测验项目开发成本较高，要标定大量项目的属性相当费时费力，专家完成这一任务也比较困难。本章第一节简要叙述定性、定量 Q 矩阵标定方法。第二节、第三节分别叙述了两种 Q 矩阵标定方法的实际意义、理论基础和具体算法。在给定小型题库或测验中部分试题属性向量已知的情况下，在计算机化自适应认知诊断测验或纸笔测验过程中植入原始题，交差方法和基于可达阵的 Q 矩阵标定方法可根据试题上作答数据标定新题属性向量或修正试题的既有属性向量。第四节叙述了基于探索性因素分析的初始 Q 矩阵标定方法。第五节介绍了 Q 矩阵质量评价指标。

第一节 Q 矩阵标定方法

一、标定 Q 矩阵的意义

认知诊断评估主要用于测量被试的知识结构和加工技能（简称属性）。认知诊断评估的终极目标，是服务于学习和学习进程的评估。要诊断被试属性的掌握情况，需要借助描述测验项目与属性之间关联关系的 Q 矩阵。Q 矩阵可以是 0 和 1 组成的布尔矩阵，也可以是非负整数的多值形式（Chen，de la Torre，2013；Sun et al.，2013；丁树良等，2015），它可细化区分属性掌握程度的差异，并简化属性之间关系的描述等。

本章讨论的 Q 矩阵的元素为 0 或 1。Q 矩阵标定是实现认知诊断评估最为关键的步骤，如同特征提取是模式识别中所有任务中最为重要的任务（Theodoridis，Koutroumbas，2009）。Q 矩阵及其正确性直接决定诊断测验分类结果的信度和效度。

测验 Q 矩阵是项目与潜在属性之间关系的结构化表征，成为构想效度（construct validity）的主要证据和诊断分类的基础。因此，如何构建正确的测验 Q 矩阵是绝大多数认知诊断方法要解决的首要问题。许多研究显示正确构建测验 Q 矩阵比较困难和复杂（DeCarlo，2011；Jang，2009；McGlohen，Chang，2008），并且错误构建测验测验 **Q** 矩阵会带来严重的后果（Im，Corter，2011；Rupp，Templin，2008），比如导致项目参数估计和被试分类不准确等。所以，**Q** 矩阵的修正方法成为近年来关注的焦点。

二、**Q** 矩阵标定方法

Q 矩阵通常是根据文献调查和已有相关理论研究，由学科专家得出初始属性集或认知模型。然后，从定性的角度选择和验证属性，主要是通过任务分析，编码项目特征并分析其与属性的关系，或通过学生口语报告，分析得出学生作答项目时所用到的属性，并辅以内容专家对属性进行评分，选择正确作答项目要求的属性，然后再辅以定量的方法选择和验证属性或认知模型（宋丽红，2017）。对于常见的认知诊断模型，主要的统计方法有：规则空间模型采用分类率和回归分析结果作为属性选择或验证的标准，并且考虑属性的交互效应；属性层级模型采用层级相合性指标选择认知模型；融合模型采用逐步约简算法进行 **Q** 阵元素修正；分类树主要用于选择重要属性等。

类似于因素分析方法的分类，可将 **Q** 矩阵标定方法分为两大类：探索性方法和验证性方法。**Q** 矩阵探索性方法主要有：基于因素分析的方法（Barnes，2003）；基于主成分分析的方法（Close，2012）；基于非负矩阵分解的方法（Desmarais，2011；Desmarais，Beheshti，Naceur，2012）；基于形式概念分析的 **Q** 矩阵探索方法（汪文义，2012）；还有结合因素分析的 **Q** 矩阵标定方法（Wang，Song，Ding，2018；汪文义，宋丽红，丁树良，2015）。本章第四节仅介绍一种探索性方法，即结合因素分析的 **Q** 矩阵标定方法。

Q 矩阵验证性方法主要有：δ 方法（de la Torre，2008）及其推广的 ς² 方法（de la Torre，Chiu，2016）；γ 方法（涂冬波，蔡艳，戴海琦，2012）；贝叶斯估计方法（Chen，Culpepper，Chen et al.，2018；DeCarlo，2012）；数据驱动方法（Liu，Xu，Ying，2012，2013；喻晓锋等，2015）；最小残差平方和方法（Chiu，2013）及其推广方法或应用（Chiu，Sun，Bian，2018；Lim，Drasgow，2017；汪大勋等，2018；汪大勋等，2018）；基于概率神经网络方法（汪文义等，2016）；在线标定方法及其推广方法（Chen et al.，2012；Chen，Liu，Ying，2015；Wang et al.，2018；陈平，2011；陈平，辛涛，2011b；陈平，张佳慧，辛涛，2013；宋丽红，2017；宋丽红，汪文义，丁树良，2015；汪文义，丁树良，2012；汪文义，丁树良，游晓锋，2011）等。

以上 **Q** 矩阵验证性方法各有其优势。在确定性输入噪声与门模型（DINA）和简化的重新参数化融合模型（rRUM）下，边际极大似然估计方法、交差方法、最小残差平方和方法、极大似然估计方法表现优于 δ 方法和 γ 方法，其中边际极大似然估计方法表现最优；交差方法在样本量较大条件下表现较好；δ 方法和 γ 方法需要设定或选择合适的阈值或临界值，而阈值或临界值可能依赖于项目所含属性数等其他因素（Wang，song，Ding，2018）。

对于 **Q** 矩阵验证性方法，下面仅介绍几种基于 EM 算法和基于联合极大似然估计思想的 **Q** 矩阵修正方法，另在第三节专门介绍 **Q** 矩阵验证性方法之交差方法的理论基础及其具体算法。在 DINA 模型下，给定初始 **Q** 矩阵和得分矩阵，这类方法的基本步骤可以归纳如下。

步骤 1：给定初始或更新的 **Q** 矩阵，使用一次 EM 算法估计项目参数 $\hat{s}_j$ 和 $\hat{g}_j$，然后估计被试知识状态 $\hat{\boldsymbol{\alpha}}_i$ 及其后验分布 $p(\boldsymbol{\alpha}_c|\boldsymbol{X}_i)$ 和属性掌握概率 p_{ik}，或者不估计项目参数而使用其他方法直接对被试知识状态进行分类，其中 $\boldsymbol{X}_i$ 表示被试 i 的得分向量即观察反应模式。

步骤 2：逐次选择测验中的各个项目，采用 **Q** 矩阵修正方法更新 **Q** 矩阵中各个项目的属性向量。

步骤 3：重复以上两步，直到收敛准则满足为止。例如，可采用基于边际似然函数的相对收敛准则的停止准则 $|\log(L(\boldsymbol{X}))^{(t+1)}-\log(L(\boldsymbol{X}))^{(t)}|/|\log(L(\boldsymbol{X}))^{(t)}|<0.001$。

在第二步中，q_j 的估计可以使用下面详细介绍的 δ 方法、γ 方法、最小残差平方和方法、极大似然估计方法、边际极大似然估计方法和交差方法等方法中任何一种。

(1)δ 方法。

de la Torre（2008）提出了基于 DINA 模型的 δ 方法修正 **Q** 矩阵，并对 Tatsuoka 分数减法数据的 **Q** 矩阵进行了分析。δ 方法的基本思想是：选择属性向量 $\boldsymbol{q}_j=\boldsymbol{q}_r$，$\boldsymbol{q}_r\in Q_r$，使掌握项目 j 所考查的所有属性的被试组与没有完全掌握项目 j 所考查属性的被试组在项目 j 上正确作答概率之差（δ_{jr}）最大化。δ 方法的数学表达式为：

$$q_j=\arg\max_{q_r\in Q_r}[P(X_j=1|\eta_{cr}=1)-P(X_j=1|\eta_{c'r}=0)]=\arg\max_{q_r\in Q_r}(\delta_{jr})。$$

$$(12-1-1)$$

其中 $\eta_{cr}=\prod_{k=1}^{K}\boldsymbol{\alpha}_{kc}^{q_{kr}}$，$X_j$ 表示项目 j 上的得分。在 DINA 模型下，$P(X_j=1|\eta_{cr}=1)=1-s_j$ 和 $P(X_j=1|\eta_{c'r}=0)=g_j$，最大化 δ_{jr} 即最大化 $1-s_j-g_j$，也就是寻找 $\boldsymbol{q}_r\in Q_r$，使得失误参数 s_j 和猜测参数 g_j 之和最小化。

对于项目 j 而言，使用 δ_{jr} 指标估计属性向量 $\boldsymbol{q}_j$，一种最为直接的方式是使用穷举法（exhaustive search algorithm），试探每一种可能的属性向量，记 Q_s 中的列数为 T，搜索空间的元素个数为 $T-1$，记 Q_s 中的列数为 T。de la Torre

（2008）认为搜索空间的元素个数与属性数成指数式增长，穷举法只适合属性数比较小的情况。因此，de la Torre（2008）提出了一种序贯搜索算法（sequential search algorithm），基本的步骤如下。

步骤 1：试探考查仅包含一个属性的所有属性向量，找出使 δ_{jr} 最大的属性 k_1，并记此时达到最大的 δ_{jr} 值为 $\delta_j^{(1)}$，同时更新 $\boldsymbol{q}_j$ 的第 k_1 个分量值为 1，其余分量为 0，即认为项目 j 考查了属性 k_1，进入步骤 2。

步骤 2：试探考查两个属性的所有属性向量（属性 k_1 和其他任一属性），找出使 δ_{jc} 最大的属性 k_2，并记此时最大的 δ_{jr} 值为 $\delta_j^{(2)}$。若 $\delta_j^{(2)}-\delta_j^{(1)}>\varepsilon$，更新 $\boldsymbol{q}_j$ 的第 k_2 个分量值为 1，即认为项目 j 考查了属性 k_1 和 k_2，进入步骤 3；否则不更新 $\boldsymbol{q}_j$，结束搜索。

步骤 3：依次试探考查 $s(s=3,4,\cdots,K)$ 个属性的所有属性向量（$\boldsymbol{q}_j$ 中已考查的 $s-1$ 个属性和其他任一属性），找出使 δ_{jr} 最大的属性 k_s，并记此时最大的 δ_{jr} 值为 $\sigma_j^{(s)}$。若 $\delta_j^{(s)}-\delta_j^{(s-1)}>\varepsilon$，更新 $\boldsymbol{q}_j$ 的第 k_s 个分量值为 1，即认为项目 j 考查了属性 $k_1,k_2,\cdots,k_s$，继续步骤 3；否则不更新 $\boldsymbol{q}_j$，结束搜索。

当 K 比较大时，序贯搜索算法的搜索次数为 $(K^2+K)/2$，远小于属性间相互独立条件下穷举法的搜索次数 $T-1=2^K-1$。如果项目只考查了 K_j 个属性，理论上试探完考查 K_j+1 个属性的所有属性向量时，算法就会达到终止条件，因此总的搜索次数仅为 $K+(K-1)+\cdots+(K-K_j)=(K_j+1)K-(K_j^2+K_j)/2$。

de la Torre（2008）使用 EM 算法的估计结果计算 δ_{jr}。当试探项目 j 的属性向量 $\boldsymbol{q}_r$ 时，$\delta_{jr}=1-\hat{s}_{jr}-\hat{g}_{jr}$，其中 $\hat{s}_{jr}=(N_{jr}^{(1)}-R_{jr}^{(1)})/N_{jr}^{(1)}$，$\hat{g}_{jr}=R_{jr}^{(0)}/N_{jr}^{(0)}$，且 $N_{jr}^{(0)}=\sum_{\boldsymbol{\alpha}_c:\eta_{cr}=0}N_c$，$N_{jr}^{(1)}=\sum_{\boldsymbol{\alpha}_c:\eta_{cr}=0}N_c$，$N_c=\sum_{i=1}^N P(\boldsymbol{\alpha}_c|\boldsymbol{X}_i)$，$R_{jr}^{(0)}=\sum_{\boldsymbol{\alpha}_{c'}:\eta_{c'r}=0}R_{jr'}$，$R_{jr}^{(1)}=\sum_{\boldsymbol{\alpha}_{c'}:\eta_{cr}=1}R_{jc}$ 和 $R_{jc}=\sum_{i=1}^N P(\boldsymbol{\alpha}_c|\boldsymbol{X}_i)X_{ij}$。在 EM 算法中是用 $\boldsymbol{q}_j$ 计算人工数据，而序贯搜索算法试探项目 j 的属性向量 $\boldsymbol{q}_r$ 时，只需令 $\boldsymbol{q}_j=\boldsymbol{q}_r$ 计算人工数据并估计项目参数后即可得到 δ_{jc}。由于测验 Q 矩阵误指会影响项目参数估计和 $P(\boldsymbol{\alpha}_{c'}|\boldsymbol{X}_i)$ 的估计，从而影响 δ_{jr}，因此需要设置阈值 ε 以结束搜索。设置的阈值 ε 越小，添加到 $\boldsymbol{q}_j$ 中的属性会越多；否则会越少。

（2）γ 方法。

涂冬波、蔡艳和戴海琦（2012）提出 γ 方法用于 Q 矩阵修正。该方法的基本假设是：如果项目 j 考查了属性 k，则掌握属性 k 的被试组在项目 j 的得分应高于未掌握属性 k 的被试组的得分；如果项目 j 未考查属性 k，则掌握属性 k 的被试组与未掌握属性 k 的被试组在项目 j 的得分相当。γ 方法的主要步骤如下。

步骤 1：采用 DINA 模型的 EM 算法估计项目参数（$\hat{s}_j$ 和 $\hat{g}_j$）及被试对每个属

性的掌握概率 p_{ik}，可采用期望后验估计方法得到 p_{ik}。

步骤 2：对 **Q** 矩阵中满足一定条件的元素（其余元素不变）逐个进行修正，修正公式如下。

$$q_{jk} = \begin{cases} 0, & \text{if } \hat{g}_j > \text{临界值且 } ES_{jk} < 0.2, \\ 1, & \text{if } \hat{s}_j > \text{临界值且 } ES_{jk} < 0.2。 \end{cases} \quad (12\text{-}1\text{-}2)$$

其中效应值 $ES_{jk} = \dfrac{\sum\limits_{i=1}^{N} I(p_{ik} > 0.6) X_{ij}}{\sum\limits_{i=1}^{N} I(p_{ik} > 0.6)} - \dfrac{\sum\limits_{i=1}^{N} I(p_{ik} < 0.4) X_{ij}}{\sum\limits_{i=1}^{N} I(p_{ik} < 0.4)}$，$j = 1$，

$2，\cdots，M，k = 1，2，\cdots，K$。$\gamma$ 方法并不迭代估计被试属性掌握概率和修正 **Q** 矩阵元素。γ 方法对公式（12-1-2）中的临界值（0.2）敏感，根据涂冬波等人的研究结果，临界值取 0.2 较为适宜。

（3）最小残差平方和方法。

Chiu（2013）提出了基于最小残差平方和（residual sum of squares，RSS）方法进行 **Q** 矩阵修正。最小残差平方和方法是一种用于估计属性向量的非参数方法，它与知识状态的非参数分类方法（Chiu，Douglas，2013）相结合，实现属性向量与知识状态迭代估计。给定初始 **Q** 矩阵，记为 $\boldsymbol{Q}^{(0)}$，最小残差平方和方法的主要步骤如下。

步骤 1：初始化待修正的项目集 $S^{(0)} = \{1，2，\cdots，M\}$。

步骤 2：根据 $\boldsymbol{Q}^{(0)}$ 计算各知识状态 $\boldsymbol{\alpha}_c$ 的理想反应 η_{cj}，采用海明威距离分类这种非参数分类方法之海明距离方法估计被试的潜在知识状态 $\hat{\boldsymbol{\alpha}}_i = \underset{\boldsymbol{\alpha}_c \in Q_s}{\arg\min} \left\{ \sum\limits_{i=1}^{M} |X_{ij} - \eta_{cj}| \right\}$。

步骤 3：基于 $\boldsymbol{Q}^{(0)}$ 和 $\hat{\boldsymbol{\alpha}}_i$，计算各个被试在各个项目上的理想反应 η_{ij}，再计算 $S^{(0)}$ 中各个项目的残差平方和：$\text{RSS}_j = \sum\limits_{i=1}^{N} (X_{ij} - \eta_{ij})^2$。选择残差平方和最大的项目 j 进入步骤 4 以进行属性向量修正。

步骤 4：更新 $\boldsymbol{Q}^{(0)}$ 中项目 j 的属性向量为 $\boldsymbol{q}_j = \underset{\boldsymbol{q}_r \in Q_r}{\arg\min} \sum\limits_{i=1}^{N} (X_{ij} - \eta_{ir})^2$，且令 $S^{(0)} = S^{(0)} - \{j\}$（集合差运算），重复步骤 2 和步骤 4，直至 $S^{(0)}$ 为空集，进入步骤 5。

步骤 5：重复步骤 1 至 4，直至所有项目的残差平方和不变为止。

（4）极大似然估计方法。

极大似然估计方法可看成对属性向量的一种条件估计方法。基于初始 **Q** 矩阵和得分矩阵，使用一次 EM 算法估计测验项目参数 $\hat{s}_j$ 和 $\hat{g}_j$，并由测验项目参数估计

出被试知识状态 $\hat{\boldsymbol{\alpha}}_i$。由 DINA 模型的项目反应函数，给定被试知识状态 $\hat{\boldsymbol{\alpha}}_i$ 与项目参数 $\hat{s}_j$ 和 $\hat{g}_j$，可计算项目 j 的属性向量为 $\boldsymbol{q}_r$ 条件下的项目反应概率为 $P_{j_r}(\hat{\boldsymbol{\alpha}}_i)$。在被试相互独立情况下，令项目 j 上得分向量 $\boldsymbol{X}_j$ 的似然函数为 $L(\boldsymbol{X}_j | \boldsymbol{q}_r)$，由极大似然估计方法估计项目 j 的 $\boldsymbol{q}_j$ 为：

$$\boldsymbol{q}_j = \underset{\boldsymbol{q}_r \in \mathcal{Q}_r}{\arg \max} L(\boldsymbol{X}_j | \boldsymbol{q}_r) = \underset{\boldsymbol{q}_r \in \mathcal{Q}_r}{\arg \max} \prod_{i=1}^{N} P_{j_r}(\hat{\boldsymbol{\alpha}}_i)^{X_{ij}} (1 - P_{j_r}(\hat{\boldsymbol{\alpha}}_i))^{1 - X_{ij}}。$$

$$(12-1-3)$$

为计算方便，可统计所有被试中每种知识状态 $\hat{\boldsymbol{\alpha}}_c$ 的被试正确与错误作答项目 j 的频数 r_{cj} 和 w_{cj}，并将上式转化成对数似然函数为：

$$\boldsymbol{q}_j = \underset{\boldsymbol{q}_r \in \mathcal{Q}_r}{\arg \max} \sum_{\boldsymbol{\alpha}_c \in \mathcal{Q}_s} (r_{cj} \log P_{j_r}(\hat{\boldsymbol{\alpha}}_i) + w_{cj} \log(1 - P_{j_r}(\hat{\boldsymbol{\alpha}}_i)))。 \qquad (12-1-4)$$

（5）边际极大似然估计方法。

边际极大似然估计方法仅设定被试的知识状态为随机向量并指定其先验分布，被广泛应用于部分贝叶斯模型（partially Bayesian models）参数估计。观察数据的似然函数涉及的未知参数包括项目参数、被试知识状态和项目属性向量。在部分贝叶斯模型框架下，视被试的知识状态为随机向量（以后验分布为先验分布）而固定当前估计的项目参数（并没有考虑项目参数的估计误差或后验分布），对项目属性向量进行条件估计。因此，边际极大似然估计方法估计项目 j 的 $\boldsymbol{q}_j$ 为：

$$\boldsymbol{q}_j = \underset{\boldsymbol{q}_r \in \mathcal{Q}_r}{\mathrm{agr} \max} \prod_{i=1}^{N} \sum_{\boldsymbol{\alpha}_c \in \mathcal{Q}_s} P_{j_r}(\boldsymbol{\alpha}_c)^{X_{ij}} (1 - P_{j_r}(\boldsymbol{\alpha}_c))^{1 - X_{ij}} P(\boldsymbol{\alpha}_c | \boldsymbol{X}_i)。 \qquad (12-1-5)$$

第二节 交差方法

一、交差方法的实际意义

Q 矩阵通常由学科专家标定。为满足学生日常学习、练习和测试的需要，通常需要建立含较多试题的认知诊断题库。然而，认知诊断测验项目开发成本较高，要请专家标定大量题目的属性向量相当费时费力，专家完成这一任务也比较困难。在这样的问题背景下，在已有的为诊断测验开发的小型题库基础上，在计算机化自适应认知诊断测验过程中，植入原始题，对项目属性标定的问题进行探讨，重点研究原始题属性标定的方法。它是一种可用于所有非补偿认知诊断模型的属性标定方法——交差方法。下面重点叙述交差方法的理论基础（丁树良等，2015）和具体算法（宋丽红，汪文义，丁树良，2015；汪文义，丁树良，游晓锋，2011）。

二、交差方法的理论基础

设属性集合为 $\{A_1, A_2, \cdots, A_K\}$，$\boldsymbol{R} = (r_{ij}) = (r_1, r_2, \cdots, r_K)$ 为 K 阶可达阵。$\boldsymbol{R}$ 的第 i 行中的非零元素表示以属性 A_i 为起点，A_i 可以达到的属性集合，即 A_i 是这个集合中所有属性的先决属性，也就是 A_i 是路的起点，$i = 1, 2, \cdots, K$；$\boldsymbol{R}$ 的第 j 列中的所有非零元表示可以到达属性 A_j 的先决属性，即 A_j 为终点的路，$j = 1, 2, \cdots, K$。

注意偏序关系的自反和反对称性，不失一般性，总可以假设可达阵 $\boldsymbol{R}$ 是对角元均为 1 的上三角阵。设 $\boldsymbol{R}$ 的第 j 列 $r_j = (r_{1j}, r_{2j}, \cdots, r_{Kj})^T$，$j = 1, 2, \cdots, K$，设 $r_{i_1 j} = r_{i_2 j} = \cdots = r_{i_t j} = 1$，而其他 $r_{ij} = 0$，并且设 $1 \leqslant i_1 < i_2 < \cdots < i_t \leqslant K$。由 $\boldsymbol{R}$ 为对角元均为 1 的上三角阵的假设可知，$r_{i_t j} = r_{jj} = 1$，即 $i_t = j$，于是 $\{A_{i_1}, A_{i_2}, \cdots, A_j\}$ 是一条长度为 $t-1$ 的路，而 $\{A_{i_1}\}$，$\{A_{i_1}, A_{i_2}\}$，$\{A_{i_1}, A_{i_2}, A_{i_3}\}$，$\cdots$，分别为从 A_{i_1} 出发的（以 A_{i_1} 为始点）长度为 0，1，2，$\cdots$，$t-1$ 的路。有序符号串 B_1，B_2，$\cdots$，A_h 的子串 B_1，$B_1 B_2$，$\cdots$，$B_1 B_2 \cdots B_n$ 分别称为 B_1，B_2，$\cdots$，B_h 的长度为 1，2，$\cdots$，h 的前缀。而每个前缀对应的序列仍然是路，故每个前缀仍然对应 $\boldsymbol{R}$ 中的列。显然，如果 A_i 和 A_j 的先决，那么 A_i 的所有先决都是 A_j 的先决，否则和先决关系的传递性矛盾。因此可知 A_i 的所有前缀都是 A_j 的前缀。

注意到 $\boldsymbol{R}$ 表达了属性集 $\{A_1, A_2, \cdots, A_K\}$ 中所有直接或间接的关系，即属性之间的直接先决关系（长度为 1 的路）或间接先决关系（长度至少为 2 的路）。记 $A_{i_t} = A_j$，当 $\{A_{i_1}, A_{i_2}, \cdots, A_j\}$ 是一条长度为 $t-1$ 的路且 $t \geqslant 2$ 时，$\{A_{i_1}, A_{i_2}\}$，$\{A_{i_1}, A_{i_2}, A_{i_3}\}$，$\cdots$，都是这个属性的直接或间接关系。用 e_l 表示 K 阶单位阵的第 l 列，由上面关于 r_j 中非零元对应的属性集以及属性下标之间的顺序的叙述可知：e_{i_1} 是 $\boldsymbol{R}$ 的列，$e_{i_1} + e_{i_2}$ 是 $\boldsymbol{R}$ 的列，$\cdots$，$\sum_{h=1}^{t} e_{i_h}$ 是 $\boldsymbol{R}$ 的列，且称 $\sum_{h=1}^{l} e_{i_h}$，$l = 1, 2, \cdots, t-1, t$ 是 r_j 的顺序子向量，它们均是 $\boldsymbol{R}$ 的列。也可以说它们分别是以 A_{i_1} 为起点、A_{i_t} 为终点的路，而 $\sum_{h=1}^{l} e_{i_h}$ 中非零元对应属性是 A_j 的长度为 l 的前缀，$l = 1, 2, \cdots, t$（可参见丁树良等，2017b）。设 r_i，r_j 是 $\boldsymbol{R}$ 的列，$r_i \wedge r_j$ 是 r_i 与 r_j 对应分量取最小值得到的向量，称之为 r_i 与 r_j 的布尔交。

引理 12.2.1 或者 $r_i \wedge r_j = 0$，或者 $r_i \wedge r_j$ 是 $\boldsymbol{R}$ 的列。

证明 若 $r_i \wedge r_j \neq 0$，则 $r_i \wedge r_j$ 表示既可以达到属性 A_i 又可以到达属性 A_j 的路的公共部分，亦即 $r_i \wedge r_j$ 既是 r_i 的顺序子向量，又是 r_j 的顺序子向量，从而是 r_i 与 r_j 的公共的顺序子向量，也就是这两者的公共前缀，故 $r_i \wedge r_j$ 仍是 $\boldsymbol{R}$

的列。$r_i \vee r_j$ 称为 r_i 与 r_j 的布尔并，它是 r_i 与 r_j 对应分量取最大值得到的向量。这实际上是扩张算法（Ding et al.，2008；丁树良等，2009；杨淑群等，2008）中规定的布尔并运算规则（$0 \vee 0=0$，$0 \vee 1=1 \vee 0=1 \vee 1=1$）的等价表达。事实上，这个布尔运算规则可以表示为 $\max(x，y)$，但是这样表达以后，它对下文中由 Sun 等人的多值可达阵导出多值的潜在 **Q** 矩阵很有用。

扩张算法实际上表示可达阵中的列的布尔并是潜在 **Q** 阵（Q_p）的列（杨淑群，丁树良，2011），而 Q_p 再添加零列以后，得到学生 **Q** 阵 Q_s。

定理 12.2.1　Q_s 的列在上述布尔交和布尔并两种运算下是封闭的，即形成格。

证明　Q_s 中的任两列 α，β（表示为 $\alpha \in Q_s$，$\beta \in Q_s$），如果 $\alpha=\beta=0$，此时 $\alpha \vee \beta=0 \in Q_s$，对于布尔交运算，$\alpha \wedge \beta=0 \in Q_s$。如果 $\alpha \neq 0$ 或 $\beta \neq 0$，则由扩张算法知 $\alpha = \vee_{t=1}^{h} \gamma_{i_t}$ 或 $\beta = \vee_{l=1}^{w} r_{i_l}$，$r_{i_T} r_{i_l} \in R$，于是 $\alpha \vee \beta = \vee_{t=1}^{h} \vee_{l=1}^{w} (r_{i_t} \vee r_{i_l}) \in Q_s$，对于布尔交运算，或者 $\alpha \wedge \beta=0 \in Q_s$，或 $\alpha \wedge \beta = (\vee_{t=1}^{h} r_{i_t}) \wedge (\vee_{l=1}^{w} r_{i_l}) = \vee_{t=1}^{h} \vee_{l=1}^{w} (r_{i_t} \wedge r_{i_l})$，由引理 1，知 $r_{i_t} \wedge r_{i_l}=0$，或 $0 \neq r_{i_t} \wedge r_{i_l} \in R$，故由扩张算法，知 $r_{i_t} \wedge r_{i_l} \neq 0$ 时 $\vee_{t=1}^{h} \vee_{l=1}^{w} (r_{it} \wedge r_{i_l}) \in Q_s$。

因此，Q_s 的列在上述交和并两种运算下是封闭的，而布尔交和布尔并这两个二元运算满足交换性、结合性和吸收性，即形成格（左孝凌，李为鑑，刘永才，1982）。

注意 Q_s 的列数不一定可以写成 2 的幂，故 Q_s 的列在布尔交、布尔并运算下并不一定构成布尔格而只是格，因此这个结论与 Tatsuoka（1995，2009）的结论不同，Tatsuoka 认为 Q_s 的列在并、交运算下构成布尔格，这个结论只是对任何两个属性之间不存在先决关系的属性集合，即独立型层级结构才成立，否则并不成立。

汪文义等人（2011）提出的项目属性在线辅助标定的创新做法—交差方法。定理 12.2.1 给出了交差方法的理论基础。因为格是一个特殊的偏序集，格中任两个元素均有上确界和下确界。于是在理想作答情况下，原始题（未标属性的项目）中的属性集合 x 一定是答对该原始题的被试的知识状态对应的属性集的子集。如果将答对该原始题的所有被试的知识状态中的属性作成集合的交记为集合 y，由定理 12.2.1，知 $y \in Q_s-\{0\}=Q_p$ 必定有 $x \subseteq y$。而所有未能答对原始题的被试其知识状态 z 和 x 的交集合一定是 x 的真子集。将包含在 y 内的那些所有不等于空集的 z 和 x 的交集的集合 z 做并运算，得到集合 w，则 w 是 x 的子集合，即 w 包含于 x，x 包含于 y。这时候，原始题的属性集合 x 的范围缩小了很多。但是要注意，上面是从理想作答入手进行分析导出的结果，而观察反应都可能带有随机性，所以制定项目属性计算机辅助标定时，必须考虑随机性（汪文义等，2011）。

三、交差方法的具体算法

对于非补偿模型，先对理想反应情况进行考虑。在项目 j 正确反应的被试的知识状态中所含的属性集合，以下简称为知识状态并记为 $\boldsymbol{\alpha}_c$，必有项目 j 所包含的属性集合 q_j 是 $\boldsymbol{\alpha}_c$ 所包含的属性集合的子集，记为 $q_j \subseteq \boldsymbol{\alpha}_c$，记所有答对项目 j 的知识状态的属性集合 $\boldsymbol{\alpha}_c$ 交集为：upper $= \bigcap_{\boldsymbol{\alpha}_c \in Q, \text{且} q_j \subseteq \boldsymbol{\alpha}_c} \boldsymbol{\alpha}_c$，由理想反应模式的定义及集合论可知，$q_j \subseteq$ upper。而对项目 j 错误反应的所有被试的知识状态 $\boldsymbol{\alpha}_c$ 都不可能包含 q_j，错误反应的被试的知识状态集中有一部分知识状态 $\boldsymbol{\beta}$ 是 q_j 的真子集，将满足这一条件的 $\boldsymbol{\beta}$ 作并运算，并运算结果记为 lower，由于并运算可能会使得集合所包含的元素增加，于是 lower 可能更接近 q_j。特别是对项目 j 反应的人数很多时，有 lower $\subseteq q_j \subseteq$ upper。

但是以上是对理想反应情况的讨论，实际反应中存在猜测与失误。故设定一个指标，如果具有某种知识状态 $\boldsymbol{\alpha}_c$ 的所有被试（人数为 $n_{cj} = r_{cj} + w_{cj}$）对某题（可以抽象为 Q 矩阵中某一列 q_j）的答对比率（$P_{cj} = r_{cj}/n_{cj}$）高于答错比率（$Q_{cj} = 1 - P_{cj}$），即 $P_{cj} > Q_{cj}$，则认为知识状态为 $\boldsymbol{\alpha}_c$ 的被试掌握了正确回答项目 j 所需的所有属性 q_j，被试应该答对，答错只是因为失误。从集合论的观点，q_j 所包含的属性集合是 $\boldsymbol{\alpha}_c$ 所包含的属性集合的子集（$q_j \leqslant \boldsymbol{\alpha}_c$）。如果从偏序关系的观点来看，可以认为 q_j 是 $\boldsymbol{\alpha}_c$ 的下界，即令 $L_{\boldsymbol{\alpha}_c} = \{q_r \mid \forall q_r \in Q, \text{且} q_r \leqslant \boldsymbol{\alpha}_c\}$（式中 $\forall$ 是数理逻辑中的全称量词，$\forall q_r$ 表示对所有的 q_r），其中 $q_r \leqslant \boldsymbol{\alpha}_c$ 表示向量 q_r 中的元素均小于或等于 $\boldsymbol{\alpha}_c$ 中的对应元素，知 $L_{\boldsymbol{\alpha}_c}$ 为 $\boldsymbol{\alpha}_c$ 的下界，则 $q_j \in L_{\boldsymbol{\alpha}_c}$。反之，若 $P_{cj} < Q_{cj}$，q_j 所包含的属性集合不是 $\boldsymbol{\alpha}_c$ 所包含的属性集合的子集，即 $q_j \notin L_{\boldsymbol{\alpha}_c}$，被试本不应该答对，答对只是因为猜测。

另外，由于原始题随机分配给被试作答，并且存在失误和猜测，因此作答原始题的每种知识状态的人数及其答对与答错的比率大小将有所差别，某些知识状态答对与答错的比率可能处于伯仲之间，如 0.51 或 0.49 时。对于这种情况，交差方法将优先选择答对与答错的比率或答错与答对的比率大的做交差运算，当得到的属性向量的候选空间仅剩一个时，就不再考虑其他知识状态。交差方法采用下述步骤来实现：由于 q_j 是取自 Q_r 的某一列，故初始设 q_j 的候选集为 $C_j = Q_r$；通过对所有知识状态上的作答进行统计，对每个知识状态计算 $\max(P_{cj}/Q_{cj}, Q_{cj}/P_{cj})$（$r_{cj}$ 或 w_{cj} 分母为 0 时，设为 1），按从大到小排序；依次取出 $\boldsymbol{\alpha}_c$，若 $P_{cj} > Q_{cj}$，$C_j \Leftarrow C_j \bigcap L_{\boldsymbol{\alpha}_c}$，否则 $C_j \Leftarrow C_j - L_{\boldsymbol{\alpha}_c}$（若出现集合元素为空时，则不做差运算），直到 C_j 只有一个元素，即 $\{q_j\} = C_j$（对所有知识状态均已经循环后仍包含有多个元素时判错）。由于估计方法使用了集合的交运算和差运算，故称之为交差方法（Wang et al.，2018；汪文义等，2011）。

第三节　基于可达阵的 Q 矩阵标定方法

一、该方法的实际意义

众多 Q 矩阵修正方法均基于被试的估计知识状态，估计测验项目的属性向量，而被试知识状态估计精度会影响 Q 矩阵标定方法的表现（汪文义等，2011）。在测验长度短时，基于分类准确率不高的知识状态估计测验项目的属性，将会存在较大的误差。在计算机自适应诊断测验中，题库中题目失误和猜测参数均值为 0.25 或 0.2 时，长度为 10 的测验知识状态模式判准率最高才 0.723（Kaplan，Torre，Barrada，2015；汪文义等，2011）；而属性数量为 5、失误和猜测参数均值为 0.2 时，长度为 5 的测验知识状态模式判准率最高才 0.635（Zheng，Chang，2016）。对于非自适应测验，在属性数量为 8 和测验长度为 40 时，含一个可达阵的测试对无结构型的模式判准率仅为 0.5169（丁树良，汪文义，杨淑群，2011）。

专家标定题目属性向量成本较高且具有一定的主观性，要标定大量试题的属性向量几乎不太可能。在实际应用中，在专家仅标定测验中少量试题的属性向量时，就需要结合其他方法对未标定试题进行 Q 矩阵标定。例如，为了快速、高效扩充题库，试卷中仅少量试题已经标定了属性向量，在收集测验数据之后就需要标定其他试题的属性向量以得到完整的测验 Q 矩阵。因此，当测验中已标定属性向量的题目数较少时，不借助带分类误差的知识状态估计，如何准确地标定试题的属性向量是亟须解决的问题。鉴于此，下面介绍基于可达阵的一种 Q 矩阵标定方法（汪文义，宋丽红，丁树良，2018；汪文义等，2018）。

二、该方法的理论基础

Q 矩阵理论是由 Tatsuoka 提出的（Tatsuoka，1995，2009）。丁树良等人针对 Q 矩阵理论存在的问题提出了拓展 Q 矩阵理论（丁树良等，2009），其中一个重要内容就是扩张算法（杨淑群等，2008；Ding et al.，2008）。扩张算法依次将可达阵 R 中的列进行布尔"或"运算，可计算简化 Q 阵（Q_r），再加上零向量，即知识状态全集 Q_s。简化 Q 阵为符合属性先决关系的所有可能的项目属性向量，如可参见 Tatsuoka（2009）书中第 78 页中的 Q'。如果属性之间相互独立且属性个数为 K，则简化 Q 阵含有 2^K-1 种列向量，请见下文例 1。

扩张算法揭示了一个重要结论，简化 Q 阵中的任意列均可由可达阵 R 通过列的布尔"或"运算进行合成或表示，即简化 Q 阵中可达阵的列视为"本质"列，其他列视为"非本质"列，任意"非本质"列可由某些"本质"列通过布尔"或"运算合成

（丁树良等，2012），还有"本质"列表示本身。基于这种合成关系，下面在一定认知假设下探讨一个问题：得分阵中"本质"列对应的项目潜在反应列向量（称为"本质"潜在反应列）和"非本质"列对应的项目潜在反应列向量（称为"非本质"潜在反应列）之间是否存在某种合成关系。

三、该方法的具体算法

先约定以下记号：N 表示被试数，可达阵 $\boldsymbol{R}_{K \times K}$ 的列剖分 $(\boldsymbol{r}_1, \boldsymbol{r}_2, \cdots, \boldsymbol{r}_K)$，$K$ 为属性数，$\boldsymbol{\alpha}_i$ 为被试 i 的知识状态，$\boldsymbol{q}_j$ 为项目 j 所考查的属性向量，其中 $\boldsymbol{q}_j \in \boldsymbol{Q}_r$，$\boldsymbol{Q}_r$ 为简化 $\boldsymbol{Q}$ 阵，$\boldsymbol{Q}_s$ 表示知识状态全集且 $\boldsymbol{\alpha}_i \in \boldsymbol{Q}_s$，$\wedge$ 和 $\vee$ 为布尔"与"和布尔"或"运算，$P(\{\boldsymbol{r}_1, \boldsymbol{r}_2, \cdots, \boldsymbol{r}_K\})$ 为可达阵列集合 $\{\boldsymbol{r}_1, \boldsymbol{r}_2, \cdots, \boldsymbol{r}_K\}$ 的幂集，即 $\{\boldsymbol{r}_1, \boldsymbol{r}_2, \cdots, \boldsymbol{r}_K\}$ 的所有子集的集合。比如，$\{a, b\}$ 的幂集是 $\{\{a\}, \{b\}, \{a, b\}, \varnothing\}$，$\varnothing$ 表示空集（可参见左孝凌，李为鑑，刘永才，1982）。由扩张算法知，项目 j 的属性向量 $\boldsymbol{q}_j$ 一定可由可达阵中某列或某些列（这些列组成的集合记为 S_j）通过布尔"或"运算表示，即 $\boldsymbol{q}_j = \vee_{\boldsymbol{r}_k \in S_j} \boldsymbol{r}_k$，注意 S_j 可不唯一而结果相同。列向量布尔"或"运算定义为对应元素的布尔"或"运算，如 $(0, 0, 1, 1)^T \wedge (0, 1, 0, 1)^T = (0, 1, 1, 1)^T$。列向量布尔"与"运算定义为对应元素的布尔"与"运算，如 $(0, 0, 1, 1)^T \wedge (0, 1, 0, 1)^T = (0, 0, 0, 1)^T$。

考虑到研究问题的针对性，下面仅给出基于"连接缩合规则"（Maris，1999）认知假设下 $\boldsymbol{Q}$ 矩阵标定方法。"连接缩合规则"即被试必须掌握项目所测的所有属性或心理操作才可能正确作答（詹沛达，边玉芳，王立君，2016；Maris，1999）。在"连接缩合规则"下，被试在无失误和猜测情况下的潜在、理想反应为 $\eta_{ij} = \prod_{k=1}^{K} \alpha_{ki}^{q_{kj}}$（Tatsuoka，1991），其中 η_{ij} 表示知识状态为 $\boldsymbol{\alpha}_i$ 的被试在项目 j 上的潜在反应（理想反应）。从"连接缩合规则"下潜在反应来看，下面给出两条符合逻辑的陈述，并结合例 12.3.1 说明"本质"潜在反应列和"非本质"潜在反应列之间的合成关系。

（1）如果被试 i 在项目 j 的潜在反应正确，记 $\eta_{ij} = 1$，则认为被试 i 掌握了项目 j 属性向量 $\boldsymbol{q}_j$ 中所考查的所有属性。由非零知识状态的累赘表达式，有 $\boldsymbol{q}_j = \vee_{\boldsymbol{r}_k \in S_j} \boldsymbol{r}_k$，可知被试在不失误和猜测情况下也能正确作答 S_j 中的所有项目 k，其中 $\boldsymbol{r}_k \in S_j$，即被试在项目 j 的潜在反应正确，被试在项目 j 的所有子项目上潜在反应也正确（Cui，Leighton，2009）。

（2）如果被试 i 在项目 j 的潜在反应错误，记 $\eta_{ij} = 0$，则认为被试 i 并没有完全掌握属性向量 $\boldsymbol{q}_j$ 中所考查的所有属性，即被试至少有一个属性 k' 未掌握且 $q_{k'j} = 1$。而由 $\boldsymbol{q}_j = \vee_{\boldsymbol{r}_k \in S_j} \boldsymbol{r}_k$，可知属性 k' 必是 S_j 中某个项目 $\boldsymbol{r}_{k'}$ 所考查的属性，

从而被试在项目 $r_{k'}$ 的潜在反应错误。

例 12.3.1　给定 $Q_s = \begin{pmatrix} 0 & 1 & 0 & 1 \\ 0 & 0 & 1 & 1 \end{pmatrix}$，$R = \begin{pmatrix} 1 & 0 \\ 0 & 1 \end{pmatrix}$，$Q_r = \begin{pmatrix} 1 & 0 & 1 \\ 0 & 1 & 1 \end{pmatrix}$，$Q_s$ 在 Q_r

上的理想反应矩阵为 IRP $= (\boldsymbol{\beta}_1 \quad \boldsymbol{\beta}_2 \quad \boldsymbol{\beta}_3) = \begin{pmatrix} 0 & 0 & 0 \\ 1 & 0 & 0 \\ 0 & 1 & 0 \\ 1 & 1 & 1 \end{pmatrix}$，知 $\boldsymbol{\beta}_3 = \boldsymbol{\beta}_1 \wedge \boldsymbol{\beta}_2$。注意 Q_r

的非本质列的第 3 列是本质列第 1 列和第 2 列的布尔"或"，所以在理想反应条件下，要对第 3 列对应的题目正确作答，必须对第 1、第 2 列对应的题目正确作答。可见，简化 Q 阵中某个知识状态的理想反应向量可由可达阵上某些理想反应列的布尔"与"合成或表示。

基于以上考虑，并且考虑实际观察得分数据中猜测、失误或噪声，下面给出基于可达阵的 Q 矩阵标定方法。不妨只考虑一个未标定试题，其属性向量为 q_j，其中 $q_j \in Q_r$。记测验 Q 阵 $Q_t = (R_{K \times K} \quad q_j) = (r_1, r_2, \cdots, r_K, q_j)$ 对应的得分矩阵为 $U = (X \quad Y_j)$。如果测验中有 K 个项目的属性向量已经由专家标定，并且这些属性向量正好组成一个完整的 R，由观察作答反应，项目 j 对应的可达阵列集合估计 $\hat{S}_j$ 及属性向量估计 $\hat{q}_j$ 分别为：

$$\hat{S}_j = \underset{S \in P((r_1, r_2, \cdots, r_K)) = \varnothing}{\mathrm{argmin}} (Y_j - \wedge_{r_k \in S} X_k)^T (Y_j - \wedge_{r_k \in S} X_k), \tag{12-3-1}$$

$$\hat{q}_j = \vee_{r_k \in \hat{S}_j} r_k 。 \tag{12-3-2}$$

估计方法采用时间复杂度为 $O(2^K)$ 的穷举算法。使用上述目标函数主要是因为：若被试 i 真正正确作答了项目 j，即 $Y_{ij} = 1$，因任意 $r_k \in S_j$ 且 $X_{ik} = 1$，知 $\wedge_{r_k \in S} X_{ik} = 1$ 多数成立；若 $Y_{ij} = 0$，因存在 $r_k \in S_j$ 且 $X_{ik=0}$，知 $\wedge_{r_k \in S} X_k = 0$ 多数成立，$i = 1, 2, \cdots, N$。

当属性层级关系是独立型，下面给出"分离缩合规则"（Maris，1999）下基于可达阵的 Q 矩阵标定算法。与"连接缩合规则"不同，确定性输入噪声"或"门（DINO）模型是一种经典的属性离散的补偿模型。DINO 模型是 2006 年由 Templin 和 Henson 在使用认知诊断模型进行传统心理学量表的数据分析所提出的一种新模型。DNIO 模型理想反应模式定义为：

$$\omega_{ij} = 1 - \prod_{k=1}^{K} (1 - \boldsymbol{\alpha}_{ij})^{q_{jk}} = 1 - \prod_{k \in A_j} (1 - \boldsymbol{\alpha}_{ki})^{q_{kj}} 。 \tag{12-3-3}$$

其中，ω_{ij} 表示知识状态为 $\boldsymbol{\alpha}_i$ 的被试在项目 j 上的潜在反应。

该模型在涉及考查两个或两个以上的属性时，属性与属性之间能够相互补偿，即被试在掌握一个或多个属性可以弥补其对另一个或多个属性上的缺失。表现在实际作答中，若某项目只考查两个属性，那么当被试在作答该项目时完全掌握其中的某一个属性，而对另一个属性没有完全掌握或者说掌握得很糟糕，那么他也有较大概率正确作答该项目。

列举一个冬季奥林匹克运动会项目中的例子——现代冬季两项。参加这个项目的运动员需要完成 20 千米越野滑雪和 4 次射击。如果射击脱靶，即没有命中靶子，那么每发子弹加罚一分钟。最终运动员的成就是由越野滑雪所用时长加上加罚时间为最后的总时间，通过用时的多少决定名次。从这个例子中可以得出，项目之间是离散的，如果你射击百发百中，那么就能补偿你在越野滑雪上的不足。同样地，如果你越野滑雪所用时长较短，即使你射击环节有几发没命中，也能获得一个好的名次。

例 12.3.2 设 $Q_s = \begin{pmatrix} 0 & 1 & 0 & 0 & 1 & 1 & 0 & 1 \\ 0 & 0 & 1 & 0 & 1 & 0 & 1 & 1 \\ 0 & 0 & 0 & 1 & 0 & 1 & 1 & 1 \end{pmatrix}$，$\boldsymbol{R} = \begin{pmatrix} 1 & 0 & 0 \\ 0 & 1 & 0 \\ 0 & 0 & 1 \end{pmatrix}$，

$Q_r = \begin{pmatrix} 1 & 0 & 0 & 1 & 1 & 0 & 1 \\ 0 & 1 & 0 & 1 & 0 & 1 & 1 \\ 0 & 0 & 1 & 0 & 1 & 1 & 1 \end{pmatrix}$，$Q_s$ 在 Q_r 上的理想反应矩阵为 $\text{IRP} = (\boldsymbol{\beta}_1,$

$\boldsymbol{\beta}_2, \cdots, \boldsymbol{\beta}_7) = \begin{pmatrix} 0 & 0 & 0 & 0 & 0 & 0 & 0 \\ 1 & 0 & 0 & 1 & 1 & 0 & 1 \\ 0 & 1 & 0 & 1 & 0 & 1 & 1 \\ 0 & 0 & 1 & 0 & 1 & 1 & 1 \\ 1 & 1 & 0 & 1 & 1 & 1 & 1 \\ 1 & 0 & 1 & 1 & 1 & 1 & 1 \\ 0 & 1 & 1 & 1 & 1 & 1 & 1 \\ 1 & 1 & 1 & 1 & 1 & 1 & 1 \end{pmatrix}$。所以在理想反应条件下，要正确作答后

4 列对应的题目，只需掌握前 3 题所考查的其中某一个属性。可见，简约 Q 矩阵上的理想反应列由可达阵上某些理想反应列的布尔"或"表示。因为 Q_r 的第 4 列可由 Q_r 中第 1、第 2 列布尔"或"表示，由理想反应矩阵 IRP 矩阵可知，IRP 中的第 4 列可由 IRP 中的第 1、第 2 列的布尔"或"表示。反过来也成立，IRP 中的第 5 列可由 IRP 中的第 1、第 3 列的布尔"或"表示，可知 IRP 中的第 5 列对应题目的属性向量可由 IRP 中的第 1、第 3 列对应题目的属性向量布尔"或"表示，这从 Q_r 可以得到印证，即 Q_r 中的第 5 列可由 Q_r 中的第 1、第 3 列布尔"或"表示。

当属性层级关系是独立型，下面给出基于可达阵的补偿模型 Q 矩阵标定方

法。同样只考虑一个未标定的属性向量 $\boldsymbol{q}_j$，其中 $\boldsymbol{q}_j \in \boldsymbol{Q}_r$。记测验 $\boldsymbol{Q}$ 阵 $\boldsymbol{Q}_t =$ $(\boldsymbol{R}_{K \times K} \quad \boldsymbol{q}_j) = (\boldsymbol{r}_1, \boldsymbol{r}_2, \cdots, \boldsymbol{r}_K, \boldsymbol{q}_j)$ 对应的得分矩阵为 $\boldsymbol{U} = (\boldsymbol{X} \quad \boldsymbol{Y}_j)$。如果测验中有 K 个项目属性向量已经由专家标定，并且这些属性向量正好组成一个完整的 $\boldsymbol{R}$，由观察作答反应，项目 j 对应的可达阵列集合估计 $\hat{S}_j$ 及属性向量估计 $\hat{\boldsymbol{q}}_j$ 分别为：

$$\hat{S}_J = \underset{S \in P(\langle r_1, r_2, \cdots, r_K \rangle) - \varnothing}{\arg \min} (Y_j - \bigvee_{r_k \in S} X_k)^T (Y_j - \bigvee_{r_k \in S} X_k), \qquad (12\text{-}3\text{-}4)$$

$$\hat{q}_j = \bigvee_{r_k \in \hat{S}_j} \boldsymbol{r}_k 。 \qquad (12\text{-}3\text{-}5)$$

第四节　初始 **Q** 矩阵标定

一、基于因素分析的初始 **Q** 矩阵标定

交差方法、基于可达阵的 **Q** 矩阵标定方法等依赖于初始题库。下面给出基于因素分析的探索初始 **Q** 矩阵方法，以得到初始题库的 **Q** 矩阵（汪文义等，2015）。俞宗火、戴海崎、唐小娟（2006）提到对于 0—1 评分数据下的因素分析方法，最好使用全息项目因素分析方法（FIFA）。FIFA 是一种直接以项目反应理论为基础的探索性因素分析方法，可使用软件 TESTFACT4.0 估计因子负荷矩阵。但是，本节使用基于四分相关矩阵的经典线性因素分析方法，主要原因有三：第一，FIFA 由于涉及多重数值积分，当潜在因子数较多时，如因子数大于 7，收敛较慢。第二，笔者通过对同一批模拟数据，使用基于经典线性因素分析方法和 FIFA 估计因子负荷矩阵，结果发现负荷相关达到 0.8 甚至更高，说明两者估计有着类似的线性变化趋势。第三，在使用因素分析方法探索初始 **Q** 矩阵时，只是进行项目内各潜在因子负荷之间相对大小的比较，对负荷的精度要求不会太高，所以使用收敛较快的经典线性因素分析方法。下面先介绍因素分析方法探索初始 **Q** 矩阵的步骤。

第一步，由得分数据计算四分相关矩阵。两个项目之间的四分相关系数的估计可采用公式 $r_{tetr} = \cos[180° / (1 + \sqrt{AD/BC})]$ 得到，其中 A，B，C，D 表示得分数据中所有被试在两个项目上得分模式为 $(0, 0)$，$(0, 1)$，$(1, 0)$，$(1, 1)$ 的频数或频率。当四分相关矩阵非正定时，可使用最小的正特征根替换小于或等于 0 的特征根，得到平滑后的四分相关矩阵，详情可参见 TESTFACT4.0 使用手册。

第二步，使用极大似然法估计因素负荷矩阵，并获得旋转后的因素负荷矩阵

（王权，1993）。若能得到更多数值较大的负荷和接近零的负荷，以拉开负荷之间的距离，可方便负荷矩阵离散化。因此，在使用极大似然法估计因素负荷矩阵之后，再分别采用广泛使用的方差极大正交旋转法或斜交旋转法（王权，1993），获取旋转后的因素负荷矩阵。记负荷矩阵为 $A=(a_{jk})$，其中 a_{jk} 表示项目 j 上因素或属性 k 的负荷。

第三步，离散化旋转后的因素负荷矩阵，得到初始测验 Q 矩阵。项目所考查的属性越多，有的属性所分摊的负荷会有所减小。根据探索性结构方程模型的观点，忽略探索性因素分析中小于 0.3 负荷的做法并不好（Asparouhov，Muthén，Muthén，2009）。基于项目内因素负荷相对比较的离散化方法有：均值比较法，即若 $a_{jk} \geqslant \sum_{k=1}^{K} a_{jk}/K$（$K$ 为因子数或属性数），则令 $q_{kj}=1$，否则 $q_{kj}=0$；最大值法，即若 $q_{jk}=\max(a_{j1}, a_{j2}, \cdots, a_{jK})$，则令 $q_{kj}=1$，否则 $q_{kj}=0$；大于 0 法，即若 $a_{jk}>0$，则令 $q_{kj}=1$，否则 $q_{kj}=0$ 等。研究结果显示均值比较法标定的 Q 矩阵元素返真率较高。

二、初始 Q 矩阵的验证与修正

在因素分析探索初始 Q 矩阵过程中，因其只基于相关矩阵信息，且离散化方法仍具有不确定性，因此导出的 Q 矩阵质量可能仍有提高的空间。为了获得更为准确的 Q 矩阵，有待利用被试作答矩阵对初始 Q 矩阵进一步验证与修正。因为最大似然估计方法和交差方法这两种方法是较为理想的属性在线标定方法（Chen et al.，2012；陈平，辛涛，2011a，2011b；汪文义等，2011）。给定初始 Q 矩阵，采用最大似然估计方法或交差方法对其进行修正，可进一步提升 Q 矩阵的质量（汪文义等，2015）。

第五节　Q 矩阵质量评价指标

为了获得质量较高的 Q 矩阵，可采用两类指标评价新方法所得的 Q 矩阵。考虑到好的 Q 矩阵既要保证拟合数据，又要保证分类诊断结果的有效性和丰富性。为了评价这两个方面，可以采用模型拟合指标和分类准确性指标。除此之外，由于是模拟研究实验，真实的 Q 矩阵已知，还可计算测验 Q 矩阵元素的返真率。在计算返真率时，如果使用探索性方法标定 Q 矩阵，此时由于 Q 矩阵列的位置会发生置换，需要依次找出最匹配的列或找出最佳置换，然后计算正确标定元素的比率。

一、模型拟合指标

模型整体相对拟合指标这一类拟合指标常用于对两个或多个模型进行比较，从而选择一个拟合较优或最优的模型。可以使用偏差（－2LL）、赤池信息量准则（Akaike Information criterion，AIC）和贝叶斯信息准则（Bayesian Information Criterion，BIC）（Chen，de la Torre，Zhang，2013）作为整体相对拟合指标，这些指标均是越小越好。除了相对拟合指标之外，还可采用项目水平上卡方统计量评价试题的绝对拟合性。

二、分类准确性指标

在真实测验情境下，被试知识状态未知，难于获得模式或属性判准率。因此，可以采用模式或属性分类准确性指标对其进行估计（Wang et al.，2015；汪文义等，2016；汪文义等，2014），指标越大越准确。

模式分类准确性指标是基于被试知识状态后验分布计算得到。若知识状态采用最大后验估计方法，则测验的模式分类准确性指标为（Wang et al.，2015；汪文义等，2014）。

$$\hat{\tau} = \frac{1}{N} \sum_{i=1}^{N} \max_{c;\,1,\,2,\,\cdots,\,T} (P(\boldsymbol{\alpha}_c \,|\, X_i))。 \tag{12-5-1}$$

其中 $P(\boldsymbol{\alpha}_c \,|\, \boldsymbol{X}_i) \propto L(\boldsymbol{X}_i \,|\, \boldsymbol{\beta},\, \boldsymbol{\alpha}_c) p(\boldsymbol{\alpha}_c)$ 表示被试 i 在各知识状态 $\boldsymbol{\alpha}_c$ 上的后验概率。

属性分类准确性指标是基于各属性的边际分布 $\hat{p}_{ik} = \sum_{c=1}^{T} I(\alpha_{ck} = 1) P(\boldsymbol{\alpha}_c \,|\, \boldsymbol{X}_i)$ 计算得到。其中 $I(\alpha_{ck} = 1)$ 为示性函数，当 $\alpha_{ck} = 1$ 时，示性函数取值为 1，否则取值为 0。若根据 $\hat{p}_{ik}$ 大于或小于划界分数 0.5 估计属性掌握与否，则测验的属性分类准确性指标为（Wang，Song，Chen et al.，2015；汪文义，宋丽红，丁树良等，2014）。

$$\hat{\tau}_k = \frac{1}{N} \sum_{i=1}^{N} \max(\hat{p}_{ik},\, 1 - \hat{p}_{ik})。 \tag{12-5-2}$$

Q 矩阵标定一直是认知诊断评估中要解决的关键问题。已经开发出来的众多 *Q* 矩阵标定方法，仍需要进行系统的梳理、评价和比较。本章所讨论的交差方法虽与具体哪一种非补偿认知诊断模型无关，但对于符合补偿性认知诊断模型的原始题或新题的属性向量的标定工作，值得进一步研究。本章的方法假设每个项目的解题策略唯一，对于多策略的原始题中的属性向量的标定工作，是否可以在已有方法上进行修改，也值得进一步研究。重要的是，基于统计方法标定的 *Q* 矩阵还必须反馈给学科专家进行评价或决定各个属性的含义。

思考题

1. 请简述 *Q* 矩阵标定的定性和定量方法。
2. 请简述交差方法的应用条件、理论基础和具体算法。
3. 请简述基于可达阵标定 *Q* 矩阵方法的应用条件、理论基础和具体算法。
4. 为什么提出初始 *Q* 矩阵探索性方法？
5. 你认为 *Q* 矩阵标定方法有哪些应用情境？

第十三章　挑战与展望

本章主要分析认知诊断(特别是 Q 矩阵理论)在理论概念、数据分析、测验设计、相关模型或方法的应用中的脉络、存在的问题和面临的挑战。在厘清理想反应模式和知识状态、认知模型和用于教育测量的认知模型及认知诊断模型相关概念之后,叙述了认知诊断测验数据分析的两种分析范式,引出认知诊断测验设计的重要作用。重点分析了认知诊断测验设计应注意的问题、应考虑的相关影响因素和补偿机制等。最后,叙述了项目反应理论模型和形式概念分析在认知诊断中的应用。

第一节　相关概念的区别和联系

一、理想反应模式和知识状态之间的异同

确定一个感兴趣的诊断范围以后(假设包含 K 个属性,并且这些属性已经编号),认知诊断要根据被试在测验上的反应,判断其在这个范围之内认知方面的强项和弱项,通常用一个 K 维 $0-1$ 向量表示,等于 1 的分量表示掌握了相对应的属性,否则表示没有掌握这个属性。这个 K 维 $0-1$ 向量称为知识状态 (Tatsuoka,2009),也称为属性模式或者属性掌握模式。稍微抽象一点讲,知识状态是 Q 矩阵的一个列(可以是零列)。Tatsuoka 有时候用两种方式称呼知识状态,即理想项目得分模式或者属性模式(Tatsuoka,2009),这里理想项目得分模式就是理想反应模式,即在一组题目上既不猜测也不失误的反应向量。由于知识状态是认知诊断分类的重要产品,所以有必要进一步阐明我们上述约定的知识状态的定义。

将知识状态和理想反应模式混为一谈,这让人匪夷所思。首先,对于同一个测验 Q 矩阵,可能多个知识状态对应同一个理想反应模式,所以这两者并不等价;其次,知识状态由认知模型唯一确定,而理想反应模式由认知模型(包括属性之间是否补偿)、评分规则、知识状态和测验 Q 矩阵确定。测验 Q 矩阵当然和

测验设计有关，但是受到认知模型的约束，如一个直线型结构，如果命题专家认为测验 *Q* 矩阵应该和被试的知识状态紧密联系，那么此时不可能将单位矩阵作为测验 *Q* 矩阵。有的测验 *Q* 矩阵并不能够很好地代表认知模型，这时候除非特别的设计（Köhn，Chiu，2021），否则理想反应模式和知识状态不能够一一对应，可见知识状态和理想反应模式不是同一个概念。

二、认知模型和用于教育测量的认知模型、认知诊断模型

产生认知推断的基础与认知理论和认知模型有关。需要推断出被试解决问题的能力，就必须评估认知模型的真实性和诊断推论的有效性。测验的有效性包括评估理论属性是否会影响测验得分，或者确定测验得分的主要影响因素。如果没有实质性理论将属性和得分联系起来，就必须慎用信度和效度这种说法。认知模型可以帮助我们运用理论分析和推断测量背后的反应过程。迄今为止，仍然缺乏具体的能够在更大范围以有用的方式服务认知诊断评估的有关教育能力和成就的认知模型和心理理论。认知模型的抽象形式可以用图形或者矩阵方式表达，图形表示属性层级关系图，当然 Hasse 图是最简洁的图形。Leighton，Gierl，Hunka（2004）就是用几个简单图形（可惜缺少表示独立结构的图形）表示简单的认知模型，而复杂的认知模型则用简单图形的复合表达。

用认知模型可测量哪种类型的结构和指导我们做哪些认知推论？对于做跨年级和内容领域认知诊断，如何认定其过程性结构？对于基于认知诊断评估的结构，我们如何发展教育策略去修补教育缺陷？基于认知理论进行认知推断，以及用实证研究支持这些理论和推断的模型和方法已经开始出现（Rupp，Mislevy，2007；Yang，Embretson，2007）。尽管有了这些最初的尝试，但在认知诊断评估大范围应用之前，我们仍然需要对不同年级、不同教学内容领域做更多的研究（Gierl，Leighton，2007）。

一个和认知模型容易混淆的概念是认知诊断模型，认知诊断模型是被试反应向量到被试属性掌握向量（在教育认知诊断情境下，属性掌握向量即知识状态）的映射。认知诊断模型也就是在被试反应向量的基础上按照某些规则进行分类的方法。大部分认知诊断模型是概率模型，但是也存在非概率模型。比如，某些基于规则的判别方法，如唐晓娟（2013）使用的粗糙集方法，如林海菁等人（2007）纯粹地应用状态转移图进行分类，甚至仅仅使用海明距离进行判别，都可以作为认知诊断模型。

第二节 认知诊断数据分析范式

一、事后分析

在事后分析中，首先通过模型拟合测验数据，然后使用探索性统计方法确定分数解释和分数报告。目前大部分认知诊断评估的运用是依赖于已有的测验作答数据。这种对现存数据导出测验 Q 矩阵，实质上是对现存数据补做测验 Q 矩阵，它不能代替指导测验编制的测验设计。鉴于项目和学生的反应数据是现成的，尽管针对认知模型的项目翻新很方便，但这种方法最终不是一个好方法。使用翻新过程的测验的认知分析将不可避免存在测验数据和认知模型之间失拟的问题，是因为测验不是基于一个具体的认知框架而设计的。更糟糕的是，使用翻新方法产生的结果很可能产生薄弱的诊断推断，从而影响认知诊断评估的良好发展。

二、事前分析

事前分析往往按照认知模型指定、测验开发、测验分析、分数报告等步骤进行。要克服翻新或事后分析固有的局限性，这需要认知理论或认知模型指导，还需要原则性的方法做测验设计和分析。有研究者认为测验设计原理对于认知诊断评估是至关重要的（Luecht，2007）。对于认知诊断测验开发，测验设计原理和方法有证据中心设计和认知设计系统等。当然，本书的概化 Q 矩阵理论也为属性层级模型下的认知诊断设计提供了一个良好的测验设计框架。

测验设计原理的理论和应用研究发展迅速。最终希望设计和分析的原理方法以及更传统形式的教育评估将影响认知诊断评估的发展，从而建立更加统一的过程，将从最初的设计阶段到最后的报告阶段统一起来。但令人担心的是：测验设计原理将来在教育和心理测验应用中会不会越来越普遍，尤其是什么时候认知模型在测验设计中会发挥真正而重要的作用。

第三节 认知诊断测验设计的影响因素探查

一、可达阵在测验编制应用中应该注意的问题

尽管 Q 矩阵理论已经用于认知诊断测验的设计、认知诊断模型的开发、计算机化自适应诊断测验选题策略的制定、Q 矩阵的计算机辅助标定，但是还应该深入讨论其应用，在推广应用中发现问题，解决问题。根据拓展 Q 矩阵理论，可达

阵在认知诊断测验设计中具有重要的作用，并且已经成为认知诊断测验蓝图设计的一个重要原则。但是值得注意的是，要充分发挥可达阵在认知诊断测验设计中的作用，仍存在一些问题需要探讨：认知诊断测验中到底需要使用多少个可达阵；可达阵列对应的题目类型和其他类型题目的认知功能如何兼顾；可达阵对应的题目的项目参数的影响如何？

下面通过一个例子来说明可达阵对应的题目的项目参数对 *Q* 矩阵标定效果有影响。有研究显示（汪文义，宋丽红，丁树良，2018），在测验中已知一个可达阵的 *Q* 矩阵，要标定测验中其他项目的属性向量时，可达阵项目的猜测和失误增加会严重影响 *Q* 阵元素标定的正确率。而当可达阵项目的猜测或失误参数在 0.20 以下且待标定项目的项目参数约在 0.30 以下时，*Q* 矩阵元素返真率基本在 0.90 以上，并且真实 *Q* 矩阵与估计 *Q* 矩阵下被试分类准确率差异很小。

二、认知诊断测验设计的影响因素探查

除了可达阵影响认知诊断测验设计，认知诊断测验设计还要考虑很多因素（丁树良等，2017），如认知模型类型（补偿或者非补偿，呈现什么样的层级关系），评分方式（0—1，还是多级），*Q* 矩阵元素类型（0—1还是多值），干扰项中诊断信息利用，测验的长度（如课堂诊断测验的测验十分短），统计和非统计约束，*Q* 矩阵元素正确性，属性粒度（Gierl，Leighton，2007）的大小或粗细，知识状态分布等。还有认知诊断模型选择问题，因为有的认知诊断模型对于认知模型的容错能力比较强，有的认知诊断模型对于认知模型相当严格。列出这些因素，仅供参考，而绝对不是说这些因素包括了方方面面。更多因素及其影响作用值得研究者和实践者去探讨。

三、补偿机制下的认知诊断测验设计

必须掌握项目中的所有属性才能够获得对项目正确反应，属性之间这样的关系是非补偿（连接）的；如果在某个题目上成功的概率，某些属性的低水平能够被其他属性的高水平补偿，那么属性之间的关系是补偿型的（DiBello，Roussos，Stout，2007；Stout，2007）。在求解一个题目需要连续执行一系列认知加工过程时，连接模型比较适合；而补偿模型可以对多策略问题进行建模。

在属性之间有补偿作用时，如何根据认知模型设计测验？如果说，在属性之间不可以相互补偿条件下，知识状态集合和理想反应模式集合之间一一对应是优良测验蓝图的特征，那么这个特征是否可继续用于评价属性之间可以补偿条件下测验蓝图的优劣，这值得探讨。补偿作用条件下，认知诊断测验蓝图的设计是一个困难的富有挑战性的课题，这也值得研究。

不论属性之间补偿与否，经由可达阵扩张后，均可获得所有的非零知识状态。但是，给定知识状态集合和测验 Q 矩阵，理想反应模式就必须按照补偿还是非补偿分别计算。然而在什么条件下出现补偿功能，有必要仔细考虑。比如，如果 A 是 B 的先决属性，A 不可以补偿 B，B 更不可能补偿 A。但是对于根树型层级结构，两片树叶之间不可以比较，它们之间反而可以相互补偿。是否可以更加广泛一点，任何两个不可以比较（不存在先决关系）的属性，才可以相互补偿（丁树良等，2017）？

四、Q 矩阵中属性粒度问题

在认知诊断评估中，粒度和分析水平问题的出现很容易使我们偏离目标。有研究者承认对于诊断评估来说，需要一个合适的粒度大小对被试的认知能力做具体推断（Gierl，Leighton，2007）。开发的项目必须能够探测到具体的知识结构和心理属性。然而，细粒度认知分析可能或必然会限制结构表征和内容的覆盖面。也就是说，要达到表征和覆盖的深度可能会以牺牲他们的广度为代价。因此，我们自然要问，如果研究者愿意为评估具体认知能力而建立所需的详细探索方法，难道使用者就愿意做更频繁的测试和/或者使测试面更窄以获取这些详细的信息吗？

对粒度大小"合适"的定义还不清楚，这对认知诊断的发展不利。使用属性层级模型时，属性的先决可以进一步细化到一个更细的属性。当然，需要更多的项目去测量这些能力，从而会在一个新的认知结构中增加新的和更具体的属性。换句话说，属性可以继续细化到一个更小的粒度，因而使认知推断更加具体。然而，这么细的属性需要我们增加项目数去探测。应该在什么样的粒度水平上建构诊断测验，才能够得出保持足够的代表性和普遍性的诊断推论，仍值得研究。

依据表征设置合适的粒度大小还是决定测验结果做出有效推断的关键。粒度大小必须与所需认知推断的性质、采用报告方法的类型和补救性教学指导有关。如果没有在各种教育情境下发展和运用认知诊断分析，要回答"什么是评估被试认知能力最合适的粒度大小"这个问题仍然很困难。很少有研究和具体的例子直接涉及这个问题。因此，粒度问题是认知诊断评估中一个重要的研究问题。

第四节 相关理论与方法在认知诊断中的应用

一、多维项目反应理论及其在诊断中应用

多维项目反应理论模型相对比较复杂，较适合于粗粒度水平诊断和大规模测

评。多维项目反应理论的发展源于传统项目反应理论和因素分析（Reckase，2009），兼具项目反应理论和因素分析的双重优点。一般测验的多维分为两种：一种是不同题考查不同能力，但是一道试题只考查一种能力，称之为题间多维；另一种是一道试题至少考查了两种能力，称之为题内多维。多维项目反应理论因其可考虑不同能力间相关信息而可提高分数报告的信度和效度，因此多维项目反应理论比较适合于属性粗粒度情形下的诊断。多维项目反应理论模型提供的考生不同能力维度的能力可以发现考生的认知特点以及能力结构存在的优势和劣势，从而有针对性改进教学。以考生个体不同能力维度的能力参数作为基础数据，可以求取学校或区县不同能力维度的能力参数，进而发现学校或区县能力培养上的优势及不足，进而有针对性地开展教学研究，达到提高学校或区县教学质量的目的。

多维项目反应理论模型可利用维度间相关，较适合于存在一定相关性的多维能力水平诊断。有研究者采用多维项目反应理论模型对高考数据进行了分析（许志勇，丁树良，钟君，2013）。2010 年教育部考试中心颁布的《普通高等学校招生全国统一考试大纲》（理科课程标准实验 2010 年版）明确规定了数学学科试卷考核的能力要求包括七项：运算求解能力（A_1）、推理论证能力（A_2）、应用意识（A_3）、数据处理能力（A_4）、空间想象能力（A_5）、创新意识（A_6）以及抽象概括能力（A_7）。某省市 2010 年高考数学理工试卷实测数据分析结果显示：（1）创新意识（A_6）与其他四种能力维度均是负相关；（2）运算求解能力（A_1）与推理论证能力（A_2）有着强正相关；（3）原始分相同的考生，其不同能力维度的能力值差异较大，如原始分同为 112 分考生，一位考生具有较强的运算能力，而另一位考生运算能力相对较差；（4）原始分不同的考生，特别是原始分值低的考生，并不是在每个能力维度的能力值都会低。

多维项目反应理论模型与认知诊断评估相关研究可相互借鉴和吸收。测验 **Q** 矩阵可建立题目与所测量潜在特质之间的关系。有研究将测验 **Q** 矩阵作为约束矩阵或设计矩阵，融入多维项目反应理论模型并进行了相关模拟和实证研究（daSilva et al.，2019）。测验 **Q** 矩阵可视为测验蓝图的具体形式，这在试题编制、测验开发之前或过程当中必须确定。将相对较容易获得的测验 **Q** 矩阵，融入多维项目反应理论模型，可更好地提示测验潜在结构信息。同时，带约束的多维项目反应理论模型，减少参数估计时未知参数的数量，可提高参数估计效率和提高能力估计精度。测验 **Q** 矩阵究竟可以为多维数据分析带来多少先验信息，其在大规模测评中的应用有待更多研究深入探讨。

二、形式概念分析及其在诊断中的应用

概念在哲学中被理解为由外延和内涵两个部分所组成的思维单元。基于概念

的哲学理解，德国有学者于 1982 提出了形式概念分析(formal concept analysis，FCA；Ganter，Wille，1999；Wille，1982)，用于概念的发现、排序和显示，形式概念分析是研究认知科学的有力工具。在形式概念分析中，概念的外延表示属于这个概念的所有对象的集合，而内涵则表示所有这些对象所共有的特征(或属性)集合，从而实现了对概念的哲学理解的形式化。

概念格，又称 Galois 格，它是形式概念分析中核心的数据结构。它是根据数据集中对象与属性之间的二元关系建立的概念结构，本质上描述了对象和属性之间的联系，表明了概念之间的泛化与例化关系，而其相应的 Hasse 图则实现了对数据的可视化。形式概念分析的研究成果斐然，研究的内容大致为概念格的构造算法、概念格的数学性质，规则提取、复杂概念格信息提取方法等。概念格理论已经被广泛地应用于数据挖掘、信息检索、软件工程、知识工程等领域。模糊或大型复杂数据上的 FCA 研究是目前研究的一个热点与趋势。

形式概念分析是基于概念格的一种分类方法。它可基于被试在项目上的作答反应对被试进行分类，每个概念的外延由一类被试组成。同时也是基于被试在项目上的作答反应对项目进行分类，每个概念的内涵由一类项目组成。形式概念分析不仅可对被试和项目同时进行分类，更为关键的是给出了被试类或项目类之间的层次关系。

本书作者之一汪文义在其博士论文中探讨了形式概念分析方法进行项目属性辅助标定的可行性，然后提出无监督的形式概念分析属性辅助标定方法，最后采用模拟研究验证形式概念分析方法的表现。但是采用形式概念分析方法辅助标定属性的缺陷在于它只是一种数据驱动方法，属性数的确定具有一定的主观性。如何采用形式概念分析方法并结合领域相关知识，辅助专家进行属性标定和辅助测验分析者进行属性验证，仍有待探讨(汪文义，2012)。

思考题

1. 请简述理想反应模式与知识状态的区别和联系。
2. 请简述事前和事后分析的优势与不足。
3. 请简述认知诊断测验设计的影响因素。
4. 请简述项目反应理论在认知诊断中应用的条件和优势。
5. 请简述形式概念分析可用于认知诊断哪些方面。
6. 你认为认知诊断评估中存在哪些问题或挑战。

后　记

　　得知"认知诊断"这个名词，是 20 多年前的事情。

　　1998 年漆书青老师邀请在香港中文大学任教的张华华先生到江西师范大学访问，张华华老师带着博士生文剑冰。当他们介绍项目反应理论（IRT）也有不足之处时，我当时受到了强烈的震撼，也被激发了强烈的好奇心。因为我参加漆书青老师、戴海琦老师领导的团队，一直致力于学习、研究和应用项目反应理论，知道项目反应理论是在批判经典测量理论（classical test theory，CTT）基础上建立起来的，有许多优点，但它有什么不足呢？有什么理论、方法可以弥补 IRT 的不足？张老师和文剑冰介绍认知诊断，特别介绍 Tatsuoka 的规则空间模型和 Q 矩阵，引起我们极大的兴趣。我们研读了 Tatsuoka 的一些文章，甚至请在美国教育考试服务中心工作的江西籍老乡冯乐将 Tatsuoka 的 1990 年的 ETS 研究报告传给我。

　　后来，我们团队坚持将 IRT、认知诊断以及它们的应用作为我们的主要研究方向。十多年来，我们有困惑、有苦恼、有欢乐、有体会，想写出来和大家分享。如果说在认知诊断方面有什么发现和创新，归结起来，可以说主要是一个理论（Q 矩阵理论）的修正和扩展，逻辑地推演出 Q 矩阵理论实质上是认知诊断测验设计的理论，在一定条件下提出优良的 0—1 评分和多级评分认知诊断测验设计方案，开发几个算法（扩张算法及其逆算法、Q 矩阵标定的交差算法、多值 Q 矩阵与二值 Q 矩阵对应的膨胀算法、压缩算法），研究两个矩阵（可达矩阵和多值 Q 矩阵）的性质及其作用，开发一个新的测验形式（具有认知诊断功能的在线多步骤认知诊断测验），给出一个判断测验 Q 矩阵质量的指标（理论构念效度、TCV），提出 Q 矩阵标定的一种简便方法和 S-P 表的改造方法。这些研究课题的提出，有的是来自实践，有的是来自同事合作解决同学提出的问题。历经 20 多年的努力，我们有了一些体会。

　　第一，难题和实践给出研究问题。林海菁老师应用状态空间图的方法研究认知诊断，在其毕业论文基础上，周婕又研究多级评分认知诊断。她们的论文分别发表在《心理学报》和《江西师范大学学报》上。林海菁告诉我如何画图和在属性数目不多时如何从层级关系图立即写出可达矩阵。她特别说，对于具有 K 个属性的认知诊断问题，在理想情况下其实只要 K 个题目就可以判准。这一句话令我印象深刻，当时我还不太相信，但是又无法推翻。我们苦苦思索这个问题，这才促成后面可达矩阵在认知诊断测验设计的重要作用的研究。

戴海琦老师说，如果能够有一种方法，把简化 Q 矩阵算出来就好了，这可能是他指导研究生时遇到的问题。而这个问题促成了我们后面的扩张算法的研究。

到 2008 年，刘红云老师邀请我们参加教育部基础教育司的认知诊断项目，发现 Q 矩阵的标定工作十分繁重且极富争议，于是有了 Q 矩阵自动标定的想法，汪文义老师对此做了比较深入的研究。

第二，多学科交叉促成创新。林海菁老师使用计算机科学中的状态空间图概念，周婕的论文使用了偏序关系概念，汪文义老师和罗芬老师在各自的研究中使用了格的概念。非零知识状态的累赘表达式和简洁表达式的概念的提出，明显是受到线性代数的线性空间概念的影响，特别是关于多级评分认知诊断测验设计中使用连通图、非连通图、叶节点、路等图论的概念，这些都是理工科知识在心理科学的应用。当然，要多学一点儿心理学知识，否则就不是教育与心理测量方面的研究工作，也难以清楚（更谈不上深刻理解）相关的问题；而多学科交叉知识的应用，有利于酝酿新颖的方法和创新性应用。

第三，积极交流，团队合作，集思广益。无法想象没有张华华先生的无私帮助和这么多次的海内外交流，我们能够走到今天；如果没有一个很好相处、互相帮助、取长补短的团队，无法想象会有今天的结果；如果没有杨淑群老师的证明，扩张算法也没有今天这么完美；如果没有汪文义老师到伊利诺伊大学厄巴纳-香槟分校访问，在比较短的时间内发表英文论文也是值得怀疑的。

第四，百折不回，集腋成裘。有一些研究结果不一定马上得到认可，比如可达矩阵在认知诊断测验编制中的作用，这个研究成果 2006 年曾向国内一家刊物投稿，因编委担心受众面小而退稿；而我们敝帚自珍，舍不得放弃，后来承蒙《江西师范大学学报》厚爱，予以发表。自从 2010 年发表以来，受到同行的关注，甚至有人在国外发表的论文中也引用此文。可见，如果选题有一定的意义，研究态度认真，结果可信，哪怕发表在"级别不太高"的学报（杂志）上，也不用担心无人问津。

有一些心得体会一时难以构成一篇文章，但是可以成为一个"片段"，记下来，对这个问题不断进行思考追踪，日积月累，积少成多，集腋成裘，慢慢就可以成为一篇文章。这时，耐心很重要。特别是"耐得住寂寞"的耐心更是弥足珍贵，就像是冬天里光秃秃的落叶林，静悄悄地等待春天的来临。

第五，权威专家的结果也可以质疑。

Tatsuoka 是认知诊断方面的权威，她的规则空间模型包括 Q 矩阵理论和分类方法，但是 *Q* 矩阵理论存在一些纰漏，特别是支撑 *Q* 矩阵理论的基础是不牢固的；属性层级方法的开发者（Leighton，Gierl，Hunka，2004）给出的收敛型的例子和计算这个层级结构的潜在 *Q* 矩阵的列数值得商榷；他们关于可达阵能否挖掘出邻接阵的判断也过于悲观。

当然，怀疑权威的结果，必须谨慎，要有充分的证据，而这迫使我们好好读书，好好研究，同时要好好表达自己的观点。记得我国著名的统计学家张尧庭先生说过，一个新的理论或者方法出现以后，我们应该问一问其理论基础对不对，逻辑通不通，不可以毫无批判地接受，盲目崇拜也不能轻易否定，这不仅要有扎实的功底，而且要求我们具有独立思考的胆量和能力。

权威文章值得反复咀嚼，常读常新，随着对问题的理解的加深，或许我们会受到新的启发，会有新的发现。Tatsuoka（1995）的论文，可以说是一篇比较经典的文章，引用率非常高，但是有一些问题才能够慢慢被发现。比如，她认为如果采用掌握一个属性理想得分增加一分的多级记分的方式，知识状态会增加，这种说法是有问题的。当然，理想反应模式是会增加的，因为原来那一些理想得分都为 0 的情况，可能变成得到一部分分数，但是，评分方式不应该影响知识状态的数目，在被试不知道题目如何给分的情况下，祝玉芳等人认为也不会影响被试使用解题的策略。

第六，对于从事教育与心理测量工作的同行，养成勤动手的习惯，发现什么蛛丝马迹，算一算（笔算与计算机试算），想一想，大有好处；甚至可以先想一想（可以是猜想）最简单的情形（如理想反应的情况）是不是成立，是不是蕴含了什么规律，然后再看一看复杂条件下如何推广。理论构念效度的开发正是受了一些模拟结果给出的知识状态类别数的启发才提出的。

第七，将以往发表的文章经过整理汇集成书。由于时间的沉淀，以往的某些说法可能要修正，成书的时候我们力争修正。比如，2012 年我们将认知诊断模型说成是概率模型，成书的时候，我们意识到有的认知诊断模型（如粗糙集方法用于诊断分类）不是概率模型，所以将认知诊断模型修正为从观察反应模式到知识状态的映射。其他地方也有一些修改。

在总结过去、展望未来的时候，我们的遗憾也是明显的。我们的写作能力，特别是外文写作能力亟待提高，否则我们无法和国际交流。例如，我们在认知诊断测验设计方面的主要研究成果推迟了好多年才得以向国外介绍；我们的数学和数理统计也待提高，比如尚志勇在离散概率条件下研究的 CD-CAT 的选题策略，没有及时推广到连续条件，以至于若干年以后，国外获得连续条件下的结果；我们的敏锐性和科研的紧迫感也有待提高，比如，祝玉芳那一届研究生做毕业论文时，意识到海明距离判别方法，并且列在研究提纲之中，但可惜没有动手。

　　我们希望今后大家更加努力，把研究做得更好，交流更顺畅，争取取得更好的成绩。

　　本书受到国家自然科学基金（62067005，61967009，31500909，31360237，31300876，31160203，30860084）资助。

　　在执行研究计划期间，得到计算机信息工程学院和心理学院的领导和同事的大力帮助，特别是得到漆书青教授、戴海琦教授、胡竹菁教授、王明文教授、罗照盛教授、董圣鸿教授、涂冬波教授的支持和帮助。漆书青教授虽然已经离开我们，但是他的认真的态度，执着的精神，值得我们永远学习；戴海琦教授的深刻见解和温文尔雅的态度，给我们留下了难以磨灭的印象。

　　特此致谢。是为后记。

参考文献

蔡艳,涂冬波.(2015).属性多级化的认知诊断模型拓展及其 Q 矩阵设计.心理学报,47(10).

蔡艳,涂冬波,丁树良.(2013).五大认知诊断模型的诊断正确率比较及其影响因素:基于分布形态、属性数及样本容量的比较.心理学报,45(11).

蔡艳,赵洋,刘舒畅,张淑芳,涂冬波.(2017).一种优化的多级评分认知诊断模型.心理科学,40(6).

曹慧媛,刘军.(2009).基于 AHM 的认知诊断分类研究.科学技术与工程,(10).

陈平.(2011).认知诊断计算机化自适应测验的项目增补——以 $DINA$ 模型为例.博士学位论文,北京:北京师范大学.

陈平,辛涛.(2011a).认知诊断计算机化自适应测验中的项目增补.心理学报,43(7).

陈平,辛涛.(2011b).认知诊断计算机化自适应测验中在线标定方法的开发.心理学报,43(6).

陈平,张佳慧,辛涛.(2013).在线标定技术在计算机化自适应测验中的应用.心理科学进展,21(10).

陈青,丁树良,朱隆尹,许志勇.(2010).3 参数等级反应模型及其参数估计.江西师范大学学报(自然科学版),34(2).

戴步云,张敏强,焦璨,黎光明,朱华伟,张文怡.(2015).基于 CD-CAT 的多策略 RRUM 模型及其选题方法开发.心理学报,47(12).

戴海崎,张青华.(2004).规则空间模型在描述统计学习模式识别中的应用研究.心理科学,27(4).

丁树良,罗芬.(2005).求偏序关系 Hasse 图的算法,江西师范大学学报(自然科学版),35(2).

丁树良,罗芬.(2013).由偏序关系的可达阵导出 Hasse 图的有效算法——兼谈其在认知诊断中的作用.江西师范大学学报(自然科学版),37(5).

丁树良,罗芬,汪文义.(2012).Q 矩阵理论的扩展,心理学探新,(5).

丁树良,罗芬,汪文义.(2013).认知诊断分类中心的确定.心理学探新,33(5).

丁树良,罗芬,汪文义.(2014a).多级评分认知诊断测验蓝图的设计——独立型和收敛型结构,江西师范大学学报,38(3).

丁树良,罗芬,汪文义,熊建华.(2015b).0-1和多值可达矩阵的性质及应用.江西师范大学学报(自然科学版),39(1).

丁树良,罗芬,汪文义,熊建华.(2017a).Q矩阵理论探微.江西师范大学学报(哲学社会科学版),50(1).

丁树良,罗芬,汪文义,熊建华.(2017b).知识状态的不同表达及其应用.江西师范大学学报(自然科学版),41(3).

丁树良,罗芬,汪文义,熊建华.(2018).Q矩阵标定的一种简便方法.江西师范大学学报(自然科学版),42(2).

丁树良,毛萌萌,汪文义,罗芬,Cui Y.(2012).教育认知诊断测验与认知模型一致性的评估.心理学报,44(11).

丁树良,汪文义,罗芬.(2012).认知诊断中Q矩阵和Q矩阵理论.江西师范大学学报(自然科学版),36(5).

丁树良,汪文义,罗芬.(2014b).多级评分认知诊断测验蓝图的设计——根树型结构,江西师范大学学报(自然科学版),38(2).

丁树良,汪文义,罗芬,熊建华.(2015b).多值Q矩阵理论.江西师范大学学报(自然科学版),39(4).

丁树良,汪文义,罗芬,熊建华.(2016).可达阵功能的不可替代性.江西师范大学学报(自然科学版),40(3).

丁树良,汪文义,杨淑群.(2009a).认知诊断测验编制的原则.中国科技论文在线.

丁树良,杨淑群,汪文义.(2010).可达矩阵在认知诊断测验编制中的重要作用.江西师范大学学报(自然科学版),34(5).

丁树良,汪文义,杨淑群.(2011).认知诊断测验蓝图的设计.心理科学,34(2).

丁树良,祝玉芳,林海菁,蔡艳.(2009).Tatsuoka Q矩阵理论的修正.心理学报,41(2).

丁晓,吕娜,杨雅琳.(2017).工作记忆成分的年龄相关差异对算术策略运用的预测效应.心理学报,49(6).

董立岩.(2007).贝叶斯网络应用基础研究.博士学位论文.长春:吉林大学.

甘朝红,汪文义,丁树良.(2014).项目属性标错时可达阵补救作用的研究.江西师范大学学报(自然科学版),38(6).

高椿雷,罗照盛,喻晓锋,彭亚风,郑蝉金.(2016).CD-MST初始阶段模块组建方法比较.心理学报,48(8).

郭磊,杨静,宋乃庆.(2018).谱聚类算法在不同属性层级结构诊断评估中的应用.

心理科学,41(3).

康春花.(2011).小学数学应用题问题解决的认知诊断研究.博士学位论文.北京：北京师范大学.

康春花,任平,曾平飞.(2015).非参数认知诊断方法:多级评分的聚类分析.心理学报,47(8).

李瑜.(2014).多选题认知诊断测验编制及多策略的多选题认知诊断模型的开发.博士学位论文.南昌:江西师范大学.

李元白,曾平飞,杨亚坤,康春花.(2018).一种非参数的多策略方法:多策略的海明距离判别法.江西师范大学学报(自然科学版),42(1).

刘声涛,戴海崎,周骏.(2006).新一代测验理论——认知诊断理论的源起与特征.心理学探新,26(4).

刘铁川.(2012).Mix-DINA 模型功能开发及其与 DINA、MS-DINA 模型的模拟与实证比较.博士学位论文.南昌:江西师范大学.

刘新平,刘存侠.(2006).教育统计与测评导论.北京:科学出版社.

陆云娜.(2008).规则空间模型在进位计数制诊断性测验中的应用.硕士学位论文.南昌:江西师范大学.

罗欢,丁树良,汪文义,喻晓锋,曹慧媛.(2010).属性不等权重的多级评分属性层级方法,心理学报,42(4).

罗慧,熊建华,王晓庆,谭艳芳,甘登文.(2018).基于加权距离的一种认知诊断方法,江西师范大学学报(自然科学版),(1).

罗照盛,李喻骏,喻晓锋,高椿雷,彭亚风.(2015).一种基于 *Q* 矩阵理论朴素的认知诊断方法.心理学报,47(2).

B.甘特尔,R.威尔.(2007).形式概念分析.北京:科学出版社.

毛萌萌.(2008).*AHM* 模型下新的分类方法研究.硕士学位论文.南昌:江西师范大学.

毛萌萌.(2011).引进粒计算与形式概念分析技术的认知诊断研究.博士学位论文.南昌:江西师范大学.

彭亚风,罗照盛,李喻骏,高椿雷.(2018).不同认知结构被试的测验设计模式.心理学报,50(1).

彭亚风,罗照盛,喻晓锋,高椿雷,李喻骏.(2016).认知诊断评价中测验结构的优化设计.心理学报,48(12).

漆书青,戴海琦,丁树良.(2002).现代教育与心理测量学原理.北京:高等教育出版社,(4).

屈婉玲,耿素云,张立昂.(2008).离散数学.北京:高等教育出版社.

尚志勇,丁树良.(2011).认知诊断自适应测验选题策略探新.江西师范大学学报,55(4).

宋丽红.(2017).测验 Q 矩阵中属性指定、选择和验证方法.江西师范大学学报(哲学社会科学版),50(1).

宋丽红,汪义义,丁树良.(2015).测验 Q 矩阵的修正方法及其比较研究.江西师范大学学报(自然科学版),39(6).

孙佳楠,张淑梅,辛涛,包珏.(2011).基于 Q 矩阵和广义距离的认知诊断方法.心理学报.43(9).

唐晓娟.(2013).粗糙集理论在认知诊断中的应用.博士学位论文.南昌:江西师范大学.

田伟,辛涛.(2012).基于等级反应模型的规则空间方法.心理学报,44(1).

涂冬波,蔡艳,戴海琦.(2012).基于 DINA 模型的 Q 矩阵修正方法.心理学报,44(4).

涂冬波,蔡艳,戴海琦,丁树良.(2011).一种多级评分的认知诊断模型:P-DINA 模型的开发.心理学报,42(10).

涂冬波,蔡艳,戴海琦,丁树良.(2012).一种多策略认知诊断方法:MSCD 方法的开发.心理学报,44(11).

涂冬波,蔡艳,戴海琦.(2012).基于 DINA 模型的 Q 矩阵修正方法.心理学报,44(4).

涂冬波,蔡艳,丁树良.(2012).认知诊断理论、方法与应用.北京:北京师范大学出版社.

涂冬波,漆书青,戴海琦,蔡艳,丁树良.(2008).教育考试中的认知诊断评估.考试研究,(4).

汪大勋,高旭亮,蔡艳,涂冬波.(2018).一种非参数化的 Q 矩阵估计方法:ICC-IR 方法开发.心理科学,41(2).

汪大勋,高旭亮,韩雨婷,涂冬波.(2018).一种简单有效的 Q 矩阵估计方法开发:基于非参数化方法视角.心理科学,41(1).

汪文义.(2012).认知诊断评估中项目属性辅助标定方法研究.博士学位论文.南昌:江西师范大学.

汪文义,丁树良.(2012).题库结构对原始题在线属性标定准确性之影响研究.心理科学,35(2).

汪文义,丁树良,游晓锋.(2011).计算机化自适应诊断测验中原始题的属性标定.心理学报,43(8).

汪文义,丁树良,宋丽红,邝铮,曹慧媛.(2016).神经网络和支持向量机在认知诊断中的应用.心理科学,39(4).

汪文义,丁树良,宋丽红.(2015).认知诊断中基于条件期望的距离判别方法.心理学报,47(12).

汪文义,丁树良,游晓锋.(2011).计算机化自适应诊断测验中原始题的属性标定.心理学报,43(8).

汪文义,宋丽红,丁树良.(2015).基于探索性因素分析的 *Q* 矩阵标定方法.江西师范大学学报(自然科学版),39(2).

汪文义,宋丽红,丁树良.(2018).基于可达阵的一种 *Q* 矩阵标定方法.心理科学,41(4).

汪文义,宋丽红,陈平,丁树良,程艳.(2016).认知诊断测验的属性分类一致性和分类准确性指标.心理学探新,36(3).

汪文义,宋丽红,丁树良,陈平,罗芬.(2014).认知诊断测验的属性分类一致性和分类准确性指标.中国科技论文在线.

汪文义,汪腾,宋丽红,高朋.(2018).基于可达阵的补偿模型 *Q* 矩阵标定方法.江西师范大学学报(自然科学版),42(5).

王能超.(1984).数值分析简明教程.北京:高等教育出版社.

王权.(1993).现代因素分析.杭州:杭州大学出版社.

王孝玲.(1993).教育统计学(修订版).上海:华东师范大学出版社.

文剑冰.(2003).规则空间模型在诊断性计算机自适应测验中的应用.博士学位论文.香港:香港中文大学.

吴智辉,甘登文,丁树良.(2011).可达阵在认知诊断选题策略中的应用研究.江西师范大学学报(自然科学版),35(4).

肖秦琨,高嵩,高晓光.(2007).动态贝叶斯网络推理学习理论及其应用.北京:国防工业出版社.

辛涛,乐美玲,张佳慧.(2012).教育测量理论新进展及发展趋势.中国考试,(5).

辛涛,焦丽亚.(2006).测量理论的新进展:规则空间模型.华东师范大学学报(教育科学版),24(3).

许志勇,丁树良,杨庆红.(2011).S-P 表法的改进和应用.江西师范大学学报(自然科学版),35(5).

许志勇,丁树良,钟君.(2013).高考数学试卷多维项目反应理论的分析及应用.心理学探新,33(5).

杨淑群.(2015).基于属性蕴含的 *Q* 矩阵理论.江西师范大学学报(自然科学版),39(6).

杨淑群,丁树良.(2011).有效对象的判定理论与方法.江西师范大学学报(自然科学版),35(1).

杨淑群,蔡声镇,丁树良,林海菁,丁秋林.(2008).求解简化 Q 矩阵的扩张算法.兰州大学学报(自然科学版),44(3).

杨淑群,丁树良.(2005).有效对象的判定理论与方法.江西师范大学学报(自然科学版),35(1).

余嘉元.(1995).运用规则空间模型识别解题中的认知错误.心理学报,27(2).

余娜,辛涛.(2009).认知诊断理论的新进展,考试研究,5(3).

俞宗火,戴海崎,唐小娟.(2006).全息项目因素分析在心理学研究中的应用.心理与行为研究,4(4).

喻晓锋,丁树良,秦春影,陆云娜.(2011).贝叶斯网在认知诊断属性层级结构确定中的应用.心理学报,43(3).

喻晓锋,罗照盛,秦春影,高椿雷,李喻骏.(2015).基于作答数据的模型参数和 Q 矩阵联合估计.心理学报,47(2).

喻晓锋,罗照盛,高椿雷,李喻骏,王睿,王钰彤.(2015).使用似然比 D2 统计量的题目属性定义方法.心理学报,47(3).

詹沛达,边玉芳,王立君.(2016).重参数化的多分属性诊断分类模型及其判准率影响因素.心理学报,48(3).

詹沛达,陈平,边玉芳.(2016).使用验证性补偿多维 IRT 模型进行认知诊断评估.心理学报,48(10).

詹沛达,丁树良,王立君.(2017).多分属性层级结构下引入逻辑约束的理想掌握模式.江西师范大学学报(自然科学版),41(3).

张淑梅.(2012).多级评分的认知诊断模型研究.博士学位论文.北京:北京师范大学.

朱金鑫,张淑梅,辛涛.(2009).属性掌握概率分类模型——一种基于 Q 矩阵的认知诊断模型.北京师范大学学报(自然科学版),(2).

祝玉芳.(2015).GDD-P 在进位计数制中的应用.江西师范大学学报(自然科学版),39(5).

祝玉芳,丁树良.(2009).基于等级反应模型的属性层级方法.心理学报,41(3).

祝玉芳,王黎华,丁树良,汪文义.(2015).多策略的多级评分认知诊断方法的开发.江西师范大学学报(自然科学版),39(4).

左孝凌,李为鑑,刘永才.(1982).离散数学.上海:上海科学技术文献出版社.

Almond R G,Dibello L V,Moulder B,Juan-Diego Zapata-Rivera.(2007).Modeling Diagnostic Assessment with Bayesian Networks. *Journal of Educational Measurement* ,Winter,44(4).

André A Rupp, Jona than Templin. (2008). The Effects of Q-Matrix Misspecificationon Parameter Estimates and Classification Accuracy in the DINA Model. *Educational and Psychological Measurement*, 68(1).

Asparouhov T, Muthén B, Muthén M. (2009). Exploratory structural equation modeling. Structural Equation Modeling: *A Multidisciplinary Journal*, 16(3).

Barnes T M. (2003). *The Q-matrix Method of Fault-Tolerant Teaching in Knowledge Assessment and Data Mining*. (Unpublished Doctoraldissertation), North Carolina State University Raleigh.

Bor-ChenKuo, Tien-YuHsieh, and Ya-Yuan Chang. (2006). *Combining Multiple Bayesian Networks for Modeling Students' Learning Bugs and Skills*. December 4-8, 2006, University of Tasmania, Hobart, Tasmania.

Breithaupt K, Hare D R. (2007). Automated simultaneous assembly of multistage testlets for ahigh-stakeslicensing examination. *Educational and Psychological Measurement*, 67(1).

Cai Y, Tu D B, Ding S L. (2018). Theorems and Methods of a Complete Q Matrix With Attribute Hierarchies Under Restricted Q-Matrix Design. Front. Psychol. 9: 1413. doi: 10. 3389/fpsyg. 2018. 01413. *Quantitative Psychology and Measurement*, a section of the journal Frontiers in Psychology.

Carlson S. (2000). ETS finds flaws in the way on line GRE rates some students. *Chronicle of Higher Education*, 47(8).

Chang H H, Ying Z L. (1999). A-Stratified multistage computerized adaptive testing. *Applied Psychological Measurement*, 23(3).

Chen J S, de la Torre J. (2013). A general cognitive diagnosis model for expert-defined polytomous attributes, *Applied Psychological Measurement*, 37(6).

Chen J S, de la Torre J, Zhang Z. (2013). Relative and absolute fit evaluation in cognitive diagnosis modeling. *Journal of Educational Measurement*, 50(2).

Chen P, Xin T, Wang C, Chang H H. (2012). On-line calibration methods for the DINA model within dependent attributes in CD-CAT. *Psychometrika*, 77(2).

Chen Y, Culpepper S A, Chen Y, Douglas J. (2018). Bayesian estimation of the DINA Q matrix. *Psychometrika*, 83(1).

Chen Y, Liu J, Ying Z. (2015). On line item calibration for Q-matrixin CD-CAT. *Applied Psychological Measurement*, 39(1).

Cheng Y. (2009). When cognitive diagnosis meets computerized adaptive testing: CD-CAT. *Psychometrika*. 74(4).

Cheng Y. (2008). *Computerized adaptive testing: New developments and applications*. Unpublished Doctorial Dissertation, University of Illinoisat Urbana-Champaign.

Chiu C Y, Douglas J A, Li X. (2009). Cluster analysis for cognitive diagnosis: Theory and applications. *Psychometrika*, 74(4).

Chiu C Y, Sun Y, Bian Y. (2018). Cognitive diagnosis for small educational programs: The general nonparametric classification method. *Psychometrika*, 83(2).

Chiu C Y. (2013). Statistical refinement of the Q-matrix incognitive diagnosis. *Applied Psychological Measurement*, 37(8).

Chiu C Y, Douglas J A. (2013). A nonparametric approach to cognitive diagnos is by proximity to ideal response patterns. *Journal of Classification*, 30.

Chiu J Y, Douglas J A, Li X D. (2009). Cluster analysis for cognitive diagnosis: Theory and applications. *Psychometrika*, 74(4).

Chung M, Johnson M S. (2018). *An MCMC algorithm for estimating the Qmatrix in a bayesian framework*. arXiv: 1802. 02286.

Close C N. (2012). *An Exploratory Technique for Finding the Q-matrix for the DINA Model in Cognitive Diagnostic Assessment: Combining Theory with Data*. (Unpublished Doctoral dissertation), University of Minnesota, Educational Psychology.

Cui Y, Leighton J P, Zheng Y G. (2006). *Simulation studies for evaluating the performance of the two classification methods in the AHM*. Paper presentedat NCME, SanFrancisco, CA.

Cui Y. (2007). *The hierarchy consistency index: Development and analysis*. Unpublished Doctoral Dissertation, University of Alberta, Edmonton, Alberta, Canada.

Cui Y, Leighton J P. (2009). The hierarchy consistency index: Evaluating person fit for cognitive diagnostic assessment. *Journal of Educational Measurement*, 46(4).

daSilva M A, Liu R, Huggins-Manley A C, Bazán J L. (2019). In corporating the Q-matrix into multidimensional item response theory models. *Educational and Psychological Measurement*, 79(4).

Dai H Q, Zhang Q H. (2004). An applied research of the Rule Space Model in the identification of statistic study pattern (in Chinese). *Psychological Science*, 27(4).

de la Torre J. (2008). An empirically based method of Q-matrix validation for the DINA model: Development and applications. *Journal of Educational Measurement*, 45(4).

de la Torre, J. (2009). DINA model and parameter estimation: Adidactic. *Journal of Educational and Behavioral Statistics*, 34(1).

de la Torre, J. (2011). The generalized DINA model framework. *Psychometrika*, 76(2).

de la Torre J, Chiu C Y. (2016). A general method of empirical Q-matrix validation. *Psychometrika*, 81(2).

de la Torre J, Douglas J. (2004). Higher-order latent trait models for cognitive diagnosis. *Psychometrika*, 69(3).

de la Torre J, Douglas J A. (2008). Model evaluation and multiple strategies incognitive diagnosis: Ananalysis of fraction subtraction data. *Psychometrika*, 73(4).

DeCarlo L T. (2011). On the analysis of fraction subtraction data: The DINA model, classification, latent class sizes, and the Q-matrix. *Applied Psychological Measurement*, 35(1).

DeCarlo L T. (2012). Recognizing uncer tainty in the Q-matrix via a bayesian extension of the DINA model. *Applied Psychological Measurement*, 36(6).

Desmarais M. (2011). *Conditions for effectively deriving a Q-matrix from data with non-negative matrix factorization*. Paper presented at the 4th International Conference on Educational Data Mining, Eindhoven, the Netherlands.

Desmarais M C, Beheshti B, Naceur R. (2012). Item to skills mapping: Deriving a conjunctive Q-matrix from data. *Intelligent Tutoring Systems Lecture Notesin Computer Science*, 7315.

DiBello L V, Roussos L A, Stout W. (2007). Review of cognitively diagnostic assessment and asummary of psychometric models. In C. R. Rao(ed.)*Handbook of statistics*. pp. 979-1030. Published by Elsevier.

DiBello L V, Stout W. (2007). Guesteditors' introduction and overview: IRT-Based cognitive diagnostic models and related methods. *Journal of Educational Measurement*, 44.

DiBello L V, Roussos L A, Stout W. (2007). Review of cognit ively diagnostic assessment and asummary of psychometric models. In C. R. Rao & S. Sinharay (Eds.), *Handbook of statistics* (Vol. 26, pp. 979-1030): Elsevier.

Ding S L, Luo F, Cai Y, Lin H J. Wang X B. Complement to Tatsuoka's Q matrix theory. (2008). In K Shigemasu, A Okada, T Imaizumi, T Hoshino (Eds.) *New Trends in Psychometrics*, Universal Academy Press, Inc., Tokyo, Japan.

Ding S, Luo F, Wang W, Xiong J. (2016). Dichotomous and Polytomous Q Matrix Theory. In: vander ArkL, Bolt D, Wang W C, Douglas J, Wiberg M. (eds) Quantitative Psychology Research. *Springer Proceedings in Mathematics & Statistics*, vol. 167. Springer, Cham.

Ding S, Wang W, Luo F, Xiong J, Meng Y. (2017). Irreplaceability of a Reachability Matrix. In: vander ArkL A, Wiberg M, Culpepper S A, Douglas J A, Wang W C. (eds) Quantitative Psychology. IMPS2016. *Springer Proceedings in Mathematics & Statistics*, vol196. Springer, Cham.

Ding Shu-Liang, Wang Wen-Yi, Yang Shu-Qun. (2009a). *A principle of Construction of Cognitive Diagnostic Test*. Chinese Science paper Online.

Ding Shuliang, Yang Shu-qun, Wang Wenyi. (2010). The importance of reachability matrix in constructing cognitively diagnostic testing. *Journal of Jiang xi Normal University*, 34(5).

Ding Shu-Liang, ZhuYu-Fang, LinHai-Jing, Cai Yan. (2009b). Modification of Tatsuoka's Q Matrix Theory[J]. *Act a Psychologica Sinica*, 41(2).

Ding S L, Luo F, Cai Y, Lin H J, Wang X B. (2008). Complement to Tatsuoka's Q matrix theory, in New Trends in Psychometrics, K Shigemasu, A Okada, T Imaizumi, T Hoshino. (Eds). 417-424. Universal Academy Press: Tokyo.

Ding S L, Luo F, Cai Y, Lin H J, Wang X B. (2008). Complement to Tatsuoka's Q matrix theory. In K Shigemasu, A Okada, T Imaizumi, T Hoshino (Eds.), *New Trends in Psychometrics* (pp. 417-423). Tokyo: Universal Academy.

Ding S L, Luo F, Lin H J, Wang X B. (2008). Complement to Tatsuoka's Q matrix theory, In A Okada, T Imaizumi, T Hoshino (eds.) *New Trends in Psychometrics*, Universal Academy Press, Inc. Tokyo, Japan, pp. 417-424.

Dong Di-yan. (2007). *Research of Application Foundation on Bayesian Networks*. Doctorald issertation. Jilin University.

Fu J, Li Y. (2008). Cognitively diagnostic psy chometric models: An integrative review. ETS research report. Hartz S M. (2002). A bayesian framework for the unified model for assessing cognitive abilities: *Blending theory with practicality*. Unpublished doctoral dissertation, University of Illinoisat Urbana-Champaign.

Cooper G F, Herskovits E. (1992). *A Bayesian method for the induction of probabilistic networks from data*. Machine Learning, 9.

Ganter B, Wille R. (1999). *Formal concept analysis: Mathematical foundations*. Springer-Verlag: Berlin, Heidelberg.

Ganter B, Wille R. (2007). 形式概念分析. 马垣, 张学东, 迟呈英, 王丽君, 译. 北京: 科学出版社.

Geary D C, Hoard M K, Byrd-Craven J. (2007). Cognitive me chanisms underlying achievement deficits in children with mathematical learningdisability. *Child Development*, 78(4).

Gierl M J, Leighton J P, Hunka S M. (2000). Exploring the logic of Tatsuoka's Rule-Space Model for test development and analysis. *Educational Measurement: Issues and Practice*, Fall, 34-44.

Gierl M J, Leighton J P. (2007). Directions for future research in cognitive diagnostic assessment. In Gierl M J, Leighton J P(Eds.), Cognitive diagnostic assessment for education: *Theory and applications* (pp. 341-351). New York: Cambridge University Press.

Gierl M J, Leighton J P, Hunka, S. (2007). Using the attribute hierarchy method to make diagnostic inferences about examinees' cognitive skills. In Leighton J P, Gierl M J(Eds.), *Cognitively Diagnostic Assessment for Education: Theory and Applications* (pp. 242-274). New York: Cambridge Univers it ypress.

Gierl M J, Leighton J P, Hunka S M. (2000). Exploring the logic of Tatsuoka' srule-space model for test development and analysis. *Educational Measurement: Issues and Practice*, 19(3).

Gierl M J. (2007). Making diagnostic inferences about cognitive attributes using the rule-space model and attribute hierarchy method. *Journal of Educational Measurement*, 44(4).

Gierl M J, Leighton J P, Hunka S M. (2007). Using the attribute hierarchy method to make diagnostic inferences about examinees' cognitive skills. In Leighton J P, Gierl M J (eds.) *Cognitive diagnostic assessment for education: Theory and applications* (pp. 242-274). Cambridge University Press.

Haertel E H. (1984). An application of latent class models to assessment data. *Applied Psychological Measurement*, 8.

Hartz S M. (2002). *A bayesian framework for the unified model for assessing cognitivea bilities: Blendding theory with practicality*. Unpublished Doctoral dissertation, University of Illinoisat Urbana-Champaign.

Hartz S, Roussos L, Stout W. (2002). *A bayesian framework for the unified model for assessing cognitive abilities : Blending theory with practicality*. (Unplished doctoral dissertation). University of Illinoisat Urbana-Champaign.

Heckerman D, Geiger D, Chickering M. (1994). *Learning Bayesian networks : The combination of knowledge and statistical data*. In Ramon Lopezde Mantaras and David Poole, editors, Proceedings of the 10th Conference on Uncertainty in Artificial Intelligence, pages 293-301, San Francisco, CA, USA, July.

Hendrickson A. (2007). An NCME instructional module on multistage testing. *Educational Measurement : Issues and Practice*, 26(2).

Henson R A, Templin J L, Willse J T. (2009). Defining a family of cognitive diagnosis models using log-linear models with latent variables. *Psychometrika*, 74.

Henson R, Douglas J. (2005). Test construction for cognitive diagnosis. *Applied Psychological Measurement*, 29(4).

Hsu C L, Wang W C, Chen S Y. (2013). Variable-length computerized a daptive testing based on cognitive diagnosis models. *Applied Psychological Measurement*, 37(7).

Im S, Corter J E. (2011). Statistical consequences of attribute misspecif icationin the rules pace method. *Educational and Psychological Measurement*, 71(4).

Jang E E. (2009). Cognitive diagnostic assessment of L2 reading comprehension ability : Validity arguments for Fusion model application to Langu Edg eassessment. *Language Testing*, 26(1).

Jian Tao, Ning-Zhong Shi, Hua-HuaChang. (2012). Item-weighted likelihood method for ability estimation in tests composed of both dichotomousand polyto mous items. *Journal of Educational and Behavioral Statistics*, 37(2).

Jimmy de la Torre. (2008). An Empirically Based Method of Q-Matrix Validation for the DINA Model : Development and Applications. *Journal of Educational Measurement*, 45(4).

Junker B W, Sijtsma K. (2001). Cognitive assessment models with few assumptions, and connections with nonparametric item response theory. *Applied Psychological Measurement*, 25(3).

Kaplan M, de la Torre J, Barrada J R. (2015). New items election methods for cognitive diagnosis computerized adaptive testing. *Applied Psychological Measurement*, 39(3).

Lee Y S,Park Y S,Taylan D. (2011). A cognitive diagnostic modeling of attribute mastery in mass achusetts,minnesota,and the U. S. national sample using the TIMSS 2007. *International Journal of Testing*,11(2).

Leighton J P,Gierl M J,Hunka S M. (2004). The Attribute Hierarchy Method for Cognitive Assessment:A Variationon Tatsuoka's Rule-Space Approach. *Journal of Educational Measurement Fall*. 41(3).

Leighton J P,Gierl M J. (2007). Why cognitive diagnostic assessment? *Cognitive diagnostic assessment for education: Theory and Applications* (pp. 3-18), Cambridge University Press.

Leighton J P,Gierl M J. (2007). *Cognitive diagnostic assessment for education: Theory and applications*. Cambridge:University Press.

Leighton J P,Gierl M J,Hunka S M. (2004). The attribute hierarchy method for cognitive assessment:avariation on Tatsuoka's rule space approach. *Journal of Educational Measurement*,41(3).

Lim Y S,Drasgow F. (2017). Nonparametric calibration of item-by-attributematrix incognitive diagnosis. *Multivariate Behavioral Research*,52(5).

Liu J, Xu G, Ying Z. (2012). Data-driven learning of Q-matrix. *Applied Psychological Measurement*,36(7).

Liu J, Xu G, Ying Z. (2013). *Theory of self-learning Q-matrix*. *Bernoulli*, 19(5A).

Liu R. (2018). Misspecification of attribute structure in diagnostic measurement. *Educational & Psychological Measurement*,78(4).

Liu R,Huggins-Manley A C,Bradshaw L. (2017). The impact of Q-matrix designs on diagnostic classification accuracy in the presence of attribute hierarchies. *Educational and Psychological Measurement*,77(2).

Lu-YunNa. (2008). *Application of Rule Space Model in diagnosing the different carrying notation and the interconversion skill*. Master's Dissertation. Jiangxi Normal University.

Luecht R M. (2007). Using information from multiple-choice distractors to enhance cognitive-diagnostics corereporting. In Gierl M J,Leighton J P(Eds.),*Cognitive Diagnostic Assessment for Education: Theory and Applications*. New York: Cambridge University Press.

Luo F,Ding S L,Wang X Q,Xiong J H. (2016). Application study on online multistage intelligent adaptive testing for cognitive diagnosis. In vander Ark L A,Bolt D M,Wang

WC, Douglas J A, Wiberg M(Eds.), *Quantitative psychology research* (pp. 265-274). Switzerland: Springer International Publishing.

Ma W, de la Torre J. (2016). Sequential cognitive diagnosis model for polytomous responses. *British Journal of Mathematical and Statistical Psychology*, 69.

Madison M J, Bradshaw L P(2015). The effects of Q-matrix design on classification accuracy in the log-linear cognitive diagnitive diagnosis model. *Educational and Psychological Measurement*, 75(3).

Mao M M, Wang P, Ding S L. (2011). A note on attribute hierarchy method, *International Journal of Digital Content Technology and its Applications*, (5).

McGlohen M K. (2004). *The application of cognitive diagnosis and computerized adaptive testing to a large-scale assessment*. Unpublished Doctoral Dissertation, University of Texasat Austin.

McGlohen M K, Chang H H. (2008). Combining computer a daptive testing technology with cognitively diagnostic assessment. *Behavior Research Methods*, 40(3).

Muraki E, Bock R D. (1997). PARSCALEIRT item analysis and test scoring for Rating-scale data, *Scientific Soft ware International*, Inc.

Reckase M D. (2009). *Multidimensional item response theory*. New York: Springer.

Reise S P, Yu J Y. (1990). Parameter recovery in the Graded Response Model using MULTILOG. *Journal of Educational Measurement*, 27.

Rupp A A, Mislevy R J. (2007). Cognitive foundations of structured item response models. In Leighton J P, Gierl M J(Eds.), *Cognitive diag nostic assessment for education: Theory and applications* (pp. 205-240). New York: Cambridge University Press.

Rupp A A, Templin J. (2008). The effects of Q-matrix misspecif icati on onparameter estimates and classification accuracy in the DINA model. *Educational and Psychological Measurement*, 68(1).

Rupp A A, Templin J, Henson R A. (2010). *Diagnostic Measurement: Theory, Methods, and Applications*. New York: The GUIL FOR DPress.

Samejima F. (1969). Estimation of latent ability using a response pattern of graded scores. *Psychometrika Monographs*, 34(17).

Samejima F. (1995). A cognitive diagnosis method using latent trait models: competency space approach and its relationship with DiBello and Stout's unified cognitive-psychometric diagnosis model. In Nichols P, Chipman S, Brennan R (Eds.), *Cognitively diagnostic assessments* (pp. 391-410). Hillsdale: Erlbaum.

Shannon C E. (1948). A mathematical theory of communication. *Bell System Technical Journal*, 27.

Shih S C, Kuo B C. (2005). Using Bayesian Networks for Modeling Students' Learning Bugs and Sub-skills. *Lecture Notesin Artificial Intelligence*, 3681.

Shu-ChuanShih, Bor-ChenKuo, Yu-LungLiu. (2008). *Building and Applying the Bayesiannet works based adaptivetest System-Using Rounding & estimating with decimals Unit in the Fifth Grade as A Example.* The 16th International Conferenceon Computers in Education ICCE2008. 27-37, October2008. Taipei, Taiwan.

Sinharay S, Almond R G. (2007). Assessing fit of cognitive diagnostic models Acasestudy. *Educational and Psychological Measurement*, 67(2).

Stocking M L. (1994). *Three practical issues for modern adaptive testing item pools* (ETS Research Report No. 94-5). Princeton, NJ: Educational Testing Service.

Stout W. (2007). Skills diagnosis using IRT-based continuous latent trait models. *Journal of Educational Measurement*, 44(4).

Sun J N, Xin T, Zhang S M, de la Torre J. (2013). A Polytomous Extension of the Generalized Distance Discriminating Method, *Applied Psychological Measurement*, 37(7).

Sun Y, Ye S, Sun Y, Kameda T. (2015). *Improved algorithms for exact and approximate boolean matrix decomposition.* IEEE International Conferenceon Data Science & Advanced Analytics. IEEE.

Sun Y, Ye S W, Inoue S, Sun Y. (2014). *Alternating recursive method for Q-matrix learning.* Proceedings of the 7th International Conferenceon Educational Data Mining(EDM2014).

Sun J N, Xin T, Zhang S M, de la Torre J. (2013). polytomous extension of the generalized distance discriminating method, *Applied Psychological Measurement*, (7).

Takeya M. (1980). Construction and utilization of item relational structure graphs for use in test analysis. *Japan Journal of Educational Technology*, 5.

Tatsuoka K. K. (2009). *Cognitive assessment: an introduction to the rule space method.* New York: Taylor & Francis Group.

Tatsuoka C. (2002). *Data analytic methods for latent partially ordered classification models*. Journal of the Royal Statistical Society: Series C(Applied Statistics),51(3).

Tatsuoka K K. (1984). Caution indices based on item response theory. *Psychometrika*, 49(1).

Tatsuoka K K. (1990). Toward an integration of item-response theory and cognitive error diagnosis. In Frederiksen N, Glaser R, Lesgold A, Shafto M G (Eds.), *Diagnostic monitoring of skill and knowledg eacquisition* (pp. 458-488). Hillsdale,NJ: Lawrence Erlbaum Associates.

Tatsuoka K K. (1991). *Boolean algebra applied to determination of universal set of knowledge states* (Tech. Rep. RR-91-44-ONR). Princeton, NJ: Education Testing Service.

Tatsuoka K K. (1995). Architecture of knowledg estructure and cognitive diagnosis: A statistical pattern recognition and classification a pproach. In Nichols P D, Chipman S F, Brennan R L(Eds.), *Cognitively Diagnostic Assessment* (pp. 327-361). Hillsdale, NJ: Erlbaum.

Tatsuoka K K. (2009). *Cognitive Assessment: An introduction to the Rule Space Method*. New York: Routledge, Taylor & Francis Group.

Tatsuoka K K. (1983). Rule Space: An approach for dealing with misconceptions based on item response theory. *Journal of Educational Measurement*,20(4).

Tatsuoka K K, Tatsuoka M M. (1997). Computerized cogn itive diagnostic adaptive testing: Effect on remedial instruction as empirical validation. *Journal of Educational Measurement*,34(1).

Tatsuoka K K, Linn R L, Tatsuoka M M, Yamamo to K. (1988). Differential item functioning resulting from the use of different solution strategies. *Journal of Educational Measurement*,25(4).

Tatsuoka K K, *Architecture of knowledge structures and cognitive diagnosis: a statistical pattern classication approach*, in *Cognitively Diagnostic Assessments*, Nichols P D, Chipman S F, and Brennan R L, Editors. 1995, Erlbaum: Hillsdale.

Tatsuoka K K. (1991). *Item construction and psychometric models a ppropriate for constructed responses* (ONR-Technical Report No. RR-91-49). Princeton, NJ: Educational Testing Services.

Tatsuoka K K. (1983). Rulespace: An approach for dealing with misconceptions based on item response theory. *Journal of Educational Measurement*,20(4).

Tatsuoka K K. (1993). *Item construction and psychometric models appropriate for constructed responses* , In R. Bennett & W. Warrd(eds.),Construction ver sus choice in cognitive measurement. Hillsdale,NJ:Lawrence Erbaum Associates.

Theodoridis S, Koutroumbas K. (2009). *Pattern recognition* (4ed.). London: Elsevier.

Vomlel J. (2003). *Bayesian networks in educational testing. International Journal of Uncertainty*. Fuzziness and Knowledge-Based System.

Wainer H, Eignor D. (2000). Caveats, pitfalls, and unexpected consequences of implementing large-scale computerized testing. In Wainer H(Ed.),*Computerized a daptivetesting :Aprimer* (2nded. ,pp. 271-299). Mahwah,NJ:Erlbaum.

Wang W Y,Song L H,Ding S L. (2018). *An exploratory discrete factor loading method for Q-matrix specif ication incognitive diagnostic models*. In: Wiberg M, Culpepper S, Janssen R, González J, Molenaar D. (eds) Quantitative Psychology. IMPS2017. Springer Proceedings in Mathematics & Statistics, vol. 233. Springer,Cham.

Wang W Y,Song L H,Ding S L,Meng Y R,Cao C X,Jie Y J. (2018). An EM-Based Method for Q-Matrix Validation. *Applied Psychological Measurement* , 42(6).

Wang C. (2013). Mutual. information item selection method in cognitive diagnostic computerized adaptive testing with short test length. *Educational and Psychological Measurement* ,73(6).

Wang C,Gierl M J. (2007). *Investigating the cognitive attributes underlying student performance on the SAT critical reading subtest : An application of the attribute hierarchy method*. Paper presented at the annual meeting of the National Councilon Measurement in Education,Chicago,Illinois.

Wang C,Zheng C J,Chang H H. (2014). An enhanced approach to combine item response theory with cognitive diagnosis in adaptive testing. *Journal of Educational Measurement* ,51(4).

Wang W Y,Song L H,Ding S L,Meng Y R,Cao C X,Jie Y J. (2018). An EM-Based Method for Q-Matrix Validation. *Applied Psychological Measurement* , First Published February 20,2018,https://doi. org/10. 1177/0146621617752991.

Wang W Y,Song L H,Chen P,Meng Y R,Ding S L. (2015). Attribute-level and pattern-level classification consistency and accuracy indices for cognitive diagnostic assessment. *Journal of Educational Measurement* ,52(4).

Wang W, Song L H, Ding S. (2018). An Exploratory Discrete Factor Loading Method for Q-Matrix Specification in Cognitive Diagnostic Models Marie Wiberg, Steven Culpepper, Rianne Janssen, Jorge González, Dylan Molenaar (Eds.), *Springer Proceedings in Mathematics & Statistics* 233.

Wen J B. (2003). *Application of the Rule Space Model in Computerized Adaptive Testing for Diagnostic Assessment (in Chinese)*. Doctoral's dissertation of the Chinese University of Hong Kong.

Wenchao Maand Jimmy de la Torre. (2016). A sequential cognitive diagnosis model for polytomous responses. *British Journal of Mathematical and Statistical Psychology*, 69.

Wille R. (1982). *Restructuring latticetheory: An approach based on hierarchies of concepts*. In I. Rival (Ed.), Ordered Sets (pp. 445-470). Dordrecht-Boston: Reidel.

William H Sewwll, Vimal P Shah. (1967). *Socioeconomic Status, Intelligence, and the Attainment of Higher Education*. Sociology of Education, 40(1).

Xiao Q K, Gao S, Gao X G. (2007). *Theory and Application of Dynamic Bayesian Networks inference learning theory*.

Yu X F, Y Cheng Y. (2019). Data-driven Q-matrix validation using a residual-based statistic in cognitive diagnostic assessment. *British Journal of Mathematical and Statistical Psychology*, DOI: 10. 1111/bmsp. 12191.

Xin T, Jiao L Y. (2006). *The New Progress in the Theory of Measurement: The Rule Space Model (in Chinese)*. *Journal of East China Normal University (Educational Sciences)*, 24(3).

Xu G, Zhang S. (2016). Identifiability of diagnostic classification models. *Psychometrika*, 81(3).

Xu X, Chang H, Douglas J. (2003). *Computerized adaptive testing strategies for cognitive diagnosis*. Paper presented at the annua lmeeting of National Councilon Measurement in Education, Montreal, Canada.

Yang S, Ding S, Ding Q. (2010). *Incremental augment algorithm based on reduced Q-matrix*. Transactions of Nanjing University of Aeronautics & Astronautics, 27(2).

Yang X, Embretson S E. (2007). Construct validity and cognitive diagnostic assessment. In J. P. Leighton & M. J. Gierl (Eds.), *Cognitive diagnostic assessment for education: Theory and applications*. Cambridge University Press.

Yang S Q, Cai S Z, Yao Z Q, Ding S L. (2008). *The Judgment Method of Valid Item and its Application*, the proceeding of 2008 Chineses Control and Decision Conference.

Yu J Y. (1995). *Application of Rule Space Model for Identifying Cognitive Errorsin Problem Solving* (*in Chinese*). Acta Psychologica Sinica, 27(2).

Yu N, Xin T. (2009). *New Progress in Cognitive Diagnostic Theory*. Examinations Research, 5(3).

ZhengC J, Chang H H. (2016). High-efficiency response distribution-based item selection algorithms for short-length cognitive diagnostic computerized adaptive testing. *Applied Psychological Measurement*, 40(8).

Zheng Y, Chang H H. (2015). On-the-fly asse mbled multistage adaptive testing. *Applied Psychological Measurement*, 39(2).

Zhou X L, Chen C S, Dong Q. (2006). Event-related potentials of single-digit addition, subtraction, and multi plication. *Neuropsy chologia*, 44(12).

Fang Z Y, Liang D S. (2009). *A Polytomous Extension of Attribute Hierarchy Method Basedon Graded Response Model*. Acta Psychologica Sinica, 41(3).

Zuo X L, Li W J, Liu Y C. (1982). *Discrete mathematics*. Shanghai Scientific and Technological Publishing Press.